HIER+JETZT

Adrian Knoepfli

Im Zeichen der Sonne

Licht und Schatten über der Alusuisse 1930–2010

ALUSUISSE

HIER+JETZT

Inhalt

Vorwort

«Geschichte ist da, wo Menschen in eigener Entscheidung handeln: in kämpferischer oder in anpassender Auseinandersetzung mit den Gegebenheiten der Zeit und der Umwelt, in zielstrebender Tätigkeit und in schöpferischem Tun.»
Max Huber, Verwaltungsratspräsident der AIAG 1929–1941

Der Auszug aus dem Geleitwort vom Oktober 1941 zur «Geschichte der Aluminium-Industrie-Aktien-Gesellschaft Neuhausen 1888–1938» ist passend als Motto für das Vorhaben, die Unternehmensgeschichte der AIAG/Alusuisse fortzuschreiben. Der stete Wandel in Wirtschaft, Politik und Umwelt von 1930 bis 2010 stellte an die Unternehmergeneration, die diesen Zeitabschnitt geprägt hat, hohe Anforderungen. Das Werk beschreibt auf eindrückliche Weise, wie starke Führungspersönlichkeiten den oftmals turbulenten Aufstieg der Alusuisse von einer europäischen Firmengruppe zum global operierenden Unternehmen und schliesslich dessen Integration in grössere Konzerne beeinflusst haben. Es beleuchtet aber auch den tiefgreifenden Strukturwandel der Aluminiumindustrie in dieser Zeit. Insbesondere die Tatsache, dass der Werkstoff Aluminium seit 1978 an der Londoner Metallbörse LME gehandelt wird, hat die Branche bis ins Innerste dauerhaft verändert.

«Im Zeichen der Sonne – Licht und Schatten über der Alusuisse» vermittelt Einblick in einen Firmenkosmos, der in den vergangenen acht Jahrzehnten von ambitiösen Strategien, von komplexen Forschungs- und Entwicklungsprojekten, aber auch von dramatischen weltpolitischen Geschehnissen sowie von kommerziellen und finanziellen Entscheidungen grosser Tragweite geprägt war. Zudem wird sachgerecht dargestellt, wie sich neben vielen Erfolgen oftmals Misserfolge einstellten.

Ein Buch von wenigen hundert Seiten kann niemals allen Facetten der Unternehmensentwicklung über acht Jahrzehnte hinweg gerecht werden. Dem Autor und Historiker Adrian Knoepfli ist es gelungen, im Sinne einer nachhaltigen Deutung diejenigen markanten Ereignisse und Gegebenheiten hervorzuheben, die den roten Faden in der Geschichte der AIAG/Alusuisse seit der Zwischenkriegszeit erkennen lassen. Ihm und der Rio Tinto Alcan, die dieses Projekt grosszügig finanzierte, sind wir als Herausgeber zu besonderem Dank verpflichtet.

Die «Wanderung» durch die Geschichte eines ehemals bedeutenden schweizerischen Weltkonzerns soll auch die Anerkennung zum Ausdruck bringen, welche die Akteure auf allen Stufen des Unternehmens, von den Arbeiterinnen und Arbeitern in den Fabriken bis zu den Führungskräften und den Mitgliedern der Verwaltungsräte, für ihre Leistungen verdienen. Der Rückblick möge ausserdem das Verständnis für die Gegenwart und Visionen für eine erfolgreiche Zukunft der globalisierten Aluminiumindustrie fördern.

Projektteam Alusuisse-Geschichte
Eugen Arpagaus, Bruno Böhm, Peter Burkhalter, Jürg Gerber,
Hans Peter Held

Einleitung

Die Geschichte der Alusuisse begann doch 1888 und nicht 1930, werden viele Leserinnen und Leser einwenden, wenn sie den Buchtitel lesen. Selbstverständlich haben sie recht. Die Aluminium-Industrie-Aktien-Gesellschaft (AIAG), so der ursprüngliche Name, gegründet von Schweizer Industriellen und deutschen Bankiers, produzierte ab 1888 als erstes Unternehmen der Welt, zeitgleich mit einer Konkurrentin in Pittsburgh (USA), Aluminium auf industrieller Basis. In Neuhausen gestartet, wo der Rheinfall die nötige Energie lieferte, fasste die AIAG bald auch in andern Ländern Fuss. In der Schweiz war zwar ausreichend Wasserkraft vorhanden, doch fehlten die übrigen Rohstoffe wie insbesondere das Ausgangsmaterial Bauxit. Das vorliegende Buch setzt erst später ein, weil für die ersten 50 Jahre der Alusuisse-Geschichte bereits eine umfangreiche, zweibändige Darstellung existiert, die 1942/43 erschien. Warum dann nicht 1939? Autor und Projektteam haben als Ausgangspunkt 1930 gewählt, weil ohne das Wissen um die Weltwirtschaftskrise und die Aufrüstung in Deutschland und Italien die Entwicklung im Zweiten Weltkrieg nicht verständlich ist.

Mit der Habilitationsschrift von Cornelia Rauh und den Publikationen der Bergier-Kommission* liegen für die erste Periode des behandelten Zeitraums seit einiger Zeit umfassende, detailreiche und sehr differenzierte Untersuchungen vor. Auf diese stützte ich mich weitgehend. Das gilt auch für den Bereich der Kartelle, die bis zum Zweiten Weltkrieg wichtig waren und wo mir zudem die Studien von Marco Bertilorenzi grosse Dienste erwiesen. Das Buch von Cornelia Rauh bietet weiter eine sehr gute Zusammenfassung der ersten 50 Jahre der Alusuisse-Geschichte. Für die Zeit seit dem Zweiten Weltkrieg gibt es nichts Vergleichbares, womit bisher ein wichtiges Stück Industriegeschichte nicht geschrieben war. Die Berichterstattung über das Unternehmen nahm zwar im Lauf der Jahre zu, und verschiedentlich widmeten sich kritische Publikationen wie zum Beispiel «Alusuisse – Eine Schweizer Kolonialgeschichte» (1989) der Firma, wenn die Alusuisse wieder einmal im Rampenlicht der Öffentlichkeit stand. «Die Fabrik», 2007 erschienen, behandelt «ein Stück Industriegeschichte der Schweiz» am Beispiel der Recyclingtochter Refonda. Diese Darstellung dokumentiert auch das gewandelte Verständnis des Werkstoffs Aluminium in der Öffentlichkeit: Wurde Aluminium ursprünglich als Energiefresser «denunziert», weil man nur die Primäraluminiumproduktion in Betracht zog, setzte sich immer stärker das Denken in Stoffkreisläufen durch, womit das beliebig oft rezyklierbare Aluminium besser abschneidet. Eine 2009 publizierte Schrift beleuchtet die 40-jährige Geschichte des Erfolgsprodukts Alucobond. Dies alles konnte eine umfassende, auch wissenschaftlich fundierte Firmengeschichte aber nicht ersetzen. Meine eigentlichen Forschungsarbeiten konzentrierten sich darum auf die Zeit ab 1945.

Die Alusuisse, die auf ihrem beschäftigungsmässigen Höhepunkt weltweit 45 000 Personen Arbeit gab, gehörte zu den Schwergewichten der Schweizer Wirtschaft. Ihr Platz war unter den zehn grössten Firmen des Landes. Im Verwaltungsrat der Alusuisse traf sich, wie bei den Grossbanken, Swissair oder Nestlé, die Wirtschaftselite. Die Alusuisse war ein Motor der industriellen Entwicklung, und sie beeinflusste auch das Schicksal ganzer Regionen (Schaffhausen/Singen, Wallis). Schon früh wuchs das Unternehmen, auf der

Suche nach den notwendigen Rohstoffen und der billigsten Energie, in internationale Dimensionen hinein, und bald einmal reichte das Reich «im Zeichen der Sonne», dem Signet des Konzerns, von Bauxitgruben in Australien und Afrika bis zu Aluminiumhütten in Island und Norwegen. Und wie viele andere Unternehmen wagte die Alusuisse nach dem Zweiten Weltkrieg – das war damals beinahe ein Muss – das Abenteuer USA. Mit zweifelhaftem Ausgang. Die Konzernentwicklung steht im Mittelpunkt der Untersuchung. Welche Strategien verfolgte das Unternehmen bei seinem Streben nach Wachstum und Ertrag? Wie sicherte man sich die Rohstoffe, und wie wurden die notwendigen finanziellen Ressourcen beschafft? Welche Produkte entwickelte die Alusuisse, um dem Werkstoff Aluminium zu einer grösseren Verbreitung zu verhelfen, und wie war die Firma im Wettbewerb der Technologien positioniert? Welches waren die Besitzer des Unternehmens, und was führte letztlich zu dessen Verkauf? Auf die einzelnen Standorte und Werke wird von Fall zu Fall eingegangen, und die Darstellung des Alltags in den Fabriken, Labors und Büros müsste Gegenstand separater Studien sein.

Nach der Übernahme durch die kanadische Konkurrentin Alcan im Jahr 2000 verschwand der Name Alusuisse aus der Unternehmenslandschaft. Ihre Geschichte war damit aber nicht zu Ende. Die Produkte, das Know-how und auch ein Grossteil der Firmen mit ihren Beschäftigten lebten fort, einfach unter einem andern, oft mehr als einmal wechselnden Namen. Ihr weiteres Schicksal behandelt das letzte Kapitel, womit der Bogen bis 2010 gespannt wird. Von Sierre über Sins bis Kreuzlingen wird, um die Töchter in der Schweiz als Beispiel zu erwähnen, weiterhin produziert. Es wird jedoch nicht der Anspruch erhoben, für die letzten zehn Jahre auch noch eine Alcan- oder gar eine Geschichte des Bergbaukonzerns Rio Tinto, der 2007 Alcan schluckte, zu schreiben. Hingegen soll mit diesem Blick auf das erste Jahrzehnt des 21. Jahrhunderts auch der oft gehörten Behauptung begegnet werden, es gebe in der Schweiz keine Industrie mehr. Zwar haben sich die Gewichte Richtung Dienstleistungssektor verschoben, und die Zeit der grossen Fabriken, die Tausende von Arbeiterinnen und Arbeitern beschäftigten, ist vorbei. An ihre Stelle sind aber viele kleine und mittlere Betriebe getreten, die sich – selbstständig oder als Teile von Grosskonzernen – behaupten und den Weltmarkt weiterhin, wie das die Alusuisse lange getan hat, mit Spitzenleistungen beliefern.

Zur Aluminiumindustrie existiert eine umfangreiche Sekundärliteratur. Diese reicht von Firmengeschichten über die «Cahiers d'Histoire de l'Aluminium» des «Institut pour l'Histoire de l'Aluminium» in Paris und die Untersuchung von Teilaspekten der Alusuisse-Geschichte bis zu Branchenübersichten. Immens ist selbstverständlich auch die technische Literatur. Daneben standen mir für die vorliegende Arbeit ein umfangreiches Konzernarchiv, das Archiv des Forschungsinstituts in Neuhausen (heute 3A Composites) und das Archiv der Tochtergesellschaft in Singen, soweit noch vorhanden, zur Verfügung. Nicht nur Singen als bedeutendster Standort im Konzern, sondern auch viele weitere Werke besitzen eigene Archive. Diese wurden im Rahmen dieser Arbeit, weil das zeitlich nicht zu bewältigen war, nicht konsultiert. Ergänzt habe ich die schriftlichen Recherchen mit über 50 Zeitzeugengesprächen. Sie vermittelten mir viele Lebensgeschichten von Alusuisse-Mitarbeitern, lieferten mir zusätzliche Informationen, halfen mir, die Vorgänge besser einordnen, und ermöglichten es mir, den Teppich der Firmengeschichte zunehmend zu vervollständigen.

Mein erster Dank geht an die fünf Mitglieder des Projektteams Alusuisse-Geschichte, des sogenannten History Teams: Ohne ihre Hartnäckigkeit und Ausdauer wäre dieses Buch nicht entstanden. Ihre kritische Begleitung, basierend auf einer profunden Kenntnis des Unternehmens und einem umfassenden Netzwerk, gaben mir zusätzliche Sicherheit, mich inhaltlich auf dem richtigen Feld zu bewegen. Weiter danke ich Rolf Bootz und dem Verlag hier + jetzt für die gute Zusammenarbeit, Bartolomeo Lucido und Pius Dettling von Alcan Holdings Switzerland für vielfältige Dienstleistungen, Ramon Fernandez und Heinz Reinli für die gute Betreuung während der Archivarbeiten in Niederglatt, Rolf Kappeler für die Groberschliessung des Konzernarchivs, Benno Maier vom Archiv der – inzwischen umbenannten – Alcan Technology & Management (ATM) in Neuhausen, Monika Sommerhalder und Armin Schmidlin von ATM, Helmut Enzenross (Archiv Alcan Singen), Madeleine Hüppi (Archiv Lonza), Hans Sprunger, der die Geschichte von Amcor Flexibles Kreuzlingen (ex-Neher) aufgearbeitet hat, Sarah Burkhalter für die Erfassung der Fotobestände des Konzernarchivs und dem früheren Generalsekretär Arturo Pedrini für manchen guten Ratschlag. Allen Zeitzeuginnen und Zeitzeugen danke ich für die interessanten und anregenden, oft auch berührenden Gespräche, die meist mehrere Stunden dauerten. Speziell danken möchte ich den Zeitzeugen Roland Oehler und Fritz Schnorf jun., die mir zahlreiches Fotomaterial zur Verfügung gestellt haben. Schliesslich danke ich dem Personal der benutzten Archive und allen, die sonst in irgendeiner Weise beim Zustandekommen dieses Buches mitgeholfen haben. Ohne sie stünde der Autor auf verlorenem Posten.

Adrian Knoepfli

**Die Unabhängige Expertenkommission Schweiz – Zweiter Weltkrieg UEK, nach ihrem Präsidenten Jean-François Bergier benannt, wurde 1996 von der schweizerischen Bundesversammlung eingesetzt mit dem Auftrag, Umfang und Schicksal der vor dem Zweiten Weltkrieg, während des Zweiten Weltkriegs und unmittelbar danach in die Schweiz gelangten Vermögenswerte historisch und rechtlich zu untersuchen. Auswertungen der VRA-Protokolle der AIAG von 1935 bis 1948 durch die UEK sind in der Datenbank von Dodis, www.dodis.bar.admin.ch, zugänglich.*

1930–1945

Die AIAG in Krise

und Krieg

Die AIAG in Krise und Krieg

Ein noch junges Metall

«Unter den Kostbarkeiten, die von der Landesausstellung in Fülle geboten wurden, gehörte der ‹Pavillon des einzigen Schweizer Metalls› zu den meistbeachteten und freudig begrüssten. Seine begeisterte Aufnahme war nicht nur zurückzuführen auf den Umstand, dass dem Besucher ein glänzender industrieller Aufstieg und eine ungeahnt mannigfaltige Verwendung eines neuen Metalls eindrücklichst gezeigt und auch dem Nichtfachmann begreiflich gemacht wurde, sondern ebenso sehr auf die festliche Wirkung, die der Pavillon besonders durch seine imposante Vorhalle mit dem umfassenden, freien Blick in den Ausstellungsraum ausübte.» Derart begeistert zog die Aluminium-Industrie-Aktien-Gesellschaft (AIAG)[1] Bilanz über den massgeblich von ihr geprägten Auftritt der Branche an der Landi 1939 in Zürich.[2] Im Jahr zuvor hatte die AIAG ihr 50-jähriges Bestehen feiern können, und die Präsentation an der Landi schloss nicht nur ein schwieriges Jahrzehnt ab, sondern sie war auch der Höhepunkt der Werbeanstrengungen für eine breitere Verwendung des noch jungen Metalls, für die sie eine hervorragende Plattform bot. Der

«Festliche Wirkung»: Der Aluminiumpavillon an der Landesausstellung 1939.

Das Innere des Pavillons, mit welchem die Werbung für den Werkstoff Aluminium einen Höhepunkt erreichte.

1930–1945)

Der Landi-Stuhl von Hans Coray (1906–1991): 1500 Exemplare waren über das ganze Areal der Ausstellung verstreut, und der Stuhl blieb ein Werbeträger fürs Aluminium. 2004 zierte er in der Serie «Design-Klassiker Schweiz» eine Briefmarke der Post.

Aluminiumlöffel an der Landi. Entlang des Schifflibachs hingen Aluminiumpfannen.

Architekt des Pavillons, der ganz dem Stil des Bauhauses verpflichtete spätere ETH-Professor Hans Hofmann, wurde in den 1950er-Jahren auch mit dem Entwurf des neuen AIAG-Hauptsitzes im Zürcher Seefeld beauftragt.[3]

Die AIAG (ab 1963 Alusuisse) ging 1888 aus der ein Jahr zuvor gegründeten Schweizerischen Metallurgischen Gesellschaft hervor. Wegen der enormen Energiemengen, welche die Herstellung von Aluminium erfordert, errichtete die AIAG ihre erste Hütte in Neuhausen am Rheinfall.[4] Gross war auch der Kapitalbedarf, weshalb sich bei der AIAG-Gründung Zürcher und deutsche Grossbanken zusammenfanden. Die Technik lieferte der Franzose Paul Louis Toussaint Héroult (1863–1914). Treibende Kräfte hinter der AIAG waren Peter Emil Huber-Werdmüller (1836–1915) von der Maschinenfabrik Oerlikon, Gustave Naville (1848–1929) von Escher-Wyss und Walther Rathenau (1838–1915) von der deutschen Allgemeinen Electricitäts-Gesellschaft (AEG). Die AEG hatte zunächst ein eigenes Projekt verfolgt. Schon vor dem Ersten Weltkrieg entwickelte sich die AIAG zu einem internationalen, vertikal integrierten Konzern mit eigenen Bauxitgruben, Tonerdefabriken, Hütten (Elektrolysen), Kraftwerken und Verarbeitungswerken.

Schritt in die Verarbeitung

In der Zwischenkriegszeit hatte die Aluminiumindustrie nach wie vor für ihren Werkstoff zu kämpfen, gegen andere Metalle wie Stahl, aber auch gegen Holz. Die Nachkriegskrise von 1920 bis 1923 und die Depression in den 1930er-Jahren überstand Aluminium von allen Nichteisenmetallen zwar am besten, aber von einer bescheidenen Basis ausgehend. Die AIAG stieg nach dem Ersten Weltkrieg, als mit dem Wegfall der Kriegslieferungen die Umsätze einbrachen, verstärkt in die Verarbeitung ein und trieb wie andere Konzerne die Vertikalisierung voran. 1921 übernahm sie die von Robert Victor Neher (1885–1918) gegründeten Aluminium-Walzwerke AG (AWAG) mit Folienbetrieben in Emmishofen bei Kreuzlingen, Singen und Teningen (Deutschland), zu denen 1923 ein Walzwerk (anfänglich nur Umschmelzerei) in Neuhausen und 1924 ein Betrieb in Frankreich stiessen. 1931 gründete die AWAG mit Beteiligung von Alcan (51%) und British Aluminium (15%) ein Folienwalzwerk in Schanghai, wobei die AWAG das Projekt federführend betreute.[5] 1933 kam mit der Star-Aluminium in Wolverhampton, «erzwungen» durch die britischen Zölle, eine weitere Folienproduzentin hinzu. Im Wallis eröffnete die AIAG 1929 in Sierre (Siders) ein Walz- und Strangpresswerk. Sie beteiligte sich ferner an der Aluminiumwarenfabrik Gontenschwil (ab 1946 Aluminium AG Menziken), zu der ab 1936 auch die Kochgeschirr-Firma Ferdinand Sigg AG in Frauenfeld gehörte.[6]

Ständig suchte die Aluminiumindustrie nach weiteren Verwendungszwecken und auch nach neuen Legierungen, die zusätzliche Tätigkeitsfelder erschliessen konnten. Es hatte sich nämlich bald einmal gezeigt, dass das Reinaluminium «nicht allen Anforderungen genügte und seine Eigenschaften durch Legierungsbildung verbessert werden mussten, um die Anwendung und da-

Bauxit – Tonerde – Aluminium

Zur Gewinnung von Primäraluminium aus dem Erz Bauxit wird zunächst im Bayer-Verfahren aus dem Bauxit Aluminiumoxid (Tonerde) abgeschieden. Der Bauxit wird gebrochen und nass zermahlen, wobei verdünnte Natronlauge zugefügt wird, um den Bauxit aufzuschliessen. Der Aufschluss erfolgt in Autoklaven, in Gefässen also, in denen Druck und Temperatur erhöht werden. Die Aluminiumhydroxide lösen sich dabei unter Bildung von Natriumaluminat, während andere Bestandteile wie Eisen- und Titanoxid ungelöst ausfallen und als sogenannter Rotschlamm abgetrennt werden. Abschliessend wird das Aluminiumhydroxid bei hohen Temperaturen zu Aluminiumoxid kalziniert. Im zweiten Schritt, der Schmelzflusselektrolyse, wird das Aluminiumoxid durch einen elektrolytischen Prozess auf molekularer Ebene aufgetrennt. Dadurch bleibt flüssiges reines Aluminium übrig, das zur Weiterverarbeitung in Masseln, Barren oder Bolzen gegossen wird. Bei der Elektrolyse funktioniert Kryolith als Elektrolyt. Kryolith setzt den Schmelzpunkt herunter und reduziert dadurch den Energieverbrauch. Dieses weisse Mineral, eine Aluminiumverbindung mit Natrium und Fluor, kommt nur in Grönland vor. Seit 1890 wird es allerdings überwiegend synthetisch hergestellt.[7]

Die Herstellung von Aluminium (1962)

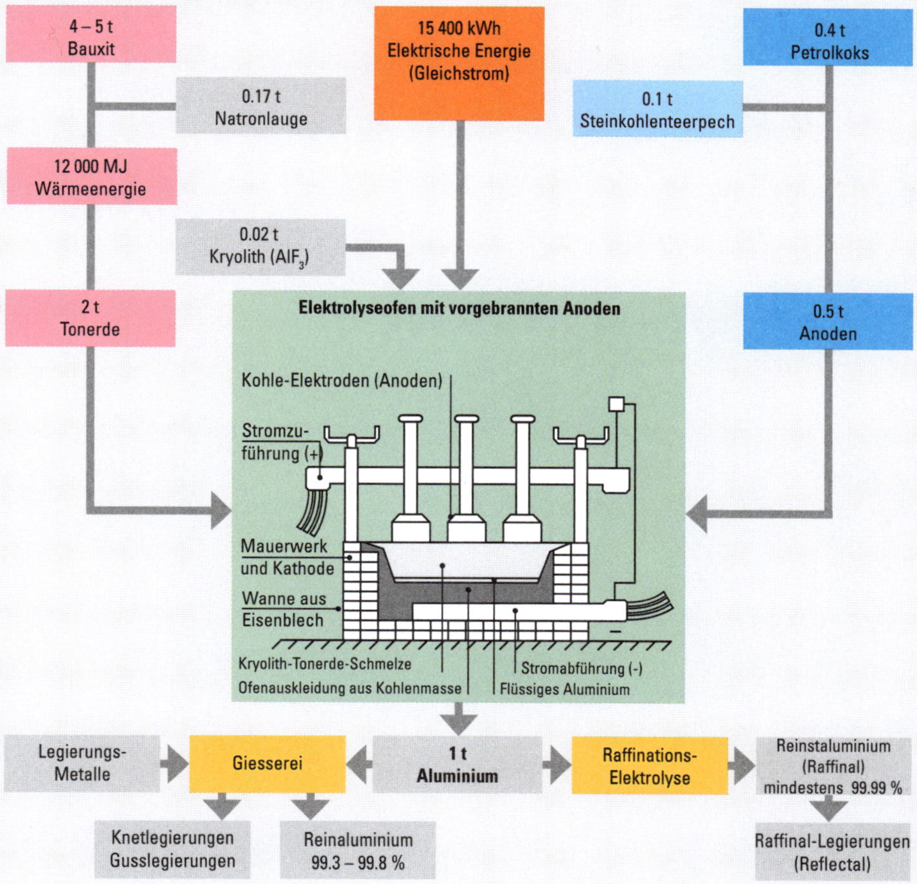

mit den Absatz zu fördern». Grundlegend für die Legierungsentwicklung und den zunehmenden Einsatz von Aluminiumwerkstoffen war die Entdeckung der aushärtbaren Aluminium-Kupfer-Magnesium-Mangan-Legierung durch Alfred Wilm 1906.[8] Aus dieser Legierung (Duraluminium) wurden wenige Jahre später die Gerippe der Zeppeline gefertigt. «In der Tat, auf eine stetig fortschreitende Absatzentwicklung kommt es uns in erster Linie an», erklärte AIAG-Verwaltungsratspräsident Max Huber 1933. «Vergessen wir nicht, dass unser Metall vor kaum 40 Jahren in die Weltwirtschaft eingetreten ist und immer noch um seinen Platz an der Sonne kämpft, den ihm andere Werkstoffe einräumen müssen.»[9]

Ein frühes Anwendungsgebiet war der Freileitungsbau, es folgten der Hochbau, der Karosserie-, Flugzeug- und Schiffsbau, die Textil- und die Elektromaschinenindustrie und andere Industriezweige. Vor allem seitens des Fahrzeugbaus sah man in den 1930er-Jahren wachsendes Interesse. Der Lastwagenbau habe als Erster die Vorteile erkannt, «ihm folgen der Bau von Autobus und Strassenbahnen und auch die Eisenbahnen ziehen Aluminium als Baustoff für

ihr Rollmaterial in steigendem Masse hinzu». Mit Ausnahme des Freileitungsbaus, der jährlich mehrere Tausend Tonnen Aluminium verbrauchte, steckte dies alles aber noch «in den Anfängen», und mengenmässig war «der Anteil dieser neuen Verwendungsgebiete am Gesamtabsatz noch sehr bescheiden».[10] Gegen Ende des Zweiten Weltkriegs wurde dann mit Befriedigung konstatiert, dass die Mehrzahl der grösseren Eisen und Stahl verarbeitenden Firmen «sukzessive zur Errichtung von Leichtmetall-Abteilungen geschritten» seien.[11]

Kartelle statt Marktwirtschaft

Die Weltwirtschaftskrise traf auch die Aluminiumindustrie hart. Bei der AIAG ging die Rohaluminium-Produktion von 1930 bis 1933 um 30% zurück. 1935 war der Stand von 1930 allerdings wieder nahezu erreicht, und dann setzte der Aufschwung ein. In den folgenden drei Jahren wuchs die Produktion um rund 120%, wobei der Ausbau der Anlagen vor allem im Ausland erfolgte. «In der Tat hat die Aluminiumproduktion unseres Unternehmens im vergangenen Jahr eine bis dahin nie erzielte Höhe erreicht und der Absatz hat mit ihr Schritt gehalten», stellte Präsident Max Huber zum Geschäftsjahr 1937 fest.[12] Dank zuvor geäufneter Reserven bezahlte die AIAG während der ganzen Periode eine – wenn auch reduzierte – Dividende.

Die Krise verstärkte eine Entwicklung, die bereits nach dem Ersten Weltkrieg eingesetzt hatte: Der Nationalismus nahm zu, und die Nationalstaaten griffen, um die «einheimische» Wirtschaft zu fördern, vermehrt zu protektionistischen Massnahmen. Weil der Schweizer Markt vergleichsweise ungeschützt war, versuchte sich die AIAG anderweitig zu helfen. Sie wurde führend bei den Bestrebungen zur Bildung von Kartellen. Erste Zusammenschlüsse der Produzenten hatte es bereits ab der Jahrhundertwende gegeben. 1926 schlossen sich die vier grossen europäischen Hersteller aus der Schweiz, Deutschland, Frankreich und Grossbritannien zur Aluminium Association zusammen, die sich mit Preisabsprachen und Absatzquoten vor allem gegen die Dumpingkonkurrenz aus Übersee wehren wollte. Die USA ihrerseits hatten ihren Markt gut abgeschottet. Der Aluminium Association gelang es aber nicht, die Überproduktion in den Griff zu bekommen. 1931 erfolgte ein neuerlicher Zusammenschluss: Der Alliance Aluminium Compagnie (AAC), die ihren Sitz in Basel hatte, gehörte neben den europäischen Produzenten jetzt auch die kanadische Alcan an.[13] Das Kartell sollte die Produktionsquoten für die Dauer von 99 Jahren zementieren. «Durch die Alliance ist es gelungen, auf unserm Spezialgebiet den wichtigsten Grund der heutigen gestörten Weltwirtschaft: das Missverhältnis zwischen Produktion und Bedarf, zu beseitigen», lobte AIAG-Präsident Huber an der Generalversammlung 1932 das Kartell. «Ein

Schon früh wurde Aluminium für die Luftfahrt verwendet: Zeppelin im Bau, 1931.

derartiges internationales Zusammenarbeiten der Industrien, die gleichartige Produkte für den Weltmarkt erzeugen, dürfte auch für andere Wirtschaftsgebiete zweckmässig sein.»[14] Das Zitat zeigt, wie freimütig man damals für die Bildung von Kartellen eintreten konnte.

Dem Kartell fern blieb, durch die US-Gesetze gezwungen, die Alcoa (Aluminum Company of America). Sie hatte 1928 – damals vereinigte sie mehr als die Hälfte der weltweiten Kapazitäten auf sich – in ihrer Strategie eine Kehrtwende vollzogen: Sie trennte sich von der Alcan, die 1902 als kanadische Tochtergesellschaft der Alcoa gegründet worden war, übertrug auch ihre übrigen internationalen Operationen auf die Alcan und konzentrierte sich fortan auf den Heimmarkt USA.[15] Dort besass sie am Vorabend des Zweiten Weltkriegs vom Rohstoff bis zum Primäraluminium ein vollständiges Monopol, in der Verarbeitung hohe Marktanteile.[16] Auch die noch junge russische Aluminiumindustrie, die ebenfalls ausserhalb des Kartells stand, produzierte nur für den Inlandmarkt.[17] Die AAC funktionierte recht gut, zumindest in den Krisenjahren. Nach 1936, im Wiederaufschwung und mit einer grösseren Anzahl von Aussenseitern, war ihre Wirkung dann eingeschränkt.[18] Ab 1939 war die AAC lahmgelegt, und bei Kriegsende wurde ihre Liquidation in die Wege geleitet. 1938 entfielen von der Weltaluminiumproduktion von rund 560000 Tonnen 34.9% auf die USA und Kanada, 29.8% auf Deutschland, 8.6% auf Russland, 8.1% auf Frankreich, 5.2% auf Norwegen, 4.8% auf die Schweiz, 4.6% auf Italien und 4% auf Grossbritannien.[20]

Schweiz: Auch die AIAG will Zollschutz

Im November 1930 erhöhte auch die Schweiz ihre Zollmauern. Der Bundesrat ersetzte den bisherigen minimalen Importzoll für Rohaluminium durch «einen eigentlichen Aluminiumzoll», was Präsident Huber, grundsätzlich ein Anhänger des Freihandels, zu wortreichen Rechtfertigungen veranlasste: «Sollte eine internationale Verständigung über allgemeine Abschaffung der Aluminiumzölle, wie sie der Völkerbund vor wenigen Jahren vergeblich angestrebt hat, später doch noch zustande kommen, sodass das schweizerische Aluminium ohne Zollbelastung nach den Inlandsmärkten der amerikanischen, französischen und deutschen Aluminiumproduzenten eingeführt werden kann, so werden wir unsererseits durchaus damit einverstanden sein, dass in jenem Moment auch der schweizerische Aluminiumzoll aufgehoben wird», hielt er an der Generalversammlung 1931 fest.[21] Die Einführung des Aluminiumzolls führte zu einer heftigen öffentlichen Kontroverse mit dem Unternehmer Beat Stoffel, hinter welchem die Alcan stand.

Alcan gegen AIAG

Der Textilunternehmer Beat Stoffel (1863–1937) war seit deren Gründung Mitbesitzer der Folienproduzentin AWAG, und er präsidierte sie auch. Nach der mehrheitlichen Übernahme der AWAG durch die AIAG sprang er mit andern Investoren ab und gründete 1924 die Aluminiumwerke AG Rorschach (AWR). Vier Jahre später tat er sich mit dem kanadischen Rohmetalllieferanten Alcan zusammen. Stoffels Betriebe in Rorschach und Arbon wurden in eine von der Alcan beherrschte gemeinsame Firma in Chur eingebracht. Die Erhöhung des Aluminiumzolls traf Stoffel empfindlich, importierte er sein Rohmetall doch aus dem Ausland. Stoffel griff darum die AIAG massivst an, wobei er ihr vorwarf, in der Schweiz ein Monopol anzustreben. Ins Visier nahm er in erster Linie FDP-Nationalrat Ernst Wetter, den Delegierten und Vizepräsidenten des Vororts (Schweizerischer Handels- und Industrieverein), der Mitglied der Zolltarif-Expertenkommission war und seit Frühjahr 1929 im Verwaltungsrat der AIAG sass. Stoffel, der die Unterstützung eines Teils der Wirtschaftspresse genoss, spannte auch Parlamentarier in seine Bemühungen ein, intervenierte bei den Sektionen des Vororts und wurde beim Bundesrat persönlich vorstellig. Er erreichte, dass auf importiertes Rohmetall die Zollrückerstattung gewährt wurde, wenn die daraus hergestellten Produkte wieder ausgeführt wurden. Die Firmen in Rorschach und Arbon beschäftigten damals gegen 500 Personen.[22]

Neben den Zöllen behinderten in den 1930er-Jahren vor allem die Restriktionen des Geldverkehrs[23] den internationalen Austausch. Die AIAG als internationales Unternehmen sei auf freie Güter- und Kapitalflüsse angewiesen, betonte Max Huber immer wieder. Gleichzeitig vertrat er aber wie erwähnt einen entschieden korporatistischen Standpunkt: Der Überproduktionskrise sollte mit Absprachen und Kartellen begegnet werden, um Produktion und Absatz wieder in Übereinstimmung zu bringen. Die AIAG gehörte nicht nur der AAC an, sondern sie war Mitte der 1930er-Jahre, auf schweizerischer Ebene, auch Mitglied des Kartells der Aluminiumwalzwerke, des Kartells der

Arbeiter beim Herstellen von Gussstücken mittels Sandformen.

Geschirrfabrikanten, und sie wirkte bei einer Absprache zwischen Aluminiumwalzwerken und Geschirrherstellern mit. An einer Verständigung unter den 40 bis 50 Aluminiumgiessereien zeigte man sich ebenfalls interessiert. 1936 ging aus einer Interessengemeinschaft von Aluminiumhütten und Walzwerken der Verein Schweizerischer Aluminiumindustrieller hervor. In Deutschland, Österreich und an weiteren Standorten gab es vergleichbare Verständigungsabkommen. Die Abwertung des Schweizer Frankens 1936 und die damit erfolgte Angleichung an Pfund und Dollar stärkten die Konkurrenzkraft der AIAG, obwohl sich mit dem billigeren Franken die deutschen Rohstoffe verteuerten.[24]

Massiver Ausbau in Deutschland

Zu den wichtigsten AIAG-Märkten entwickelten sich in den 1930er-Jahren Italien und Deutschland, das während des Ersten Weltkriegs eine eigene Aluminiumindustrie aufgebaut hatte.[25] Nach der Machtergreifung 1933 spannten die Nationalsozialisten, die Deutschland möglichst autark machen wollten, auch die Aluminiumproduzenten in ihre Planwirtschaft und insbesondere in ihre Aufrüstungsbestrebungen ein. Das führte zu einer massiven Ausdehnung der deutschen Produktion. Von 1932 bis 1939 verzehnfachte sich diese in einem atemberaubenden Tempo von 19300 auf 199500 Tonnen. 1939 war Deutschland das Produktionsland Nr. 1, und der grösste Teil des produzierten Aluminiums wurde für Militärflugzeuge verwendet.[26] Der zweite Hauptabnehmer war die Automobilindustrie. Im Flugzeugbau trat das Leichtmetall an die Stelle von Holz und Stahl. Den deutschen Markt machten der AIAG bis zum Krieg nur wenige Konkurrenten streitig: beim Aluminium im Wesentlichen drei Werke der Vereinigten Aluminium-Werke (VAW), bei der Tonerde die VAW und das Werk Mundenheim von Giulini, der im Wallis (Martigny) wie die AIAG (Chippis) eine Aluminiumhütte betrieb.[27]

In der deutschen Aluminiumproduktion herrschte aber kein freier Wettbewerb, «denn die Errichtung von Aluminiumhütten und Tonerdefabriken bedurfte seit 1917 der staatlichen Genehmigung, was insbesondere die VAW schützen sollte».[28] Im Zuge des nationalsozialistischen Vierjahresplans hatte auch die AIAG ihre Kapazitäten in Deutschland auszubauen. Sie tat dies eher widerwillig, weil die AIAG-Führung eine derart forcierte Expansion als völlig unvernünftig erachtete und sich vor Überkapazitäten, einem späteren Preiszerfall und Aluminiumexporten Deutschlands fürchtete. Doch man wollte die Stellung «als grosser deutscher Aluminiumproduzent» nicht gefährden. Im Juni 1935 signalisierte die AIAG den deutschen Behörden ihre Bereitschaft, der Bitte nach einem Ausbau der Aluminiumhütte Rheinfelden und des Martinswerks (Tonerdefabrik) nachzukommen.[29] Die Leistungsfähigkeit von Rheinfelden wurde von 1931 bis 1938 beinahe verzehnfacht. Trotz dieses eindrücklichen Wachstums blieb die Bedeutung der deutschen AIAG-Töchter beim Ausbau der deutschen Aluminiumindustrie relativ bescheiden, und das Martinswerk in Bergheim bei Köln verlor trotz einer Verdreifachung seiner Kapazitäten laufend an Gewicht.[30] «Die Aluminiumproduktion befand sich also», bilanziert die deutsche Historikerin Cornelia Rauh für die Branche insgesamt, «im Fokus von Expansionsbestrebungen und damit verbundenen Überwachungsbestimmungen des Regimes, eine Vorzugsstellung, die für die betroffenen Unternehmen bis in die zweite Kriegshälfte mit markantem Umsatzwachstum, aber auch mit erheblichen Autonomieeinbussen verbunden war.»[31]

Die Aluminiumhütte in Rheinfelden.

Werbung für Aluminium aus Singen: Vor allem für den Aufbau seiner Luftwaffe benötigte Deutschland enorme Mengen des leichten Werkstoffs.

Die AIAG-Betriebe wurden mit der Zeit «von der deutschen Kriegswirtschaft fast völlig absorbiert».[32] In Singen, wo 1932 die erste kontinuierliche Bandwalzstrasse angelaufen war, wurde 1937 das Trio-Warmwalzgerüst in Betrieb genommen, 1939 eine Ätzanlage für die Herstellung von Ätzfolie für Kondensatoren eingerichtet, und ab 1939 installierte man weitere Blechwalzwerke für Legierungen zur Deckung des Bedarfs der Wehrmacht. 1944 erwirtschaftete Singen 40% des Umsatzes mit der Produktion von Vormaterial für Rüstungsgüter. Das Werk wurde als Rüstungsbetrieb betrachtet und war auch am V-2-Raketen-Programm beteiligt. Man lebte vom Krieg, doch hielt sich die Begeisterung sehr in Grenzen. «Herr Bankier A. Hofmann bemerkt, dass sicher niemand in der ganzen Verwaltung die Tatsache sympathisch ist, dass wir wieder Kriegslieferanten geworden sind», hiess es im Protokoll des Verwaltungsratsausschusses vom 17. April 1940. «Wir würden alle lieber Friedensaufträge ausführen. Gegen die eingetretene Entwicklung können wir aber nichts machen.»[33]

Auch die Hütte in Lend bei Salzburg wurde nach dem Anschluss Österreichs ans Reich ausgebaut. Deren Ausstoss erhöhte sich von 1939 bis 1941 um beinahe das Dreifache.[34] Gegen Kriegsende war man bei der AIAG dann der Ansicht, dass der Firma «für in gewissem Sinne erzwungene Vergrösserungsbauten Entschädigungen bezahlt werden» sollten. Allerdings machte man sich im Falle von Deutschland, wo der letzte diktierte Ausbau des Martinswerks wieder rückgängig gemacht wurde, «bei der heutigen Lage und der herrschenden Rechtsmentalität» keine Hoffnungen. «Ähnlich wie in Deutschland ist es uns übrigens auch in Frankreich und Italien ergangen», fügte Albert Hofmann, inzwischen Präsident der AIAG, an der Verwaltungsratssitzung vom 21. Dezember 1944 bei. «Die Gesellschaft hätte sich besser befunden ohne die so weit reichenden Erweiterungen.»[35]

Bauxitablad in Porto Marghera.

Eine voll integrierte Gruppe in Italien

In Italien hatte die AIAG seit den 1920er-Jahren eine voll integrierte Gruppe aufgebaut, deren Tätigkeit sich von Bauxitgruben über Tonerdewerke, Elektrodenfabrik, Kraftwerke, Aluminiumhütten und Verarbeitungsbetriebe bis, etwas später, zur eigenen Reederei erstreckte. «Der Bau der italienischen Produktionsgruppe ist beendet», konnte Präsident Max Huber im April 1933 den Aktionären mitteilen.[36] Und ein Jahr später lautete die frohe Botschaft: «Unsere grossen Investitionen in italienischen Unternehmungen beginnen ihre Früchte zu tragen.»[37] Zentrum der AIAG-Aktivitäten war Venedig bzw. Porto Marghera, das in der Zwischenkriegszeit zu einer modernen Hafen- und Industriezone ausgebaut wurde. «Ein Netz grosser und kleiner Kanäle zieht sich durch die gewaltigen Industriegebäude; Hochkamine, Silos, mächtige Krane ragen den Kanalufern und Molen entlang in die Luft», schwärmten die Verfasser der AIAG-Festschrift, die zum 50-Jahr-Jubiläum erschien. «Die Industriekanäle sind so breit und tief, dass, selbst wenn an beiden Ufern Schiffe angelegt haben, immer noch zwei grosse Frachtdampfer frei passieren können.»[38]

Als Erstes gründete die AIAG 1926 mit einer Partnerin die Aluminiumproduzentin Società Alluminio Veneto per Azioni (Sava), deren Hütte zwei Jahre später den Betrieb aufnahm. Für den Bau und Betrieb von zwei Wasserkraftwerken wurde mit der Società Idroelettrica Cismon (SIC) eine eigene Gesellschaft gebildet. Um den italienischen Tonerdezoll zu umgehen, kaufte die AIAG sodann die in den Abruzzen gelegene Aluminiumhütte Bussi, zu der auch eine Tonerde- und eine Elektrodenfabrik gehörten. Und noch vor der Hütte der Sava war in Porto Marghera mit der Società Lavorazione Leghe Leggere (LLL) ein Verarbeitungswerk entstanden, das Leitungsseile herstellte und an welchem die AIAG und der Grosskonzern Montecatini mit je 50% beteiligt waren. 1931 nahm auch das Walz- und Presswerk der LLL den Betrieb auf.[39] Für die Ab-

Die Tonerdefabrik der Sava in Porto Marghera in den frühen 1950er-Jahren.

wicklung der Seetransporte gründete die Sava 1935 ein kleines Schifffahrtsunternehmen, die Società Abruzzese di Navigazione per Azioni (Sana).[40] Mitte der 1930er-Jahre errichtete die Sava in Porto Marghera eine eigene Tonerdefabrik, und sie baute auch die Aluminiumproduktion aus.[41] Porto Marghera war der Standort, an welchem neu eingetretene AIAG-Angestellte künftig die gesamte Produktionskette studieren konnten.

Der AIAG-Konzern 1939

Tätigkeit	**Länder**
Bauxitgruben	Frankreich, Italien, Jugoslawien, Rumänien
Tonerdewerke	Frankreich, Deutschland, Italien
Hütten	Schweiz, Deutschland, Österreich, Italien, Wales, Spanien
Kraftwerke	Schweiz, Deutschland, Österreich, Italien
Verarbeitungswerke	Schweiz, Deutschland, Frankreich, Italien, Belgien, Niederlande, Grossbritannien, Polen, China
Verkaufsgesellschaften	Schweiz, Italien, Grossbritannien
Schiffstransporte	Italien

Die Hütten in Wales und Spanien wurden wie das Folienwerk in Schanghai mit Konkurrenten zusammen betrieben. Auch bei weiteren Töchtern hatte man Partner mit im Boot. Bei den Verkaufsgesellschaften ist in erster Linie die 1933 gegründete Allega zu erwähnen.

Das Folienwalzwerk in Schanghai, das die Kriegszeit überlebte und danach teilweise vorzügliche Ergebnisse lieferte, konnte trotz kommunistischer Machtergreifung bis 1960 gehalten werden.

Beschäftigte nach Ländern 1938

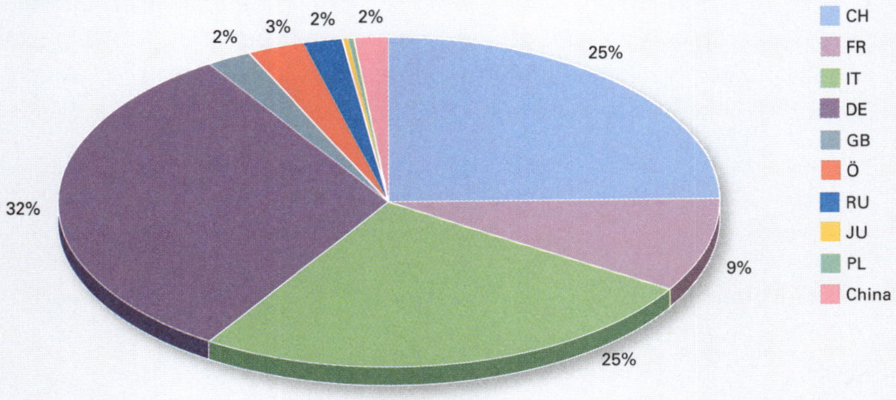

Deutschland, Italien und die Schweiz waren 1938 die Schwergewichte im AIAG-Konzern. Gesamthaft beschäftigte die AIAG damals 12 523 Arbeiter und 1350 Angestellte. Quelle: Direktionsprotokoll vom 21. September 1938.

Rohaluminiumproduktion AIAG in Tonnen 1930–1945

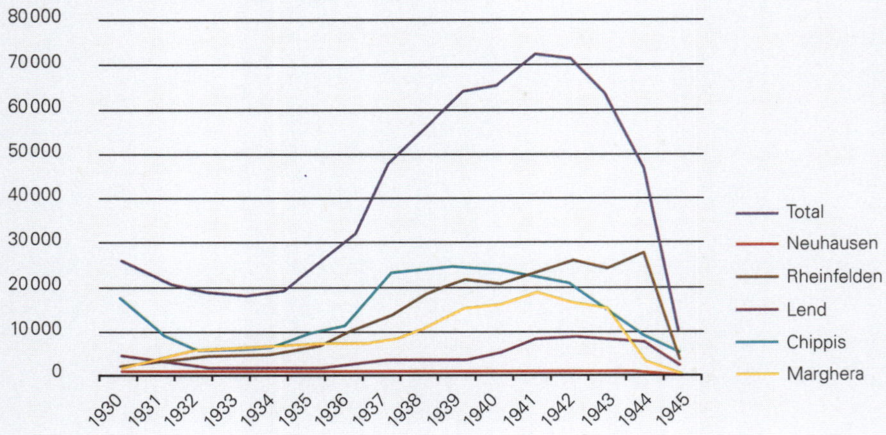

Entfielen 1930 noch gut 70% der Rohaluminiumproduktion auf die Schweizer Hütten der AIAG, so waren es 1941 nur noch 31%.

Mangel an Rohstoffen und Arbeitskräften im Krieg

Die Aufrüstung in Deutschland und Italien, wo die Befehle mittlerweile ebenfalls vom (faschistischen) Staat kamen, hatte der AIAG zwar eine beträchtliche Ausweitung ihrer Kapazitäten gebracht, ihr aber auch weitgehend die Verfügungsgewalt über die Töchter entzogen. Zudem hatte sich die Abhängigkeit von den Achsenmächten massiv verstärkt. 1938 entfielen auf sie 54% des AIAG-Absatzes und 60% der Belegschaft.[42] Auch bei den (knappen) Rohstoffen war die AIAG zu einem guten Teil von den Achsenmächten abhängig. Während des Kriegs kamen zwei Drittel der AIAG-Tonerde aus Italien. Die Importe aus Italien und auch aus Frankreich waren aber streng kontingentiert «und in zwischenstaatlichen Verträgen überdies an die Bedingung gebunden, dass ein Teil des aus dieser Tonerde erzeugten Metalls Zug um Zug ins Ausland ausgeführt werde». Im Sommer 1943 wurde der Verkehr mit Italien unterbrochen, was zur Reduktion der Kapazitäten in Chippis führte.[43] Später fielen auch die Importe aus Frankreich weg. 1942 sah sich die AIAG genötigt, zwecks Sicherstellung der Aluminiumproduktion in Schweizerhalle eine Fabrik zur Herstellung von künstlichem Kryolith einzurichten, nachdem die Zufuhr des natürlichen Produkts aus Grönland unterbunden war.[44] Nach dem Urteil von Cornelia Rauh haben die AIAG und die Schweiz die vollständige Einschliessung durch die Achsenmächte gut gemanagt.[45] Unter Druck kam die AIAG im Krieg auch seitens der Schweizer Behörden. Diese verlangten von ihr Exporte, um im Gegenzug die notwendigen Importe zu erhalten. Gemäss zwischenstaatlichen Verträgen mit Deutschland dienten die AIAG-Lieferungen als Zahlungsmittel für die Schweizer Kriegswirtschaft, die Kohle, Öl, Lebensmittel und andere knappe Güter importierte.

Russische Kriegsgefangene und Zwangsarbeiter, die in Rheinfelden gearbeitet hatten und im April 1945 in die Schweiz ausreisen durften, auf der Rheinbrücke.

Als Schweizer in Rheinfelden

Der Schweizer Karl Guglielmi, der während des Kriegs in Lend (Österreich) und im deutschen Werk Rheinfelden arbeitete, schrieb in seinen Erinnerungen: «Die Kriegsgefangenen trugen Arbeitskleider und Kittel mit auf dem Rücken z. B. KG-SU (Russe) oder KG-P (Pole) oder F-KG (Franzose) usw. Die Schuhe waren meist Holzschuhe mit Leder-Oberteil. Im Lager hatten sie aber noch ihre Uniform-Stücke. Unterkleider-Wäsche erhielten sie, wenn es nichts mehr zu flicken gab, aus dem zugehörigen Stammlager. Die Lager waren Militärbaracken, wie wir diese auch kennen, und im Lager herrschte eine gewisse Selbstverwaltung. Die Bewachungsmannschaften waren bewaffnete, normale Armee-Soldaten, und die Lagerverwaltung waren Zivile, welche so im Sinne als Fouriere und Quartiermeister tätig waren. Die verschiedenen Gefangenen-Nationen waren separat untergebracht und, je nach Sinn für Ordnung, waren diese Unterkünfte mehr oder weniger gut gepflegt.»[46]

Zum Rohstoff- kam der Personalmangel hinzu. Weil die deutschen Arbeitskräfte in den Krieg abgezogen wurden, teilten die Nationalsozialisten den Betrieben Kriegsgefangene und Zwangsarbeiter zu, welche die entstandenen Lücken auffüllen sollten.[47] Deren vorgeschriebene Bruttolöhne entsprachen zwar etwa denjenigen deutscher Arbeiter und Arbeiterinnen. Netto blieb ihnen aber, nach Abzug einer Sondersteuer, kaum etwas. In Singen befanden sich 1944 unter den 2333 Arbeitern und Angestellten des Konzerns 248 Kriegsgefangene und 519 ausländische Zivilarbeitskräfte, in Rheinfelden unter 2077 Beschäftigten 467 Kriegsgefangene und 497 zivile ausländische Arbeitskräfte. Insgesamt machten die Zwangsrekrutierten also beinahe 40% der Belegschaften aus.[48]

Die Beschäftigung von Kriegsgefangenen und Zwangsarbeitern war für die Betriebe nicht zu umgehen. Die Frage ist, wie die Unternehmen diese Menschen behandelten. Rauh kommt zu folgendem Fazit: «Die zu einer Schweizer Holding [AIAG] gehörenden Alig-Werke unterschieden sich damit in ihrer

Verpflichtung des Vertrauensrates – die Betriebsräte hatten die Nationalsozialisten abgeschafft – in Rheinfelden durch Werksleiter Achim Tobler 1941. Der Schweizer Tobler, Mitglied der Reiter SS und Reichsdeutscher geworden, leitete die Rheinfelder AIAG-Tochter von 1938 bis 1945.

‹Betriebspolitik› während des Krieges nicht von ‹deutschen Rüstungsunternehmen›, die im Krieg die Leistungsanforderungen an ihre Belegschaft in immer grössere Höhe schraubten, weil von ihnen höherer Produktionsausstoss erwartet wurde und es ihnen an anderen oder zusätzlichen Arbeitskräften fehlte.» Wer dabei an der Spitze des jeweiligen Unternehmens stand, habe keine Rolle gespielt.[49] In der Aluminium-Industrie-Gemeinschaft (Alig) mit Sitz in Konstanz waren alle AIAG-Tochtergesellschaften im deutschen Machtbereich zusammengefasst. Die Schweizer Unternehmen passten sich an mit dem übergeordneten Ziel, die Betriebe im Ausland möglichst unbeschadet durch den Krieg zu bringen. «Wir werden aber dennoch alles tun müssen, um unseren Besitz durchzuhalten und zusammenzuhalten», erklärte im Dezember 1944, als sich das Ende des Kriegs deutlich abzeichnete, im Verwaltungsrat Gottlieb Bachmann.[50] Bachmann war damals Präsident des Bankrats der Schweizerischen Nationalbank, in welcher er grosse Teile seiner beruflichen Karriere absolviert hatte.

Wie viel Schweizer Einfluss?

Bei der Frage, welchen Einfluss die Schweizer Muttergesellschaft auf die Werke in Deutschland noch hatte, kam gemäss Cornelia Rauh den Aluminium-Walzwerken Singen (AWS) als Scharnier eine Schlüsselrolle zu: «So bildet Singen das ‹Nahtstück›, an dem sich während der NS-Zeit Konzern- und Betriebspolitik trafen, wo gemeinsame Interessen, aber auch unterschiedliche Lageeinschätzungen zwischen deutschen und Schweizer Managern erkennbar werden und wo sich entschied, wie diese Konflikte unter den gegebenen politischen Rahmenbedingungen gelöst wurden.»[51] An der Spitze von Singen stand Hans Constantin Paulssen (1892–1984), der seit den frühen 1920er-Jahren für die AIAG tätig war. «Besonders AWS-Direktor Paulssen verstand es mit grossem Geschick, die Interessen des Betriebs in Karlsruhe und Berlin zu vertreten und zwischen den oft nicht deckungsgleichen Zielen der deutschen Behörden und der Schweizer Konzernleitung zu vermitteln, wobei er das Kompetenzenwirrwarr des NS-Systems auszunutzen wusste.»[52] 1940 wurde Paulssen, obwohl nicht NSDAP-Mitglied, zum Wehrwirtschaftsführer ernannt. Damals arbeiteten fünf Ortsgruppenleiter der NSDAP bei den AWS in gehobener Stellung. Paulssen führte das Werk durch die ganze Kriegszeit.[53]

Nach Kriegsende als belastet eingestuft, durfte Paulssen seine Führungsposition erst 1948 wieder übernehmen, was man bei der AIAG als ungerecht empfand: «Herr Bloch findet es sehr merkwürdig, dass einerseits Herr Tscheulin, der als Nationalsozialist galt, seit einiger Zeit wieder frei ist und seinen privaten Geschäften nachgehen kann, während Herr Dr. Paulssen, der nicht Parteimitglied war, ungerechtfertigterweise von jeder wirtschaftlichen Tätigkeit

1937 wurde das 25-jährige Bestehen der Aluminium-Walzwerke Singen gefeiert.

ferngehalten wird. Eine derartige Behandlung widerspricht dem Grundsatz der Gerechtigkeit.»[54] Die Werke Rheinfelden und Lend wurden in den 1930er-Jahren rechtlich verselbstständigt. Der Konzern hatte zwar kaum mehr etwas zu sagen, aber der Informationsfluss war gewährleistet, und AIAG-Vertreter konnten nach Deutschland und Österreich reisen.[55] AIAG-Abteilungsdirektor Max Angst wurde 1942 gar organisatorisch zur deutschen Alig «transferiert». Nach Kriegsende liess man Angst, der «während der Kriegsjahre die deutschen Beteiligungswerke überwachte und infolgedessen bald nach Beginn des Krieges als Abteilungsdirektor der Muttergesellschaft zurücktrat», wieder als Abteilungsdirektor der AIAG im Handelsregister eintragen.[56] Mit der fortschreitenden Gleichschaltung des Betriebslebens in Deutschland scheint sich die Konzernleitung der AIAG nicht besonders befasst zu haben.[57]

«Als Produzent und ausländischer Lieferant eines Rüstungsprodukts, dessen Herstellung in Deutschland im Vierjahresplan massivst vorangetrieben wurde, war selbstverständlich auch die AIAG vor wie während des Zweiten Weltkriegs für Nazi-Deutschland ebenso wichtig wie nützlich», lautet das Fazit von Cornelia Rauh. «Wie dem Land insgesamt blieb ihm [dem Konzern] zum Geschäft mit Deutschland und zur Aufrechterhaltung seiner Beteiligungsgesellschaften im Reich keine irgendwie sinnvolle Alternative. Doch wie für die Schweiz als Staat bedeutete diese Zwangslage auch für die AIAG als Unternehmen, dass sie zugleich in das während der nationalsozialistischen Herrschaft über Europa begangene Unrecht verstrickt war.»[58]

«In unbedingter Loyalität»

Die Frage, ob man sich im besetzten und im unbesetzten (Vichy) Frankreich anders hätte verhalten können, wurde im Herbst 1944 auch im Verwaltungsrat diskutiert. «Kollaborationismus kann unserer Bauxitgesellschaft mit Recht nicht vorgeworfen werden, weil sie gezwungen war, die Lieferungen an Deutschland auszuführen», hielt Direktor Anton Bettschart fest. «Das Lieferprogramm wurde jeweils von der Regierung festgelegt, die Lieferungen blieben aber hinter dem Programm immer zurück, sodass wir sogar der Sabotage bezichtigt wurden.» Die Tonerdefabrik Marseille habe ihre ganze Produktion an die Schweiz geliefert und nie für Deutschland gearbeitet. Zum Einwand, dass Deutschland dadurch indirekt begünstigt worden sei, sagte Bettschart: «Demgegenüber ist zu sagen, dass die Fabriken unserer französischen Konkurrenz viel weiter gingen und Tonerde und auch Metall direkt an Deutschland lieferten.»[59]

Die Haltung der AIAG wohl am besten zum Ausdruck bringt, was Verwaltungsratspräsident Max Huber 1941 schrieb: «Es ist selbstverständlich, dass das Unternehmen seine volkswirtschaftliche Aufgabe in jedem Land, dessen Staat ihm Aufnahme und dessen Recht ihm Schutz gewährt, in unbedingter Loyalität und mit dem Willen zu verständnisvoller Einordnung erfülle.»[60] Im gleichen Jahr war für Huber der Spagat zwischen dem Präsidium der AIAG und dem Präsidium des Internationalen Komitees vom Roten Kreuz (IKRK) aber nicht mehr machbar: Er trat zurück, blieb jedoch im Verwaltungsrat. Als Präsident wurde er vom Bankier Albert Hofmann (1874–1948) abgelöst.

Und welcher Profit resultierte aus dieser Haltung? Singen erwirtschaftete 1941/42 hohe Gewinne. Diese wurden aber – auch wegen der massiv eingeschränkten Transfermöglichkeiten – nicht als Dividende ausgeschüttet, sondern zur Erhöhung des Stammkapitals verwendet. Diese Praxis galt auch für die andern Betriebe. Gemäss Ruch bewegte sich die Rendite der deutschen AIAG-Gesellschaften in den Jahren 1939 bis 1944 zwischen 3.0 und 4.2%.[61] Die AIAG als Ganzes erzielte in den Kriegsjahren 1939–1945, inklusive Erträge der Tochtergesellschaften, im Durchschnitt eine Eigenkapitalrendite von 9.8%, wie bei der Alusuisse ein History Team errechnete, das in den späten 1990er-Jahren parallel zur Bergier-Kommission und zu der damaligen öffentlichen Diskussion an der Arbeit war. Bei der Alcoa betrug sie im gleichen Zeitraum 15.6%.[62] Weil die Gewinne überwiegend reinvestiert werden mussten, verfügte die AIAG wie andere Schweizer Firmen nach dem Krieg über eine hervorragende Ausgangslage. «Die Investitionen zur Zeit der NS-Herrschaft haben sich also langfristig bezahlt gemacht, selbst wenn der kurzfristige monetäre Profit eher bescheiden ausfiel und in der unmittelbaren Nachkriegszeit oft nur Verluste erwirtschaftet wurden», schreibt Ruch. «Die Strategie

Nicht nur ausländische Luftwaffen bescherten der AIAG Arbeit. Von der Schweizer Armee erhielt sie unter anderem Aufträge für die Produktion von 289 Jagdflugzeugen des Typs Morane, hier aufgenommen während des Luftkriegs 1944.

der Schweizer Firmenleitungen, im Hinblick auf eine wie immer geartete Nachkriegszeit aus- und durchzuhalten und wertvolle Marktpositionen nicht preiszugeben, hat sich im Rückblick aus der Sicht der Unternehmen als die ökonomisch richtige erwiesen.»[63]

Wechselbäder in Chippis

Wichtige Veränderungen hatte der Krieg nicht nur bei den ausländischen Töchtern, sondern auch bei den Schweizer Werken der AIAG zur Folge. Ihre Exporte, die zuvor in erster Linie nach England gegangen waren,[64] beschränkten sich nun auf Lieferungen an die Achsenmächte. Auf dem Heimmarkt arbeiteten die Produktionsbetriebe der AIAG für die Schweizer Rüstung (Bleche für den Flugzeugbau und Halbzeug). Sie waren aber auch in der Lage, alle anderen Bedürfnisse im Inland abzudecken. «Eine stolze Schweizerindustrie», überschrieb das «St. Galler Tagblatt» 1943 eine Reportage.[65] Aluminium wurde zunehmend als Ersatzstoff für Kupfer, rostfreien Stahl und Weissblech (zum Beispiel für Konservendosen) eingesetzt, die kaum noch erhältlich waren, wodurch die Verbreitung des Werkstoffs weitere Fortschritte machte. Dem letzteren Ziel diente auch die 1942 erfolgte Beteiligung der AIAG an einem Unternehmen der Schweizer Draht- und Kabelindustrie, der SA des Cableries et Tréfileries in Cossonay.

Ende der 1930er-Jahre erwarb die AIAG im Wallis weitere Kraftwerkkonzessionen an der oberen Rhone, und in der Folge wurden mit bedeutendem Aufwand die Energieanlagen ausgebaut. Die Elektrolyse in Chippis erlebte in Bezug auf den Ausstoss massive Wechselbäder: Er betrug 1930 17 453 Tonnen, schrumpfte in der Krise bis 1933 auf ein Drittel und stieg dann bis 1941 auf 21 709 Tonnen. Danach ging die Produktion bis 1944 auf 8683 Tonnen zurück, und 1945 betrug sie, bei dreimonatiger Stilllegung des Werks, gerade noch 4957 Tonnen. 1942 kam es in Chippis wegen der tiefen Löhne oder, je nach Sichtweise, wegen «der Einflüsse, die sich von aussen her geltend machten», zu einem einwöchigen Streik, mit welchem die Arbeiter gewisse Lohnerhöhungen erreichten.[66] Gegen die auch danach «behauptete Rückständigkeit der bezahlten Löhne» wehrte sich die AIAG mit Quervergleichen: «Jedenfalls kann ich feststellen, dass die Löhne, die heute in Chippis ausgerichtet werden, durchaus dem Durchschnitt der schweizerischen Maschinen- und Metallindustrie entsprechen», führte Verwaltungsratspräsident Albert Hofmann an der Generalversammlung 1943 aus.[67]

Anfang 1945 wurden in Chippis wegen des Rohstoffmangels rund 600 Beschäftigte entlassen und nur noch 300 Personen mit Notstandsarbeiten beschäftigt,[68] was eine breite Polemik auslöste. Aufgrund einer Interpellation des SP-Vertreters Karl Dellberg, bekannt als der «Löwe von Brig», kam die Angelegenheit auch im Nationalrat zur Sprache. Die Entlassungen und die Arbeitsmethoden in Chippis wurden aber nicht nur von linker, sondern auch von konservativer Seite kritisiert. Dabei war man insbesondere der Meinung, die AIAG habe im Krieg gut verdient und könnte nun «einige Millionen Franken» für die Arbeiter einsetzen.[69] Der Walliser Staatsrat wiederum hegte «keinerlei Befürchtungen für die Zeit nach dem Monat März, da es dann leicht fallen werde, die Leute in der Landwirtschaft und im Rebbau zu beschäftigen». Zudem seien «grosse Strassenbauten in Aussicht genommen». Im Verwaltungsrat betonte Direktor Hermann Kurz, «dass alle Vorkehrungen getroffen werden, damit keine schlimme Lage für die Arbeiterschaft eintritt». Weil der Kanton Wallis bei der Arbeitslosenversicherung kein Obligatorium kannte, war der grössere Teil der Arbeiter nicht versichert.[70] Im April 1945 bestätigten die zuständigen Amtsstellen in Sion der AIAG, dass «bereits Mitte März alle nicht beschäftigten Arbeiter im Kanton Arbeit gefunden» hätten.[71]

Neuhausen verliert an Bedeutung

1940 wurde die Walliser Position im Konzern gestärkt, indem die AIAG ihren Sitz von Neuhausen nach Chippis und ihre Zentralverwaltung nach Lausanne verlegte. Dafür gab es verschiedene Gründe: Zum einen war die grenznahe Lage in Neuhausen sehr exponiert, und der Bund drängte während des Kriegs verschiedene Schaffhauser Firmen, sich nach einem anderen oder zumindest einem zweiten Standort umzusehen. Entscheidend für die Sitzverlegung war aber die Steuerfrage. Die AIAG fühlte sich im Kanton Schaffhausen gegenüber den steuerprivilegierten Holdinggesellschaften benachteiligt, sie lag mit den Behörden seit Jahren im Streit und erhielt vom Kanton Wallis ein Dumpingangebot. Verhandlungen mit der Schaffhauser Regierung verliefen ergebnislos.

Im April 1940 zog die Zentralverwaltung der AIAG nach Lausanne, wo sie sich im fünfstöckigen Hotel Meurice einmietete.

In Lausanne gründeten AIAG-Beschäftigte eine eigene Fussballmannschaft, die an der Firmenmeisterschaft teilnahm. Die Aufnahme stammt aus dem Jahr 1954.

«Angesichts dieser Sachlage bleibt uns kaum etwas anderes übrig, als nun den Sitz der Gesellschaft auf Grund der Offerte des Kantons Wallis nach Chippis zu verlegen», wurde im April 1940 im Verwaltungsratsausschuss erklärt. «Der Kanton Wallis wird uns als Holdinggesellschaft besteuern, sodass wir einen fixen Betrag von Frs. 40 000.– zu bezahlen haben werden.»[72] Das war ein Bruchteil dessen, was die AIAG, bis dahin die grösste Steuerzahlerin des Kantons, an den Kanton Schaffhausen und die Gemeinde Neuhausen ablieferte. Die Zentralverwaltung, die man aus Neuhausen abzog, wurde neu in einem Hotel in Lausanne-Ouchy installiert. Bemühungen Schaffhausens, die AIAG nach Kriegsende zurückzuholen, scheiterten. Eine Rückkehr nach Neuhausen stand zwar durchaus zur Diskussion,[73] doch verlegte die AIAG ihren Hauptsitz 1956 schliesslich nach Zürich.

1945 wurde die Rohaluminiumproduktion in Neuhausen, an der Geburtsstätte der AIAG, aufgegeben. Die Hütte am Rheinfall wurde in den frühen 1950er-Jahren abgebrochen.

Die 1945 stillgelegte Elektrolyse in Neuhausen.

Nach der Schliessung der Elektrolyse verblieben am Standort Neuhausen noch die Forschung – im Bild das Forschungslaboratorium bei Arbeitsschluss 1938 – und das Aluminiumwalzwerk.

«Plötzlicher Umzug»

Die Verlegung der Konzernzentrale nach Lausanne eröffnete dem jungen Walter Gysel unerwartet neue Möglichkeiten: «Eines Tages hörte ich vom plötzlichen Umzug der Verwaltung der AIAG nach Lausanne. Ich war erstaunt, dass ich nicht informiert worden war, aber etwas später erhielt ich Bescheid, dass in Neuhausen eine Tochtergesellschaft, kurz die ANAG genannt, gegründet worden sei und ich dort beschäftigt würde unter der Direktion von Dr. Hintermann, welcher als Major ebenfalls im Grenzschutz im Dienst stand. So bildeten wir dann eine kleine Verwaltung. Es blieben hauptsächlich ältere Angestellte zurück, die man nicht mehr nach Lausanne transferieren wollte. So war ich einer der Jüngsten und hatte nun auch die Möglichkeit, meine vielseitigen Fähigkeiten unter Beweis zu stellen.»[74]

Schliesslich kam 1945 auch das Aus für die älteste Aluminiumhütte des Konzerns und Europas. Die Anlage in Neuhausen am Rheinfall, wo die Geschichte der AIAG 1888 begonnen hat, wurde stillgelegt. Sie war zu klein, veraltet und hatte am Aufschwung in der zweiten Hälfte der 1930er-Jahre nicht mehr teilgenommen. Lag ihre Produktion 1920 noch bei 716 Tonnen, so sank sie auf 581 Tonnen 1930, 565 Tonnen 1940 und 523 Tonnen 1944. 1945 wurden in Neuhausen die letzten 73 Tonnen geschmolzen. Im Geschäftsbericht 1945 wurde die Schliessung mit dem damaligen Tonerdemangel begründet. Im Kriegsjahr mit dem höchsten Ausstoss, 1941, hatte der Anteil von Neuhausen an der Rohaluminiumproduktion der AIAG gerade noch 0.8% betragen. Auf Rheinfelden entfielen 32.4%, auf Chippis 30.2, auf Porto Marghera 25.8 und auf Lend 10.8%. 1930 waren die Gewichte noch anders verteilt gewesen: Mit

ALUMINIUM-INDUSTRIE-AKTIEN-GESELLSCHAFT
IN CHIPPIS
(SCHWEIZ)
Der Inhaber dieser
FR. 1000.– STAMM-AKTIE Nr. [redacted]
ist für den Betrag von
EINTAUSEND FRANKEN
bei der Aluminium-Industrie-Aktien-Gesellschaft in Chippis mit allen gesetzlichen und statutengemässen Rechten und Pflichten beteiligt.
Chippis, den 17. April 1941.
ALUMINIUM-INDUSTRIE-AKTIEN-GESELLSCHAFT
Der Vorsitzende des Verwaltungsrates: Ein Mitglied des Verwaltungsrates:
Max Huber A. Hofmann
Für die Kontrolle:
Stempelabgabe entrichtet. Quittung der eidg. Steuerverwaltung vom 19. April 1941 No. A 421 805

Max Huber und Albert Hofmann, deren Unterschriften hier eine AIAG-Aktie von 1941 zieren, waren vor und während des Zweiten Weltkriegs prägende Figuren im AIAG-Verwaltungsrat.

68% entfiel damals der Löwenanteil des Ausstosses auf Chippis, vor Lend (14.3%), Rheinfelden (8.4%), Porto Marghera (7%) und Neuhausen (2.3%).

Arbeiter am Aluminiumofen, gezeichnet vom Kunstmaler Otto Baumberger für die Festschrift AIAG 1888–1938.

1945–1960

Nachkriegsjahre u
Hochkonjunktur

nd einsetzende

Nachkriegsjahre und einsetz
(1945–1960)

Zerstörungen, Besetzung, Handelshemmnisse

«Wir stehen heute in einer Verteidigungsstellung, um das Vorhandene zu behaupten; eine wenig dankbare Aufgabe», erklärte der frühere Präsident Max Huber Ende 1944 im Verwaltungsrat.[1] Schon Monate zuvor begründete Finanzdirektor Arnold Bloch-Frey die vorsichtige Finanzpolitik mit der Prognose: «Es untersteht heute wohl kaum einem Zweifel, dass wir einer weniger günstigen Zukunft entgegen gehen.»[2] Bei Kriegsende sah sich die AIAG in der Tat mit einer ganzen Reihe von Problemen konfrontiert: In den USA war während des Kriegs eine starke Aluminiumindustrie aufgebaut worden, die nun, wie auch die kanadische Alcan, auf den Weltmarkt drängte. Gleichzeitig konnte in einem Teil der AIAG-Werke, die zerstört und besetzt waren, nicht gearbeitet werden. Der Waren- und der Kapitalverkehr waren gestört. Die Bauxitgruben in Osteuropa gingen durch Verstaatlichung verloren, und es waren zeitweise kaum Rohstoffe erhältlich. Zudem war offen, ob die Märkte, in denen Aluminium während des Kriegs als Ersatz für Kupfer und andere Metalle zum Einsatz gekommen war, gehalten werden konnten.

Die Absorptionsanlage für die Söderberg-Öfen des Werks in Porto Marghera am 13. Juni 1944. Viele Produktionsanlagen der AIAG wiesen bei Kriegsende massive Schäden auf.

Die Gleichrichteranlage I (rechts) sowie die Ofenhallen A 5 und A 7 am gleichen Tag.

de Hochkonjunktur

Rheinfelden: Doch nicht demontiert

In Rheinfelden, wo während des Kriegs zeitweise über 1900 Personen beschäftigt waren, begannen 1945, nachdem die Alliierten für Rohmetall ein Produktionsverbot erlassen hatten, Demontagearbeiten. Rund 300 Personen wurden in Umschmelzerei und Kohlefabrik mit Lohnaufträgen für die Nachbarbetriebe beschäftigt. Für die Deutsche Bundesbahn reparierte Rheinfelden Lokomotiven und Güterwagen. Nach der Kehrtwende in der alliierten Politik durften 1949 die Söderberg-Öfen im Werk IIIa in Betrieb genommen werden. 1950 fuhr man das Werk II an, und ab 1951 produzierten auch die restlichen Elektrolysebetriebe wieder.[3]

«Mit einer Weltproduktion von nur 774 000 t (davon 127 600 t in 10 westeuropäischen Ländern) stand die Aluminiumindustrie im Jahr 1946 praktisch vor einem Neubeginn, da – abgesehen von der Beseitigung der direkten Kriegseinwirkungen – der Absatzmarkt für den Werkstoff völlig neu geschaffen werden musste.» Mit diesen Worten charakterisierte Curt Freiherr von Salmuth von der Firma Giulini zwanzig Jahre später die Situation bei Kriegsende. Von Salmuth schob die positive Meldung aber gleich nach: «Diese Umstellung gelang der Aluminiumindustrie sehr schnell und war bis etwa Mitte der 50er-Jahre abgeschlossen. 1955 wurden erstmals über 3 Millionen Tonnen Hüttenaluminium in der Welt erzeugt.»[4] Der AIAG mangelte es nicht an Nachfrage. So konnte 1946 die Produktion von Chippis, obwohl vergrössert, den stark angewachsenen Bedarf nicht decken, und man führte «für Umarbeitungszwecke» wie schon im Vorjahr Metall aus Kanada ein.[5] Sorgen bereiteten hingegen die ausser Betrieb stehenden Anlagen und die Massnahmen der Alliierten.[6] Der Betrieb in der Hütte Rheola in South Wales, an der die AIAG mit 50% beteiligt war, wurde nicht mehr aufgenommen. Hier entstand unter Beteiligung der AIAG ein grosses Walzwerk, von welchem sich die AIAG später aber trennte.

«Schweizerbesitz bleibt Schweizerbesitz»

In Deutschland war die Rohmetallproduktion mittels Elektrolyse bis 1948 verboten, nur das Umschmelzen erlaubt, und man war stets im Ungewissen, ob und welche Werke und Anlagen von den Alliierten requiriert würden. Singen war besser dran als die Hüttenstandorte, weil die Aluminiumverarbeitung gestattet war. Obwohl die AIAG voll in die Kriegsproduktion der Achsenmächte eingespannt gewesen war, zeigten Direktion und Verwaltungsrat keinerlei Verständnis dafür, dass die Massnahmen der Besatzungsmächte auch ihre Firma trafen. Die AIAG stehe betreffend Reparationen auf dem Standpunkt und werde «in ihrer Ansicht durch das Politische Departement unterstützt, dass Schweizerbesitz Schweizerbesitz bleibt und unter keinen Umständen dritten Ländern zugeteilt werden darf», erklärte Präsident Albert Hofmann in seiner Präsidialansprache 1947.[7]

Im Dezember 1945 beklagte man sich im Verwaltungsrat über die französischen Behörden, die bestritten, «dass wir uns als Schweizerfirma in einer anderen rechtmässigen Lage befinden als andere Gesellschaften».[8] Ein halbes Jahr später stellte Direktor Fritz Schnorf zur Tatsache, dass auf der alliierten Liste der Industrien, «welche als Gefährdung des Friedens betrachtet werden», auch die Aluminium- und Tonerdewerke zu finden waren, fest: «Bern kann uns wegen dieser Klassifizierung dieser Werke leider nur wenig helfen. Zu unsern Gunsten wirkt vielleicht der Umstand, dass es sehr schwer hält, ein Aluminium- oder Tonerdewerk abzutransportieren. Jedenfalls erfordern die diesbezüglichen Arbeiten sehr viel Zeit, was für uns an und für sich günstig ist.» Man rechnete aber auch damit, dass die Werke zerstört werden könnten. «Es bleibt uns also nur die Hoffnung auf Zeitgewinn und darauf, dass sich die englisch-amerikanische Mentalität langsam wandelt», ergänzte alt Bundesrat Ernst Wetter.[9]

Dieser Wandel trat dann auch ein. Nach dem Fallenlassen des Morgenthau-Plans, gemäss welchem Deutschland ein industriefreier Agrarstaat hätte werden sollen, und der Währungsreform von 1948 konnte die Produktion wieder aufgenommen werden. 1949 wurde das Verbot gelockert, und ab 1951 war die Aluminiumproduktion wieder erlaubt. Alles in allem kam die AIAG in Deutschland und Italien viel glimpflicher davon als ursprünglich befürchtet. Beim stark behinderten zwischenstaatlichen Waren- und Zahlungsverkehr besserte sich die Situation mit der Einführung der Europäischen Zahlungsunion 1950. Die grossen Vorräte an Altmetall hatten sich entgegen den Befürchtungen nicht als Belastung des Marktes bemerkbar gemacht, sondern sie «fanden schlank Unterkunft», unter anderem «für den Häuserbau in England und in Form von Wellblech in den Vereinigten Staaten».[10]

Verlust der Bauxitgruben in Osteuropa

«Die Bauxit-Gruben, Schürf- und Ausbeutungsrechte unserer Tochtergesellschaften in Ungarn, Rumänien und Jugoslawien sind überall in der einen oder andern Art nationalisiert worden», stellte der Geschäftsbericht 1949 fest. Damit hatte sich die AIAG nach neuen Rohstoffquellen umzusehen. Eigene Vorkommen waren noch in Frankreich und Italien vorhanden. Als Ersatz beutete die AIAG Gruben in Griechenland aus, deren Bauxit bei der Verarbeitung anfänglich aber Probleme bereitete. Die AIAG übernahm gemeinsam mit der deutschen VAW von der Alcan die Delphi Mines.[11] 1949/50 verfolgte die AIAG auch ein Tonerdeprojekt in Griechenland, das sie mit Marshallplan-Finanzierung realisieren wollte. Dieses Vorhaben wurde 1965 «für ein Gespräch mit der Montecatini aufgewärmt», aber nie realisiert.[12] 1960 bezog die AIAG Bauxit aus Jugoslawien, Griechenland, Indien und Niederländisch-Guayana.[13]

Büro und Magazin der Bauxitgrube in Ungarn 1944, aufgenommen vermutlich vom späteren Konzernchef Emanuel Meyer, der dort tätig war.

Gegen Ende der 1950er-Jahre bildete sich unter Federführung der niederländischen Billiton ein Bauxitsyndikat, an welchem neben Billiton die AIAG, die VAW und Olin Mathieson (USA) beteiligt waren. «Unsere Beteiligung beruht auf der Überlegung, dass wir im Konzern jährlich etwa ½ Million Tonnen Bauxit brauchen, aber unsere bisherigen Vorkommen nicht unerschöpflich sind und selbständige Kampagnen sehr teuer zu stehen kommen», begründete Direktor Emanuel Meyer 1958 das Mitmachen der AIAG. Das Syndikat erstreckte sich auf Zentralamerika, den nördlichen Teil von Südamerika und Westafrika, mit Ausnahme von Französisch-Westafrika. Billiton sei, führte Generaldirektor Fritz Schnorf aus, «ein alter Freund der AIAG». Sie habe in Niederländisch-Indien (Indonesien) grosse Tätigkeitsgebiete verloren und suche nun neue Wirkungskreise. «Wir streben an», so Schnorf weiter, «mit den bisherigen Aufwendungen an verschiedenen Orten Fuss zu fassen.» So beteiligte sich die AIAG mit 10% an einer Tonerdefabrik (Fria) in Guinea, die 1960 ihren Betrieb aufnahm.[14] Und auch die weiteren Anstrengungen der AIAG konzentrierten sich zunächst auf Afrika. «Zwei Jahrzehnte lang musste sie sich mit bescheidenen Erzvorkommen in Frankreich, Italien und Griechenland begnügen und Bauxit von Dritten kaufen, bevor Mitte der sechziger Jahre aufgrund eigener Prospektionstätigkeit in Sierra Leone Ansätze zu einer langfristigen Lösung des Rohstoff-Problems gefunden wurden», fasste Meyer 1969 die Entwicklung rückblickend zusammen.[15]

Bauxitumschlag in der Mine Villeveyrac in Frankreich, die im Tagbau betrieben wurde.

Koreakrieg bringt neuen Aufschwung

Der Ausbruch des Koreakriegs im Jahr 1950 brachte zwar neue Behinderungen im soeben liberalisierten Warenverkehr. Auf der andern Seite setzte er dem Nachfrage- und Preisrückgang des Vorjahres ein schnelles Ende. Die erneute militärische Aufrüstung, allen voran der USA, und die Vorratskäufe der Regierungen liessen auch die Nachfrage nach Aluminium steigen. Im Konkurrenzkampf der verschiedenen Metalle hatte Aluminium ebenfalls Oberwasser. «Neben tatsächlichem Mehrbedarf für alle Verwendungszwecke zeigte sich wieder, wie in den Kriegs- und Nachkriegsjahren, grösseres Interesse an Aluminium als Ersatz für Kupfer und Weissblech», rapportierte der Geschäftsbericht 1950.[16] Ab den ersten Nachkriegsjahren war Kupfer stets teurer als Aluminium. Zuvor war es umgekehrt gewesen. Bereits 1951 übertraf die AIAG ihre Aluminiumproduktion von 1939.

Leichtmetallaufbauten für Lastwagen – hier Migros-Wagen im Jahre 1946 – gehörten schon früh zu den AIAG-Produkten.

Der bedeutendste Markt der AIAG war nach wie vor Deutschland, und hier ging es steil aufwärts: «Das deutsche Wirtschaftswunder beschert der Aluminiumindustrie fast zwanzig ‹fette Jahre› am Stück. 1951 ist die Durststrecke der unmittelbaren Nachkriegszeit überwunden; für die deutsche Industrie wendet sich das Blatt hin zu rasantem und stetigem Wachstum. Bis zum Ende des Jahrzehnts schwingt sich die Bundesrepublik zur zweitstärksten Wirtschaftsnation der Welt nach den USA auf.»[17] Für den Werkstoff Aluminium konnten nicht nur die neuen Anwendungsgebiete des Kriegs – zum Beispiel in der Flugzeugindustrie[18] – behauptet werden, sondern es kamen weitere hinzu. «Handwerk und Industrie, die dem ‹neuen› Metall bislang noch misstrauisch und ablehnend gegenüberstehen, verwenden es fortan mit Überzeugung und Begeisterung. [...] Dafür, dass die im Krieg aufgeblähten Kapazitäten nicht zurückfielen, sondern ganz im Gegenteil noch weiter anstiegen, sorgten auch die immer üppiger werdenden Haushaltsgeräteparks in westdeutschen Wohnungen, die aufkommende Verpackungsflut und schliesslich der Rüstungswettlauf zwischen den Machtblöcken in Ost und West.»[19]

1960 betrug der Pro-Kopf-Verbrauch an Aluminium in den USA 10.3, in der Schweiz 9.7, in Grossbritannien 8.9 und in Deutschland 7.7 Kilogramm. In der Schweiz hatte er sich seit 1950 mehr als verdreifacht. Die AIAG nahm auch neue, hochwertige Produkte ins Programm auf, die sich vorerst allerdings unterschiedlich entwickelten: «Der Absatz an Raffinal gestaltete sich erfreulich; dagegen halten sich die Verkäufe von SAP – aus Sinter-Aluminium-Pulver gepresstes Metall – und von Gallium noch in verhältnismässig bescheidenem Rahmen», hiess es im Geschäftsbericht 1957. Bei Raffinal, mit dessen Herstellung man schon vor dem Krieg begann, handelt es sich um hochreines Aluminium von mindestens 99.99%, das anfänglich in erster Linie für Reflektoren, elektrische Kondensatoren und für Folien zur Verpackung von Käse verwendet wurde.[20] Das «normale» Aluminium ist 99.5% rein. Schon 1963 wurde die Raffinal-Produktion in Rheinfelden aber eingestellt und in Chippis reduziert, «weil die Abnehmer mehr und mehr normales hochprozentiges Rohmetall anstelle des Raffinals verwenden».[21] Gallium fällt als Nebenprodukt bei der Tonerdeherstellung an und kommt – neben dem hochreinen Silizium und Germanium – als Halbleiter in der elektronischen Industrie zum Einsatz.[22] Vor allem in den USA evaluierte die AIAG den Galliummarkt intensiv.[23] Mit der industriellen Produktion startete sie 1955. Als wichtiges neues Massenprodukt hielt die Haushaltfolie Einzug, die 1958 von Singen lanciert wurde.

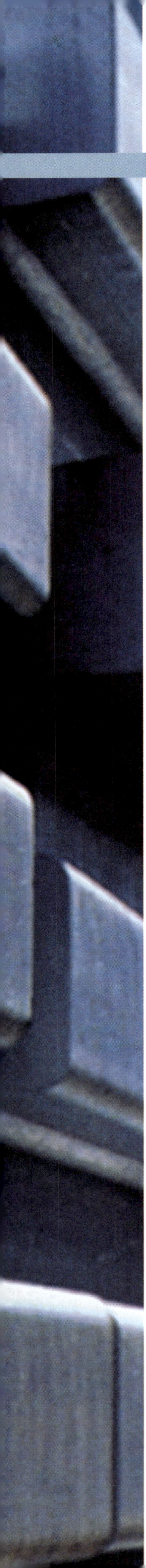

Die Haushaltfolie war ein wichtiges neues Massenprodukt.

Rohaluminiumproduktion AIAG in Tonnen 1943–1960

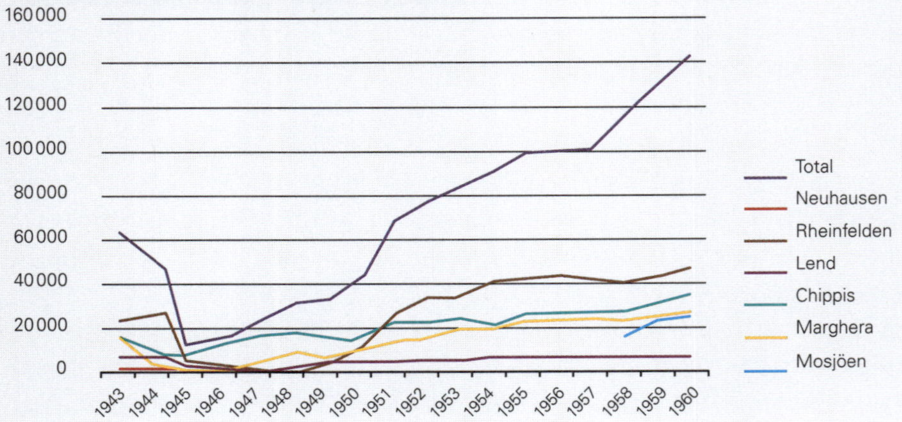

Nach dem Tiefpunkt bei Kriegsende erholte sich die Rohaluminiumproduktion sehr schnell und stieg in der Folge kontinuierlich an. In dieser Grafik ist die Kapazität von Mosjöen zu 100% berücksichtigt. Später wurden die Kapazitäten von Partnerschaften nur noch anteilsmässig eingesetzt.

Veränderte Aluminiumwelt

Die Entwicklungen während des Kriegs hatten die Aluminiumwelt stark verändert. Die AIAG hatte ihre lange Zeit unbestrittene Führungsrolle verloren, die nordamerikanische Aluminiumindustrie ihre Kapazitäten im Dienste der Rüstungsproduktion massiv ausgeweitet.[24] Lag der Schwerpunkt der Aluminiumproduktion bis zum Zweiten Weltkrieg in Europa, so traten danach die USA, Kanada und die Sowjetunion in den Vordergrund.[25] Die Kapazitäten in den USA befanden sich bei Kriegsende zu 48% im Besitz der Alcoa, 40% gehörten der US-Regierung und 12% Reynolds Metals. Nach der Privatisierung der staatlichen Hütten verfügte Alcoa über einen Anteil von 51 und Reynolds über einen solchen von 29%, und als dritter grosser Anbieter hatte sich Kaiser mit 20% etabliert.[26] Ende der 1950er-Jahre produzierten neben Alcoa, Kaiser und Reynolds neu auch die Anaconda Aluminum, Harvey Machine und die Olin Revere Metals Corp. – unter dem Namen Ormet – Rohaluminium. In Kanada war neben Alcan neu die Canadian British Aluminium getreten, die von der British Aluminium kontrolliert wurde.[27]

1960 entfielen von der Weltproduktion von 4.47 Mio. Tonnen 40.9% auf die USA und geschätzte 20.1% auf den Ostblock. Mit gut 142 000 Tonnen hatte die AIAG einen Anteil von 3.2%. 1939 waren es noch 9.2% gewesen. 1965 war die AIAG mit einer Rohaluminiumkapazität von 260 000 Tonnen von den «big six» klar die Kleinste, hinter Alcoa (1 025 000), Alcan (965 000), Reynolds (750 000), Kaiser (630 000) und Pechiney (330 000). Beim Bauxit und der Tonerde war ihr Rückstand noch grösser.[28] Verschiedenenorts zeichneten sich bereits Überkapazitäten ab, was Preiskämpfe nach sich zog. «In Deutschland, England und Benelux, welche traditionell bedeutende Mengen Hüttenaluminium einführen, lieferten sich die Überschussländer, vorab Kanada, USA und Norwegen, einen scharfen Wettbewerb», hiess es dazu im Geschäftsbericht 1960. «Erstmals trat auch Spanien als Metallexporteur auf.»[29] Dem zunehmenden Preiswettbewerb suchte man, da kartellistische Vereinbarungen verboten waren, mit informellen Zusammenkünften zu begegnen, bei denen teilweise die AIAG federführend war. Man traf sich beim alljährlichen Skiwettbewerb «Trophée européen de l'aluminium» und an so genannten Chocolate Parties in Zürich, die von AIAG-Generaldirektor John Wohnlich organisiert wurden.[30]

Nach dem Krieg änderten die grossen Produzenten insofern ihre Strategie, als sie verstärkt in die Verarbeitung zu investieren begannen, also neben der horizontalen Konzentration auch die vertikale Integration vorantrieben. Sie übernahmen unabhängige Verarbeitungswerke oder erhöhten ihre eigenen Verarbeitungskapazitäten. Von dieser Entwicklung waren vor allem die Walzwerke betroffen. Deren Mehrheit verfügte nicht über genügend Ressourcen, um die notwendige Modernisierung hin zu grösseren Breiten mit einer besseren Ausbeute zu vollziehen, sodass sie sukzessive ausstiegen. Andere Verarbeitungsschritte wie das Strangpressen und die Giesserei waren von der vertikalen Integration viel weniger tangiert, weil sie weniger investitionsintensiv waren.[31]

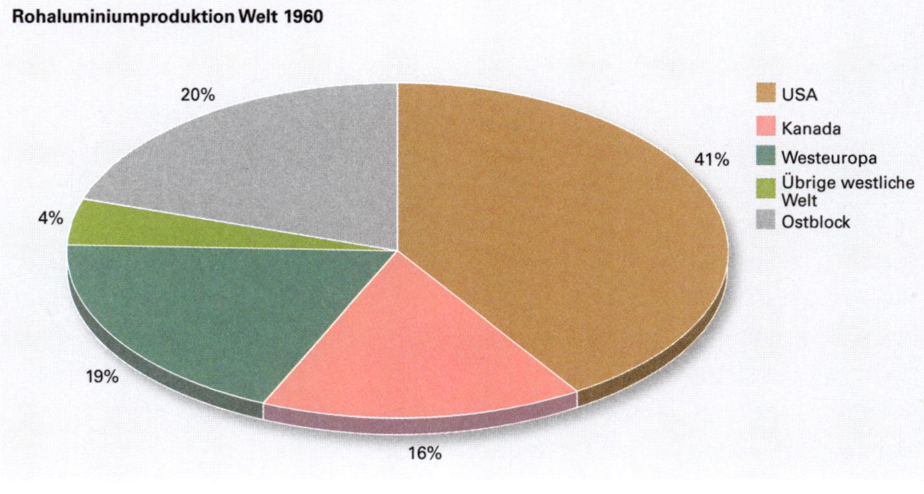

Mit dem Krieg hatten sich die Gewichte in der Aluminiumwelt klar verschoben.

Rohaluminium, Anteil AIAG an der Weltproduktion in %, 1939–1960

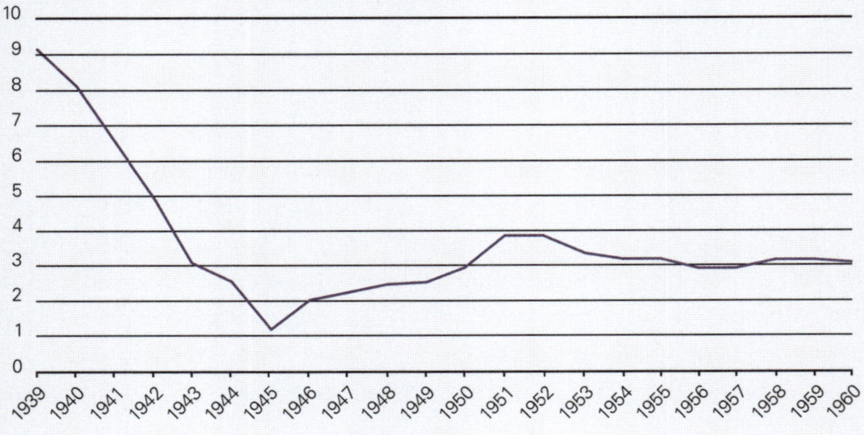

Der Ausbau der Kapazitäten in den USA, Kanada und der Sowjetunion hatte zur Folge, dass der Anteil der AIAG an der Weltproduktion zurückging.

Billiger Strom: Der Gang nach Norwegen

Um den massiv steigenden Verbrauch zu decken, setzte ein Wettlauf zur Erstellung neuer Rohaluminiumkapazitäten ein – der dann, wie erwähnt, bald einmal zu Überkapazitäten führte. «Die alten kontinentaleuropäischen Produzenten sind ebenfalls damit beschäftigt, ihren Ausstoss zu erhöhen», meldete der Geschäftsbericht 1955. Ausser in Norwegen würden solche Absichten aber wegen Mangels an elektrischem Strom an ihre Grenzen stossen. Bei der AIAG standen «ein Projekt im Wallis und eine Beteiligung in Norwegen» an vorderster Stelle. Aber auch ausserhalb von Europa versuchte die AIAG dabei zu sein. «An den bekanntgewordenen Plänen der französischen Hütten, Aluminium in Französisch-Guinea oder im Moyen-Congo zu erzeugen, haben wir zusammen mit den deutschen und italienischen Produzenten durch Beteiligung an den betreffenden Studiengesellschaften unser Interesse dokumentiert.» Guinea verfügte über ausserordentlich grosse Bauxitlager und wie der Kongo «über bedeutende unausgenützte Wasserkräfte».[32]

Im Frühjahr 1958 wurde die Hütte im nordnorwegischen Mosjöen, 50 Kilometer südlich des Polarkreises, an der die AIAG mit einem Drittel beteiligt war, in Betrieb genommen. Die andern zwei Drittel befanden sich im Besitz der Elektrokemisk. Die norwegische Partnerin brachte in das Joint Venture «ihre weltbekannte Konstruktion der selbstbackenden Söderberg-Anode» ein, die AIAG ihr Know-how im Bau von Aluminiumhütten.[33] Norwegen und Jugoslawien seien, bekräftigte Generaldirektor Emanuel Meyer zwei Jahre später erneut, «die einzigen europäischen Länder, wo noch billige Energiequellen verfügbar sind». In Norwegen sei in den nächsten Jahren mit einem grossen Ausbau zu rechnen. Trygve Lie, der ehemalige Generalsekretär der UNO, sei von der Regierung beauftragt worden, «für die Realisierung von Industriepro-

Das Tonerde-Transportschiff M/S Mosjöen.

jekten in Norwegen ausländische Gruppen zu interessieren».[34] Diese Bemühungen führten auch dazu, dass die AIAG ihren Anteil an Mosjöen 1962 an die Partnerin Elektrokemisk verkaufte – anstelle der AIAG stieg Alcoa ein[35] – und zusammen mit der französischen Firma Compadec die Sør-Norge Aluminium (Søral) gründete, die in Husnes am Eingang zum Hardangerfjord eine Hütte baute. Weil die Erfahrungen in Mosjöen nicht nur positiv waren, hielt Verwaltungsratspräsident Ernst Wetter 1960 aber auch fest: «Auf die Dauer gesehen ist es richtig, wenn wir darnach trachten, in der Schweiz gute Fabrikationseinrichtungen – in Hütte und Verarbeitungswerk – zu haben, denn diese Werke sind es immer wieder gewesen, die uns in schweren Zeiten durchgeholfen haben.»[36] In der Folge wurden zwar auch die Anlagen in der Schweiz ausgebaut, doch die Suche nach billigem Strom ging weiter.[37]

USA: Start mit einem Folienwerk

Mit dem Zweiten Weltkrieg nahm nicht nur die US-Produktionskapazität, sondern auch die Bedeutung des Aluminiummarktes USA markant zu. Die AIAG hatte bis dahin den produktionsmässigen Schritt über den Atlantik nicht gewagt. Das bis zum Zweiten Weltkrieg existierende Kartell hatte ihn in einem gewissen Sinne auch nicht nötig gemacht. Die französische Konkurrentin Pechiney hatte schon vor dem Ersten Weltkrieg mit dem Bau einer Hütte in North Carolina begonnen, die sie 1915 aber unvollendet an Alcoa verkaufen musste.[38] Im März 1947 teilte Direktor Kaufmann im Verwaltungsrat mit, «dass wir vor ungefähr vier Wochen zusammen mit der American Smelting and Refining Corporation und der Billiton Maatschappij uns bei der Regierung um die Pacht der Aluminiumhütte Torrance in der Nähe [von] Los Angeles beworben haben». Der Betrieb sei so gedacht, «dass die Billiton Bauxit an die Aluminum Company of America [Alcoa] liefern würde, die ihrerseits aus ihrer Tonerdefabrik in

Blick ins Folienwerk in Jackson, Tennessee.

Mobile [Alabama] Rohmaterial für die Hütte in Torrance zur Verfügung stellen würde». Alcoa würde auch einen Teil des produzierten Metalls übernehmen.[39] Das Vorhaben scheiterte aber, wie auch frühere Versuche, eine der von der Regierung betriebenen US-Hütten pachtweise zu übernehmen.[40]

Der Einstieg in die US-Produktion erfolgte dann auf der Stufe Verarbeitung. 1948 gründete die AIAG in Jackson (Tennessee) die Aluminum Foils Inc., die 1950 ein Folienwalzwerk in Betrieb nahm. Für den Schritt gab es verschiedene Gründe. Unter anderem waren die USA zu dieser Zeit in Sachen Industrie das Mass aller Dinge. «Bei unserm Entschluss, ob wir uns in den U.S.A. betätigen wollen oder nicht, werden wir nicht nur auf die Investitionen und ihre voraussichtliche Rentabilität sehen dürfen, sondern auch Rücksicht nehmen müssen auf die Wünschbarkeit, über die industrielle Entwicklung in den U.S.A. durch eigene Tätigkeit daselbst laufend unterrichtet zu bleiben», hiess es dazu im Verwaltungsrat.[41] Zudem war der Bedarf an Folien in den USA «gewaltig gestiegen».[42] 1955 kam die Blechproduktion hinzu, und 1956 wurde eine Giesserei eingerichtet. 1960 erhielt die Aluminum Foils den Namen

Consolidated Aluminum Corporation (Conalco). Der Beschaffung von Knowhow dienten USA-Reisen wie zum Beispiel diejenigen der Direktoren Anton Bettschart und Werner Kurz 1946 oder von Ernst Bloch, des späteren Leiters des Forschungsinstituts in Neuhausen, in den 1950er-Jahren. Insbesondere in Sachen Rationalisierung war die Entwicklung in den USA viel weiter fortgeschritten.[43] Eine Amerikareise hatte 1937 bereits Blochs Vorgänger Alfred von Zeerleder gemacht.[44] Die Anfrage eines S. Dean, ob die AIAG in die elektrolytische Raffination von Titan einsteigen wolle, wurde 1957 negativ beantwortet.[45] Die Nettorendite des Amerikageschäfts stieg bis 1955 auf 7.3% und lag 1960 nach einem vorübergehenden Rückschlag bei 6.6%.[46] Im nächsten Jahrzehnt baute die AIAG in den USA in New Johnsonville (Tennessee) dann auch eine eigene Hütte.

Ende der 1950er-Jahre erfolgte auch der Einstieg in Lateinamerika, ebenfalls in der Verarbeitung: 1959 ging ein Presswerk (Aisa) in Brasilien, in der Nähe von São Paulo, in Betrieb. In Europa hatte die AIAG 1950 mit dem Kauf der Aluminium Belge die Kontrolle über den belgischen Halbzeug- und Folienmarkt übernommen.[47]

Das Presswerk in der Nähe von São Paulo ging 1959 in Betrieb.

Produkte aus dem brasilianischen Presswerk: Aluminiumstoren.

«... nicht eher den Strom absetzen?»

Nach dem Zweiten Weltkrieg setzten Diskussionen ein, ob die AIAG die von ihr produzierte Energie weiterhin für die Herstellung von Aluminium verwenden solle oder ob nicht der Verkauf der Energie an Dritte gewinnbringender sei. Dazu trug auch die veränderte Konkurrenzsituation in der Aluminiumindustrie bei. «Wir müssen aber im Klaren darüber sein, dass der Traum, Weltproduzent für Rohaluminium zu sein, ausgeträumt ist», erklärte im Verwaltungsrat 1947 der frühere Finanzchef Arnold Bloch-Frey.[48] Mit seinen hohen Gestehungskosten war Chippis damals auf dem Weltmarkt nicht konkurrenzfähig. «Im übrigen gestatten die heutigen Gestehungskosten die Aufnahme des Wettbewerbes mit dem Überseemetall noch nicht», wurde im Geschäftsbericht 1946 festgestellt. 1947 formulierte es der frühere Direktor Henri Détraz, der inzwischen im Verwaltungsrat sass, klar: «Man kann sich nun fragen, ob wir ein Interesse daran haben, die Metallproduktion so stark zu steigern, wie dies geschieht, während der Verkauf der Energie an dritte Konsumenten erhebliche Gewinne ergeben würde. Wenn man auf dem Metall, das wir erzeugen, Geld verliert, sollte man dann nicht eher den Strom absetzen?»[49] Dem entgegnete an einer nächsten Sitzung Gerhard Steck-von Erlach, ebenfalls ein früherer Direktor, er sei «ganz einverstanden mit der Ansicht des Direktoriums, dass wir ein Unternehmen der Aluminiumindustrie bleiben wollen, auch wenn auf Rohmetall vielleicht nicht mehr viel zu gewinnen sein wird».[50] 1960 hielt Präsident Fritz Schnorf fest: «Es ist auf der ganzen Welt kein einziger Fall bekannt, wo eine Hütte die Aluminiumproduktion einstellte, um den elektrischen Strom zu verkaufen.»[51]

Auf der andern Seite hatte Verwaltungsrat Gadient Engi von der Ciba schon während des Kriegs ausgeführt, dass die AIAG «in immer stärkerem Masse auf den Verkauf elektrischer Energie angewiesen» sei. «Die vollständige Ausnützung der erzeugten Kraft ist für unser Unternehmen, aber auch für die ganze Schweiz, eine Lebensfrage.»[52] Weil der verkaufte Strom auch transportiert werden musste, verstärkte man die bestehende Leitung über die Gemmi (Lieferung an die Bernischen Kraftwerke) und erstellte 1946 eine Leitung über den Nufenen (Einspeisung ins Netz der Atel). Mit der Nufenen-Leitung dürfte die AIAG «einen recht nützlichen Beitrag an den Ausbau des schweizerischen Energieverteilungsnetzes geleistet haben», stellte VR-Präsident Albert Hofmann 1947 fest.[53] Bei ihren Bemühungen um einen vermehrten Energieexport aus dem Wallis ärgerte man sich bei der AIAG immer wieder über die Schweizer Elektrizitätsgesellschaften, die den Markt monopolartig beherrschten. Das Problem der AIAG war, dass ihre Kraftwerke im Sommer für ihren eigenen Bedarf zu viel und im Winter tendenziell zu wenig Strom produzierten.

Bischöflicher Segen für das Kraftwerk Mörel am 16. Mai 1944.

In den 1950er-Jahren erstellte die AIAG, die während des Kriegs das Kraftwerk Mörel in Betrieb genommen hatte, weitere Anlagen zur Energieproduktion. 1955 nahm das Kraftwerk Ernen die Produktion auf. Ende des Jahrzehnts folgte das Kraftwerk Gougra, an welchem ausser der AIAG die Aare-Tessin AG für Elektrizität (Atel), Von Roll, die Schweizerische Bankgesellschaft und die Gemeinde Sierre beteiligt waren. Am Rheinfall – also dort, wo die Geschichte der AIAG begann – wurde von 1948 bis 1951 ein neues Kraftwerk für die Rheinkraftwerk Neuhausen AG gebaut, in der die Kraftwerke der AIAG, der Schweizerischen Industrie-Gesellschaft (SIG) und der Gemeinde Neuhausen zusammengelegt wurden. Von 1952 bis 1957 realisierte man, trotz erbittertem Widerstand eines Teils der Bevölkerung, das Kraftwerk Rheinau. Aber nicht nur in der Schweiz fand ein Ausbau statt, sondern auch in Italien und Österreich. Parallel wurde die Suche nach Standorten mit möglichst billigem Strom fortgesetzt. Zu Norwegen sollte bald Island hinzukommen.

Nicht nur in der Schweiz, sondern auch im benachbarten Ausland baute die AIAG in den 1950er-Jahren ihre Energieanlagen aus: Der Travignolosee in Italien.

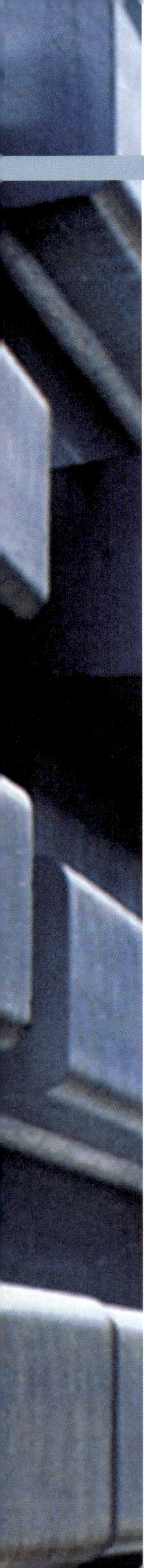

Rationalisierung im Wallis

Im Wallis wurden nicht nur die Kraftwerkanlagen, sondern auch die Produktionsbetriebe ausgebaut. Dabei ging es in erster Linie um Modernisierung und Rationalisierung.[54] 1952 bis 1955 ersetzte die AIAG in Chippis alte Öfen und nahm 80 000- bzw. 120 000-Ampere-Öfen in Betrieb. 1956 bis 1962 erfolgte ein etappenweiser Ausbau des Walz- und Presswerks in Sierre, wobei unter anderem eine 5000-Tonnen-Presse installiert wurde. In Chippis nahm man die erste automatische Fabrikation von Elektroden auf. 1960 konnte konstatiert werden, «dass wir heute mit dem Werk Chippis zufrieden sein können». Die Anlagen seien weitgehend rationalisiert, «so dass wir jede Konkurrenz aushalten können».[55] Als ein Jahr später der Chef der Walliser Werke, Werner Syz, sein 25-Jahre-Dienstjubiläum feiern konnte, lobte sein Direktionskollege Paul Surbeck: «Wenn Chippis in früheren Jahren manche schwierige Periode durchzumachen hatte, so dürfen wir heute mit grösster Freude und ebensolcher Genugtuung feststellen, dass der Geist in unseren Werken an Haupt und Gliedern gesund ist und zu den schönsten Hoffnungen für die Zukunft Anlass gibt.»[56]

Aber es bestand weiterhin Erneuerungsbedarf. 1960 beschloss der Verwaltungsrat, in Sierre für 30 Mio. Franken die erste Etappe eines neuen Walzwerks zu realisieren. In den letzten Jahren sei ausschliesslich ins Presswerk investiert worden, begründete Generaldirektor Emanuel Meyer den Antrag, und der Produktionsapparat sei veraltet. «Der Arbeitsstundenaufwand ist ein Mehrfaches von Singen und die Abfälle bewegen sich auf doppelter Höhe.»

Chippis: 1700 Arbeiter streiken

In Chippis kam es nach 1917 und 1942 in den 1950er-Jahren erneut zu einem Streik. Es hatte in der Arbeiterschaft schon lange gebrodelt. Am 9. August 1954 brach der Konflikt dann offen aus: 1700 Arbeiter traten in einen wilden Streik, nachdem die Bemühungen um Lohnerhöhungen wiederholt gescheitert waren bzw. einen Schiedsgerichtsentscheid gebracht hatten, der die Arbeiterschaft nicht befriedigte. Streitpunkt waren die nach Ansicht der Arbeiter viel zu tiefen Basislöhne und das zu grosse Gewicht der Prämien. Die nach drei Tagen erstrittenen Ergebnisse waren nicht spektakulär, aber es gab einige Verbesserungen. «Wenn man aber weiss, unter welchen Verhältnissen (Durchschnittstemperatur 60 bis 70 Grad) die Ofenarbeiter während 60 Stunden wöchentlich arbeiten müssen, fällt es nicht schwer, den durch Überdruss verursachten Schritt der Arbeiter, selbst wenn man ihn nicht gutheissen kann, zu verstehen», kommentierte der Schweizerische Metall- und Uhrenarbeiter-Verband (SMUV), der wegen der im Friedensabkommen verankerten Friedenspflicht gegen den Streik war, die Ereignisse. Weil die Öfen erloschen und unbrauchbar geworden waren, entstand durch den Streik ein beträchtlicher Schaden.[57] Die AIAG gehörte im Wallis mit der Lonza und der Ciba in Monthey zu den grossen Arbeitgebern. Von den 12 848 Beschäftigten der AIAG arbeiteten 1954 15.5% im Wallis. Bisweilen wurde das Wallis, nach dem Namenswechsel, auch als «Kanton Alusuisse» bezeichnet.[58]

Er prägte als «König des Wallis» die Entwicklung der Walliser Werke massgeblich mit: Werner Syz (1911–2004).

Die Arbeit an den heissen Öfen ist hart: Arbeiter in der Elektrolyse in Chippis 1958.

Arbeiter in der Giesserei in Chippis.

Arbeiter vor dem Verwaltungsgebäude in Chippis.

Weiter wurde damit argumentiert, dass im Aluminiumgeschäft immer weniger blosse Masseln und in vermehrtem Masse Bänder geliefert würden, welche die mittelgrossen Verarbeitungsfirmen nicht mehr selbst fabrizierten. Im Endausbau sollte das neue Walzwerk 72 Mio. kosten.[59] Im gleichen Jahr begann man mit dem Bau einer neuen Elektrolyse in Steg.

Immer schön aufwärts

Die Jahre 1945 bis 1975 seien die «Dreissig Glorreichen» der europäischen Aluminiumindustrie, schreibt Manfred Knauer, ein früherer Direktor von Kaiser Europe, wobei er die 1970er-Jahre als das «schwierige Jahrzehnt» bezeichnet.[60] Bis 1970 aber ging es immer schön aufwärts. «Feisse Aluminiumaktien!», überschrieb «Die Tat» 1957 einen Artikel, in welchem sie den Schweizer Zollschutz fürs Aluminium, «den höchsten in ganz Europa», kritisierte.[61] Die AIAG selbst hatte 1953 im Bericht zur allgemeinen Geschäftslage festgestellt: «Dazu kommt als positives Moment hinzu der immer stärker in Erscheinung tretende Holding-Charakter unserer Unternehmung; die Überweisungen unserer Tochtergesellschaften, insbesondere aus dem Ausland, haben sich auch 1953 weiterhin gut gestaltet.»[62]

Als die AIAG für 1958 einen gegenüber dem Vorjahr rund 14% höheren Reingewinn auswies und die Dividende von 10 auf 12% erhöhte, stimmte die «Schweizerische Finanz-Zeitung» ein Loblied an, indem sie die AIAG mit der kanadischen Alcan vergleich. Die Alcan leide «an einer gewaltigen Überkapazität» und weise sinkende Gewinne aus. «Für die AIAG ist aber eine weitere Gewinnsteigerung wahrscheinlicher als eine Gewinnschrumpfung, weil neue Werke in die volle Produktivität hineinwachsen.»[63] Und auch die «Finanz und Wirtschaft» zeigte sich in einer Bilanz 1960 begeistert: Der ausgewiesene Reingewinn war seit 1946 praktisch ständig gestiegen und hatte sich, allerdings von einer bescheidenen Basis ausgehend, bis 1959 beinahe vervierfacht. «Die AIAG-Direktion», so die «Finanz und Wirtschaft», «plant auf weite Sicht und bereitet aktiv und wohlüberlegt neue Ausweitungen und Verbesserungen vor.» Die Anlagen waren weitgehend abgeschrieben, sodass umfangreiche stille Reserven vorhanden waren. Weiter wurde auf den Ausbau der Stromversorgung hingewiesen, und das Wirtschaftsblatt kam zum Schluss: «Auf jeden Fall dürfte der AIAG-Konzern krisenresistenter und innerlich ausgeglichener sein als die nordamerikanischen Riesenunternehmungen.»[64] Ein Jahr später titelte dieselbe Zeitung: «Aluminium vor glänzender Zukunft.»[65]

Erbitterter Fluorkrieg im Fricktal

Die rasante Entwicklung hatte aber auch ihre Schattenseiten. «Mit Bezug auf die Fluorfrage in Rheinfelden möchten wir auf unsere grossen Anstrengungen hinweisen, die Fluoremanationen dieses Werkes durch den Einbau neu konstruierter Apparate noch stärker zu verringern, und der Erwartung Ausdruck geben, es werde dadurch weiterer Schaden an Vieh und Pflanzen unterbleiben», rapportierte der Geschäftsbericht 1958. Das Fluorproblem hatte sich im Fricktal sechs Jahre zuvor mit ersten Schadensmeldungen manifestiert. Die Hütte in Rheinfelden befand sich damals in voller Expansion. Bekannt aber war die Beeinträchtigung der Umwelt schon lange. Bereits 1914 hatte es im Wallis eine erste Klage gegen die Aluminiumfabrik von Giulini in Martigny gegeben, und 1924 war die Umweltbelastung unter dem Titel «La fumée des usines» Thema im Walliser «Nouvelliste».[66] Ursache für die Schäden waren die Abgase und der Fluorstaub, die ungefiltert in die Umgebung gelangten.[67]

1954 hatte Ernst Bloch bei seiner Studienreise in den USA gesehen, mit welchen Anlagen – Waschen der Abgase mit Sodalösung, Rückgewinnung des Fluors mit Blockanoden – die US-Produzenten die Fluoremissionen zu verhindern suchten.[68] Die AIAG, die 1953 mit der Installation von Dachsprühanlagen begann, konnte sich in diesem Stadium aber, weil man die Kosten scheute, nicht zu ähnlichen Investitionen entschliessen.[69] Sie befand sich damit in bester europäischer Gesellschaft: Das Bewusstsein, dass die mit den Emmissionen verbundenen Probleme bedeutend seien, sei lange schwach geblieben, stellt Daniel Boullet zur Entwicklung bei Pechiney fest.[70] Die AIAG reagierte äusserst defensiv, beklagte die Industriefeindlichkeit und hoffte, die Sache lasse sich mit Entschädigungen erledigen. An Schäden registriert wurden im Fricktal verbrannte Baumrinden, entlaubte Baumkronen, hohe Fluorgehalte in Gemüse und Früchten, ein dezimierter Wildbestand und kranke Kühe. Die

1958 besetzten aufgebrachte Bauern die Rheinbrücke in Rheinfelden.

Auseinandersetzung wühlte die Region auf. 1955 nahmen 1000 Menschen an einer Orientierungsversammlung teil, an der über den Verlauf der Verhandlungen zwischen den Fricktaler Behörden und der AIAG informiert wurde. Bis 1957 bezahlte die AIAG an die Bauern 1.69 Mio. Franken Schadenersatz. Zudem kaufte sie Höfe und Vieh – innert zehn Jahren 1580 kranke Kühe – auf.[71] Im Juni 1958 versammelten sich in Möhlin 5000 Menschen und verlangten die sofortige Stilllegung der Hütte. Sie besetzten die Rheinfelder Brücke nach Deutschland und blockierten eine Stunde lang den Verkehr.

1959 baute die AIAG in Rheinfelden neue Filteranlagen ein. In Verhandlungen mit dem Bundesrat, der sich eingeschaltet hatte, erklärte sie sich zudem zu einer Produktionsdrosselung um 30% bereit. Weil die Filter die gasförmigen Nebenprodukte, vor allem den giftigen Fluorwasserstoff, nicht zurückhielten, hörten die Proteste aber nicht auf, und es entspann sich ein Expertenkrieg.[72] 1963 wurde, in einem enorm aufgeheizten Klima, erneut die Schliessung der Hütte verlangt. 150 Fricktaler Bauern fuhren mit acht fluorgeschädigten Kühen nach Zürich, wo sie am Utoquai, in der Nähe des von der Polizei abgeschirmten AIAG-Hauptsitzes im Seefeld, demonstrierten.[73] Im Verwaltungsrat war der Fluorkrieg in diesen Jahren beinahe ständig ein Thema. 1967 wurde festgestellt, dass man in Rheinfelden für Entwicklung und Installation der Gasreinigungsanlagen 13 Mio. DM aufgewendet habe. Die dabei gewonnene Erkenntnis sei «auch allen übrigen Hütten zugute gekommen». Und man zog folgendes Fazit: «Im ganzen gesehen haben wir das Problem heute unter Kontrolle, mit einer Ausnahme. Im Wallis sind verschiedene Schädigungen bei Arbeitern aufgetreten.» Man nehme diese Angelegenheit sehr ernst und sei sich bewusst, «dass die Gefahr der Verpolitisierung besteht».[74]

Ein Bauer führt seine fluorgeschädigte Kuh vor.

«Erst beim Weltuntergang zu erschüttern»

Im September 1960 zitierte Generaldirektor Emanuel Meyer das Gutachten eines aussenstehenden Fachmanns: «Die Leitung der AIAG ist vorsichtig, sehr vorsichtig und solide. Die AIAG hat keine Schulden wie die amerikanischen Aluminiumproduzenten, sie hat moderne, aber abgeschriebene Werke, dicke Reserven und einen Schatz an Wasserkräften, die 2 Milliarden kWh leisten. Kurzum: die AIAG ist erst beim Weltuntergang zu erschüttern.»[75] Die «National-Zeitung» bezeichnete das Unternehmen, das gut rentierend und ohne Überkapazitäten dastand, als «weissen Raben». Zur AIAG, einem «vertikal straff durchorganisierten Konzern», der noch beinahe ausschliesslich europäisch war, gehörten damals Bauxitgruben in Frankreich, Italien und Griechenland, Tonerdefabriken in Italien, Deutschland, Frankreich und Guinea, Hütten in der Schweiz, Deutschland, Italien, Österreich und Norwegen, Kraftwerke in der Schweiz, Italien und Österreich, Halbzeug- und Folienwerke in der Schweiz, Italien, Deutschland, Grossbritannien, Belgien, den USA und Brasilien sowie Verkaufs- und Dienstleistungsgesellschaften.[76]

Die AIAG hatte vorsichtshalber auch im Wallis mit dem Aufkauf landwirtschaftlicher Güter begonnen. «Bei den Landkäufen in Chippis handelt es sich entweder um Terrain, das wir für die Erweiterung unseres Halbzeugwerkes benötigen, oder landwirtschaftliche Güter, deren Kauf wir wegen Rauchschaden-Forderungen für tunlich angesehen haben», wurde 1960 im Verwaltungsrat mitgeteilt.[77] Im Wallis ging der Fluorkrieg aber erst rund 15 Jahre später los. Im Aargau bezahlte die AIAG bis 1983 Entschädigungen.[78] «Eine positive Auswirkung hatte der Fluorkrieg immerhin», zieht der scharfe Alusuisse-Kritiker Peter Indermaur Bilanz. «Er machte die Öffentlichkeit auf die zunehmende Zerstörung der Umwelt aufmerksam und leistete dem Umweltbewusstsein, das damals noch in den Kinderschuhen steckte, Vorschub.»[79]

Beschäftigte nach Ländern 1958

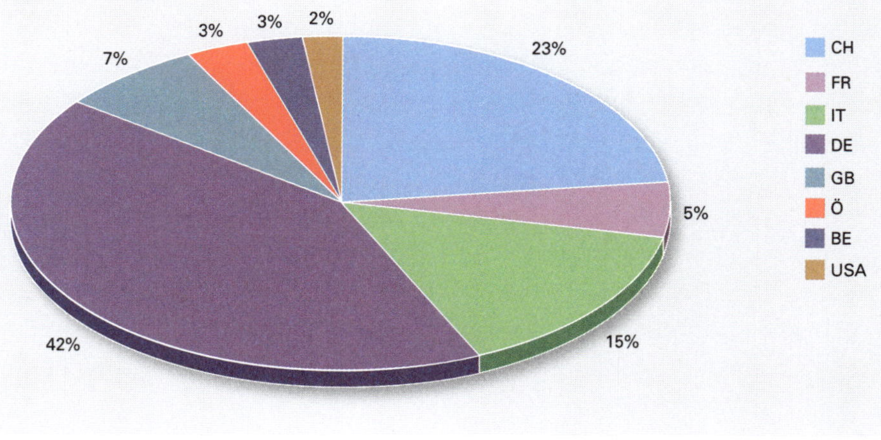

Gemessen an der Zahl der Beschäftigten, waren im AIAG-Konzern Ende der 1950er-Jahre nach wie vor Deutschland, die Schweiz und Italien dominierend.[80]

Die Zentralverwaltung kehrt zurück

1956 kehrte die AIAG-Zentralverwaltung in die Deutschschweiz zurück. Die Frage hatte seit den letzten Kriegsjahren geschwelt, und sie wurde im Verwaltungsrat immer wieder ausführlich diskutiert, wobei anfänglich auch eine Rückkehr nach Neuhausen evaluiert wurde.[81] Dabei spielten unter anderem die Höhe der zu bezahlenden Steuern, das Lohnniveau, die Möglichkeiten der Personalrekrutierung und der vorhandene Wohnraum für die Angestellten eine Rolle. Im Juli 1947 war das Direktorium mehrheitlich der Ansicht, «dass der Moment noch nicht gekommen sei, einen Antrag zur Verlegung des Sitzes zu stellen». Im Verwaltungsratsausschuss waren zwei Mitglieder für die Verlegung nach Zürich, zwei für Neuhausen. Gegen Lausanne sprach, dass zwei Direktoren ihren Familienwohnsitz in der Nähe von Zürich hatten, dass viele Sitzungen – vor allem von Verbänden – in Zürich stattfanden und dass die Forschung in Neuhausen sass. Für Lausanne sprach die Nähe zu Chippis. Der im Verwaltungsrat referierende Julius Weber, Verwaltungsrat und früherer Direktor, war aber der Ansicht, «dass das Werk Chippis so gross geworden ist, dass für eine gute Organisation eine möglichst weitgehende Selbständigkeit des Werkes angestrebt werden muss – dies sowohl im Interesse der Entlastung der Zentralverwaltung, wie der guten Führung des Werkes selbst». Für Neuhausen führte Weber die niedrigeren Lebenshaltungskosten und den günstigeren Wohnraum ins Feld. Weber plädierte für eine Verlegung zurück nach Neuhausen, weil dort, auch bezüglich der Büroräume, eine schnelle Lösung möglich sei. Wegen der Unsicherheit, ob und wann der Sitz von Lausanne wegverlegt werde, herrsche bei vielen Angestellten eine Missstimmung. Dies habe auch die Fluktuation erhöht.[82] In der Diskussion wurde verschiedentlich, als Argument gegen Zürich, auch angeführt, dass der vorhandene «Zug nach der Stadt» nicht erfreulich sei. Den Entscheid verschob man erneut.[83]

Schliesslich gab man dann Zürich den Vorzug. Im Zürcher Seefeld wurde nach den Plänen von Architekt und ETH-Professor Hans Hofmann – er war auch für die Architektur des Aluminiumpavillons an der Landi verantwortlich gewesen – ein am See gelegenes Haus gebaut, das möglichst viel Aluminium enthalten und damit auch Werbung für den Werkstoff machen sollte. «12 externe Anschlüsse, 3 direkte Verbindungsleitungen nach Zürich-Altstetten, wo sich die Verkaufsabteilung der AIAG und die Lagerverkaufsgesellschaft Allega AG befinden, und 160 interne Zweiganschlüsse gestatten einen weitgehend reibungslosen Verkehr», hiess es über die Telefonanlage im «ersten Aluminiumhaus Zürichs», von welchem aus der Konzern mit damals 15 100 Beschäftigten geführt wurde.[84] Der rechtliche Sitz blieb vorerst aber in Chippis. Die Allega war 1948 in einem neuen Lager- und Bürohaus im Kappeli in Zürich Altstetten angesiedelt worden, wobei dieser Entscheid im Verwaltungsrat umstritten war.[85]

Der 1956 eingeweihte neue Zentralsitz im Zürcher Seefeld, das sogenannte Wasserschloss, war ein typischer Repräsentationsbau der 1950er-Jahre.

Die Wendeltreppe in der Halle war auch ein Symbol für den stetigen Aufstieg, der sich in den 1960er-Jahren beschleunigte.

Ende der 1950er-Jahre stand Fritz Schnorf, hier bei der Besichtigung einer Staumauer in Italien, allein an der Spitze der AIAG. 1960 wechselte er ins Verwaltungsratspräsidium.

In der Direktion waren die nach und nach ausscheidenden Werner Kurz, Emil Kaufmann und Anton Bettschart nicht ersetzt worden, sodass schliesslich Fritz Schnorf allein an der Spitze stand, bevor er am Ende dieser Periode Emanuel Meyer – mit ihm von der Schweizerischen Nationalbank gekommen – zu seinem Nachfolger kürte. «Er war ein Bänkler», stellt sein Untergebener Walter Gysel in seinen Erinnerungen in Bezug auf Fritz Schnorf fest. «Das merkte man in allen Belangen. Er war dazu berufen, die Mittel der Firma nach diesen kriegerischen Jahren zusammenzuhalten. Dazu war er der richtige Mann. In seinen Adern floss noch Bauernblut.»[86]

Mit Namenaktien gegen die «Überfremdung»

Wem gehörte damals diese vor Gesundheit strotzende AIAG? 1959 vertraten an der Generalversammlung 106 Aktionäre 40 729 Stimmen, womit 41% von insgesamt 100 Mio. Franken Aktienkapital vertreten waren. Dabei spielten die Depotstimmen der Banken bereits eine wichtige Rolle. Total zählte das Unternehmen mehr als 8000 Aktionäre, von denen die meisten nur ein paar wenige Aktien besassen. Unter den einflussreicheren Aktionären befanden sich nach wie vor Nachkommen der AIAG-Gründer (Huber, Naville), aber auch die Familien Schnorf und Bloch sowie Vertreter alter Zürcher Familien, die auch die Kontrollstelle besetzten. Der Anteil ausländischer Aktionäre wurde als «nicht unbedeutend» bezeichnet.[87] Um die Veränderungen im Aktionärskreis kontrollieren zu können, waren im Januar 1959 die bisherigen Inhaber- in Namenaktien umgewandelt worden. Dabei argumentierte die Unternehmensführung, wie es Schweizer Unternehmen bei derartigen Aktionen seit den späten 1920er-Jahren zu tun pflegten, mit der Gefahr der Überfremdung. Mit der Umwandlung bringe die Gesellschaft «den Willen zum Ausdruck, das Unternehmen vor Überfremdung zu schützen und ihm so den schweizerischen Charakter unbedingt auch in Zukunft zu erhalten», hiess es in der Pressemitteilung.[88]

«Wie unbestätigte Gerüchte wissen wollen, soll sich die amerikanische Kaiser-Gruppe für die AIAG interessiert haben», schrieb die «Schweizerische Finanz-Zeitung», welche die Abwehrmassnahme wie andere Medien aber kritisierte. An der Generalversammlung erklärte Verwaltungsratspräsident Ernst Wetter, dass bisher zwar keine Käufe grösseren Ausmasses durch in- oder ausländische Unternehmen bekannt geworden seien. Das Beispiel der British Aluminium Company – sie wurde vom US-Konkurrenten Reynolds geschluckt – habe aber «gezeigt, dass eine Umwandlung in vinkulierte Namenaktien als notwendig und als unaufschiebbar erscheinen muss». Generaldirektor Fritz Schnorf ergänzte, dass die AIAG keineswegs die Absicht habe, «prinzipiell einer Zusammenarbeit mit ausländischen Firmen fernzubleiben». Sie wolle aber

SCHWEIZERISCHE ALUMINIUM AG
CHIPPIS UND ZÜRICH

NAMEN-AKTIE
VON

Fr. 250.– Nr. 1136451

ALUSUISSE

ZWEIHUNDERTFÜNFZIG FRANKEN

Die Lonza AG

ist im Aktienbuch der Schweizerischen Aluminium AG als Eigentümer dieser voll einbezahlten Aktie eingetragen. Für die Übertragung der Aktie (sowohl der Mitgliedschafts- als der Vermögensrechte) sowie jeder daraus entstehenden Forderung zu Eigentum oder zur Nutzniessung ist nach § 5 der Statuten die Genehmigung und Mitwirkung des Verwaltungsrates erforderlich. Das Eigentum an einer Aktie schliesst die Anerkennung der Statuten in sich.

Chippis und Zürich, den 30. Oktober 1974

SCHWEIZERISCHE ALUMINIUM AG

Der Vorsitzende des Verwaltungsrates: | Ein Mitglied des Verwaltungsrates:

34562.8

Die Schaffung von Namenaktien war ein probates Mittel, um die Macht in einem Unternehmen im kleinen Kreis zu halten.

«eine Situation verhüten, in der sie unter Zwang verhandeln müsste; dies wäre dann der Fall, wenn die Aktien der Gesellschaft in grossem Ausmass in fremden Besitz übergingen». Demgegenüber sprach die «Zürcher Woche» von einer «rückständigen Gesinnung» und schrieb: «Wir leben in einem neuen Europa. Die Wirtschaftsverflechtungen sollten gefördert werden. Das Kapital scheut aber Anlagen, bei denen es seinen Namen nennen muss. Daher schliesst sich die AIAG aus der internationalen Kapitalsverflechtung aus.» Das Blatt bezweifelte, «dass der inländische Markt» der AIAG «stets genug Geld zur Verfügung stellen wird». [89]

«… ein Fräulein zugeteilt»

Die Unterzeichnung der 100 000 Namenaktien verursachte 1959 einigen Aufwand. «Diese Arbeit wurde in der Zeit vom 27. Februar bis 9. März a. c. ausgeführt», hiess es in einer Notiz an Generaldirektor Fritz Schnorf. «Zwecks rascher Erledigung wurde jedem Teilnehmer ein Fräulein zugeteilt, das die Aufgabe hatte, die Tinte abzulöschen und die Aktien wieder in Pakete von je 500 Stück einzureihen. Diese Einreihung musste sorgfältig geschehen, da die Titel nochmals die Maschine zu passieren hatten zwecks Namensaufdruck.» Für die Arbeit wurden acht Herren aufgeboten.[90]

1960–1973

«Mit vollen Sege
Forcierte Expansio

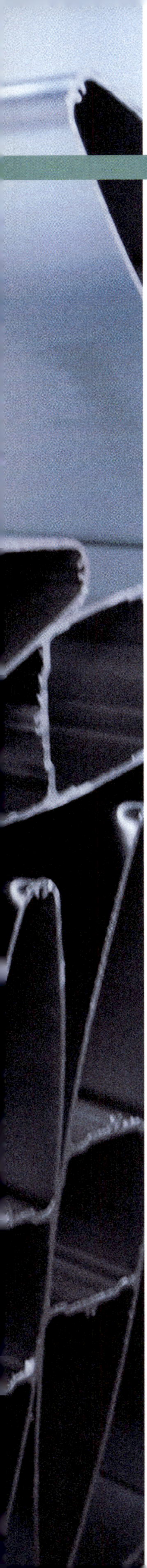

«Mit vollen Segeln» – Forcie

Von AIAG zu Alusuisse

Mit ihrem Einstieg in den USA, Norwegen und Afrika hatte die AIAG 1960 ihre erste Phase der Nachkriegsexpansion hinter sich. Der Konzern war vertikal integriert und geografisch bereits recht breit aufgestellt. Verglichen mit dem, was noch kommen sollte, war es aber ein bescheidener Anfang. 1960 wurde eine Strategie formuliert, welche die vier Punkte Expansion, Integration, Diversifikation und Innovation umfasste.[1] Ihren 75. Geburtstag konnte die Alusuisse 1963 in bester Verfassung feiern, und sie gab sich, erstmals seit ihrer Gründung, einen neuen Namen: Statt Aluminium-Industrie-Aktien-Gesellschaft (AIAG) hiess sie nun Schweizerische Aluminium AG (Alusuisse).[2] «Bei unserer internationalen Tätigkeit macht sich besonders in überseeischen Ländern je länger je mehr das Bedürfnis geltend, unsere Gesellschaft wegen der Verwechslungsgefahr besser von Konkurrenzfirmen zu unterscheiden», wurde der Namenswechsel im Geschäftsbericht 1962 begründet. Man schlage deshalb vor, «einer weitgehend branchenüblichen Gepflogenheit folgend», die nationale Bezeichnung in den Firmennamen aufzunehmen, das Wort «Industrie» wegzulassen und die neue Fassung neben der französischen auch in der italienischen und englischen Sprache zu führen.

Der Name wechselte, die Sonne blieb. Das AIAG-Signet stammt von 1889, entworfen vom ersten Generaldirektor Martin Schindler. Später wurde es modernisiert, sodass 1963 nur noch der neue Name eingesetzt werden musste.

«Alusuisse steht im Begriff, ihre Produktionskapazitäten auf allen Gebieten bedeutend zu erhöhen», schrieb die «Schweizerische Handelszeitung» zum Jubiläum. «In ihrem zentralen Forschungsinstitut in Neuhausen am Rheinfall betreibt sie eine intensive Forschung zur Entwicklung neuer Anwendungsmöglichkeiten und Herstellungsmethoden.»[3] Und «Die Tat» kommentierte den Wandel zu einem expansiveren und selbstbewussteren Auftreten wie folgt: «Die führenden Männer der Alusuisse sind der Ansicht, was andere Leute können, das können sie auch [...] Wir möchten unsererseits beifügen,

e Expansion (1960–1973)

dass es bei der Alusuisse nicht immer so war, dass man auch hier vor noch nicht sehr langer Zeit die Knorzigkeit kapitalistischen Kleinmutes kannte, was heute aber überwunden ist, so dass der steile Aufstieg zum Erfolg sich einstellte.»[4] In diesen Zeilen äussert sich eine unverhohlene Kritik an der vorsichtigen Haltung in der Ära Schnorf. Sechs Jahre später schrieb dieselbe Zeitung: «Bei Alusuisse werden unter der geradezu überschäumenden Aktivität von Präsident Emanuel Meyer nicht nur die Ingenieure und Techniker in weltweitem Schwung gehalten, sondern auch die Buchhalter in allen Ländern, deren Computer heiss laufen, um rechtzeitig die vielen Saldoposten zu liefern, was ein bemerkenswertes Ergebnis ist.»[5]

Mitte der 1960er-Jahre erläuterte Generaldirektor Emanuel Meyer in einem Referat die Stärken und Schwächen der Alusuisse. Dabei ortete er ein Plus der Alusuisse beim Marktpotenzial und bei der Leitung, mehr oder weniger Ebenbürtigkeit mit der Konkurrenz bei der Finanzlage sowie der Forschung und Entwicklung und ein Minus bei der Produktion und bei den staatlichen Beihilfen. Beim Schwachpunkt Produktion stellte Meyer ein «Primat der Nordamerikaner bei Tonerde und Rohmetall» fest. Die Tonerdewerke der Alusuisse seien klein, ebenso die Hütten von Alusuisse und Pechiney. Hingegen seien die Werksgrössen in der Verarbeitung «überraschenderweise vergleichbar».[6] Wollte man auf die Höhe der Nordamerikaner kommen, hatte die Alusuisse also etwas aufzuholen. «Sowohl von der Ertragsseite wie absatzmässig erscheint für unseren Konzern eine neue Expansionsrunde am Platz», wurde

Die Tonerdewerke und Hütten der Alusuisse waren Mitte der 1960er-Jahre weitgehend abgeschrieben, aber vergleichsweise klein. Im Bild eine – spätere – Aufnahme des Martinswerks. Links oben wird im Tagbau Braunkohle abgebaut.

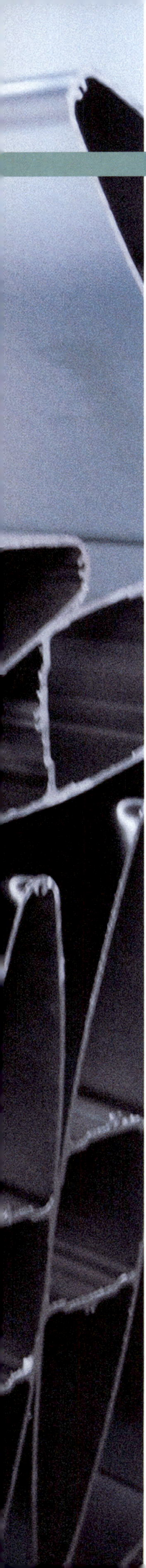

auch im Verwaltungsratsausschuss festgestellt. «Die Hauptschwierigkeit erblicken wir bei der Finanzierung.»[7] Die Alusuisse trat zu diesem Wettlauf an. Dazu waren die Voraussetzungen insofern gut, als sie über weitgehend abgeschriebene Anlagen verfügte und das Preisgefüge, allen Klagen über Preiskämpfe zum Trotz, immer noch sehr stabil und – zum Beispiel an den sogenannten Chocolate-Konferenzen[8] – abgesprochen war. Zur Bilanz 1960 stellte Verwaltungsratspräsident Fritz Schnorf fest, «dass wir seit 53 Jahren keinen so niedrigen Betrag [Buchwert] für die Fabrikationsanlagen ausgewiesen haben».[9] In den 1960er-Jahren erreichte die Aluminiumindustrie jährliche Verbrauchszuwachsraten von 8 bis 10%.

Die Alusuisse und die Medien

«Der Verwaltungsrat schliesst sich der von der Geschäftsleitung vertretenen Ansicht an, dass es für die Gesellschaft von Vorteil wäre, auch in Zukunft mit der Presse regelmässige Kontakte zu pflegen.» Diese Passage findet sich in einem Protokoll von 1963, nachdem eine dreitägige Pressereise mit 30 Chef- und Wirtschaftsredaktoren schweizerischer Zeitungen ein «recht positives» Echo hatte und Beziehungen zur Presse brachte, «deren Mangel uns früher oft zum Nachteil gereicht hatte».[10] Einst hatte man den Kontakt aber auch gar nicht gesucht. «Im übrigen aber sind wir nur unseren Aktionären Rechenschaft schuldig und nicht der schweizerischen Presse», wurde 1940 erklärt.[11] Die «Finanz und Wirtschaft» war trotz den gewaltigen Fortschritten nicht zufrieden. «Im Plauderstil durch den Alusuisse-Konzern», kritisierte sie 1964 den dürftigen Gehalt der Informationen.[12] Generaldirektor Emanuel Meyer hatte «für den ‹USA-Import› einer konsolidierten Konzernbilanz wenig übrig, weil bei Erfassung aller Unternehmungen wegen Währungsänderungen ‹Kraut und Rüben› zusammenkämen».[13] 1968 lag eine konsolidierte Konzernbilanz dann doch vor,[14] und 1969 verlieh die Fakultät für Wirtschafts- und Sozialwissenschaften der Universität Genf ihren Preis für die beste Information der Aktionäre schweizerischer Unternehmungen an die Alusuisse.[15]

Rohstoffe aus Guinea und Sierra Leone

1960 erfolgte die Versorgung der AIAG-Werke mit Bauxit «wiederum zur Hauptsache aus dritten Ländern, nämlich: Jugoslawien, Griechenland, Indien und Holländisch Guayana».[16] Im April desselben Jahres nahm die unter Federführung von Pechiney entstandene Tonerdefabrik Fria in Guinea, dem Land mit den weltweit grössten Bauxitreserven, die Produktion auf. Die Alusuisse war, nebst weiteren Firmen, mit 10% oder 60000 Tonnen beteiligt.[17] 1971 gründete die Alusuisse gemeinsam mit dem guineanischen Staat die Société Minière et de Participations Guinée-Alusuisse (Somiga) mit Sitz in Conakry. Die Somiga sollte unter anderem Bauxit für das gigantische Projekt «Atlanta» in Wilhelmshaven liefern, an welchem Guinea eine Beteiligung erhielt. Das Engagement in Guinea sah stufenweise zuerst den Export von Bauxit, dann dessen Verarbeitung zu Tonerde, dann die Rohaluminiumproduktion und schliesslich die Herstellung von Produkten vor. Der Staat sollte die Kosten der

Zufriedene Gesichter am Modell der geplanten Anlage anlässlich des Besuchs einer Delegation aus Guinea in Zürich 1970. Rechts die Generaldirektoren Emanuel Meyer und Paul Müller.

Infrastruktur (Eisenbahn inkl. Rollmaterial, Hafen, Strassen, Siedlungen für die Belegschaft) übernehmen und mit Weltbank-Darlehen finanzieren.[18] Die Alusuisse erstellte Studien für den Abbau «eines qualitativ hochwertigen Bauxitvorkommens, doppelt so gross wie Gove», in der Region Tougué. «Wenn wir nicht irren, zeichnet sich dort für uns eine gewaltige Chance ab!», hatte Generaldirektor Emanuel Meyer Ende Mai 1970 an Verwaltungsrat Robert Bühler geschrieben.[19] Doch am Ende wurde nichts aus der Sache, in die auch die jugoslawische Energoprojekt involviert war.

Schliesslich gab es in Guinea noch das Vorhaben für ein Tonerdewerk und eine Aluminiumhütte in Ayé Koyé, das die Alusuisse mit der finanziellen Hilfe von sechs arabischen Ländern realisieren wollte und das mit Geschäften in Ägypten und Plänen in Libyen verbunden war.[20] «Guinean Snowball» nannte man bei der Alusuisse das ganze Geflecht. Ayé Koyé war lange ein Vorzeigeprojekt der Alusuisse in der Dritten Welt, doch wurde es schliesslich ebenfalls nicht mehr weiterverfolgt. 2010 existierten in Afrika sieben Hütten: zwei in Südafrika (BHP Billiton) und je eine in Ägypten (Egyptalum), Ghana (Alcoa gemeinsam mit dem Staat), Kamerun (Rio Tinto Alcan), Moçambique (BHP, Mitsubishi, Staat) und Nigeria (Rusal).

1961 stieg die Alusuisse im Zuge der Bemühungen, ihre Bauxitversorgung zu sichern, mit der Gründung der Sierra Leone Ore and Metal Co. (Sieromco) im benachbarten Sierra Leone ein, wo sie in der Folge ein Vorkommen in Mokanji

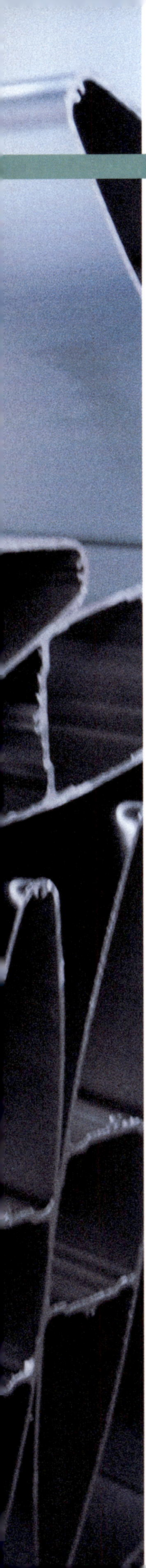

Das Geld fliesst zurück

In der Verwaltungsratssitzung vom 21. September 1960 erwähnte Robert Bühler «dass Herr Minister [Edwin] Stopper[21] kürzlich in einem Vortrag die afrikanischen Länder, was die Perspektiven anbelangt, in drei Kategorien einteilte, wobei der Kongo und Guinea in der letzten, ungünstigsten Gruppe figurierten». Emanuel Meyer räumte ein, dass die Beteiligung an der Fria in Guinea wegen der politischen Entwicklung «ein grosses Sorgenkind» sei. Doch er beruhigte sogleich: «Man kann aber feststellen, dass die Verhältnisse bis heute nicht zu Klagen Anlass gaben.» Europäer könnten ihre Ersparnisse «in einem vernünftigen Masse nach ihren Heimatländern transferieren». Die Alusuisse habe für die Fria-Beteiligung bisher 54 Mio. Franken aufgewendet und müsse bis zur Fertigstellung aller Anlagen noch etwa 3 Millionen bezahlen. «Anderseits erhalten wir mit jeder innerhalb unserer Quote bezogenen Tonne Tonerde Anteile für Zinsen, Amortisation und Gewinn in unsere Kasse zurück.» Bereits im Rumpfjahr 1960 seien das 2 bis 3 Millionen gewesen.[22] Zwei Sitzungen später erläuterte Meyer «den Mechanismus der Zahlungen für die Fria-Tonerde, von denen nur 27% nach Guinea fliessen, während der Rest für ausländische Rohmaterialien und Ersatzteile, Verwaltungsspesen, Zinsen und Kapitalrückzahlungen im Ausland verbleibt».[23]

abbaute. Bis 1965 wurden für die Erschliessung der Grube rund 14 Mio. Franken aufgewendet, wobei mit den Zwischengewinnen auf Bauxitverkäufen eine «normale Verzinsung unseres Kapitaleinsatzes» erzielt wurde. Weil in der Bilanz aber ein Verlust von 4 Mio. Franken aufgelaufen war, kletterte der Gesamtaufwand auf 18 Mio. Franken, und Generaldirektor Emanuel Meyer empfahl im Frühjahr 1966, «die Sieromco in Anbetracht unserer neu erworbenen Position in Gove zu verkaufen», wenn der angebotene Preis stimme. Der Verwaltungsratsausschuss erklärte sich mit dem Verkauf einverstanden.[24] Verkauft wurde die Sieromco – zu einem symbolischen Preis an den Staat – aber erst 2000, nachdem 1995 zehn Alusuisse-Mitarbeiter entführt und im Bürgerkrieg die Anlagen weitgehend zerstört worden waren. Pläne für eine Tonerdefabrik (Sierralumina) wurden nie umgesetzt.[25]

Sortieren von Bauxit in der Waschanlage von Mokanji, Sierra Leone.

Bauxittransport in Sierra Leone: Zwei Leichter werden von einem Push-Boot bis zum Umschlag auf die Erzfrachter gefahren.

Geschirr und Wellbleche in Nigeria

Anders gelagert war das Engagement in Nigeria, dem mit Abstand bevölkerungsreichsten Land Afrikas, das 1960 unabhängig wurde. Hier ortete die Alusuisse Absatzmöglichkeiten für Aluminiumprodukte, und sie baute deshalb einen Verarbeitungsbetrieb auf. Treibende Kraft hinter dem Nigeria-Projekt war Generaldirektor John Wohnlich, der Anfang der 1960er-Jahre vom Winterthurer Handelshaus Volkart zur Alusuisse gestossen war. In Nigeria war Wohnlich, vor seiner Volkart-Zeit, bereits für die Basler Union Trading Company (UTC) tätig gewesen. Weil die Alusuisse in dieser Phase dringend Personal mit Verkaufs- und Exporterfahrung brauchte, zog Wohnlich verschiedene andere Volkart-Leute nach. Zu diesen gehörte auch Heinz Frech, der spätere Von-Roll-Chef. Der mit einer Feasibility-Studie beauftragte Frech schreibt es auch besonderen Umständen zu, dass das Vorhaben gestartet wurde: «Ich setzte die Idee meines Chefs durch eine überzeugende Studie um, die aber kaum verwirklicht worden wäre, wenn nicht ein glücklicher Zufall einen angesehenen Journalisten der ‹Neuen Zürcher Zeitung› nach Nigeria verschlagen hätte. Der oberste Chef der Alusuisse, Fritz Schnorf, las seinen Zeitungsartikel und liess sich von den Argumenten von John Wohnlich und unserer Studie überzeugen.»[26]

1961 wurde die Aluminium Manufacturing Co. of Nigeria Ltd. (Alumaco) mit einer Produktionsstätte in Apapa/Lagos gegründet. Ende 1962 wurde im Verwaltungsrat berichtet: «Das Werk beschäftigt etwa 200 Eingeborene und arbeitet nach Abschreibungen, Lizenzen und Zinsen mit Gewinn.»[27] Man produzierte einerseits Geschirr, andrerseits Aluminiumfenster- und -fassaden, die wegen des Baubooms in Lagos sehr gefragt waren. Aluminium-Wellblechdächer wurden zuerst aus der Schweiz importiert, dann ebenfalls in Lagos produziert. «Durch diesen stetigen Fluss von Know-how, sicher aber auch begünstigt

Die Alumaco in Nigeria produzierte neben Geschirr und Aluminium-Wellblechdächern zum Beispiel auch den Kastenwagenaufbau für diese mobile Bank.

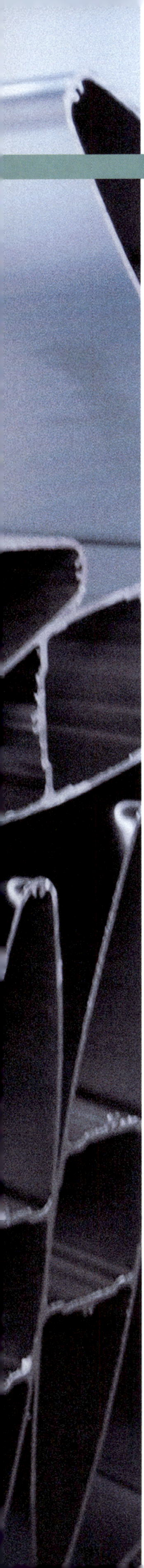

durch den Ölboom der 70er-Jahre, entwickelte sich die Alumaco innerhalb von fünfzehn Jahren zu einem blühenden Industriebetrieb mit fünfzehn Schweizern und tausend nigerianischen Mitarbeitern», schreibt Frech. «Einige Jahre später hatte sich der Aluminiumbedarf des Landes soweit gesteigert, dass es sich lohnte, die teuren Importe von Profilen durch die Erstellung eines modernen und komplexen Presswerks in Nigeria zu ersetzen.» Die Gesellschaft hatte auch zahlreiche einheimische Aktionäre, und es sassen Nigerianer im Verwaltungsrat. 1986 verkaufte die Alusuisse die Alumaco an einheimische Geschäftsleute.[28]

Norwegen: Von Mosjöen zu Husnes

In Norwegen trennte sich die Alusuisse schon nach wenigen Jahren (1962) von ihrer Beteiligung an der Hütte Mosjöen und realisierte 800 Kilometer weiter südlich, zwischen Bergen und Stavanger, ein neues Werk. «Ein Vergleich zwischen der Anlage Mosjöen und dem Projekt Südnorwegen bezüglich Investitionen, Betriebswerte und Ertrag lässt das Projekt Südnorwegen vorteilhaft erscheinen, speziell was den Anteil AIAG an den Investitionen und ihren Einfluss auf die Geschäftsleitung anbetrifft», schilderte Generaldirektor Emanuel Meyer im Verwaltungsrat die Vorzüge von Husnes. Der Ausstieg hatte aber auch damit zu tun, dass man mit den Zuständen in Mosjöen nicht zufrieden war. «Der in der Hütte Mosjöen verzeichnete Mehrverbrauch an elektrischer Energie ist, wie Herr Direktor Dr. Müller ausführt, darauf zurückzuführen, dass die dortige Belegschaft zum Teil schlecht arbeitet und die von uns gemachten Ratschläge nicht genügend befolgt werden», vermerkte das Verwaltungsratsprotokoll vom Juli 1962.[29] Der neue Standort sollte gemäss Feasibility Report folgende Märkte beliefern: England (26 000 t), Deutschland (15 000 t), USA (12 000 t), Schweiz (5000 t), Italien (1000 t) Südamerika (600 t) und Mittlerer Osten (400 t). Die ausführlichen Renditeberechnungen ergaben ein äusserst positives Bild: «Im übrigen hat eine parallele Untersuchung für die übrigen Hütten unserer Gesellschaft ergeben, dass Søraluminium auf jeden Fall die günstigsten Voraussetzungen bezüglich Deckung der Produktionskosten und auch der Totalgestehungskosten inkl. Kapitallasten aufweist.»[30]

Das Projekt, das in einer ersten Stufe eine Kapazität von 60 000 Tonnen vorsah, hatte allerdings Anlaufschwierigkeiten. «Søral-Direktor im politischen Sturm», überschrieb die Jubiläumsausgabe der «Søralposten» 2002 ein Porträt des ersten Direktors Eugène Keppler.[31] An der neu zu gründenden Sør-Norge Aluminium (Søral) sollte sich die Alusuisse mit 37%, die französische Compadec[32] mit 13% und das norwegische Publikum mit 50% beteiligen. Die öffentliche Zeichnung wurde aber ein vollständiger Misserfolg. Man warf den Behörden «in der erhitzten Atmosphäre um die damaligen Regierungs-

Husnes liegt am Hardangerfjord.

Geriet in Norwegen in den «politischen Sturm»: Eugène Keppler (links), der den Aufbau der Hütte in Norwegen leitete.

Die Hütte in Husnes, die 2010 zu 50% Rio Tinto Alcan und zu 49.9% der norwegischen Hydro Aluminium gehörte.

wechsel» vor, sie hätten bei der vertraglichen Regelung die norwegischen Interessen nicht genügend gewahrt.[33] Diese Kritik an der Arbeiterpartei kam von den Konservativen, welche zwischenzeitlich für kurze Zeit die Regierung übernommen hatten. «Das Projekt ist aus innenpolitischen Gründen ins Licht gerückt worden und hat zu einer heftigen Auseinandersetzung zwischen der Opposition und der Regierungspartei geführt», wurde im Verwaltungsrat berichtet.[34] Alusuisse und Compadec mussten daraufhin bei der Neuaushandlung der Vereinbarungen Zugeständnisse machen. Wegen des geringen norwegischen Engagements (letztlich 20%) erhöhte sich die Kapitalbeteiligung von Alusuisse (neu 67%) und Compadec (13%) auf zusammen 80%. Sie wur-

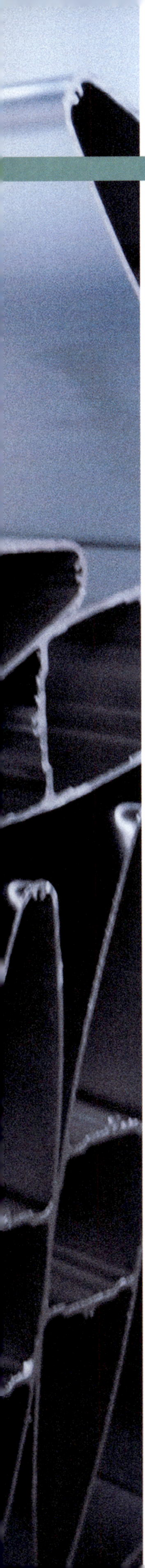

de grösstenteils in Form von Honoraren für technische, kommerzielle und weitere Dienstleistungen eingebracht.[35]

Zwei Jahre später, am 24. Juni 1966, rekapitulierte die Generaldirektion im Verwaltungsrat «die Leidensgeschichte unserer Engineering- und Lizenzverträge, die gestern zu einem Happy-End gekommen ist, indem die norwegische Regierung die neuen Kontrakte nach fast zwei Jahren endlich genehmigt hat».[36] Bei der Realisierung stellten sich weitere Probleme. So bereitete unter anderem die Personalrekrutierung in einem industrieungewohnten Land Schwierigkeiten. Husnes, das die Produktion im November 1965, also vor der definitiven Vertragsgenehmigung, aufnahm, beschäftigte bei einer Kapazität von 60000 Tonnen 480 Arbeiter im Dreischichtenbetrieb und 120 Angestellte. Die Arbeiter hatten zuvor «vorwiegend in der Landwirtschaft und beim Fischfang ihre Beschäftigung gefunden». Die Anlagen umfassten unter anderem einen Hafen, zwei Ofenhallen, eine Giesserei, ein Förderband von 900 Metern Länge, einen Tonerdesilo und ein Lagerhaus. Die Hütte verbrauchte jährlich 900 Mio. KWh. Die Tonerde kam zunächst aus Guinea, die Anoden lieferte die konzerneigene Elektrodenfabrik in Rotterdam.[37]

Norwegen, Mitte der 1960er-Jahre mit 265 000 Jahrestonnen hinter Frankreich und vor der Bundesrepublik der zweitgrösste Aluminiumproduzent Europas, rückte in der zweiten Hälfte des Jahrzehnts, und das bei einem praktisch nicht existierenden Inlandverbrauch, hinter den USA und Kanada zum drittgrössten westlichen Produzenten auf.[38] Husnes war im Alusuisse-Konzern von Anfang an hinter New Johnsonville (USA) und Rheinfelden die drittgrösste Hütte. 1972 schob sie sich produktionsmässig vor Rheinfelden, doch wurde sie bereits im folgenden Jahr ihrerseits von der isländischen Hütte in Straumsvik überholt. New Johnsonville rutschte in der Alusuisse-Kapazitätsstatistik nach hinten, weil der Konzern an dieser Hütte (vorübergehend) nur noch zu 50% beteiligt war.

Schlüsselinvestition in Island

1960 begann die Alusuisse Verhandlungen mit der isländischen Regierung. Billige Energie sei in Europa ausser in Jugoslawien, das für die Privatwirtschaft ausfalle, nur noch in Norwegen, Holland und Island erhältlich, erklärte Generaldirektor Emanuel Meyer Ende 1963 bei einem Zwischenbericht.[39] Ein halbes Jahr später orientierte Meyer den Verwaltungsrat über den kürzlichen Besuch von Dr. Nordal, Delegierter der isländischen Regierung. «Wir verhandeln», so Meyer, «mit der isländischen Regierung seit vier Jahren mit dem Ziel, uns dort eine Gelegenheit zur Erstellung einer Aluminiumhütte zu sichern, falls das geplante staatliche Elektrizitätswerk gebaut werden wird.

Die ersten Entscheidungen hierüber werden noch im Laufe dieses Jahres fallen. Unsererseits müsste mit dem Bau dieser Hütte frühestens im Jahre 1967, eventuell 1968, begonnen werden, was uns sowohl vom Verkaufs- wie auch vom Finanzstandpunkt aus passt.»[40] Man hatte also keine grosse Eile, wohl auch, weil der Bau der Hütte im norwegischen Husnes noch nicht beendet war. Im Geschäftsbericht 1965 wurde dann gemeldet, dass die Verhandlungen vor dem Abschluss stünden: «Es ist geplant, dass der isländische Staat mit Weltbank- und privaten Auslandskrediten am Gletscherfluss Thjorsa ein Wasserkraftwerk baut und wir an der Bucht von Straumsvik in der Nähe von Reykjavik eine Aluminiumhütte errichten. Das auf eine Dauer von 45 Jahren gedachte Vertragswerk würde uns eine langfristig günstige Energiebasis und vernünftige Steuerverhältnisse sichern.» Ende 1969 nahm die Icelandic Aluminium Company (Isal) ihre Produktion auf mit einer Anfangskapazität von 33 000 Tonnen, 1972 war der mit der isländischen Regierung vereinbarte Ausbau auf über 70 000 Tonnen abgeschlossen.[41] Mit der Hütte in Island hatte sich die Alusuisse in einem weiteren Billigstromland eine gute Position gesichert.

Wie in andern Produktionsländern entwickelte sich auch mit Island, wo die Alusuisse 1977 der grösste ausländische Investor war, in den 1980er-Jahren ein Steuerstreit. Ursache waren die Transferpreise innerhalb der Alusuisse, die dem Konzern einen beträchtlichen Spielraum einräumten. Beim Devestitionsprogramm von 1982 wollte die Alusuisse, ausgelöst auch durch die Angriffe auf das Unternehmen, 50% der Isal verkaufen,[42] was aber nicht realisiert wurde. 1988 gab die Alusuisse gemeinsam mit der niederländischen Alumined Beheer, der österreichischen Austria Metall und der schwedischen Gränges Aluminium eine Feasibility-Studie in Auftrag für eine zweite Hütte in Straumsvik mit im Endausbau 200 000 Jahrestonnen.[43] Das Projekt wurde nicht realisiert. In den 1990er-Jahren, als die Devise bei der Alusuisse bereits «Weg vom Rohmetall» lautete, wurde die Hütte in Straumsvik durch eine dritte Ofenlinie erweitert. «Der Hüttenstandort Island ist für den europäischen

«Wir können uns alle gratulieren»

Als das Projekt in Island vor der Realisierung stand, schrieb Verwaltungsrat Robert Bühler, nach einer Reise des Verwaltungsrats nach Norwegen und Island, im Juli 1966 an Generaldirektor Emanuel Meyer: «Island war Ihre Idee. Ich glaube, wir können uns alle gratulieren, Sie werden einen Erfolg nach Hause tragen. Die Leute sind angenehm und westlicher Kultur, das Einvernehmen mit der Regierung zur Zeit ausgezeichnet, der Standort nicht weit von der Hauptstadt sehr gut gewählt. Es wird noch viel Arbeit kosten, aber Husnes hat gezeigt, dass man es kann. Natürlich hat die fürstliche Einladung der Regierung mit Flugzeug und Car in diesem interessanten Land alles auf rosa gestimmt, und es ist gut, nicht zu vergessen, dass auch hier der Alltag sich einstellen wird. Aber ohne Wagnis, Unternehmergeist und viel Arbeit gibt es heute keinen Unternehmererfolg mehr.»[44] Der Alltag sah dann, wie die Konflikte in den 1980er-Jahren zeigten, tatsächlich bisweilen anders aus.

Die Hütte in Straumsvik, nach dem Bau der dritten Ofenhalle in den 1990er-Jahren.

Einweihung der Hütte in Straumsvik.

Markt infolge günstiger Energiepreise, zollfreiem Zutritt in die EG und Proximität sehr attraktiv», hiess es in der Begründung dieses Ausbauschritts. Mit rund 90 000 Tonnen Jahreskapazität fehle Isal «die entscheidende ‹Economy of Scale›», und die «Wettbewerbsposition auf der internationalen Kosten-Skala» sei deshalb «unbefriedigend». Angemerkt wurde auch, dass sich das Werk der Isal umweltmässig «auf einem hohen Stand» befinde.[45] 2010 war Straumsvik mit 180 000 Tonnen die kleinste Hütte auf Island. Die Fabrik der Alcoa Fjardaal in Fjardabyggd, die 2007 die Produktion aufnahm, wies eine Kapazität von 344 000, diejenige des US-Konzerns Century Aluminium (Nordic Aluminium Ltd.) in Grundartangi, seit 1998 in Betrieb, eine solche von 260 000 Tonnen auf.[46]

Der «Schwerpunkt» Niederlande

Zu einem weiteren Schwerpunkt der Alusuisse-Tätigkeit entwickelten sich die Niederlande.[47] «Auf diesem Terrain ist vorgesehen, zuerst die Elektrodenfabrik zu bauen zur Versorgung der Hütte Husnes und anderer Konzernwerke und später auch eine Tonerdefabrik zu erstellen», erklärte Generaldirektor Emanuel Meyer 1962 im Verwaltungsrat, und er meinte mit dem Terrain Land im Botlekgebiet des Rotterdamer Hafens.[48] Realisiert wurde die Elektrodenfabrik, und zwar von der Alusuisse-Tochter Aluchemie. Weiter waren ein Güterumschlagsbetrieb für Bauxit und Tonerde sowie ein Walzwerk mit 100 000 Tonnen Kapazität, in Kooperation mit den niederländischen Konzernen Hoogovens und Billiton, geplant. Der Bürgermeister von Rotterdam wies 1964 bei der Unterzeichnung des Erbpachtvertrags für das Land «auf die grosse Bedeutung des Projektes für die industrielle Entfaltung des Rotterdamer Hafenbeckens hin». Meyer stellte fest, das Vorhaben werde ermöglichen, die Transportkosten der Rohstoffe und Fertigprodukte erheblich zu vermindern.[49]

Die Anlagen der Aluchemie im Hafen Rotterdam.

Von Rotterdam aus wurde ein Teil der Hütten zentral mit Anoden versorgt.

1964 beschlossen Alusuisse, Billiton und Hoogovens, ihr schon zwei Jahre zuvor aufgegleistes Projekt für eine Aluminiumhütte in der Nähe des Hafens Delfzijl, an der Ems-Mündung, zu realisieren. Die Anfangskapazität von 30 000 Tonnen sollte später verdoppelt werden. Die Alusuisse, die in den Niederlanden weiter auch im Kunststoffbereich präsent war, beteiligte sich mit einem Drittel am Aktienkapital der Aldel, Hoogovens mit 50% und Billiton mit einem Sechstel. Die Energie wurde mittels Erdgas aus der Nähe erzeugt, die Tonerdeversorgung übernahm Billiton «im Rahmen ihrer Bauxit-Gewinnung in Surinam».[50] Die Hütte nahm 1966 ihren Betrieb auf, 1971 verkaufte die Alusuisse «in Anbetracht der derzeitigen Metallschwemme» ihren Anteil am Unternehmen.[51] Die Alusuisse beschäftigte 1973 in den Niederlanden aber immer noch fast 1000 Personen. 2010 betrieb die britische Klesch-Gruppe, die zur indischen Tata Steel Group gehört, die Hütte Delfzijl mit einer Kapazität von 115 000 Tonnen.

Auch im belgischen Amey wurde 1969 der Grundstein für eine Hütte gelegt. Diese wurde aber nie realisiert.[52] In Frankreich, das insbesondere in der schwierigen Phase nach dem Zweiten Weltkrieg in der Rohstoffversorgung für die Alusuisse eine zentrale Rolle gespielt hatte, schloss diese Ende 1968 das Tonerdewerk in Marseille. Das über 60 Jahre alte Werk der Société Française pour l'Industrie de l'Aluminium (SFIA) «war für heutige Verhältnisse zu klein und arbeitete seit Jahren unrationell».[53]

Ausbau in den USA: Hütte New Johnsonville

In den USA verfügte die Alusuisse Ende der 1950er-Jahre über ein Folienwalzwerk mit Blechproduktion und Giesserei in Jackson (Tennessee). 1960 wurde die Aluminum Foils Inc. in Consolidated Aluminum Corporation (Conal-

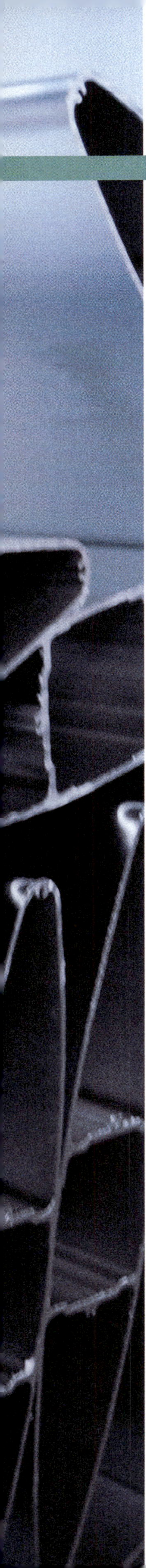

Im Tonerdewerk in Marseille wurde 1968 der Betrieb eingestellt.

co) umbenannt. Und die Alusuisse suchte nach Möglichkeiten, ins Hüttengeschäft einzusteigen. 1961 lag ein Feasibility Report vor für eine gemeinsame 30 000-Tonnen-Hütte, welche die Alusuisse und die American Metal Climax Inc. (Amax) in der Nähe von Waverly (Tennessee) planten.[54] Dieses Vorhaben wurde aber nicht realisiert. Im selben Jahr studierte Abteilungsdirektor Roland Oehler während eines dreimonatigen Studienaufenthalts die Elektrolyseanlagen der meisten US-Aluminiumproduzenten.[55] Wenig später war es so weit: «Das Berichtsjahr ist insofern ein Markstein in der Geschichte unserer Gruppe, als es den Eintritt der Alusuisse in den Kreis der nordamerikanischen Rohaluminiumproduzenten zu verzeichnen hat», hielt der Geschäftsbericht 1963 fest. Die Conalco war der siebte Hüttenmetallerzeuger in den USA. Die neu errichtete Hütte in New Johnsonville (Tennessee) nahm den Betrieb mit einer Kapazität von 20 000 Tonnen auf und wurde «u. a. aufgrund eines langfristigen Liefervertrages» auf die dreifache Kapazität ausgebaut. New Johnsonville avancierte umgehend zur grössten Hütte im Konzern, und der Ausbau wurde pausenlos fortgesetzt. Für die Finanzierung hatte man – das war generell zur Risikominderung immer das Bestreben der Alusuisse – einen Partner gefunden: Phelps Dodge, die damit «den Schritt ins Aluminiumgebiet» unternahm.[56] Die USA wurden in den 1960er-Jahren zum wichtigsten Rohaluminiumproduzenten der Alusuisse.

Die Expansion war damit aber nicht abgeschlossen. 1968 erstellte die Tochter Gulf Coast Aluminum Corporation (GCA) ein Anodenwerk in Lake Charles (Louisiana), das später durch eine Hütte ergänzt wurde. Für die Anlagen (Kokskalzinieranlage, Elektrodenfabrik, Hütte, Erdgas-Kraftwerk) war ein Kredit von rund 60 Mio. Dollar bewilligt worden.[57] 1971 kamen durch die Fusion mit der Phelps Dodge Aluminum (St. Louis) 16 Werke (Halbzeug und Fertigfabrikate) hinzu. Damit stärkte die Alusuisse, die in den USA bisher nur rund 30% ihres Rohmetalls in eigenen Werken weiterverarbeitet hatte, die vertikale Integra-

George Günther (rechts), Assistent der Conalco-Direktion, und Abteilungsdirektor Roland Oehler (links) stehen auf dem späteren Werksgelände der Hütte New Johnsonville. Sie prüften zusammen mit Hugo Wipf, Chef der Bauabteilung des Konzerns, im Februar 1963 mehrere Standorte. Kurz darauf kam das O.K. aus Zürich für den Bau der Anlage.

tion. Neu umfasste die Alusuisse-Gruppe in den USA nun zwei Hütten und 21 Verarbeitungsbetriebe. Gegen diese Fusion gab es intern auch kritische Stimmen. «Für einen unmittelbaren Entschluss zu einer Fusion fehlen wichtige Entscheidungsgrundlagen», hielt ein Bericht Ende 1970 fest. «Die Berichterstatter empfehlen, die Unterzeichnung des Fusionsvertrages zurückzustellen, bis die Entscheidungsgrundlagen im obigen Sinn vervollständigt sind. Sie sind der Auffassung, dass unter den heutigen Voraussetzungen ein in seinen Ausmassen nicht absehbares Risiko vorliegt.» Und die Berichterstatter rieten zur eingehenden Prüfung von Alternativen: «Nachdem Alusuisse umfassende Kenntnisse der für Fusionen in Betracht kommenden Betriebe der amerikanischen Halbzeugindustrie fehlen, empfiehlt sich die Einschaltung einer neutralen Instanz oder Person, welche sich in den dortigen Verhältnissen bestens auskennt.»[58]

Im Verwaltungsrat erklärte Generaldirektor Emanuel Meyer zur gleichen Zeit, dass das Geschäft für ihn nach einer «Mussheirat» aussehe. Man verhandle weiter. «Das kann Wochen, wenn nicht Monate dauern. In der Zwischenzeit prüfen wir Alternativen.»[59] Trotzdem – und obwohl die Alusuisse bei der Conalco schon 1970 mit enormen Problemen kämpfte[60] – war der Fusionsvertrag Ende März 1971 bereits unterschrieben, wobei man sich vom Zusammenschluss insbesondere auch eine Verbesserung der finanziellen Situation der Conalco erhoffte.[61] Die Medien jubelten: «Durch die Fusion wird Conalco zu einem vollintegrierten Aluminiumunternehmen mit einem beträchtlichen Ertragspotential. Mit einem Anteil von etwa 5 Prozent am grössten Leichtmetallmarkt der Welt ist die Alusuisse-Position in Amerika sehr entwicklungsfähig.»[62] Die Beteiligung der Alusuisse an Conalco mit 4600 Beschäftigten und 100 Mio. Dollar Aktienkapital sank durch die Fusion auf 60% und wurde in der Folge auf 50% reduziert. Der nächste grosse Erweiterungsschub kam schon 1974, als die Alusuisse elf Werke der Olin Corporation übernahm.

Baustellen gehörten in diesen Jahren bei der Alusuisse zum Alltag: das Ofengebäude in Lake Charles im Bau.

Eine topmoderne Hütte in Steg

Trotz immer wieder aufkommenden Zweifeln an der Rentabilität der Schweizer Aluminiumproduktion und Überlegungen, ob man die Energie nicht besser einfach verkaufen würde, plante die Alusuisse seit 1955 den Bau einer neuen Hütte in Steg. Sie lag 18 Kilometer talaufwärts von Chippis. Der Baubeginn war ursprünglich schon 1957 vorgesehen, effektiv erfolgte er 1961.[63] Ihren Betrieb nahm die 80 Mio. Franken kostende Elektrolyse Steg samt Giesserei 1963 auf. Die Hütte hatte anfänglich eine Kapazität von 30000 Tonnen und wurde Ende der 1960er-Jahre auf 48000 Tonnen ausgebaut.[64] Das war vergleichsweise wenig, betrieb doch zum Beispiel Alcan bereits während des Zweiten Weltkriegs im kanadischen Arvida eine Hütte mit einer Kapazität von 600000 Tonnen. Beim Start war Steg, insbesondere in Bezug auf die Ofentechnologie, das modernste Werk der Welt.[65] Man verpasste es aber, die Hütte auch umwelttechnisch auf den neusten Stand zu bringen. Auch Steg belastete die Umwelt mit Fluoremissionen. Noch immer genoss der schnelle Ausbau der Kapazitäten gegenüber dem Schutz der Umwelt den Vorrang.

Walter Gysel sah die neue Hütte unter finanziellen Aspekten kritisch: «Wohl bewegte sich die nachherige Gesamtproduktion in konkurrenzfähigem Rahmen, aber die Zeit war vorbei, wo die Walliser Werke dank dem Schutzzoll glänzende Resultate an den Tag zu legen vermochten.» Und weiter vermerkte Gysel, es habe sich dann doch gezeigt, «dass die Mehrproduktion in Steg nicht nur einen Mengen-, sondern einen damit verbundenen Preisdruck brachte».[66] Spiritus Rector der ganzen Anlage war Peter Aeschbach, der das Werk dann auch leitete. Zur Belegschaft wurde nach der Betriebsaufnahme mitgeteilt, «dass dort gegenwärtig 149 Leute beschäftigt seien, die vorwiegend aus dem deutschsprechenden Kantonsteil stammen». Darunter befanden sich auch Leute, die früher in Chippis arbeiteten. «27 Leute kommen von Steg selbst, aber nur verhältnismässig wenige aus dem Lötschental. Das Werk hat im Gegensatz zu Chippis keine Fremdarbeiter.»[67] Zur Walliser Besonderheit der Arbeiter-Bauern, also den Arbeitern, die daneben – meist auf Kleinstbetrieben – noch in der Landwirtschaft tätig waren, schreibt Sandro Guzzi-Heeb: «Für die Unternehmer hatte die Verbindung der Arbeiterschaft mit der Scholle den Vorteil, dass die Löhne tief gehalten werden konnten. Für die Arbeiter-Bauern und deren Familien verminderte sie Unsicherheit und konjunkturelle Risiken und erlaubte, die Verbindungen zu den Heimatgemeinden beizubehalten. Noch heute zeichnen sich die Beschäftigten in der Industrie – zum Teil auch im dritten Sektor – durch eine hohe Mobilität aus, da sie häufig in den Zentren arbeiten, aber weiterhin in den Tälern wohnen.»[68]

Parallel begann man 1961 mit einem «grosszügigen Ausbau» des Walz- und Presswerkes in Sierre.[69] Man stand schon lange unter Rationalisierungsdruck, wobei die entsprechenden Bemühungen ergebnismässig von den steigenden Kosten oft wieder zunichte gemacht wurden. 1964 wurde der Arbeitermangel im Wallis beklagt. «Im Walz- und Presswerk Siders konnte die Halbzeugproduktion im Berichtsjahr wesentlich gesteigert werden», hiess es im Geschäftsbericht dieses Jahres. «Dazu trug neben zwei neuen modernen Strangpressen vor allem die bessere Ausnützung der Warm- und Kaltwalzstrasse bei, deren Ausstoss um 70% gewachsen ist. Die Abfallquoten wurden gesenkt, die Qualität verbessert.» 1971 nahm das Walz- und Presswerk eine 7200-Tonnen-Rohr- und Strangpresse in Betrieb, sodass der «Bund» melden konnte: «Tag für Tag werden jetzt im Wallis die grössten und modernsten Aluminiumprofile Europas hergestellt.» Um die riesige Maschine im Wert von 20 Mio. Franken aufzunehmen, hatten zwei neue Hallen von 175 Metern Länge und 48 Metern Breite errichtet werden müssen. «Ein einziger Fachmann überwacht die ganze vollautomatisierte Anlage, welche somit der Rationalisierung und Verbesserung der Konkurrenzfähigkeit der schweizerischen Aluminiumindustrie im

Blick in die neu errichtete Hütte Steg.

Die Arbeit in der Hitze der Elektrolyse, hier in Chippis, ist hart.

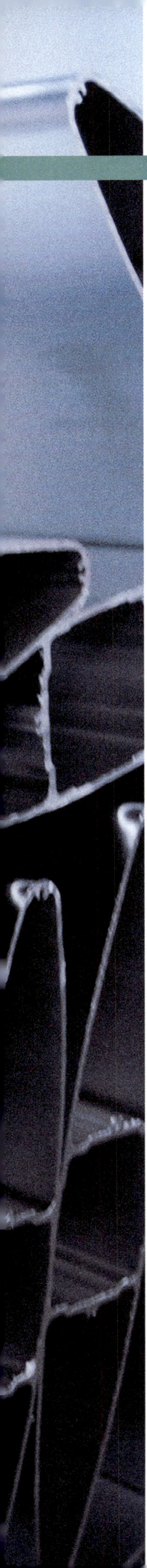

In- und Ausland dient.» Grosspressen – mit 5000 Tonnen Presskraft und mehr – erlaubten es, grossformatigere, dünnwandigere und kompliziertere Profile herzustellen, die in nahezu allen Bereichen der Industrie zur Anwendung kamen: Bauwesen, Transportwesen, Fördermittel für den Güterumschlag, Maschinen- und Apparatebau sowie Elektrotechnik.[70] Auch in der Verarbeitung war die Alusuisse nun wieder bei den Leuten.[71]

Beteiligung an Atomkraftwerken

Voraussetzung für die Hütte in Steg war ein weiterer Ausbau der Wasserkräfte. Dieser wurde in den 1960er-Jahren fortgesetzt, nachdem 1959 das Kraftwerk Gougra in Betrieb gegangen war. 1962 erfolgte die Gründung des Kraftwerks Aegina, an welchem die Alusuisse und die Maggia Kraftwerke mit je 50% beteiligt waren. Erfasst wurde ein südlicher Zufluss der Rhone im Goms. Im gleichen Jahr begann die Alusuisse mit dem Bau eines thermischen Kraftwerks in Fusina bei Venedig. 1963 nahm die Centrale Thermique de Vouvry die Bauarbeiten auf, und in den 1970er-Jahren kamen Emosson und Lötschen hinzu. Inzwischen war eine neue Energiequelle aufgetaucht. «Ein weiteres wesentliches Merkmal ist, dass bereits in einigen Jahren die ersten Aluminiumhütten mit Atomenergie versorgt werden können», schrieb Curt von Salmuth 1969. «Daher werden grosse naturgegebene Energiequellen ihre bisherige Bedeutung als wichtigster Standortfaktor für Aluminiumhütten allmählich verlieren. Aluminiumhütten können künftig in verbrauchernahen Industriezentren errichtet werden.»[72] Das war, bevor die massive Kritik an der Atomenergie einsetzte. Die Alusuisse war auch in diesem Bereich aktiv geworden. Im Juni 1966 hatte der Verwaltungsratsausschuss die «unverbindliche Teilnahme» an den Studiensyndikaten für die AKW Leibstadt und Kaiseraugst gutgeheissen.[73] Gleichzeitig prüfte man einen Hüttenstandort in Norddeutschland in der Nähe des Kernkraftwerks Stadersand.

«Die Alusuisse ist bereits im Atomclub», stellte der «Walliser Volksfreund» am 14. November 1973 fest. Damals prüften die Alusuisse und die soeben von ihr übernommene Lonza für den Ausbau der Wasserkräfte im Wallis die Realisierung eines Riesenpumpwerks in Gletsch mit einer Leistung von 1000 Megawatt. Dieses Werk setzte ein AKW als Lieferanten der Pumpenergie voraus.[74] Das Pumpwerk wurde allerdings nie realisiert. 1973 war die Alusuisse mit 10% an der Kernkraftwerk Kaiseraugst AG, mit 7.5% an Gösgen und mit 6.5% an Leibstadt beteiligt. «Wir sind an einem Bauprogramm für Kernkraftwerke engagiert», stellte Michael Kohn, Leiter des Bereichs Energie und Mitglied der Konzernleitung, zwei Jahre später an der Geschäftsführerkonferenz auf dem Bürgenstock fest. «Für die Beschaffung von Uran ist der Bereich B [Bergbau] angesprochen.» Zwei weitere neue Energieträger müssten die «besondere

Die Beteiligung der Alusuisse an Gösgen und anderen Atomkraftwerken erforderte grosse Geldmittel.

Aufmerksamkeit» der Alusuisse beanspruchen, ergänzte Kohn: die Fusion und die Sonnenenergie. Im Bereich der Fusion beteiligte sich die Alusuisse via die eigens dafür gegründete Migma Holding AG für angewandte Physik an der Fusion Energy Corporation in Princeton (USA), was sich aber bald als Fehlengagement erwies.[75]

Inzwischen war – neben der Lonza – die Motor-Columbus und mit ihr eines der sechs grossen Überlandwerke, die Atel (Aare-Tessin AG für Elektrizität), zur Alusuisse gestossen. An der Atel war die Motor-Columbus mit 45% beteiligt.

Nach der Übernahme der Lonza und von Motor-Columbus war der Alusuisse-Konzern auf dem Schweizer Strommarkt ein Schwergewicht. Im Bild die Einweihung der 1965 fertiggestellten Staumauer Gries des Kraftwerks Aegina.

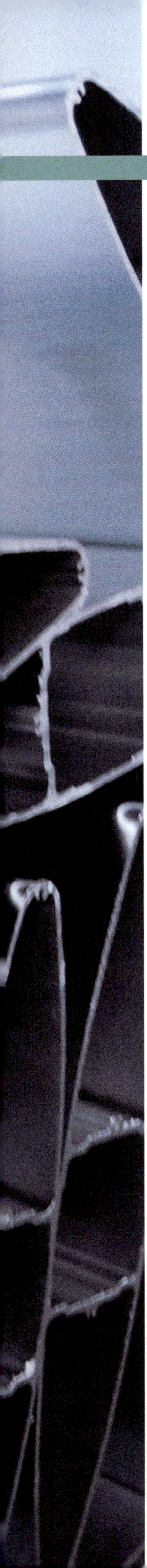

Der neu gebildete Energiebereich des Konzerns umfasste in der Schweiz 54 Werke. Die Jahresproduktion aus eigenen und Partnerwerken betrug durchschnittlich 5.6 Mrd. kWh (Alusuisse 1.8, Lonza 1.2, Motor-Columbus 0.4, Atel 2.2 Mrd.), was 1974 rund 17% des schweizerischen Verbrauchs an elektrischer Energie entsprach. Umsatzmässig und unter Einbezug der verbundenen Unternehmen im Ausland war das Gewicht des Konzerns noch grösser.[76] 1976 wurden die Beteiligungen an Gösgen und Leibstadt an die Atel verkauft, und betreffend Kaiseraugst sondierte die Alusuisse bei der Basler Chemie, ob sie ein Interesse an der Übernahme ihres Pakets hätte.[77] Kaiseraugst stand dann 1983 wieder zur Debatte. Dessen voraussichtlicher Strompreis liege viel höher, als zu Beginn der 1970er-Jahre angenommen, und er werde weiter ansteigen, wurde im Verwaltungsrat festgestellt: «Damit kann man kein Aluminium mehr herstellen. Auch ein Verkauf an Dritte ist bei derartigen Preisen, insbesondere im Sommer, kostendeckend nicht möglich.» Bis zu diesem Zeitpunkt war die Alusuisse für Kaiseraugst folgende Verpflichtungen eingegangen: 10 Mio. Franken einbezahltes Aktienkapital, 32 Mio. einbezahlter Partnervorschuss und 46.6 Mio. Sicherheiten für Anleihen, Kredite und Darlehen.[78] Inzwischen hatte sich der Störfall in Harrisburg in den USA (1979) ereignet. 1986 verkaufte die Alusuisse ihre Kaiseraugst-Beteiligung mit grossem Verlust. 1988 – zwei Jahre nach Tschernobyl – begrub der Bund die AKW-Projekte Graben (BE) und Kaiseraugst.[79]

Gove: Bauxit aus Australien

Das grösste Investitionsprojekt, das bis dahin je eine Schweizer Firma im Ausland realisierte, nahm in den späten 1950er-Jahren seinen Anfang. Nachdem

Die Bedeutung der Logistik

Im stets globaler werdenden Alusuisse-Konzern gewann auch die Logistik zunehmend an Bedeutung. Zu transportieren waren Brennstoffe, Rohstoffe, Tonerde, Halbzeug, Fertigprodukte, Baumaterialien, Ersatzteile und auch Personen. So wurden zum Beispiel 1962 «zum ersten Mal in der Alusuisse-Geschichte Anodenladungen von 8–10 000 mt [Tonnen] von Porto Marghera via Lake Charles nach New Johnsonville organisiert und durchgeführt». Gleichzeitig war in Sierra Leone, mangels eines Tiefseehafens, «mit Leichtern, Stossboot und Selbstumschlag» das Problem der Bauxit-Verschiffung zu lösen. 1974 wurde bei der «Operation Bakouma» für das Forschungsinstitut Neuhausen «ein Flug mit 11.5 mt Material und 5 Passagieren von Kloten nach Bangui [Zentralafrikanische Republik] und 10.5 mt ‹tonerdehaltigem Phosphat› von Bangui nach Kloten» durchgeführt. Weil die Alusuisse-Hütten zunehmend am Meer errichtet wurden, waren die Logistiker auch in die Suche nach Standorten und die Entwicklung von Häfen involviert. Ein wichtiges Feld der Logistik wurde ab den 1970er-Jahren der Tonerde- und Bauxit-Transport aus Australien. Die eigene Reederei Sana war ab 1971, nach der Stilllegung des Tonerdewerkes in Porto Marghera, bis zu ihrem Verkauf an die Schweizerische Reederei und Neptun AG in Basel 1986 noch als Seehafenagentur tätig.[80]

Wo die Alusuisse hinkam, musste sie oft zuerst einen Hafen bauen. Im Bild Gove.

in Gove in Arnhemland, einem Reservat der Aborigines im australischen Nordosten, Bauxitvorkommen entdeckt worden waren, vergab die australische Regierung rasch Konzessionen: zuerst an die British Aluminium (1958), welche 1963 nach ihrer Übernahme durch den US-Konzern Reynolds aber verzichtete. An ihre Stelle trat die französische Pechiney. Aber auch sie sah schliesslich aus Kostengründen vom Abbau in dieser abgelegenen, unerschlossenen Gegend ab. 1965 kam die Nabalco zum Zug, welche die Alusuisse zusammen mit acht australischen Partnern gründete.[81] Sie setzte sich gegen das konkurrierende Konzessionsgesuch von BHP/Reynolds durch, weil «nach reiflicher Würdigung aller Umstände» die Alusuisse sich ebenfalls – «ohne vorgängige Projektstudie» – verpflichtete, in Gove nicht nur Bauxit abzubauen, sondern auch eine Tonerdefabrik zu errichten.[82] «Kaum hatte man in Afrika mit dem Abbau begonnen, zeigte sich auf der ununterbrochenen Suche nach Bauxit, der eigentlichen Basis unserer Industrie, eine Möglichkeit, in Australien Bergrechte zu erwerben», beschreibt Walter Gysel die Atemlosigkeit jener Zeit. Auf der Suche nach Partnern musste im Übrigen realisiert werden, «dass offenbar niemand die eingegangenen Risiken mit uns teilen wollte. Man hatte sogar Mühe, australische Geldgeber für das Projekt zu interessieren, und so kam es, dass wir 70% der Investitionen selbst berappen mussten».[83]

Im Geschäftsbericht 1965 war von den Schwierigkeiten weniger die Rede: «Aus der Tagespresse ist Ihnen bekannt, dass uns [...] letzten Herbst von der australischen Bundesregierung die Konzession auf die ausgedehnten Bauxitlagerstätten von Gove an der Nordküste des Kontinents zugesprochen wurde. Alusuisse wird im Verlauf von sechs Jahren in unmittelbarer Nähe der Erzvorkommen am Meer eine Tonerdefabrik mit einer Jahreskapazität von 500 000 Tonnen projektieren und bauen, deren Ausstoss für die europäischen und amerikanischen Hütten des Konzerns bestimmt ist. Unsere Gesellschaft hat damit auf Jahrzehnte hinaus eine zuverlässige Rohstoffbasis erworben.

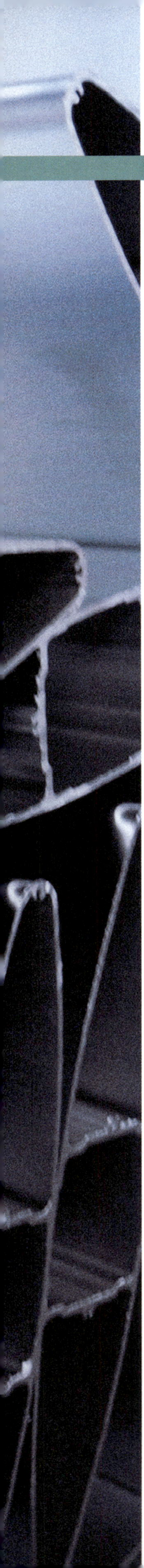

1966 traf das Prospektionsteam der Alusuisse in Gove ein. Die Überprüfung der Lagerstätte, wo in Abständen von 100 Metern über die gesamte Fläche Bauxitmuster genommen wurden, ergab ein Vorkommen von 250 Mio. Tonnen Bauxit.

Am Ende der Welt steht die Tonerdefabrik von Gove.

[…] Zum Zwecke der Prospektion, des Abbaus und der lokalen Verwertung des bereits erwähnten Bauxitvorkommens an der Nordküste von Australien gründeten wir die Nabalco Pty. Ltd. mit Sitz in Sydney, deren Kapital je zur Hälfte von uns und einem Konsortium australischer Investoren unter Führung der Colonial Sugar Refining Co. Ltd. gezeichnet wurde.» Joint-Venture-Partner waren die Alusuisse und die von den australischen Investoren gebildete Gove Aluminium.

Eine «Fertig-Stadt» entsteht

1968 wurde das Gove Agreement ausgehandelt, das im Jahr darauf unterzeichnet wurde. Als die Alusuisse in Gove tätig wurde, gab es dort einen alten Militärflughafen und eine Missionsstation. Nun galt es innerhalb weniger Jahre «ein Tonerdewerk mit allen zugehörigen Hilfsbetrieben, Hafenanlagen, Fördereinrichtungen und eine moderne Siedlung für 5000 Menschen zu bauen». Die Stadt Nhulunbuy wurde «gewissermassen als ‹Fertig-Stadt› gebaut mit Spital und Schulen als Beitrag der Regierung, mit Einkaufszentrum, Parks, Schwimmbad, Klubhaus, Mehrfamilienhäusern, Erstklasshotel und allen Einrichtungen einer modernen Gemeinde». Das Projekt war «Australiens grösste Herausforderung an die Industrie», hielt die Alusuisse schulterklopfend fest. Als ihm die achtbändige Feasibility-Studie übergeben wurde, sagte der australische Innenminister, dass dem Parlament noch nie ein derart umfassender Bericht über ein Bergbauvorhaben vorgelegt worden sei.[84] Um die Produktionskosten pro Tonne Tonerde zu senken, musste die Kapazität der Fabrik von ursprünglich 500 000 auf 1 Mio. Tonnen verdoppelt werden. Die Alusuisse verpflichtete sich zur Abnahme der gesamten Produktion während der ersten 20 Jahre.

Nicht nur eine industrielle Grossanlage, sondern auch die dazugehörende Stadt mussten gebaut werden. Das Regierungs-, Kultur- und Einkaufszentrum von Nhulunbuy.

Die Bauxitlager der Tonerdefabrik in Gove.

1969 wurde mit den Bauarbeiten begonnen. Die Dimensionen der entstehenden Anlage waren in jeder Hinsicht gewaltig: «Das Erz wird im Tagbau mit Schaufelladern abgetragen und mit 50-Tonnen-Kippfahrzeugen der Brechanlage unmittelbar neben dem Abbaugebiet zugeführt. Der gebrochene Bauxit gelangt auf ein Förderband – eines der Wunder von Gove –, welches sich am Horizont verliert und das Erz auf einer zweistündigen 19 km langen Reise zu den vier Lagerhalden beim Tonerdewerk bringt, von denen jede ein Fassungsvermögen von 125 000 Tonnen hat. Zwei Trommelbagger – die einzigen ihrer Art in Australien – entnehmen Bauxit von den Lagerhalden, und über Förderbänder wird das Erz sowohl dem Tonerdewerk als auch dem Hafen zur Verladung für den Export zugeführt.» Von den drei Silos fasste der grösste 100 000 Tonnen. Die Fabrik war «weitgehend automatisiert und zentral gesteuert». 1971 verliess das erste Bauxit Gove, 1972 nahm die Tonerdefabrik ihre Produktion auf.[85] 1975 beschäftigte die Alusuisse in Australien 794 Personen. Die finanzielle Belastung durch diesen grossen, genialen Wurf, der über Jahre den weitaus grössten Teil der Investitionen in Anspruch nahm, sollte der Alusuisse in der Folge noch arg zu schaffen machen.

Eine Hütte und Tonerde für Südafrika

Im Juni 1966 gab der Verwaltungsrat grünes Licht für ein Engagement in Südafrika. «Nach eingehender Diskussion über Tunlichkeit und politische Implikationen» war der Verwaltungsrat einverstanden, «dass wir uns an der geplanten Gesellschaft gegebenenfalls offiziell als Alusuisse beteiligen».[86] Gemeint war die Alusaf, die 1969 mit dem Bau einer Hütte in Richards Bay (Natal) begann. Mit den «politischen Implikationen» war wohl das Problem angesprochen, dass Südafrika damals vom Apartheid-Regime regiert war. Mit der südafrika-

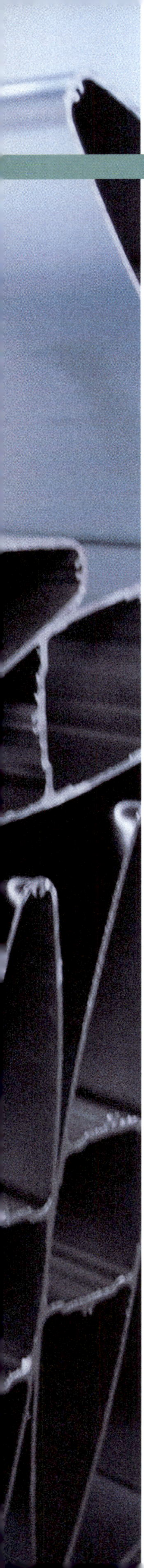

Und die Aborigines?

«Alsdann teilte die australische Bundesregierung als Verwalterin des Nördlichen Territoriums die Halbinsel in fünf Konzessionsgebiete auf, obwohl Gove ein Schutzgebiet für die Ureinwohner ist, das nicht ohne Erlaubnis der Wohlfahrtsbehörden betreten werden darf.» So fasste die «Neue Zürcher Zeitung» die konfliktträchtige Ausgangslage beim Projekt Gove präzise zusammen.[87] Die Alusuisse wiederum stellte im Geschäftsbericht 1972 fest: «Die Eingeborenen, die sich in der Methodistischen Mission Yirrkala, 37 km von der Fabrik entfernt, angesiedelt haben, ziehen aus dem Gove-Projekt beträchtlichen Nutzen.» Das war nun doch sehr schöngefärbt. Hauptsächlicher Streitpunkt waren die Landrechte. Die Aborigines klagten gegen die Alusuisse-Tochter Nabalco und die australische Regierung. Sie meldeten Eigentumsrechte auf Gove an, verlangten eine Entschädigung und die Einstellung der Bauarbeiten. Sie drangen vor dem Obersten Gericht des Northern Territory jedoch nicht durch.[88] Die Nabalco hatte aber jährliche Abgaben von 850000 australischen Dollar an einen Fonds zugunsten der Aborigines im Northern Territory zu leisten. Davon gingen 10% oder rund 380000 Franken an die direkt betroffene, etwa 700 Aborigines zählende Yirrkala-Gemeinde. In den Reservaten waren die Royalties doppelt so hoch wie im übrigen Australien. Ein weiterer heikler Punkt war die Tatsache, dass mit dem Projekt in Gove teilweise heilige Stätten der Aborigines tangiert wurden.[89] In der Schweiz kam die Diskussion intensiv in Gang nach Vorwürfen des Australischen Kirchenbundes, die vom Schweizerischen Evangelischen Kirchenbund aufgenommen wurden. Ein beträchtlicher Teil der Medien stellte sich auf die Seite der Alusuisse. Der Basler Ethnologe Peter Weidkuhn, der, finanziert von der Alusuisse und vom Evangelischen Kirchenbund, eine dreimonatige Forschungsreise unternahm, dabei zwei Monate «an Ort und Stelle im Dorf Yirrkala unter Riradjingu, Gumatj, Djapu und anderen Ureinwohnern» verbrachte und seine Ergebnisse auch in Buchform publizierte, nahm eine vermittelnde Position ein.[90] Der Journalist Peter Indermaur, der sich sehr kritisch äusserte, hielt quasi als Positivum fest: «Dank Gove haben die Interessen und Belange der Aborigines nationale Bedeutung erhalten.»[91] Jurij M. Judin, der als Oberingenieur der Alusuisse und der Nabalco mehr als vier Jahre in Australien lebte, davon mehr als zwei Jahre in Gove, kam zum Schluss: «Die fundamentalen Probleme werden nicht gelöst, indem man 300 Millionen Tonnen hochwertigen Bauxites liegen lässt.» Nebst der Schaffung einer Infrastruktur brauche es «Verständnis, Versöhnung und konstruktive Hilfe ohne Sentimentalität und falsche Ideale».[92] Der 1977 in Kraft getretene Aboriginal Land Rights (Northern Territory) Act 1976 sprach den Aborigines dann Landrechte zu. Inzwischen gehört ihnen etwa die Hälfte der Landfläche des Northern Territory. Zu den Aufgaben der Aboriginal Land Councils gehört es unter anderem, mit Bergbauunternehmen über die Vergabe von Schürfrechten zu verhandeln.

nischen Regierung verhandelt hatte man seit 1964. Die Alusuisse übernahm das Engineering und liess sich diese und andere Dienstleistungen – ein gängiges Muster – mit einem Anteil am Aktienkapital (22%) bezahlen. Wie andernorts bei solchem Ablauf zog sich die Alusuisse dann gelegentlich zurück. Hauptaktionärin war die staatliche Industrial Development Corporation (IDC). Bisher hatte in der südafrikanischen Aluminiumindustrie die kanadische Alcan dominiert, die sich auch an der Alusaf beteiligte. 1971 nahm die Alusaf die Anlage mit 50000 Jahrestonnen in Betrieb. 1973 startete die zweite Stufe, mit der man die Hütte um 25000 Tonnen erweitert hatte. Geplant war ein Endausbau auf 200000 Tonnen. Im Bemühen, für das australische Gove frühzeitig Absatzmärkte zu sichern, schloss die Alusuisse 1970 mit dem südafrikanischen

Der Verarbeitungsprozess von Bauxit zu Tonerde

1 Bauxit
2 Mühle
3 Mischer (Bauxitmehl & Dicklauge)
4 Autoklav
5 Verdünner
6 Eindicker
7 Klarfilter
8 Zersetzer
9 Trommelfilter
10 Kalzinierofen
11 Tonerdesilo
12 Verdampfanlage
13 Rotschlammfilter
14 Rotschlamm (Abfall)

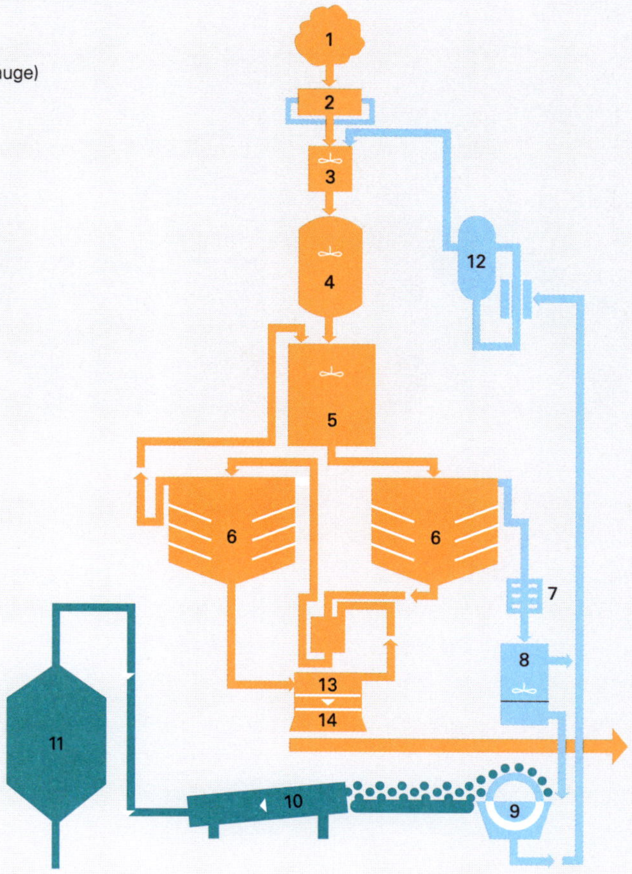

Unternehmen einen langfristigen Vertrag für die Belieferung mit Tonerde ab.[93] 1972 bis 1974 lieferte die Alusuisse, nachdem anfänglich noch Material aus Guinea (Fria) und Surinam verschifft wurde, insgesamt 327 373 Tonnen Tonerde aus Gove. Doch dann kam es zum Konflikt wegen des Preises, der aus Sicht der Alusaf zu hoch war. Die Alusaf hob Ende 1974 den Tonerdevertrag auf, und es folgte eine langwierige gerichtliche Auseinandersetzung, die vor dem Schiedsgericht in Paris landete und für die Alusuisse – für das oberste Management eher überraschend – mit einer Niederlage endete.[94]

Die Alusaf hatte für Südafrika, das über zahlreiche Rohstoffe, aber über kein Bauxit verfügt, strategische Bedeutung. «Obwohl sich die Firma Mühe gibt, die Bestimmungsorte ihrer Produkte zu verschleiern, gilt es als offenes Geheimnis, dass Alusafs grösster Kunde der staatliche Waffenkonzern Armscor ist», wurde in einer kritischen Publikation 1990 festgehalten.[95] Als 1973 – die Alusuisse hatte die Leitung bereits abgegeben – die schwarzen Bantu-Arbeiter wegen der tiefen Löhne streikten, ersetzte sie die Regierung durch Militär und Polizei, um den Betrieb aufrechtzuerhalten. Der Streik brach nach weni-

Auch in Südafrika prallten Kulturen aufeinander, und nicht immer so friedlich wie hier beim Empfang der weissen (Alusuisse-)Gäste.

gen Tagen zusammen.[96] Der Vorfall führte in der Schweiz zu einer Anfrage von Jean Ziegler (SP) im Nationalrat. Der Bundesrat antwortete mit dem Hinweis auf die Nichteinmischung in die inneren Angelegenheiten anderer Staaten: «Les autorités fédérales n'ont pas la possibilité de donner des directives de politique sociale à des maisons établies dans un pays tiers ou d'enquêter sur les événements qui s'y produisent.»[97] 1983 wurde die Kapazität von Richards Bay durch eine zweite Ofenlinie verdoppelt: Eine von der Alusuisse-Tochter Alesa für Sumitomo realisierte Hütte mit Söderberg-Öfen im japanischen Sakata, die Sumitomo wegen der Proteste von Umweltschützern wieder schloss, wurde für 320 Mio. Franken in Japan ab- und in Südafrika wieder aufgebaut.[98] In den 1980er-Jahren trennte sich die Alusuisse im Rahmen eines Devestitionsprogramms von ihrer Beteiligung an der Alusaf.[99] 2010 verfügte die seit 1996 zur BHP Billiton gehörende Alusaf in Richards Bay in zwei Hütten (Bayside und Hillside) über eine Kapazität von 905 000 Tonnen.

Störenfried Sowjetunion

Die Aluminiumlandschaft war in den 1960er-Jahren weiter in Bewegung. Die US-Produzenten drängten wegen der in ihrem Heimmarkt aufgebauten Überkapazitäten stärker nach Europa, wobei Grossbritannien ein beliebtes Ziel war. «Wir haben bisher unsere Stellung trotz der amerikanischen Interessenahme in der englischen Aluminiumindustrie behaupten können», wurde bei der Alusuisse 1962 festgestellt.[100] Die Alusuisse-Tochter Star Aluminium Company verfügte inzwischen nebst dem Werk in Wolverhampton über fünf Hallen zur Folienfabrikation in Bridgnorth. In den 1960er-Jahren verfolgte die Alusuisse auch Pläne zur Errichtung einer Hütte in England. Grossbritannien war nach Deutschland der grösste Aluminiumverbraucher Europas und musste 90% des Bedarfs einführen. Die Regierung ermunterte deshalb die

Industrie zum (subventionierten) Bau von Elektrolysen. 1968 gab die Alusuisse aber bekannt, sie verschiebe das Projekt, «nicht zuletzt im Hinblick auf andere Ausbaupläne». Neben ihr waren auch British Aluminium, Alcan und Rio Tinto an der Errichtung einer Hütte interessiert.[101] 1972 wurde das Walzwerk Briton Ferry in South Wales geschlossen, das nach einer verunglückten Fusionsübung mit der Grosskundin High Duty Alloys (HDA) an der Alusuisse hängen geblieben war.[102] Im Bestreben, im englischen Halbzeugmarkt doch noch «eine Position aufzubauen», investierte die Alusuisse aber nochmals und richtete in Briton Ferry ein Presswerk ein. Zu Beginn der 1980er-Jahre musste die englische Gruppe dann saniert werden, was verschiedene Schliessungen und einen massiven Personalabbau zur Folge hatte.[103]

Neue Konkurrenz war aber auch im Osten entstanden. Um zu verhindern, dass der Markt mit Metall zu Dumpingpreisen überschwemmt wurde, kauften die westlichen Produzenten 1963 bis 1975 grosse Mengen Aluminium aus dem Ostblock auf, wobei die beteiligten Unternehmen das Metall ihren Marktanteilen entsprechend anteilsmässig übernehmen mussten.[104] «Als Störenfried der verstärkten Zusammenarbeit zwischen den grossen Aluminiumkonzernen traten zunehmend die Sowjetunion und deren Satelliten mit Dumpingpreisen auf», schreibt Heinz Frech in seiner Autobiografie. Es wurde ein Vertrag mit der sowjetischen Monopolgesellschaft Raznoimport abgeschlossen, dass eine bestimmte jährliche Exportmenge, welche über die Londoner Handelsfirma Brandeis Goldschmidt an die im europäischen Markt engagierten Produzenten «kanalisiert» wurde, nicht überschritten werden sollte. «Die Russen», so Frech, «profitierten von einem garantierten Mengenabsatz und auch von höheren, als im freien Markt erzielbaren, Preisen.» Ähnliche Abkommen wurden mit den andern Ostblockstaaten abgeschlossen. «Meine Abteilung übernahm die Federführung für die Abwicklung und Koordination dieser mehrjährigen Vereinbarung. Wir zogen die Fäden zwischen den verschiedenen Aluminiumkonzernen und über Brandeis Goldschmidt mit den Russen», fasst Frech die Rolle der Alusuisse in diesem Deal zusammen.[105]

Schliesslich nahmen im Zeitraum 1960 bis 1973 eine ganze Reihe von Ländern neu die Rohaluminiumproduktion auf: Es waren dies Mexiko, Surinam, Griechenland, die Niederlande (Beteiligung Alusuisse), Ghana, Venezuela, Südkorea, Island (Alusuisse), Südafrika (Beteiligung Alusuisse), Bahrain, Neuseeland und der Iran.[106] Venezuela wurde ab Mitte der 1970er-Jahre ein wichtiges Wirkungsfeld der Alusuisse: Sie entdeckte und entwickelte dort die Pijiguaos-Bauxitvorkommen am Orinoco, im tropischen Regenwald im Süden des Landes, und baute das 1983 eröffnete Tonerdewerk der Interalumina.[107]

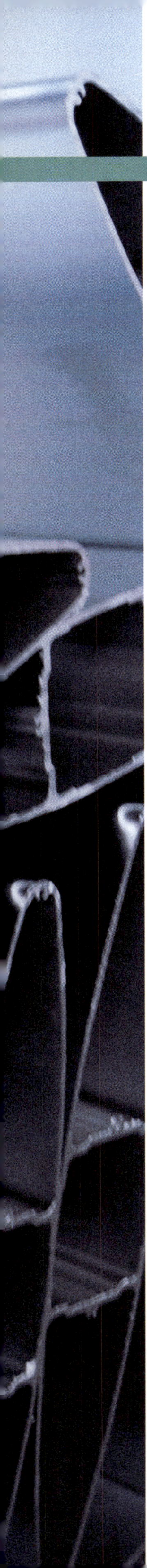

Italien: Streiks und Schliessung

In den frühen 1960er-Jahren war man auch in Italien, einem der ältesten Produktionsländer des Konzerns, weiter auf Expansionskurs. «In Italien stehen, wie Herr Generaldirektor Meyer ausführt, gegenwärtig zwei grosse Projekte in Realisierung, die seitens der Sava [Società Alluminio Veneto Anonima] über 100 Millionen Franken erfordern», hält ein Verwaltungsratsprotokoll von Ende 1962 fest. Es handelte sich um das thermische Kraftwerk in Fusina bei Venedig, welches «den Mangel an Winterenergie decken» sollte, sowie eine neue Hütte am selben Ort. «Daneben werden bedeutende Mittel investiert in den Ausbau der Elektrodenfabrik und die Kraftwerksbauten im Val Schener.» Weiter wurde mitgeteilt, die Verstaatlichung der italienischen Energiewirtschaft sei «an uns vorbeigegangen; als Selbstverbraucher sollten wir davon ausgenommen bleiben».[108] Die italienische Hüttenkapazität wurde mit Fusina annähernd verdoppelt, und die Rohaluminiumproduktion stieg in der Folge bis 1968 weiter an. Fusina nahm die Produktion gegen Ende 1963 auf. Bereits damals klagte Generaldirektor Emanuel Meyer: «Die Lohnkosten haben sich in den letzten 10 Jahren mehr als verdoppelt, und die Soziallasten machen heute über 50% der gesamten Lohnkosten aus; überdies sind die Arbeitsstunden pro Tonne gestiegen. Wir müssen uns überlegen, ob wir nach der Inbetriebnahme der neuen Hütte Fusina einen Teil der unwirtschaftlich gewordenen Produktion in Porto Marghera abschalten wollen.»[109] Und zum Ergebnis, das man 1963 in Italien erzielte, wurde festgestellt: «Diese Gruppe, die jahrelang eine starke Stütze des Mutterhauses war, schliesst dieses Jahr erstmals ausgesprochen schlecht ab.»[110]

Gegen Ende des Jahrzehnts, das der lange für die Alusuisse in Italien tätige Alfred Richner noch zur Phase der «erfreulichen Geschäftsjahre der Sava» rechnet, bereitete Italien dem Konzern dann zunehmend Probleme. «Bis

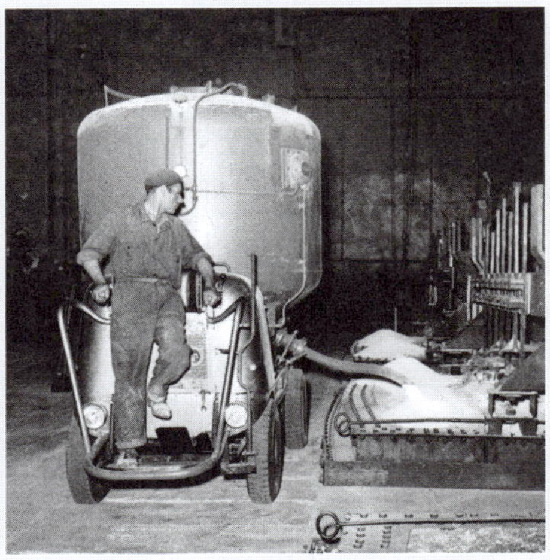

Das Plakat der Sava von 1942 illustriert sehr schön die integrierte Gruppe.

Hütte in Italien: Ein Ofen wird mit Tonerde beschickt.

Das Werksgelände der Sava, rechts vom Industriekanal West, in der Industriezone von Porto Marghera.

Ende der 60er Jahre verkaufte die Sava ihre gesamte Aluminiumproduktion im zollgeschützten italienischen Markt, vorwiegend an eigene Halbzeugwerke oder an Partnerwerke der Montecatini Edison-Gruppe, einem der grössten Chemie-, Bergbau- und Aluminiumunternehmen in Italien», fasst der ehemalige Sava-Direktor Heinz Frech die guten Zeiten zusammen. Für die Verteilung hatte man mit Montecatini eine gemeinsame, kartellistische Verkaufsgesellschaft gegründet. Doch dann wurde der Zollschutz in Italien abgebaut, die Auslandkonkurrenz nahm zu, das Kartell wurde aufgelöst, und die Sava übernahm die Verkaufsverantwortung selbst.[111] 1970, als bei der Alusuisse die Abschlüsse im Stammhaus und im Konzern befriedigend waren, arbeitete in Italien nur gerade das Kunststoffwerk mit Gewinn. Das Portefeuille in Italien umfasste damals Bauxitgruben in Puglien und den Abruzzen, ein Tonerdewerk in Porto Marghera, ein Anodenwerk in Porto Marghera, Wasserkraftwerke im Trentino und in Zevio (bei Verona) sowie ein thermisches Kraftwerk in Fusina, zwei Hütten (Porto Marghera, Fusina), je ein Halbzeugwerk in Rho (ISA) und in Nembor (Laminal) sowie die Ftalital in Scanzorosciate (Provinz Bergamo), die dibasische Säuren, Weichmacher, Polyesterharze und anderes herstellte und wie gesagt als Einzige rentierte.[112] Und es kam noch schlimmer, als die Alusuisse sich in einem Klima zunehmender sozialer Spannungen und ständiger Konflikte mit den Gewerkschaften daran machte, ihre italienischen Betriebe zu restrukturieren.

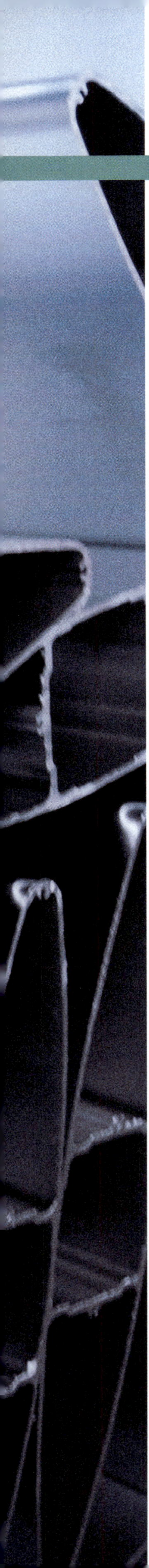

Rohaluminiumproduktion Alusuisse nach Ländern in Tonnen 1960–1973

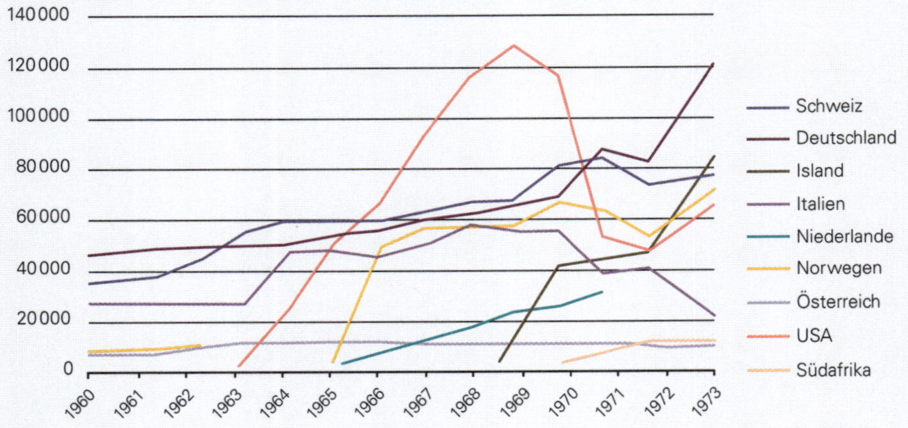

Die Produktion war nach den Ausbauten der 1960er-Jahre auf bedeutend mehr Hütten verteilt. Bei Hütten, die mit Partnern betrieben wurden, wird nur die jeweils anteilige Produktion aufgeführt. Der Anteil an Husnes betrug 67%, an Essen 50%, an Delfzijl 33⅓%. Bei den italienischen Hütten wurde er 1973 auf 50% reduziert, ebenso 1971 bei New Johnsonville.

Mitte Oktober 1971 gab die Sava bekannt, dass die Tonerdefabrik in Porto Marghera geschlossen werde und die 800 Beschäftigten entlassen würden. Gleichzeitig wurden 45 Entlassungen bei der Laminal angekündigt. Zur Begründung führte die Sava an, dass sich die Tonerdegewinnung in Italien nicht mehr lohne und es sinnvoller sei, «den Rohstoff für die Aluminiumerzeugung aus dem Ausland einzuführen». Diesem Schritt vorausgegangen waren die Bekanntgabe des Abbaus von 270 Stellen Anfang Januar, eine monatelange Kontroverse mit wiederholten Streiks sowie ein Abkommen mit den Gewerkschaften, das Neuinvestitionen, Umstrukturierungen und die Erhaltung der Arbeitsplätze vorsah. «Die seitherige Verschärfung der Wirtschaftskrise in Italien, sonstige Schwierigkeiten und die mangelnde Zusammenarbeit der 2000-köpfigen Belegschaft scheinen indessen seine Durchführung verzögert, wenn nicht in Frage gestellt zu haben», rapportierte die «Neue Zürcher Zeitung».[113] Mit einem Sozialplan und zwei Neugründungen mit rund 470 Stellen wurden die Auswirkungen der Schliessung etwas gemildert.[114] Für Sava-Direktor Heinz Frech setzte es aber ein paar äusserst ungemütliche Momente ab: «In Einerkolonne zwängten wir uns durch ein Spalier schreiender Aktivisten, die auf uns einschlugen», beschreibt er den Moment, als er am 26. Januar 1972 gezwungen wurde, sein Büro (vorübergehend) zu räumen. «Als Chef der Sava hatte ich das Privileg, in der Mitte des Zuges etwas weniger Fusstritte und Schläge abzubekommen.»[115] Der Alusuisse war die Tätigkeit in Italien irgendwie verleidet. 1971 verkaufte sie 50% der Sava an die staatliche Finanzholding Efim bzw. deren Tochter MCS (Mineraria Carbonifera Sarda). Die Reedereitätigkeit der Sana und die italienischen Bauxitgruben gab sie auf. Die übrigen Aktivitäten wurden von der Alucentro (Centro Alluminio) weitergeführt.[116] 1988 gingen auch die restlichen 50% der Sava an die MCS. Begründet wurde dieser Schritt mit der Reduktion der Rohmetallproduktion im Konzern und den italienischen Verstaatlichungsbemühungen.

Eine neue Hütte in Essen

1958 arbeiteten 42% der Alusuisse-Beschäftigten in Deutschland, das für den Konzern seit je eine grosse Bedeutung hatte. 1975 waren es noch 24%. Der «Verlust» war aber nur ein relativer, denn absolut hatte die Zahl der Beschäftigten von 5775 auf 8013 zugenommen. Das Werk Rheinfelden wurde in den 1960er-Jahren einer Modernisierung unterworfen, wozu der Ersatz der alten Öfen durch neue, grössere Typen sowie eine fortschreitende Mechanisierung gehörten. 1967 entstand als erster Rheinfelder Diversifikationsbetrieb die Butzenlinie, in der aus gegossenem und gewalztem Band Butzen für Tuben und Dosen gefertigt wurden. In einem weiteren Diversifikationsbetrieb, dem Spezialgerätebau (SGB), arbeiteten Ingenieure an Prototypen zur Automatisierung der Ofenbedienung. 1972 wurden die alten Elektrolysen in den Werken I und II stillgelegt.[117] Singen nahm 1963 ein neues Folienwalzwerk und 1968 eine Anlage zur Herstellung des neuen Verbundwerkstoffs Alucobond in Betrieb.

Das Martinswerk schliesslich hatte «eine kritische Phase zu überstehen, in der sein Schicksal auf des Messers Schneide stand». Im Konzern «gab es ernsthafte Überlegungen, das Werk zu schliessen und stattdessen eine neue Tonerdefabrik in Rotterdam zu bauen, die über eine eigene Löschvorrichtung für überseeischen Bauxit verfügte und nur ein Produkt erzeugte, und das in grossen Mengen: Hüttentonerde». Zur Rettung des Martinswerks trug bei, dass es ihm gelang, den auslaufenden Braunkohleliefervertrag durch eine eigene Braunkohlebasis zu ersetzen. Auf die Tonerdefabrik in Rotterdam wurde verzichtet und stattdessen das Martinswerk ausgebaut und modernisiert. Mitte der 1960er-Jahre wurde eine neue Grosskundin Hauptabnehmerin von Martinswerk-Tonerde: die Aluminiumhütte Bitterfeld in der DDR, die in der Zwischenkriegszeit als Gemeinschaftsunternehmen der Metallgesellschaft

Braunkohletagbau 1963. Mit der eigenen Braunkohlebasis ersetzte das von der Stilllegung bedrohte Martinswerk einen nicht mehr erneuerten Liefervertrag.

Werk Singen mit seiner beeindruckenden Ausdehnung 1963.

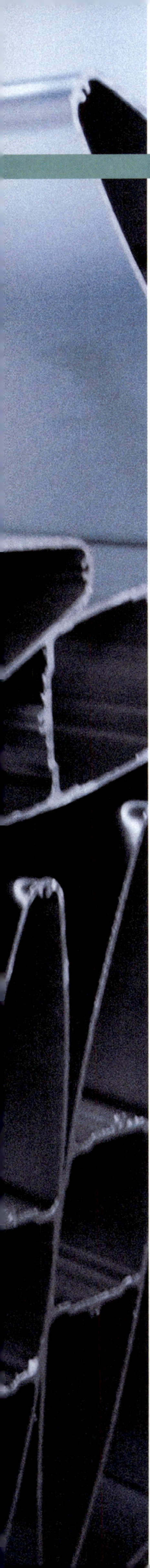

und der IG Farbenindustrie gegründet worden war.[118] Zudem hatte das Martinswerk begonnen, das Geschäft mit einfacher Tonerde um zusätzliche Produktelinien zu erweitern, indem es modifizierte Aluminiumoxid- und -hydroxid-Spezialitäten entwickelte.[119]

1969 begann man in Essen-Borbeck mit dem Bau einer neuen Hütte, die in einer 50:50-Partnerschaft von der Alusuisse und der deutschen Metallgesellschaft betrieben werden sollte. Die Metallgesellschaft war damals (1965) ein Konzern mit 30 700 Beschäftigten, die einen Umsatz von rund 3.1 Mrd. DM erwirtschafteten. Die Alusuisse mit einem Umsatz von 1.2 Mrd. Franken (100 Franken = 92 DM) zählte zum gleichen Zeitpunkt 20 200 Beschäftigte. Die Alusuisse-Beteiligung an der neu gegründeten Leichtmetall-Gesellschaft mbH (LMG) wurde zu je 25% von Rheinfelden und Singen gehalten.[120] Die Anfangskapazität der Hütte betrug 84 000 Tonnen, und die Ausbaupläne sahen eine Erweiterung auf mindestens 250 000 Tonnen vor. Essen sollte bei der Entwicklung des Bandgiessverfahrens Caster II in den 1970er-Jahren eine entscheidende Rolle spielen. 1976 stieg die Metallgesellschaft aus, und die Alusuisse übernahm die LMG ganz.[121]

1970 wurde die Inhaberaktie der Alusuisse an der Frankfurter Börse kotiert. Gleichzeitig wurde die Aluminium-Industrie-Gemeinschaft Konstanz GmbH, welche die deutschen Interessen koordinierte, in Alusuisse Deutschland GmbH umbenannt. Die deutschen Töchter trugen 1969 42% zum Konzernumsatz bei und bestritten rund ein Viertel der gesamten deutschen Rohaluminiumproduktion. Vom deutschen Umsatz entfielen 43% auf Singen, 20% auf Rheinfelden, 12% auf das Martinswerk sowie je 6% auf die Mannesmann Leichtbau in München und die Aluminiumgiesserei Villingen. Die Hütte in Essen stand vor der Eröffnung, das Projekt Wilhelmshaven war erst im Aufbau.[122] Im Jahr darauf wäre die Börseneinführung wohl schwieriger gewesen, wurde die deutsche Gruppe doch durch die zweimalige Aufwertung der D-Mark in Mitleidenschaft gezogen.[123] Die Industrie rief nach Massnahmen, wie Generaldirektor John Wohnlich 1972 im Verwaltungsrat ausführte: «Wir machen uns grosse Sorgen wegen der strukturellen Verschlechterung unserer Position in Deutschland. Änderungen der Währungsparitäten haben sowohl bei den Kosten wie bei den Preisen zu schwerwiegenden Verzerrungen geführt, welche die deutschen Aluminiumproduzenten gegenüber der ausländischen Konkurrenz in eine fast hoffnungslose Lage bringen. [...] An einer Besprechung mit dem Vorstandsvorsitzenden der Metallgesellschaft AG, unserem Partner im Werk Essen, drängten wir auf massive Interventionen bei den Behörden in Bonn und Düsseldorf. Am 29. Februar 1972 wurde in Bonn ein Parlamentarierabend veranstaltet. Es nahmen daran 25 Abgeordnete der drei grossen Parteien teil. Die Parlamentarier halten es für undenkbar, dass die BRD auf eigene Aluminiumhütten verzichtet. Es sind Hearings, Eingaben an die Bun-

Realisierte Projekte 1960–1973

Ort	Land	Art der Anlage	Inbetriebnahme
Fria	**Guinea**	Tonerdewerk	1960
Lagos	**Nigeria**	Endprodukte	1961
New Johnsonville	**USA**	Elektrolyse	1963
Fusina	**Italien**	Elektrolyse	1963
Steg	**Schweiz**	Elektrolyse	1963
Mokanji	**Sierra Leone**	Bauxitabbau	1963
Husnes	**Norwegen**	Elektrolyse	1965
Rotterdam	**Niederlande**	Anodenfabrik	1966
Delfzjil	**Niederlande**	Elektrolyse	1966
Straumsvik	**Island**	Elektrolyse	1969
Richards Bay	**Südafrika**	Elektrolyse	1971
Gove	**Australien**	Bauxitabbau	1971
Lake Charles	**USA**	Elektrolyse	1971
Essen	**Deutschland**	Elektrolyse	1971
Gove	**Australien**	Tonerdefabrik	1972

desregierung und Parlamentarier sowie Interventionen bei den Länderregierungen vorgesehen. Wenn die Behörden nicht helfen, müssen wir Rheinfelden und Essen stillegen.»[124] So weit kam es nicht.

Zunehmend an Gewicht verlor der Standort Österreich. Die Hütte in Lend verharrte auf einer niedrigen Kapazität. Diese war 1960/61 um 40% auf – bescheidene – 10000 Tonnen erhöht worden, indem man den unwirtschaftlich gewordenen 8000-Ampère-Ofenbetrieb durch eine 80000-Ampère-Elektrolyseanlage ersetzte. Die Voraussetzungen dazu waren nicht besonders günstig: «Um das umfangreiche Bauvorhaben trotz den beengten Platzverhältnissen in Lend durchführen zu können, mussten 20000 m^3 Felsen gesprengt und abgetragen werden.»[125]

Neu auch im Dosengeschäft

Seit dem Zweiten Weltkrieg hatte die Alusuisse ihre Verarbeitungskapazitäten stark ausgebaut. «Innerhalb des Konzerns sind Rohmetall- und Verarbeitungskapazität weitgehend ausbalanciert, was sich besonders in Zeiten von Überangebot als Vorteil erweist», hielt die «Schweizerische Handelszeitung» zum Jubiläum 1964 fest. Die Angebotspalette umfasste sämtliche Halbzeugarten wie Bleche, Bänder, Streifen, Ronden, Platten, Folien, Stangen, Profile, Rohre, Draht, Schmiedestücke und Granalien aus Reinaluminium wie auch in den verschiedensten Legierungen.[126] Auch bei der Produkte-Entwicklung erfolgte in den 1960er-Jahren eine Art Take-off. Die Forschung wurde stärker anwendungs- und marktorientiert. An der Geschäftsführerkonferenz 1966 nahm Vizedirektor Necdet Dirilgen eine Standortbestimmung vor: «Wenn wir heute die Bemühungen der übrigen Aluminium-Industrien in Europa betrachten, können wir – ohne überheblich zu sein – behaupten, dass wir hinsichtlich der

Präzisionsarbeit im Forschungsinstitut Neuhausen.

Produkte-Entwicklung und des technischen Services in Europa führend sind.» Ein Vergleich mit den grossen Aluminium-Konzernen in den USA, so Dirilgen weiter, sei nicht einfach. Gesamthaft verfügten aber «unsere grossen Konkurrenten in den USA über ein Mehrfaches an Potential für die Produkte-Entwicklung». Der sehr hohe Pro-Kopf-Verbrauch in den USA war nach Ansicht von Dirilgen «neben dem hohen Lebensstandard auch der sehr aggressiven und entwicklungsorientierten Aluminium-Industrie zu verdanken».[127]

Wie viel grösser der finanzielle Aufwand tatsächlich war, den die fünf andern grossen Konzerne für Forschung und Entwicklung betrieben, zeigte an derselben Konferenz Generaldirektor Emanuel Meyer auf. Bei der Alusuisse waren es 10 Mio. Franken pro Jahr oder 0.8% des Umsatzes, bei der Alcoa zehnmal mehr oder 2.2% des Umsatzes. Beschäftigte die Alusuisse 10 Personen in der Grundlagenforschung, 260 in der angewandten Forschung, 53 in der Produkte-Entwicklung ohne Verpackungen und 37 in der Verpackungsentwicklung, total also 360, so lauteten die entsprechenden Zahlen bei Alcoa 250, 500, 250 und 100, total 1100 Personen.[128] Neun Jahre später stellte Direktor René R. Himmel an der Geschäftsführerkonferenz auf dem Bürgenstock ein neues Forschungs- und Entwicklungskonzept vor, das «die Führung unserer auf Innovation ausgerichteten Tätigkeiten» erleichtern sollte. «Stellvertretend für die Gesamtheit» erläuterte er die Projekte Kaltwalzemulsion (unter anderem Vermeidung der Fleckenbildung), Schienenfahrzeug (U-Bahn-Wagen) und Stabile Anode (Oxidanode und Aluminiumchloridverfahren).[129]

Arbeit am Massenspektrografen zur Bestimmung von Spurenelementen im Forschungsinstitut in Neuhausen.

Mit dem Kauf von Boxal stieg die Alusuisse ins Aluminiumdosengeschäft ein. Im Bild die automatisierte Produktion von Aerosoldosen.

Mit der Übernahme einer Beteiligung an der Fabrique d'Emballages Métalliques (ab 1964 Boxal) in Fribourg, einem «der führenden Hersteller von Aluminiumdosen in Europa», mit Fabriken in der Schweiz, Frankreich (Beaurepaire) und den Niederlanden (Veenendaal), stieg die Alusuisse 1963 ins Dosengeschäft ein. Die 1929 gegründete Boxal «stellte vorwiegend Aluminiumbüchsen für die Guigoz-Milchkonserven her», schreibt Walter Gysel in seinen Erinnerungen. Guigoz war auch an Boxal beteiligt, ebenso Pechiney.[130] 1964 stockte die Alusuisse ihren Anteil von 44 auf 74% auf, den Rest des Aktienkapitals hielt – bis 1966 – die kanadische Alcan.[131] Die neue Alusuisse-Tochter produzierte vor allem Spraydosen (Aerosoldosen). Später kamen auch Getränkedosen hinzu, doch hatten diese bei Boxal nie grosses Gewicht.

Verbundwerkstoff Alucobond: Ästhetisch attraktiv

In den 1960er-Jahren nahm auch eine Entwicklung ihren Anfang, die zu einem der erfolgreichsten Alusuisse-Produkte führen sollte: Alucobond. Dieser Verbundwerkstoff, mit einem Sandwich vergleichbar, besteht aus einem Kunststoffkern und zwei Aluminiumabdeckungen. Letztere sorgen für die Wetterbeständigkeit, der Kunststoff für das geringe Gewicht. «Das ‹Geheimnis› von Alucobond ist, dass es interessante mechanische und physikalische Eigenschaften mit ästhetischer Attraktivität und sehr einfacher Bearbeitung verbindet», schreibt Harald Severus, der ehemalige Leiter von F&E Composites, in einer ausführlichen Festschrift, die zum 40-Jahr-Jubiläum von Alucobond erschienen ist.[132] Die Anfänge waren allerdings nicht einfach und mit vielen Fehlschlägen verbunden. Ende 1968 nahm eine kontinuierliche Fertigungsanlage für Alucobond in Singen ihren Betrieb auf. Alucobond wird im Apparate- und Gerätebau, für Möbel, im Fahrzeug- und Ladenbau, für Schilder und

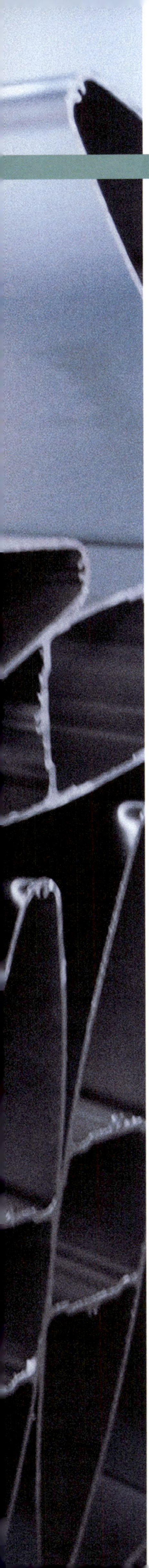

1960–1973

Die Verwendung in der Architektur entwickelte sich bei Alucobond zu einem Schwerpunkt. Im Bild das «Raumschiff Erde» im Walt-Disney-Vergnügungspark Epcot Center in Orlando/Florida (links) und das Al Maidan Hospital in Kuwait.

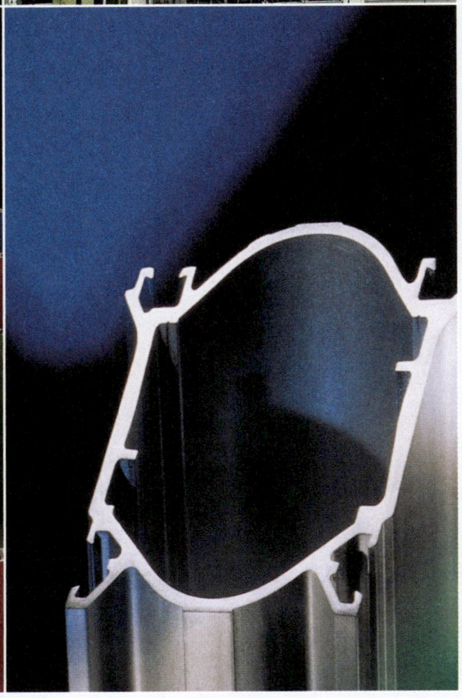

Wabenkernverbund Alucore: Diese Aluminium-Verbundplatte besteht aus zwei Deckblechen und einem Wabenkern aus Aluminium, welcher der Platte eine sehr hohe Biegesteifigkeit bei extrem niedrigem Gewicht gibt.

Aluminium-Grossprofil.

«Von niemandem gewünscht»

«Es tönt sonderbar, aber es entspricht meinen Erfahrungen in den letzten Jahren, dass eine neue Erfindung eigentlich von niemandem gewünscht wird», schrieb Vizedirektor Heinrich Zoller vom Forschungsinstitut Neuhausen Ende 1970 eher resigniert an den Präsidenten der US-Tochter Conalco, Edwin A. Weibel. «Das Lancieren einer neuen Idee, selbst wenn sie sehr gut ist, erfordert mindestens so viel Energie wie deren Kreation bzw. Erforschung. Gestatten Sie deshalb, dass ich mich direkt an Sie wende, um Sie mit dem letzten Schrei unserer Forschung bekannt zu machen. Es ist zu erwarten, dass die Zukunft beim farbig emaillierten Geschirr liegt. [...] Die schweizerischen und deutschen Geschirrfabrikanten geben dieser Legierung eine grosse Zukunft, weshalb wir sie auch zum Patent angemeldet haben.» Zoller fragte, ob das Patent auch in den USA angemeldet werden solle, ob Weibel einen Geschirrfabrikanten mit Interesse an dieser Legierung kenne und ob Conalco an diesem Geschäft interessiert wäre.[133] Die Einsicht, dass gute Forschung auch gutes Marketing braucht, setzte sich damals erst langsam durch.

Displays, für Fassaden, Balkonverkleidungen, Dachränder, Innen- und Tunnelverkleidungen, im Messestandbau und anderes mehr verwendet.[134]

Im Geschäftsbericht 1971 wurden unter dem Titel «Neue Produkte und Anwendungen» unter anderem Fassaden aus Aluminiumguss (Alcast), ein System für isolierte Fassaden und Fenster für hohe Ansprüche (Alsec), ein veränderliches Displaysystem (Kralex), ein Curlingstein aus Aluminiumlegierung, Bauelemente für Kläranlagen, Fahrzeugaufbauten, selbsttragende Schüttgüterwagen, das neue LDC-Flugcontainer-System für Jumbo Jets und ein Kühlpaletten-System für den Güterumschlag vorgestellt. Und der Geschäftsbericht 1973 war ganz dem Thema Oberflächen gewidmet.

Einstieg in die Kunststoffe

Im Bestreben, zu diversifizieren, machte die Alusuisse in den 1960er-Jahren erste Schritte in den Kunststoffsektor. «Unsere Tochtergesellschaft, die Cheminvesta A.G. für Chemiebeteiligungen mit Sitz in Zürich, erwarb verschiedene kleinere und mittlere Unternehmungen in Holland, Deutschland und Italien, die sich mit der Herstellung von Kunststoff-Vorprodukten und der Verarbeitung synthetischer Materialien befassen», meldete der Geschäftsbericht 1962. «Der Geschäftsgang war im grossen Ganzen befriedigend.» Im gleichen Jahr war auch der Zweckparagraf in den Alusuisse-Statuten entsprechend geändert worden. «Die nahe Verwandtschaft des Aluminiums mit den Kunststoffen bewog die Schweizerische Aluminium AG, Zürich (Alusuisse), ihr Fabrikationsprogramm auf die Polymerchemie auszudehnen», wurde der Schritt in einer Werbebroschüre begründet. Bei den übernommenen Firmen handelte es sich um die Phthalsäurefabrik Ftalital bei Bergamo und die beiden Kunststoffverarbeitungsbetriebe Internationale Kunststoffen Industrie n. V. (IKI) in Voorschoten (Niederlande) und Myraplast Staufen in Staufen (Deutschland).

«Die Erweiterung dieser Betriebe und die Errichtung weiterer Fabrikationsstätten sind geplant.»[135] Geld verdiente in der Folge vor allem die Ftalital.

Den Verwaltungsratsmitgliedern sollten die Vorzüge der erworbenen Firmen bzw. von deren Produkten auch gleich am eigenen Leib demonstriert werden. 1986 erhielten sie als Weihnachtsgeschenk eine Liegematratze für Gartenmöbel, welche Polyurethanschaum enthielt, der bei der IKI hergestellt wurde.[136] Beim Kunststoff-Engagement der Alusuisse spielte auch die Angst mit, dass das Aluminium vom Kunststoff verdrängt werden könnte. «Auf dem Gebiet der Kunststoffe ist man überzeugt, dass die Welt erst am Anfang einer Epoche steht, die später einmal von den Historikern als die Kunststoffzeit genannt werden dürfte», schrieb «Die Tat» 1964.[137] Die Cheminvesta wurde unter anderem einer der grossen PVC-Hersteller, doch entwickelte sich gerade dieses Geschäft in den 1980er-Jahren zum «grössten Sorgenkind im Bereich Chemie».[138] Nach der Übernahme der Lonza wurde die Cheminvesta in dieses Unternehmen integriert.

Engineering: Know-how als Einnahmequelle

Beim Bau und Betrieb ihrer Werke erwarb sich die Alusuisse ein enormes Know-how. Dieses liess sich zusätzlich nutzen, indem man das Wissen als Dienstleistung auch Konkurrenten und Newcomern anbot. Das brachte gutes Geld, barg andererseits allerdings auch das Risiko, dass man neue Konkurrenz grosszog. Die entsprechenden Dienstleistungen wurden in den 1960er-Jahren massiv ausgebaut, wobei ein Beteiligter im Rückblick bedauert, dass die Alusuisse nie über einen guten technischen Verkauf verfügt habe.[139] 1967 wurde die Alesa Engineering gegründet, in der künftig dieser Bereich zusammengefasst war.

Blick in die Kunststofffabrik im deutschen Staufen im Breisgau, nahe der französischen Grenze zwischen Freiburg und Basel gelegen.

«Inzwischen hatte sich das Präsidium vorgenommen, für jedes auch nur einigermassen plausible Aluminiumprojekt Know-how und das Engineering zu liefern, so für: Jugoslawien, Ägypten, Bahrein, Iran, Japan, Indien, Indonesien, Zaire, Brasilien, Venezuela etc.», kommentiert Heinz Frech das verstärkte Engagement eher sarkastisch. «Die Promotionskosten standen allerdings in keinem Verhältnis zum Erfolg, der aus Engineering-Honoraren und, wenn es gut ging, aus einem langfristigen Liefervertrag von Tonerde und Kohle-Anoden bestand.»[140] Aber nicht nur in Entwicklungsländern, sondern auch bei der Konkurrenz in Europa und im Inland bot die Alusuisse ihre Dienstleistungen an. Ein Beispiel ist der – allerdings nicht umgesetzte – Engineering- und Zusammenarbeitsvertrag mit den Vereinigten Metallwerken Ranshofen in Österreich: «Danach werden wir Ranshofen bei der Erweiterung der bestehenden Hütte um 50000t gegen ein Pauschalhonorar von zehn Millionen Franken technisch beraten.»[141] Zur gleichen Zeit erhielt die Alusuisse einen Auftrag für das Engineering und die langfristige Beratung einer Aluminiumhütte im jugoslawischen Sibenik, wo bereits ein Halbzeugwerk betrieben wurde.[142] Der Geschäftsbericht 1972 zeigt, wie vielseitig die gut beschäftigte Alesa war: 60% ihrer Mandate entfielen auf die Aluminiumindustrie, 30% zu etwa gleichen Teilen auf chemische Anlagen, Kraftwerke und allgemeinen Hochbau «einschliesslich vorfabrizierter Leichtmetall-Bausysteme», der Rest auf diverse Dienstleistungen. «Auf dem Gebiet der vorfabrizierten Häuser mit Aluminiumanwendungen», so wurde weiter festgestellt, «sind erfreuliche Fortschritte zu verzeichnen.» Für die Alusuisse Immobilien AG wurden im Ferien- und Sportzentrum Hoch-Ybrig drei Wohnblöcke mit 39 Eigentumswohnungen errichtet und verkauft. «Spezielle Musterhäuser wurden für den Einsatz in tropischen Gegenden entwickelt und in Gove (Nordaustralien) erprobt.» Als erfolgreich wurde auch die Entwicklungstätigkeit der Alesa im Bereich Fördertechnik bezeichnet.[143]

Aufgenommen bei der Gründung der Alesa Engineering: von links nach rechts Roland Oehler (Maschineningenieur), Bruno Peier (Jurist), Reto Furrer (Bauingenieur), Hans Widmer (Elektroingenieur), Alesa-Chef Hugo Wipf (Kulturingenieur), Walter Lepori (Bauingenieur) und Kurt Kaeslin (Maschineningenieur).

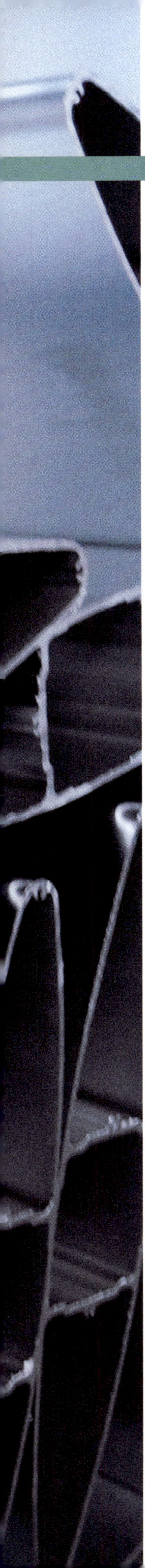

Der Kapitalbedarf steigt massiv

Von 1955 bis 1964 hatte die Alusuisse von den «Big Six» ihre Kapazitäten mit rund einer Verzweieinhalbfachung weitaus am stärksten ausgebaut. Ebenfalls massiv vergrösserte Pechiney, gefolgt von den jüngeren US-Konkurrenten Reynolds und Kaiser. Nur bescheiden war der Ausbau bei den Branchenleadern Alcoa und Alcan. Der schon mehrfach erwähnte Heinz Frech spricht in seinem Buch vom «atemberaubenden Expansionsdrang» Emanuel Meyers.[144] Danach nahmen noch Delfzjil, Straumsvik, Lake Charles, Richards Bay und Essen die Produktion auf. «Die zwischen 1968 und 1973, dem letzten grossen Expansionsschub, erstellten Fabriken waren durchwegs voll beschäftigt», hiess es dazu im Geschäftsbericht 1977.

Der forsche Expansionskurs erforderte mehr Kapital. Das Aktienkapital verfünffachte sich von 1960 bis 1973 auf 500 Mio. Franken. Die Investitionen beliefen sich allein von 1967 bis 1973 auf rund 2.9 Mrd. Franken, der Buchwert der Sachanlagen nahm um 72% zu. Im selben Zeitraum stieg die Bilanzsumme von 2.605 auf 4.895 Mrd. Franken, wobei der Anteil des Eigenkapitals von 51 auf 41% sank. Die langfristigen Finanzschulden wuchsen um 134%. In der ganzen Expansionsphase wurde eine relativ stabile Dividendenpolitik verfolgt. Erst ab 1966 wurde der Dividendensatz sukzessive von 12 auf 18% (1970) erhöht. Das erleichterte auch die verschiedenen Kapitalerhöhungen. Die 18% sollten bis zum Ende der Alusuisse-Geschichte der höchste in der Nachkriegszeit ausgeschüttete Prozentsatz bleiben. Im Krisenjahr 1971 wurde die Dividende auf 12% reduziert, und auf dieser Höhe blieb sie bis und mit 1974.

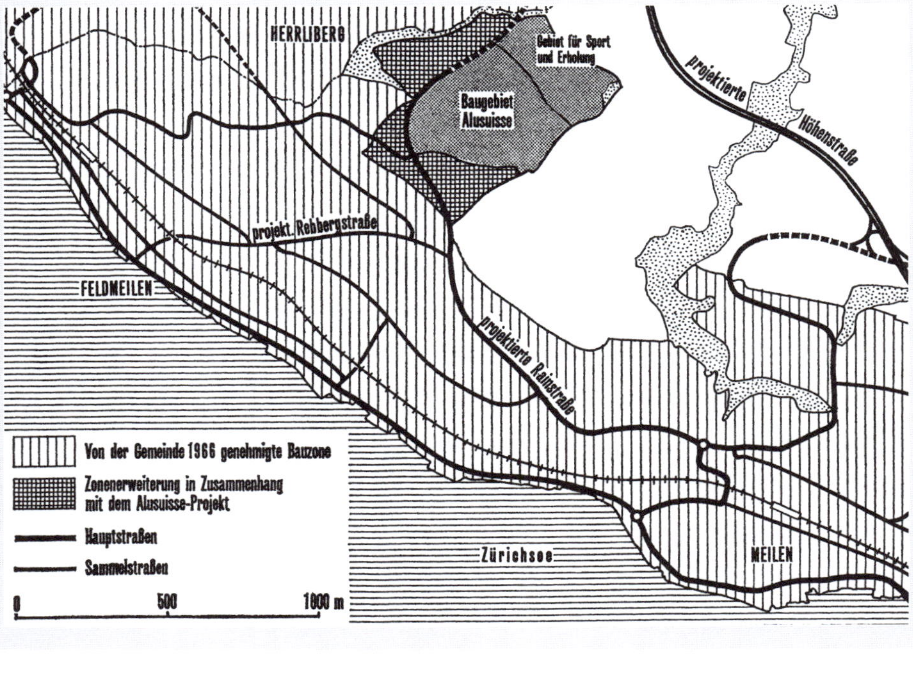

In Meilen sollte gross angerichtet werden. Das Baugebiet für die vorgesehenen Verwaltungsgebäude der Alusuisse im «Eichholz» umfasste ein Areal von mehr als 20 Hektaren.

Meilen sagt Nein zur Konzernzentrale

Ein Ausdruck der Aufbruchstimmung und des unbändigen Expansionsdrangs war auch die Konzernzentrale, die Anfang der 1970er-Jahre in Meilen geplant war. Im Hinblick auf dieses Vorhaben sicherte sich die Alusuisse Land, wobei ein gewichtiger Verkäufer Alusuisse-Verwaltungsrat Arthur Wiederkehr war. In Meilen wohnten mit Emanuel Meyer und Paul Müller zwei der drei Mitglieder der Generaldirektion. Vorgesehen war im Landwirtschaftsgebiet «Eichholz», das umgezont werden sollte, ein Bau für zunächst 1600, im Endausbau aber 5000 Arbeitsplätze. Meilen zählte damals weniger als 9500 Einwohnerinnen und Einwohner, doch rechnete man in der Wachstumseuphorie «mit 30000 in wenigen Jahrzehnten». Die Alusuisse hätte nicht nur die zur Erschliessung notwendigen Strassenbauten im Gesamtbetrag von rund 12 Mio. Franken bezahlt, sondern im «Eichholz» ein 6 Hektaren grosses, öffentlich zugängliches Gebiet für Sport und Erholung eingerichtet, dort auch ein Hallenbad gebaut sowie 1 Mio. Franken an ein zweites Hallenbad bezahlt und Fussgängerunterführungen erstellt. Doch das Geschenk stiess auf Widerstand. Wortgewaltigster Opponent war der junge Christoph Blocher, der beinahe 30 Jahre später zusammen mit Martin Ebner die Alusuisse an den kanadischen Alcan-Konzern verkaufen sollte. Die Gegner fochten mit dem Argument der Abhängigkeit von einem einzigen Arbeitgeber, der als Holding erst noch wenig Steuern bringe, und sie kämpften gegen die «Preisgabe der baulich unversehrten Landschaft». Die von 2853 Männern und Frauen besuchte Gemeindeversammlung vom 25. März 1970 hiess das Projekt – nach Mitternacht – zwar klar gut, aber es wurde der Urnenabstimmung unterstellt, und es folgten lange juristische Auseinandersetzungen. Die Beschlüsse der Gemeindeversammlung wurden aufgehoben, eine Urnenabstimmung fand nicht statt. 1976 wurde das Vorhaben, das auch nicht mehr in die konjunkturelle Landschaft gepasst hätte, definitiv abgeschrieben.[145]

In etwa parallel wurde ein Projekt vorangetrieben, das die Verlegung des Forschungszentrums von Neuhausen nach Fehraltorf vorsah. Auch in Fehraltorf, wo man für 1000 Beschäftigte plante, kaufte die Alusuisse Land auf, wobei überwiegend der Immobilienunternehmer Ernst Göhner der Verkäufer war. Es fanden Verhandlungen mit dem Gemeinderat und auch eine Orientierungsveranstaltung statt. Zwar überschrieb die «Neue Zürcher Zeitung» Ende Januar 1971 eine ganzseitige Berichterstattung mit der Aussage «Fehraltorf vor dem Zuzug des Alusuisse-Forschungszentrums», doch auch dieses Vorhaben wurde in den 1970er-Jahren ein Opfer der Aluminium- und der Ölkrise. Die Forscher blieben in Neuhausen.[146]

Beschäftigte nach Ländern 1975

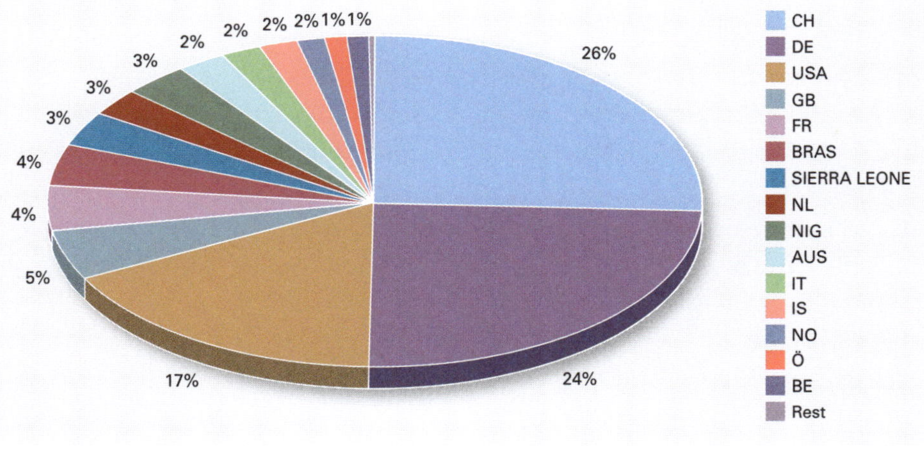

Die geografische Basis der Alusuisse hatte sich gegenüber 1960 massiv verbreitert. In sieben Ländern zählte sie – bei einem Personalbestand von 32 727 – mehr als 1000, in neun weiteren über 100 Beschäftigte.

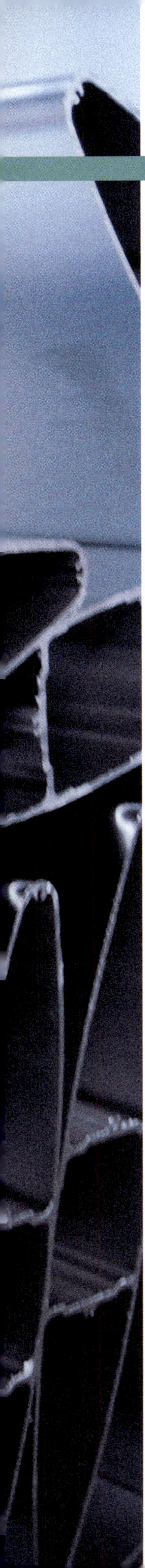

Der Schock von 1971

«Nicht wilde Expansion, sondern solides Wachstum ist unser Ziel», erklärte Verwaltungsratspräsident Emanuel Meyer im April 1971 an der Generalversammlung.[147] «Alusuisse bleibt auf Expansionskurs», kommentierte die «Neue Zürcher Zeitung» das Geschäftsjahr 1970, und die Generalversammlung beschloss eine Dividendenerhöhung von 16 auf 18% sowie eine Kapitalerhöhung von 250 auf 300 Mio. Franken.[148] Doch 1971 wendete sich das Blatt. Nachdem der Verkäufermarkt «im Jahr 1970 überraschend schnell in einen Käufermarkt umgeschlagen hatte», ging der Verbrauch in Europa zurück – während in den USA, nach einem Rückgang 1970, wieder ein Anstieg zu verzeichnen war.[149] Der Konzernumsatz der Alusuisse schrumpfte um 10.9%, der ausgewiesene Reingewinn wurde mehr als halbiert. Nun fragten die zuvor meist begeisterten Medien, ob zu rasch expandiert worden sei.[150] Gleichzeitig stiegen die Investitionen um weitere 2.8% auf den Spitzenwert von 567 Mio. Franken an. Ein laufendes Grossprojekt wie Gove – dieses wurde in der Öffentlichkeit und auch an der Generalversammlung wegen des Umgangs mit den Aborigines und der Umwelt zunehmend kritisiert[151] – liess sich nicht einfach stoppen. Trotzdem wurde nun Gegensteuer gegeben, um die Liquidität zurückzugewinnen. Man trennte sich von Delfzijl, stellte auch Überlegungen zu einem Verkauf von Husnes an und holte in den USA mit der Fusion Phelps Dodge mit ins Boot. Als betreffend Husnes Verhandlungen mit der Norsk Hydro nicht zum Ziel führten, besann man sich eines Besseren: «Søral ist langfristig ein wertvolles Aktivum.» Man sei «deshalb zum Schluss gekommen, dass wir die Idee eines Verkaufes von Husnes nicht verfolgen sollten».[152]

In der Zentrale in Zürich wurden 40 der über 800 Angestellten entlassen, was auch zu vehementen Reaktionen von Betroffenen in der Öffentlichkeit führte. «Die gegenwärtige Lage auf dem Aluminium-Markt kam nicht über Nacht, sondern zeichnete sich schon seit langem ab», schrieben «einige Angestellte» in der «Tat». «Trotzdem wurde noch munter weiterprojektiert und gebaut und damit ständig neues Personal eingestellt. Was dabei den Leuten für Versprechungen in Bezug auf die Sicherheit und Entwicklungsfähigkeit ihrer Stellung gemacht wurden, steht auf einem andern Blatt.» Die Schere Produktion-Absatz habe sich immer mehr geweitet, aber «den Stimmen von der Verkaufsfront» sei kein Gehör geschenkt worden.[153] Im Konzern ging der Personalbestand 1971 um 3.8% auf 25 132 zurück. Die beiden Folgejahre – 1972 sackte der Konzerngewinn noch weiter ab – waren durchzogen, bis 1974 dann wieder neue Rekorde brachte. Trotz dem Einbruch wurde in diesen drei Jahren wie erwähnt stets eine Dividende von 12% bezahlt. Die ständige Inanspruchnahme des Kapitalmarkts – von 1970 bis 1973 wurde das Aktienkapital auf 500 Mio. Franken verdoppelt – liess dies wohl als ratsam erscheinen.

Weltverbrauch von Hüttenaluminium in Mio. Tonnen 1955–1965

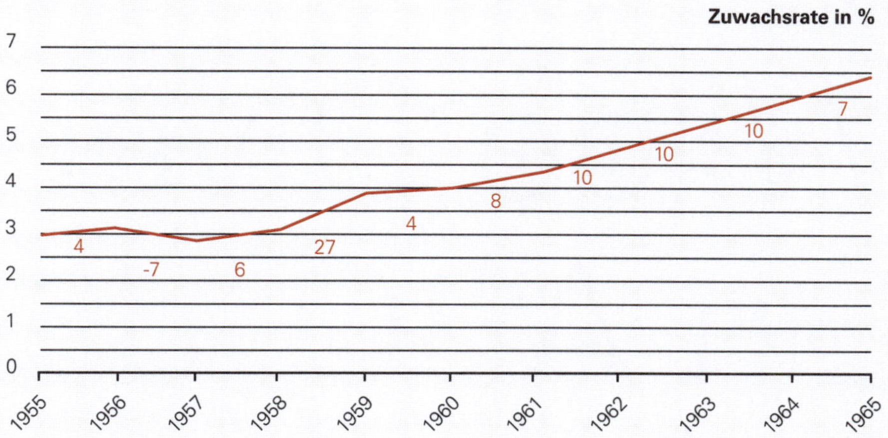

Das waren die sorglosen Aluminiumjahre: Der Weltverbrauch stieg im Durchschnitt um 8% jährlich.

Aluminiumhütten wurden nicht nur in den 1960er- und 1970er-Jahren, sondern seit je dort gegründet, wo genügend und billige Energie vorhanden war. Das gigantische Kraftwerkprojekt, mit welchem die Firma J.G. Nehers Söhne & Cie. den Rheinfall 1886 für die zu gründende Aluminiumindustrie nutzen wollte, wurde aber nicht bewilligt. Die AIAG musste sich schliesslich mit den Dimensionen der bisherigen Anlage begnügen.

1973 – 1986

Wilde Diversifikat
Ein ABC, das sche

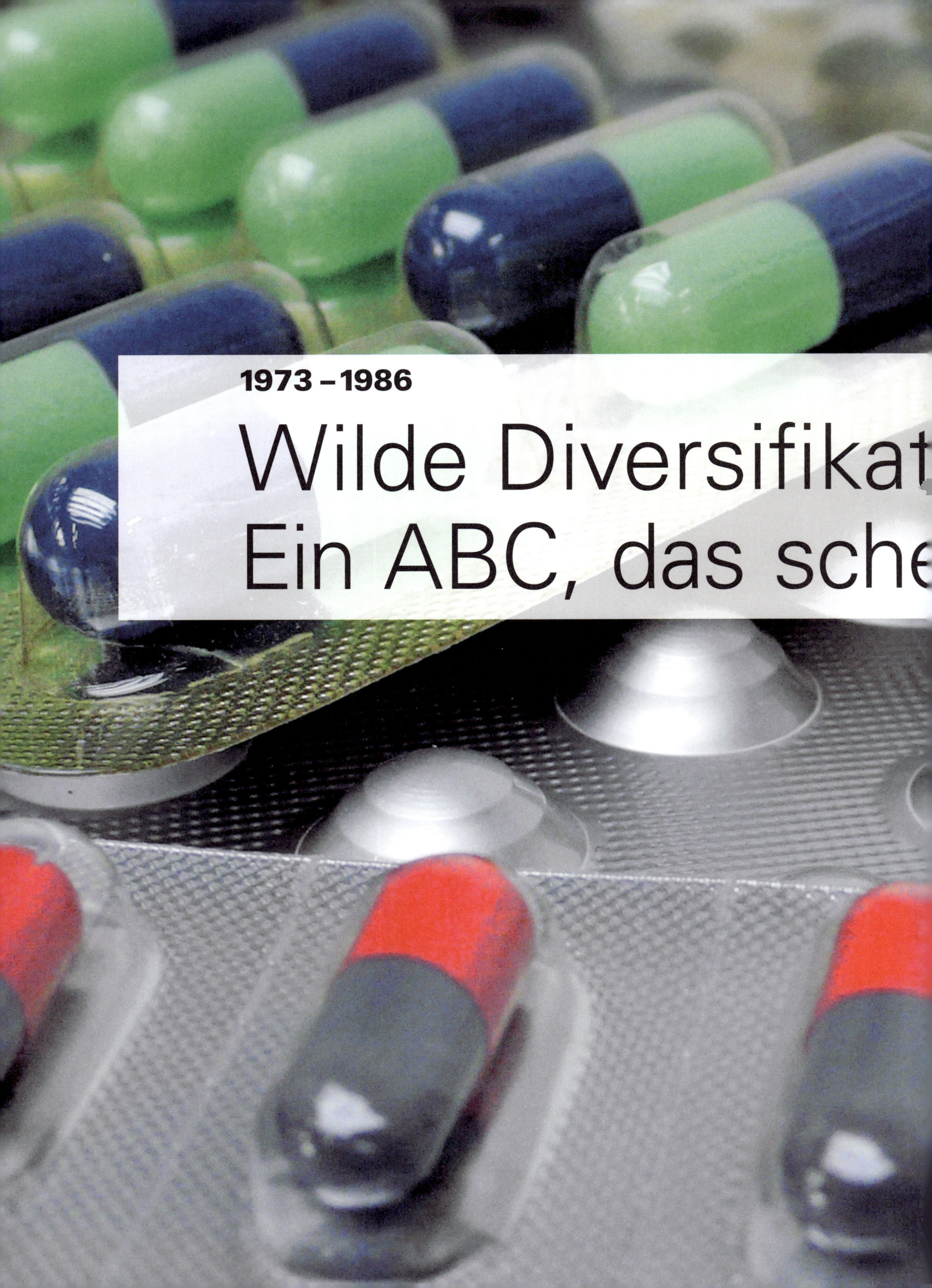

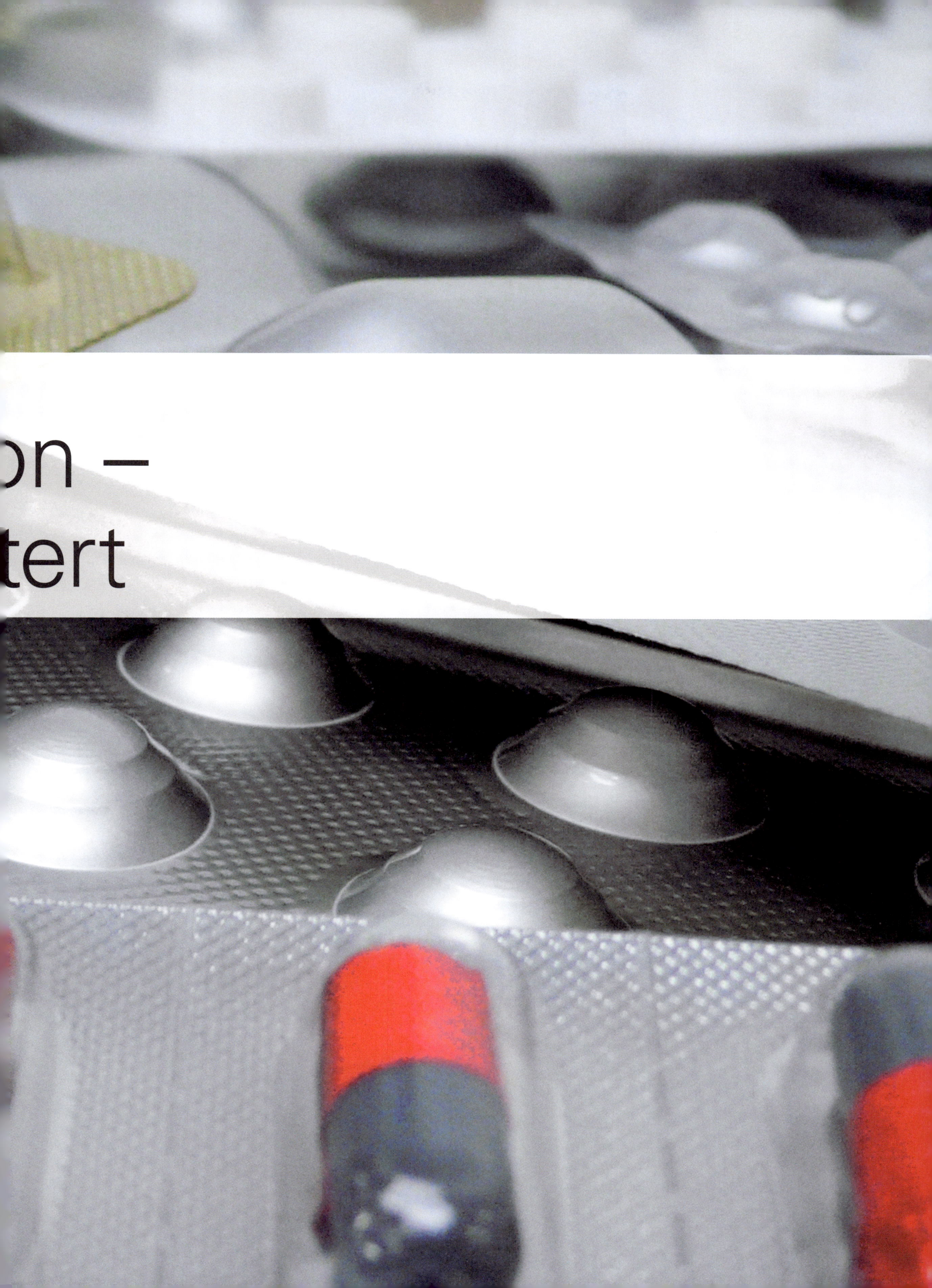

on –
tert

Wilde Diversifikation – Ein Al

Ohne Blasmusik: Schwierige Jahre

Nach dem erstmaligen, ziemlich schmerzhaften Einbruch am Ende einer starken Expansionsphase war die Lage nicht mehr so heiter. «So glänzend die Aussichten für die Branche gegen Ende der Sechziger waren, so düster gestaltet sich die Realität in den Siebzigern», stellt Luitgard Marschall fest. «Die Nachfrage nach dem Metall sinkt – 1975 knickt die weltweite Primäraluminiumproduktion zum ersten Mal nach Kriegsende ein.»[1] Bei der Alusuisse war, zumindest in gewissen Bereichen, Sparen angesagt: «Herr Präsident Meyer legt Wert darauf, dass an der Generalversammlung vom 21. April 1976 eine gewisse Austerity zum Ausdruck kommt. Er möchte den Lunch vor der Generalversammlung fallen lassen. Der Blumenschmuck im Saal soll bescheidener werden. Auch die Blasmusik der Walliser Werke wird nicht mehr aufgeboten. Weiter ist vorgesehen, auf den Imbiss nach der Generalversammlung zu verzichten.»[2]

Man wollte bescheidener auftreten, nachdem auf das Rekordjahr 1974 ein weiterer böser Absturz gefolgt war. «Zum ersten Mal in der Nachkriegszeit ist das Schweizergeschäft ertragsmässig total zusammengefallen», eröffnete der Präsident und Delegierte Emanuel Meyer dem Verwaltungsrat. Hinzu kam, dass der Zollschutz wegfiel, womit die Alusuisse eine «chasse gardée» verlor, wie sich alt Bundesrat Hans Schaffner im Verwaltungsrat ausdrückte. «Das Geschäft wird nie mehr das, was es einmal war», sagte Schaffner.[3] Die Walliser Werke hatten «zuvor selbst in der schweren Leichtmetallkrise 1971 bis 1973 stattliche Gewinne abgeworfen».[4]

Sorgen bereitete die Situation ausserdem vor allem in Deutschland und Italien. Der Konzernumsatz ging 1975 um 24% zurück, und in der Konzernrechnung resultierte, obwohl die Abschreibungen um 18% reduziert worden

Weggespart: Die Generalversammlung wurde 1976 ohne Blasmusik abgehalten. Später gab es dann wieder Musik. Das Bild stammt von der Generalversammlung 1995.

, das scheitert (1973–1986)

waren, ein Verlust von 21 Mio. Franken, gegenüber einem Gewinn von 203 Mio. im Vorjahr. Die Investitionen wurden nicht verdient, und der Cash-flow reichte für die Zinsen nicht aus. «Die Bilanz bringt unsere angespannte Finanzlage klar zum Ausdruck», erklärte Meyer weiter. Die «grossen stillen Reserven», von denen man 1973 gesprochen hatte, waren verschwunden. Der Einbruch wurde auf die Nachfrageschrumpfung, den Preiszerfall und auf die starke Aufwertung von Schweizer Franken und Deutscher Mark, die den Export erschwerte, zurückgeführt.[5] Der Rückgang war in den USA ebenso heftig wie in Europa. Dort erlebte die Nachfrage gar «den tiefsten Einbruch seit Bestehen der Industrie».[6] Aber hier konnte die verheerende Preiserosion verhindert werden, weil die US-Produzenten «kurzerhand den Ausstoss verminderten».[7] In Europa hingegen blieb die Auslastung hoch, dafür zerfielen die Preise. Man produzierte auf Lager. Im Bau und in der Automobilbranche, auf die zusammen fast die Hälfte des Leichtmetallabsatzes entfiel, herrschte Rezession. Trotz Übernahme von 910 Beschäftigten der Motor-Columbus sank der Personalbestand 1975 um gut 6% auf 32746 Personen. Meyer wies darauf hin, «dass wir mit Ausnahme des Bereichs Chemie seit 1970 praktisch

Der Wert dieser Note bestimmte oft über Wohl und Weh der Firma.

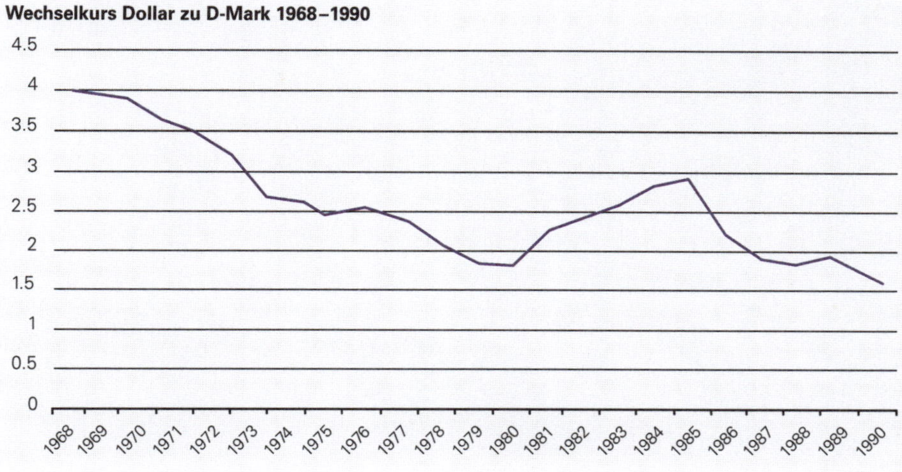

Der anhaltende Dollarzerfall war mit ein Grund für die Probleme der Alusuisse in den 1970er-Jahren.

einen Investitionsstopp haben». Ausser der Übernahme des Aluminiumgeschäfts von Olin, der Übernahme der Lonza und einer Beteiligung an Motor-Columbus – das war allerdings nicht nichts – seien «keine nennenswerten Investitionen mehr gemacht» worden.[8]

Der Alusuisse seien «mehr Rückschläge als Erfolgserlebnisse» beschert worden, stellte die «Basler Zeitung» im Rückblick fest. Die schlimmsten Auswirkungen hatte der Zerfall des Dollarkurses, der mit dem Ende des Fixkurssystems von Bretton Woods (1973) einsetzte und der Alusuisse in den 1970er-Jahren annähernd eine Milliarde Gewinnausfall bescherte. Das habe «an den Grundfesten unseres Unternehmens gerüttelt», erklärte Generaldirektor Emanuel Meyer 1980. «Es ist für mich fast ein Wunder, dass wir noch da sind.»[9] Erschwerend hinzu kamen die Erhöhung der Produktionskosten im Gefolge der ersten Ölkrise, die Auflösung der Mengen- und Preiskartelle in Europa, ein Abbau der Zollgrenzen in der EU, steigende Kosten der Industrie für Umweltschutzmassnahmen sowie – und insbesondere – der Rückgang des Verbrauchszuwachses beim Aluminium. Betrug dieser zu Beginn des Jahrzehnts rund 9% pro Jahr, so fiel er 1977 auf 1.8%, und 1980 (minus 1.9%) und 1981 (minus 5.6%) waren gar negative Werte zu verzeichnen. Dass der Dollarpreis des Rohaluminiums – in Europa verlief die Entwicklung aufgrund des Dollarkurszerfalls anders – trotzdem stark anstieg, war auf die massive Erhöhung des Ölpreises als Folge der zweiten Erdölkrise 1979/80 und die Inflation zurückzuführen. Diese Preisblase platzte in den frühen 1980er-Jahren.

Die Grossinvestition in Gove strapazierte die Finanzen der Alusuisse extrem. Im Bild die Mahl- und Aufschlussanlage des Tonerdewerks.

Die 50:50-Strategie

Die Strategie der Alusuisse beruhte zunächst unverändert auf den vier Pfeilern Expansion des Aluminiumbereichs, Integration der Rohstoffversorgung und der Absatzkanäle, Diversifikation in Nicht-Aluminiumgebiete und nach den USA sowie Innovation. Im Bereich der Diversifikation begann man gezielt das ABC auszubauen, das aus den Divisionen Aluminium, Bergbau, Chemie, Dienstleistungen, Energie und Forschung bestand. Das Grossprojekt Gove hatte zur Folge, dass die Hüttenkapazität forciert weiter ausgebaut wurde, obwohl die Krise von 1971/72 gerade auch die Folge von Überkapazitäten gewesen war. Walter Gysel sieht das in seinen Erinnerungen kritisch: «Es war und ist eine unumstössliche Tatsache, dass uns das Projekt Gove in eine Zwangslage versetzt hat, die sie [die Alusuisse-Führung] in die Flucht nach vorn trieb. Man musste mit allen Mitteln versuchen, das neueste Tonerdewerk der Welt voll laufen zu lassen, um eben kostenmässig nicht aus dem weltweiten Wettlauf zu fallen. Eine Teufelsgeschichte. Weil man in Australien grosse Bauxitreserven erworben hatte, versuchte man eben auch den Bergbau zu forcieren.»[10] Die «Neue Zürcher Zeitung» stellte im April 1975 fest: «Es gibt unter den grössten Industriekonzernen unseres Landes keinen, der in den letzten Jahren einen derart markanten Strukturwandel durchgemacht hätte wie die Schweizerische Aluminium AG.»[11]

Nach dem schweren Einbruch von 1975 sowie den Übernahmen von Lonza und Motor-Columbus erklärte man, «die Zeiten des Sturms und Drangs der Expansion, der vertikalen Integration vom Rohstoff bis zum verbrauchernahen Fertigprodukt und der Diversifikation in neue Tätigkeitsgebiete» seien vorbei. Jetzt gelte es, «die Schulden abzubauen und das Unternehmen in eine Ära der Prosperität zu führen». Hauptziele waren nun die Steigerung der Ertragskraft und die Heranbildung von Kadern. Anstreben wollte dies die Konzernleitung mit einem höheren Veredelungs- und Spezialisierungsgrad in den Bereichen Aluminium und Chemie sowie einem Ausbau des Dienstleistungsangebots, zum Beispiel durch «die Planung, Verwirklichung und sogar Leitung von Industrieprojekten in den Entwicklungsländern».[12] 1977 schliesslich genehmigte der Verwaltungsrat in Erweiterung der Zielsetzungen die Fifty-fifty- oder 50:50-Strategie: Bis Ende 1988 sollten 50% des Umsatzes und mehr als

Neue Ziele

«Wir sind gross, sehr gross, geworden», erklärte Thomas Gasser, Leiter des Bereichs Aluminium, 1975 an der Geschäftsführerkonferenz auf dem Bürgenstock. «Wir stützen uns auf eine ungemein breite Rohmaterialbasis. Wir haben in wenigen Jahren nicht nur unsere Rohmetall-, sondern auch unsere Verarbeitungskapazität vervierfacht. Ein ‹Encore› im Sinne der Expansion des letzten Jahrzehnts wird vom Konzern weder erwartet, noch ist dies finanziell möglich. Neue Ziele sind uns gesetzt worden.»[13]

«Wer ist Alusuisse?», fragte 1978 eine schön gestaltete Broschüre, die das Alusuisse-ABC vorstellte.

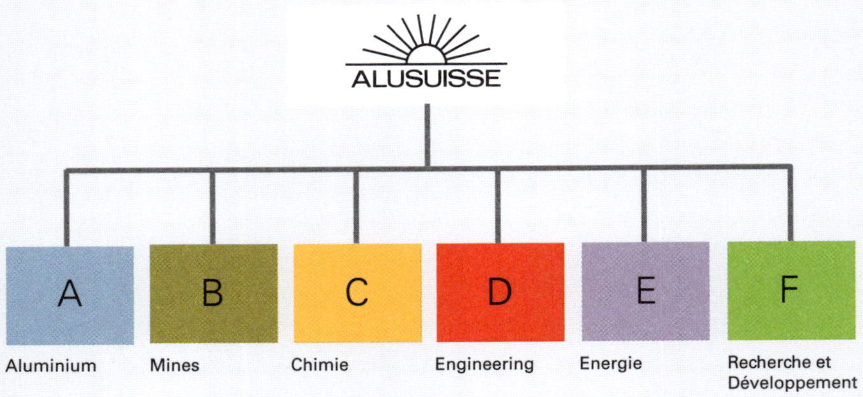

Das ABC der Alusuisse, auf Französisch.

Rohaluminiumproduktion nach Regionen in 1000 Tonnen 1900–1985

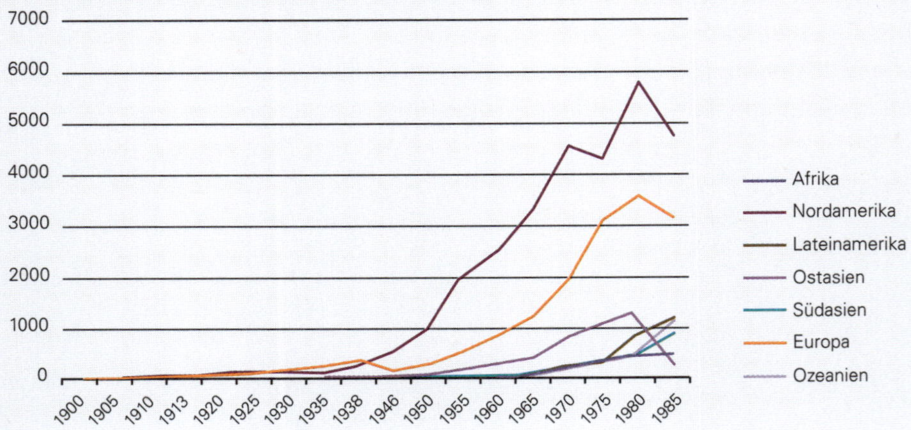

Die Vorherrschaft der alten Produktionsregionen war nach wie vor erdrückend, wurde aber langsam aufgeweicht. Der massive Rückgang in Asien nach 1980 hatte damit zu tun, dass in Japan, das in den 1960er-Jahren an die zweite Stelle der Produzenten aufgerückt war und über die modernsten und kosteneffizientesten Hütten verfügte, alle Elektrolysen mit Ausnahme v Kambara wegen der hohen Energ kosten abgeste wurden.

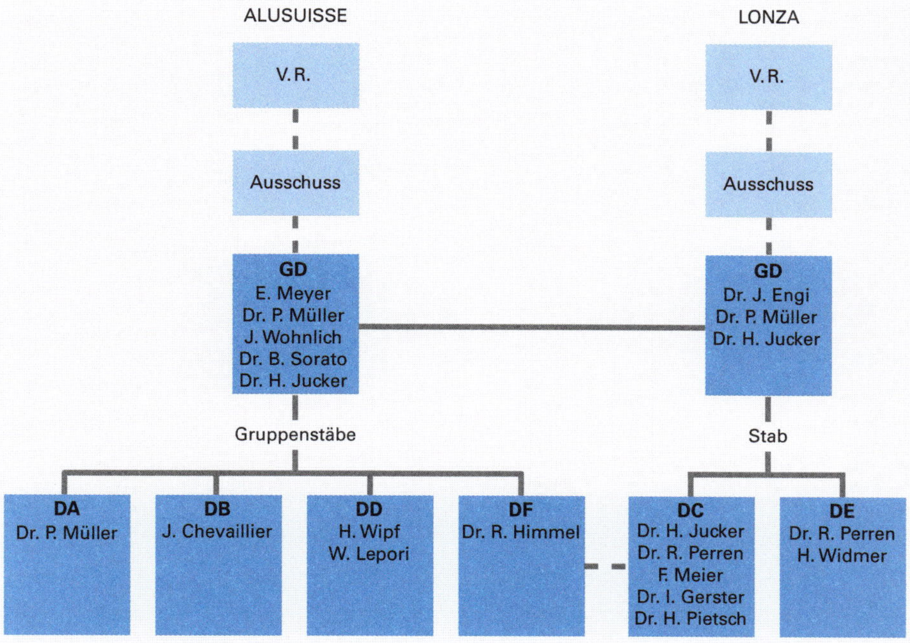

Nach dem Zusammenschluss war die Lonza für das C und das E verantwortlich.

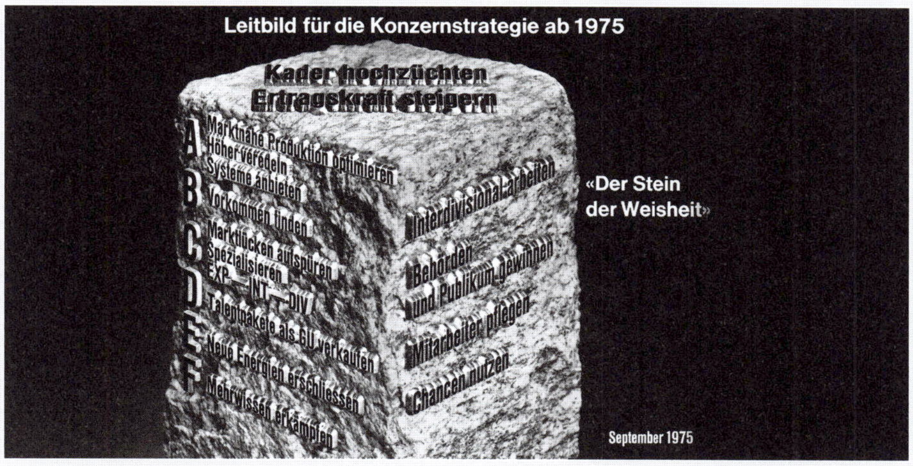

Für die Geschäftsführerkonferenz auf dem Bürgenstock virtuell in Stein gehauen: das ABC 1975.

50% des Ertrags (Return on Investment) im Nicht-Aluminiumbereich und ebenso 50% des Umsatzes und mehr als 50% des Ertrags in den USA erwirtschaftet werden.[14] Man sprach auch von «The Bürgenstock Strategy», weil die Geschäftsführerkonferenz auf dem Bürgenstock 1975 Ausgangspunkt der Neuausrichtung gewesen war.[15]

Gove: Eine milliardenschwere Erfolgsstory

«Die Tonerdefabrik Gove gewährleistet unserer Gruppe vollständige Autonomie in der für Aluminiumproduzenten wichtigen Rohstoffversorgung», hiess es nach deren Einweihung im Geschäftsbericht 1972. Die Investition war in der Tat ein genialer Schachzug. Allerdings belastete das Projekt den Konzern finanziell auf Jahre hinaus. Schon vor dem Baubeginn von Gove hatte Generaldirektor Emanuel Meyer erklärt: «Während der Baudauer von Gove können wir in der Schweiz in den eigenen Betrieben der Alusuisse keine ins Gewicht fallenden Investitionen tätigen. Anderseits ist der Cashflow der Tochtergesellschaften für die Finanzierung von Gove gar nicht engagiert.»[16] Das Projekt hatte wie geschildert riesige Dimensionen. Entsprechend schwierig war es, die produzierte Tonerde vollumfänglich abzusetzen. Dies zeigt ein Bericht von Generaldirektor Paul Müller über die Bemühungen betreffend die Produktion 1973: «In Japan verhandelten wir im Januar mit Mitsubishi, Sumitomo, Mitsui, Showa Denko und Kobe Steel über den Abschluss langfristiger Tonerdelieferverträge oder eine Beteiligung an Austraswiss. Interesse wurde von allen Firmen bekundet. Auch mit Pechiney sind Gespräche im Gang. Von American Metal Climax erwarten wir Bericht. Im weiteren sind wir mit Russland in Kontakt.» Er werde, so Müller, demnächst nach Moskau reisen.[17]

Die Tonerdeproduktion in Gove stieg ab 1972 in schnellem Tempo an und überschritt 1976 die Grenze von 1 Mio. Tonnen. 1980 lag sie bei 1.15 Mio. Tonnen. Davon standen 70% der Alusuisse-Tochter Austraswiss und 30% den in der Gove Aluminium Limited zusammengeschlossenen australischen Partnern zur Verfügung. Bauxit, von welchem man einen Teil unverarbeitet exportierte, wurde rund die vierfache Menge gefördert.[18] 1977 machte Gove ein Viertel der Anlagewerte der Alusuisse aus. Sehr viele Schweizer waren für Alusuisse kürzere oder längere Zeit in Australien tätig. Wegen seines grossen Finanz-

Alles in Gove ist riesig. So auch die Muldenkipper für den Bauxittransport.

Aus dem Boden gestampfte Wohnsiedlung in Gove.

bedarfs blockierte Gove aber die Entwicklung anderer Konzernteile, was wiederum deren Wettbewerbsposition schwächte. So verlor Alusuisse zum Beispiel langsam ihre technisch führende Position bei den Hütten. 1972 entfielen von den Investitionen in Anlagen und Beteiligungen im Gesamtbetrag von 537.9 Mio. 52% auf Gove.[19] Bis heute blieb Gove, bei der Übernahme der Alusuisse für die kanadische Konkurrentin das wichtigste Kaufargument, im (ehemaligen) Alcan-Konzern wohl das wichtigste Asset.

Eine Ende der 1970er-Jahre geplante Beteiligung der Alusuisse an einer Aluminiumhütte im australischen Tomago bei Newcastle, New South Wales, kam nicht zustande. Die Austraswiss hätte sich mit 10 bis 15% beteiligt, wenn die Alusuisse Know-how und technische Dienstleistungen hätte liefern können. «Wir möchten den australischen Partnern [Gove Aluminium Limited] guten Willen zeigen und ihre Bemühungen unterstützen, anderseits aber nur mitmachen, wenn sie unsere Bedingungen annehmen», erklärte Generaldirektor Bruno Sorato im Verwaltungsratsausschuss.[20] Schliesslich erhielt Pechiney den Vorzug. «Alusuisse zählt die Scherben», bilanzierte die «Basler Zeitung».[21]

Währungs- und Preisschwankungen

Wie anfällig eine solch gigantische Anlage bei Währungsschwankungen war, zeigte sich – in den ersten Anfängen – nach dem Zusammenbruch des Bretton-Woods-Systems. «Durch die zweimalige Aufwertung des australischen und die zweimalige Abwertung des amerikanischen Dollars ist Tonerde von Gove im US-Dollarraum nicht mehr konkurrenzfähig», wurde 1973 im Verwaltungsrat festgestellt. Dies betreffe rund zwei Drittel der Produktion der neuen Tonerdefabrik in Gove. «Langfristig müssen wir Gove-Tonerde nach Aufwertungsländern (vorwiegend Japan) exportieren, für den US-Dollarraum dagegen neue Bezugsquellen erschliessen.»[22]

Probleme gab es aber auch, als der Weltmarktpreis stieg. Alusuisse bezahle zu wenig für Bauxit und Tonerde, lautete der Vorwurf der Australier. Die Alusuisse stellte sich auf den Standpunkt, der vertraglich – sehr langfristig – fixierte Preis gelte. Sie kam jedoch nicht um eine Neuverhandlung herum, und die hatte eine Preiserhöhung zur Folge. In Australien wie in Island ergaben sich langwierige rechtliche Auseinandersetzungen, die sich insbesondere auch um die Höhe der zu bezahlenden Steuern drehten.[23] Die Isländer kritisierten, dass die Alusuisse der Isal die Tonerde zu teuer verkaufe und das Aluminium zu billig abkaufe, wodurch in Island kaum ein zu versteuernder Gewinn zurückbleibe.[24] Wiederholt stand auch ein anteilmässiger Verkauf von Gove zur Debatte, doch kam ein solcher nie zustande. Als die finanziellen Probleme den Konzern dann zu erdrücken drohten, wurden – quasi als letzte Rettung – die Abbaurechte von Gove mit 700 Mio. Franken in die Alusuisse-Bilanz eingestellt. Auf die damit verbundenen Diskussionen soll später eingegangen werden.

Neuseeland: Hütte nicht realisiert

Ergebnislos verlief der Versuch, im Süden der Südinsel von Neuseeland, in der Bucht von Otago bei Dunedin, für 650 Mio. Neuseeland-Dollar eine Hütte zu bauen. Den Strom sollte das Manapouri-Kraftwerk liefern. «Die Idee, die Tonerde von Gove in Neuseeland zu Aluminium zu schmelzen und dann das Metall nach Japan und China zu verschiffen, schien zum Mindesten geographisch sehr verlockend», schreibt Jurij Judin in seinen Erinnerungen. Am Aramoana-Projekt der South Pacific Aluminium Limited, das eine Kapazität von 200 000 Tonnen vorsah und in welches auch der Caster II einbezogen werden sollte, war neben der Alusuisse (25%) und ihrer Gove-Partnerin Gove Aluminium (25%) die neuseeländische Fletcher Holdings (50%) beteiligt.[25] «Es ist vorgesehen, dass Alusuisse ihr Know-how und das Engineering an das Projekt beiträgt», teilte die Alusuisse mit, nachdem die Regierung in Wellington ihre Bereitschaft zu abschliessenden Verhandlungen erklärt hatte.[26] Das Vorhaben, das auf Widerstand aus der Bevölkerung stiess, wurde 1981 aber aufgegeben. «Nach der Fertigstellung aller Berichte wurde die Alusuisse Direktion vor die Entscheidung gestellt», schreibt der vor Ort engagierte Roland Oehler im Rückblick. «Das Interesse zerfiel wie eine faule Birne, Ende.»[27] Offiziell tönte es etwas vornehmer: «Der Entscheid der Austraswiss ist daher der logische Abschluss einer Verhandlungsphase, die die Rahmenbedingungen für eine gewinnbringende Investition als unerreichbar erscheinen liess.»[28] In derselben Gegend produziert seit 1971 die ursprünglich von Comalco gebaute Hütte in Tiwai Point, die zu Rio Tinto gehört.

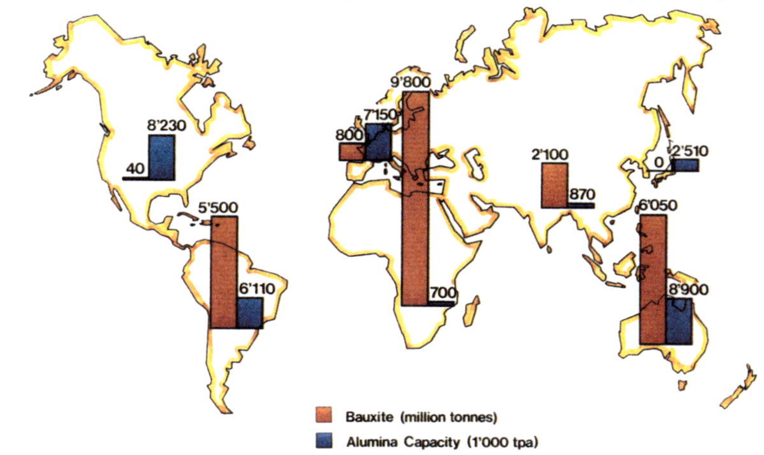

Die Karte von 1983 zeigt, welch wichtige Rolle Australien – und damit auch Gove – in der Rohstoffversorgung der Aluminiumindustrie zukam: Auf Australien entfielen ein Viertel der Bauxitreserven und ebenfalls ein Viertel der Tonerdekapazitäten der westlichen Welt.

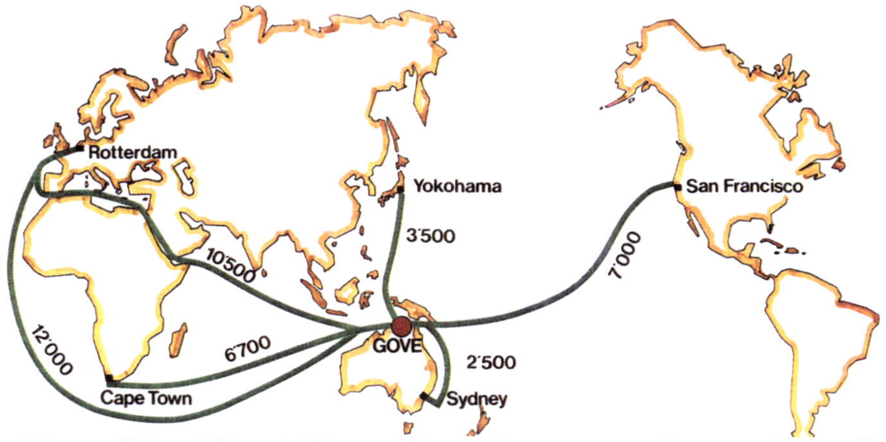

Die Distanzen (Angabe in Seemeilen) waren enorm, aber dank den sehr günstigen Schiffstransporten überwindbar.

Glückloser Ausflug in den Bergbau

Bei der Erörterung der verschiedenen Diversifikationsmöglichkeiten kam Verwaltungsratspräsident Emanuel Meyer 1969 zum Schluss, «dass der Bergbau für die Alusuisse ein Tätigkeitsgebiet ist, auf das wir mit einer überdurchschnittlichen Erfolgserwartung vorstossen sollten». Der Verwaltungsrat stimmte ihm zu. Was man dabei fürchtete, waren in erster Linie Expropriationen. «In Entwicklungsländern sollten grundsätzlich nur bescheidenere Beträge investiert werden», folgerte Meyer. «Für grosse Investitionen kommen Länder wie Kanada, Australien und Südafrika in Betracht.» Wenn das entsprechende Bundesgesetz einmal rechtskräftig sei, könne die Alusuisse auch die Investitionsrisikogarantie beanspruchen.[29] 1970 wurde der Zweckartikel in den Statuten, der bisher Chemie, Elektrochemie und Metallurgie aufführte, durch die Bereiche Bergbau und Metallverarbeitung ergänzt. «Besonders die Studien des Stanford Research Instituts überzeugten die Konzernleitung von Alusuisse, dass Bergbau eine der einträglichsten industriellen Aktivitäten sei», stellte der Leiter der Sparte, Jean L. Chevaillier, fünf Jahre später auf dem Bürgenstock fest.[30]

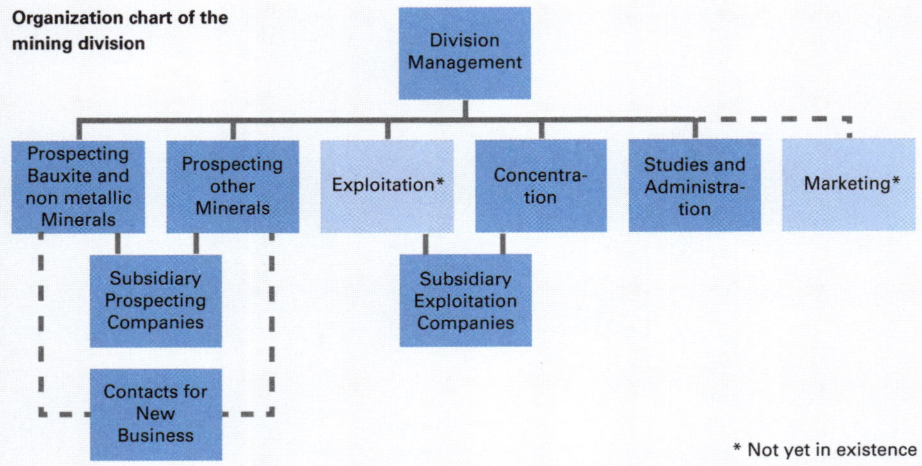

Organisation des Bereichs Bergbau 1975.

In der Folge wurden eine Reihe von Gesellschaften gegründet und unzählige Projekte in Angriff genommen. Es gab kaum eine Ecke auf der Welt, wo die Alusuisse nicht Rohstoffe suchte.[31] Auf dem Bürgenstock erläuterte Chevaillier 1975 unter dem Titel «Aufbau eines mächtigen Bergbaubereiches» den Stand der Dinge: Die Alusuisse beschäftigte im Bergbau 26 Spezialisten. 1972 waren es sogar 42 gewesen, davon 12 in Australien. Die Sparte arbeitete ausserhalb der Schweiz in 11 Ländern, in denen sie Tochtergesellschaften gegründet hatte. Kontakte mit 6 weiteren Ländern wurden direkt von Zürich aus unterhalten. Das durchschnittliche Prospektionsbudget schwankte zwischen 2 und 3 Mio. Dollar im Jahr. Letztlich erfolglos blieben bis zu diesem Zeitpunkt das Porphyry-Kupfer-Projekt in New Ireland (Papua-Neuguinea) sowie Vorhaben in Madagaskar, Brasilien und Südafrika. An erfolgreichen oder vielversprechenden Vorhaben listete Chevaillier Guinea (Bauxit), England (Flussspat), die Zentralafrikanische Republik (Uran), Sierra Leone (Bauxit, Rutil), British Columbia (Kupfer), Costa Rica (Kupfer, Molybdän), die Philippinen (Bauxit), Deutsch-

Schweizerisches Wirtschaftsarchiv in Basel

Schweiz. Handels-Zeitung, Zürich

Nr. 17 vom 23. April 1970

ERW. G./H.
Bg 7

Alusuisse: Der Erfolgspfad führt in den Bergbau

Präsidialadresse von VR-Präsident Emanuel Meyer umreisst unternehmerisches Konzept der siebziger Jahre

«Wenn wir auf die sechziger Jahre zurückblicken, dürfen wir feststellen, dass die *Alusuisse* ihre Position als einer der führenden Leichtmetallproduzenten der Welt gut behauptet hat. In diesen zehn Jahren hat sich die Weltproduktion von Rohaluminium *verdoppelt*. Demgegenüber ist der Ausstoss unseres Konzerns an Hüttenmetall im gleichen Zeitraum auf das *3,3fache* gestiegen. Wir investierten von 1960 bis 1969 2,5 Mia Fr. in Rohstoffbetriebe, Energiequellen, Hüttenanlagen und Verarbeitungswerke. Der Konzernumsatz hat von 778 Mio im Jahr 1960 auf 2,1 Mia ren Führung und dem besseren Kader, welche obsiegen werden. Ueberhaupt dürften die Probleme der menschlichen Beziehungen zu unserer industriellen Umwelt, zu Arbeitnehmern und Gewerkschaften an Bedeutung noch gewinnen. Ob sie friedlich gelöst oder gewaltsam ausgetragen werden, kann für eine Firma sehr [illegible] den Unterschied zwischen Erfolg und Misserfolg ausmachen.

Problem der Landreserven wächst

Daneben kommt es für ein Unter- und seine Spezialisten. Sie vereinigen zusammen ein eindrückliches Spektrum von Talenten, das weit über den Bereich der Leichtmetalltechnologie hinausragt. Diese Einsicht stand schon der ersten Diversifikationsrunde anfangs der sechziger Jahre zu Gevatter, als wir beschlossen, unsere Tätigkeit auf den Kunststoff- und Chemieskeotr auszudehnen. Warum sollen wir nicht die im Unternehmen verborgenen Talente ausschöpfen, die latent vorhandenen Kräfte mobilisieren? Wenn wir Ihnen heute vorschlagen, in Paragraph 2 der Statuten dem soge-

Im Schweizerischen Wirtschaftsarchiv dokumentiert: In den 1970er-Jahren glaubte man bei der Alusuisse an den Bergbau.

land (Salz), Peru (Kupfer) und Papua-Neuguinea (Porphyry-Kupfer) auf.[32] Aber auch in der Schweiz war man nicht untätig. Ab Mitte der 1960er-Jahre suchten die Alusuisse und die Westschweizer Energiegesellschaft EOS nach Uran im Wallis – unterstützt vom Bund. Das Unterfangen, das 1982 aufgegeben wurde, weil sich die Walliser Minen wegen des tiefen Uran-Preises als nicht wettbewerbsfähig erwiesen, wurde später von der 2006 gegründeten kanadischen Firma AuroVallis des britischen Minenunternehmers Keith Micheal Barron wieder aufgenommen.[33]

Bokassa und Mobutu

«Durch Vermittlung unserer jugoslawischen Freunde Energoprojekt, Belgrad, haben wir im November 1973 mit Präsident Bokassa der Zentralafrikanischen Republik in Paris und Zürich über die Möglichkeit einer Konzession für Uran diskutiert», wurde im Februar 1974 im Verwaltungsrat berichtet. «Auf Einladung des Präsidenten verhandelten die Herren Präsident Meyer und Generaldirektor Dr. Müller anfangs Januar 1974 in Bangui.» Der Diktator Jean Bedel Bokassa, der sich am 4. Dezember 1977 in einer verschwenderischen Zeremonie zum Kaiser krönen liess und auch eine Villa in der Schweiz besass, regierte das Land seit 1966. Die Alusuisse kam zum Zug, nachdem die französische CEA (Commissariat à l'Energie Atomique Française), die das auf 15 000 Tonnen Uranmetall geschätzte Vorkommen entdeckt hatte, ihr Vorhaben nicht weiter verfolgte. Es wurde ein Abkommen unterzeichnet, wonach Alusuisse «das exklusive Recht auf das Uranvorkommen von Bakouma und die Bewilligung zur allgemeinen geologischen Prospektion auf dem ganzen Gebiet der Zentralafrikanischen Republik» erhielt.[34] «Ich kann Ihnen schon sagen, dass bei den jetzigen Preisen für Lieferungen in 1980 die Lagerstätte von Bakouma einen Verkaufswert von 1 Milliarde Dollar darstellt», verkündete Bergbau-Chef Jean L. Chevaillier an der Geschäftsführerkonferenz auf dem Bürgenstock.[35] An der Société de l'Uranium Centrafricain (URCA), deren Leitung sie übernahm, waren die Alusuisse, der zentralafrikanische Staat sowie die französischen Bergbau-Unternehmen Cogema und CFMC mit je einem Drittel beteiligt. 1979, inzwischen hatten die Partner 10 Mio. Franken in die Entwicklungsarbeiten gesteckt, wurde Bokassa weggeputscht.[36] 2009 begann eine andere Schweizer Firma, die Uranio AG in Basel, im selben Gebiet in Bakouma mit Explorationsarbeiten für den Uranabbau. Ebenfalls in der Region tätig ist der französische Atomkonzern Areva.[37]

1973 liess sich die Alusuisse mit einem andern afrikanischen Diktator ein: mit Mobutu Sese Seko. 1978 schloss sie einen Vertrag mit der Republik Zaire, und 1981 wurde ein Konsortium gebildet, dem neben Alusuisse und Zaire die deutsche VAW, die italienische Staatsholding MCS, die norwegische Norsk Hydro, die Energoinvest aus Jugoslawien, die Estel Aluminium aus den Niederlanden sowie Yoshida Kogyo und Sumitomo aus Japan angehörten. Geplant war für 1.2 Mrd. Dollar eine Aluminiumhütte mit einer Anfangskapazität von 210 000 Tonnen und 1900 Beschäftigten in Banana. Der Staat sollte die Wasserkraftanlagen am Fluss Zaire in der Region Inga weiter ausbauen sowie einen Meereshafen erstellen. Die Produktionsaufnahme war für 1989 vorgesehen.[38] Erste Studien für Aluminiumhütten in dieser Region waren bereits unter der belgischen Kolonialherrschaft erstellt worden.[39] Eine zentrale Rolle in den Beziehungen zu Zaire spielte alt Bundesrat und Alusuisse-Verwaltungsrat Nello Celio. 1984 gab die zairische Regierung, welche die vereinbarte Infrastruktur nicht bereitgestellt hatte, den Verzicht auf das Projekt Aluzaire bekannt. Das Konsortium, dem inzwischen auch Pechiney angehörte, hatte seinerseits das Projekt in dieser Form als «nicht durchführbar charakterisiert» und wollte es vorerst «einfrieren». Die Beziehungen der Schweiz und der Alusuisse zum Regime von Mobutu mit seinen üblen Menschenrechtsverletzungen waren alles andere als ein Ruhmesblatt. In seiner Regierungszeit von 1965 bis 1997 soll sich Mobutu rund 5 Milliarden US-Dollar angeeignet haben.[40]

Auch im Wallis, wo man Uran suchte, war die Abteilung Bergbau tätig: Eingang zum Explorationsstollen.

Uran-Bohrkerne in der Zentralafrikanischen Republik.

Ein Kohlebergwerk in den USA?

Die Bürgenstock-Strategie hatte auch beim Bergbau Änderungen zur Folge: «Im Bergbau heisst die neue Devise: Vorkommen finden, aber – weil kapitalintensiv – nicht selbst ausbeuten, bloss Know-how, Management, Beteiligung in Konsortien anbieten.»[41] So tat sich Alusuisse zum Beispiel für die Kupferprospektion in Costa Rica mit der Anglo-American Corporation und Mitsubishi zusammen. «Wir müssen stets vor Augen haben, dass unser Hauptziel ist, Minen zu den geringstmöglichen Kosten zu erhalten, entweder indem wir sie selbst finden oder indem wir uns an Entdeckungen anderer beteiligen», erläuterte Chevaillier das weitere Vorgehen. Und er verkündete stolz: «Wir beginnen, als Bergbau- und Prospektions-Gesellschaft bekannt zu werden, sodass uns, wie den traditionellen grossen Minen-Gesellschaften, neue Geschäfte offeriert werden.»[42]

Gegen Ende des Jahrzehnts wälzte man dann wieder grosse Pläne. «In Übereinstimmung mit den Richtlinien 1978 für den Bereich Bergbau untersuchen

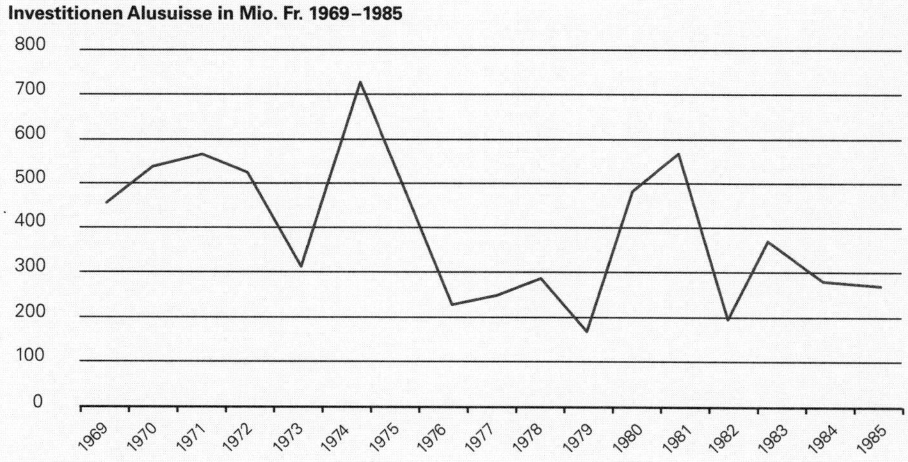

Die starken Schwankungen bei den Investitionen bringen die unruhige wirtschaftliche Entwicklung der 1970er- und 1980er-Jahre ebenfalls zum Ausdruck.

wir auf breiter Basis die Akquisitionsmöglichkeiten für einen Bergbaubetrieb in den USA», teilte Generaldirektor Paul Müller im Februar 1978 im Verwaltungsrat mit. «Im Staate Arkansas ist uns ein Kohlevorkommen im Stadium der Exploration angeboten worden», erklärte Müller weiter. Bei der Kohle dachte man auch daran, diese selbst verstromen zu lassen. Die Beratungsgesellschaft Robert A. Weaver, Jr. & Associates, in Boston wurde beauftragt, «uns eine Auswahl von Minengesellschaften verschiedener Grösse mit möglichst breiter Produktionspalette vorzuschlagen».[43] Am 4. September 1978 ermächtigte der Verwaltungsrat seinen Ausschuss, eine US-Bergbaugesellschaft, deren Name nicht bekanntgegeben wurde, zum voraussichtlichen Übernahmepreis von 210 bis 230 Mio. Dollar zu erwerben. «Das Vorhaben muss wie ein rohes Ei oder eher noch wie eine entsicherte Handgranate behandelt werden», erklärte Präsident Emanuel Meyer. Der Präsident der neuen Alusuisse-Tochter sollte «Nummer Eins in den USA und auch Mitglied der Geschäftsleitung in Zürich» werden. Die Übernahme wollte man mit einer Kapitalerhöhung von 600 auf 700 Mio. Franken, bei einem Agio von 50%, finanzieren. In der Diskussion begrüsste SKA-Vertreter Rainer E. Gut «den Mut der Geschäftsleitung». Man müsse die Transaktion «jetzt machen». Auch Niklaus Senn von der SBG, der sich für die Kapitalerhöhung immerhin «eine Bilanz ‹in besserer Form› gewünscht» hätte, und die weiteren Verwaltungsräte stimmten zu.[44]

Weil nur ein «friendly takeover» infrage kam und sich bei den hektischen Verhandlungen Schwierigkeiten ergaben, überlegte man sich Alternativen, um bei der Gulf Resources & Chemical Corporation – um die ging es – doch noch zum Ziel zu kommen. Man wollte die 40%-Beteiligung von Phelps Dodge an Conalco erwerben und diese gegen Aktien der Gulf tauschen. «Gulf ist im Prinzip an dieser Transaktion interessiert», hiess es im Verwaltungsrat. Und Präsident Meyer betonte zur Bedeutung der weiteren Diversifikation: «Mit dem Aluminiumgeschäft allein werden wir schwerlich auf einen grünen Zweig

kommen.» Doch die Sache zerschlug sich,[45] und im Frühjahr 1979 war man immer noch nicht weiter. Nach wie vor suchte man eine amerikanische, allenfalls auch kanadische Bergbauunternehmung, «die speziell im Kohlebergbau, eventuell aber auch in der Kupfer-, Zink- oder Silbergewinnung tätig ist». Damit sollte auch die 50:50-Strategie ihrer Verwirklichung nähergebracht werden.[46] 1982 wurde der Bereich Bergbau reduziert, der stellvertretende Generaldirektor Jean L. Chevaillier schied aus. Der Geschäftsbericht rapportierte noch in Kürzestform die geförderten Bauxitmengen und vermerkte den Verkauf der Flussspatgrube und der Konzentrationsanlage in der englischen Grafschaft Durham bei Newcastle.[47] Zwei Jahre später war die einst mit so viel Vorschusslorbeeren bedachte Sparte[48] sang- und klanglos aus dem Geschäftsbericht verschwunden.

Der grosse Coup: Kauf der Lonza

Den gewichtigsten und erfolgreichsten Schritt in ihrem Bestreben, durch Diversifikation die Abhängigkeit von der Aluminiumkonjunktur zu verringern, tat die Alusuisse 1974: Sie übernahm die in der Grundstoffchemie tätige Lonza.[49] In den Medien war die mögliche Fusion zwischen den beiden Firmen bereits 1971/72 ein Thema, und dies nicht ohne Grund.[50] In dieser Phase tagte regelmässig eine gemischte Gruppe, welche Möglichkeiten der Zusammenarbeit abklären sollte. Der spätere Lonza-Chef Hans Jucker entwickelte dabei schon recht präzise Vorstellungen: Die Finanzkraft der Lonza reiche aus für die übliche Erneuerung, nicht aber für das Durchziehen von Innovationen oder die Umsetzung von grundlegend neuen Resultaten, schrieb er im Mai 1972 an Herbert Pietsch, den Direktor der Cheminvesta, der nach der Übernahme mit ihm zur Lonza wechselte. «In diesem Sinne», so Jucker, «hat nach meiner Meinung das Management eher mehr Gottvertrauen als gerechtfertigt ist, d. h. Lonza muss sich früher oder später an einen Grösseren anschliessen.» Die Schwierigkeit liege darin, dass es Lonza heute ausgesprochen gut gehe. Lonza passe im ursprünglich geplanten Sinne nicht ins Alusuisse-Konzept. «Fasst

«Industrielle Grosstat»

«Ich darf Dir zu dieser industriellen Grosstat, welche für die Lonza AG sicherlich von sehr grossem Vorteil ist, meine allerherzlichsten Glückwünsche aussprechen», schrieb Rudolf Hans Seidl, Generaldirektor der Chemiefaser Lenzing AG, an Jürg Engi, als die Übernahme bewerkstelligt war. «Du hast damit nach jahrelanger Aufbautätigkeit in der Lonza AG, wobei diese Firma wieder zu hohem Ansehen kam, jene industrielle Grosstat gesetzt, welche wahrscheinlich im heute gegebenen europäischen Rahmen eine Notwendigkeit ist, um auch in der Zukunft die Erfolge der Lonza AG zu garantieren.» Und der Kommandant der Walliser Kantonspolizei gratulierte Engi mit den Worten: «Ich glaube, dass die Fusion nicht nur für die beiden Gesellschaften, sondern auch für unser Land von Vorteil ist.»[51]

Ein Wahrzeichen Basels: das Hochhaus der Lonza.

Er war der entscheidende Mann bei der Lonza und ermöglichte der Alusuisse deren Übernahme: Jürg G. Engi (1910–1994).

man aber Diversifikation insbesondere im Sinne von Risikoverteilung und anticyclisches Verhalten zur Aluminiumindustrie auf, passt Lonza ausgezeichnet in unser Programm.»[52] Damals befand sich auch das Kraftwerk Lötschen im Bau, das die beiden Unternehmen gemeinsam realisierten. Bei der Diskussion im Verwaltungsrat im November 1971 überwog die Skepsis, wobei man diese vor allem damit begründete, dass die – ungünstig beurteilte – Lonza allenfalls der Alusuisse zur Last fallen könnte. An derselben Sitzung wurde erwähnt, dass die Basler Chemie (Ciba-Geigy, Roche, Sandoz), die zusammen mit dem Bankverein und Motor-Columbus rund 25% der Lonza-Aktien besitze, nichts gegen eine Fusion einzuwenden hätte.[53] Vorerst kam eine solche aber nicht zustande.

Im November 1973 war es dann aber so weit. «Trotz guter geographischer Risikoverteilung, trotz vollintegriertem Fabrikationsprogramm und einer guten Rohstoffposition ist Alusuisse den zyklischen Konjunkturrückschlägen der Leichtmetallbranche unterworfen», begründete Präsident Emanuel Meyer im Verwaltungsrat den Antrag, das Aktienkapital von 300 auf 500 Mio. Franken

zu erhöhen und den Lonza-Aktionären ein Umtauschangebot vorzuschlagen. Für den Umtausch wurden maximal 115 Mio. benötigt. «Die Alusuisse steht heute im Kampf gegen staatliche Leichtmetall-Unternehmungen (Italien, Spanien, Österreich, Deutschland, Norwegen) und volldiversifizierte Grosskonzerne (Pechiney, Kaiser).» Nun stiess die Übernahme im Verwaltungsrat auf keine Opposition mehr. Es herrschte Einstimmigkeit.[54]

Keine Liebesheirat

Das Umtauschangebot bei den Lonza-Aktionären durchzubringen, bereitete keine Probleme. Die erwähnten Grossaktionäre und die Basler Entourage von Präsident Jürg Engi sorgten zum vornherein für Zustimmung. Kein Gehör gefunden hatte die dreiköpfige Geschäftsleitung der Lonza, die sich Ende März 1973 in einem Bericht an Engi «über die Möglichkeiten und die Zweckmässigkeit einer Zusammenarbeit Lonza/Alusuisse» für die Zusammenarbeit «in abgegrenzten Teilgebieten», aber gegen den Zusammenschluss ausgesprochen hatte. «Die ‹grosse Lösung› ist aus der Sicht der Lonza jedoch nicht interessant und ein Entscheid zu diesem Schritt dürfte sich in den nächsten Jahren nicht aufdrängen», schrieb die Geschäftsleitung. Die Lonza sei «in der Lage, auf eigenen Füssen zu stehen».[55] In der Folge schickte die Alusuisse Hans Jucker als Leiter des Bereichs Chemie zur Lonza, Raymond Perren übernahm die ebenfalls der Lonza zugeteilte Direktion Elektrizität, und René Himmel wurde als Nachfolger von Jucker Direktor der Forschung in Neuhausen.

Das Medienecho war riesig, wobei einige Skepsis herrschte. «Die Alusuisse-Offerte an die Lonza-Aktionäre ist nicht besonders generös», kritisierte zum Beispiel «Finanz und Wirtschaft». Die «Schweizerische Finanz-Zeitung», die ein Zusammengehen mit der Basler Chemie erwartet hatte, hörte «keine Fanfaren für Alusuisse-Lonza». Eine Übernahme durch einen ihrer Kunden wäre aber problematisch gewesen, brauchte die Lonza als Lieferantin von Vor- und Zwischenprodukten doch eine möglichst grosse Unabhängigkeit von den einzelnen Chemiekonzernen. Die «Weltwoche» monierte, unter Hinweis auf den steilen Kursanstieg im Vorfeld des Angebots, «unschöne Insidergeschäfte» und prophezeite: «Aus Lonzern werden auf alle Fälle weniger schnell Alu-Schweizer als aus Lonza-Aktionären Alusuisse-Aktionäre.» Die «Neue Zürcher Zeitung» sprach von einem «Modellfall der Industriepolitik» und begrüsste es, dass eine Schweizer Lösung – auch ausländische Unternehmen interessierten sich für die Lonza – gefunden worden sei. Darauf wies auch die «Chemische Industrie» hin, und sie hielt fest, dass die insbesondere in den USA notwendige Expansion «die eigenen Kräfte der Lonza» überschreite.[56] Das «Badener Tagblatt» schliesslich fragte «Liebesheirat oder Vernunftehe?» und vermutete das Letztere.[57] Der Zusammenschluss, in erster Linie eine Angelegenheit der

DIE ROTE ANNELIESE

FUSION

ALUSUISSE LONZA

KO

HERBST 1973

VORWORT

In langer und zäher Arbeit haben die Walliser Arbeiter Lonza und Alusuisse zu hochentwickelten Betrieben aufgebaut. Die Arbeiter können mit Recht stolz auf ihre Fabriken sein. Die Fabriken sind das Herz der Walliser

KARL DELLBERG:

" ICH HABE ANGST, DASS DIE OBERWALLISER ARBEITER IN DER LONZA FRUEHER ODER

DR. ENGI:

"ICH BIN MIR DABEI BEWUSST, DASS IM HEUTIGEN HARTEN INDUSTRIELLEN KONKURRENZ-KAMPF KEIN PLATZ FÜR

Der Zusammenschluss beschäftigte nicht nur die Schweizer Wirtschaftspresse und die Walliser Lokalmedien, sondern er hatte auch die Entstehung des Walliser Oppositionsblattes «Rote Anneliese» zur Folge.

beiden Präsidenten Meyer und Engi, war sicher keine Liebesheirat. Engi, der sich den Verkauf «seines» Unternehmens mit einer einflussreichen Position im Alusuisse-Lonza-Konzern entschädigen liess, musste die «Lonzer» denn auch beruhigen.[58] Die Befürchtung, dass es im Wallis zu einem Arbeitsplatzabbau komme, bewahrheitete sich nicht.[59]

Richtung Spezialitäten und Feinchemie

Schon in ihrem ersten Jahr im Konzern erntete die neue Tochter, die einen Gewinnbeitrag von 23% leistete, «ein besonderes Lob». Besonders wichtig für die Alusuisse sei, erläuterte Generaldirektor Meyer, dass sich «in wichtigen Absatzgebieten die breite Lonza-Produktepalette eindeutig azyklisch zum Aluminiumgeschäft» verhalte.[60] Der Chemiebereich trug traditionell mehr zum Konzern-Cashflow bei, als seinem Umsatzanteil entsprach. «Alusuisse braucht die Chemie», titelte die «Schweizerische Handelszeitung».[61] Und die Alusuisse selbst stellte im Geschäftsbericht 1974 fest: «Das Hauptkriterium unserer Diversifikation Richtung Chemie – höherer Ertrag als im angestammten Geschäft – war im Berichtsjahr erfüllt.» Die bisherigen Chemieaktivitäten der Alusuisse, in der Cheminvesta zusammengefasst, wurden in die Lonza überführt.[62] Dabei kämpfte aber auch die Lonza mit Problemen: Die Währungskrise gefährdete ihre Exporte, und die Konjunkturdämpfungsmassnahmen des Bundes trafen sie stark. Zudem machten die deutschen Gesellschaften Verluste.[63] Das Unternehmen, bestehend aus den Departementen anorganische Produkte, Dünger und agrikulturchemische Produkte, Chemikalien und Kunststoffe sowie dem Energiegeschäft im Wallis, hatte ein wenig den Charakter eines Gemischtwarenladens und war auch nicht mehr besonders innovativ. Mit einem Anteil von beinahe 70% am Umsatz war die Lonza noch stark vom Schweizer Markt abhängig.

Weg vom «Düngerladen» war eines der Ziele, das die Lonza mit der Fusion verfolgte.

Mit der Lonza stiess auch die Schaumstoffproduzentin Airex in Sins (AG) zum Alusuisse-Konzern. Ein beliebtes und bekanntes Produkt waren die Airex-Turnmatten.

«Mit dem Einschwenken in den Alusuisse-Verband verfolgte man vielmehr erklärtermassen das Ziel, den schweizerischen ‹Düngerladen›» – die Lonza war ein wichtiger Lieferant der Landwirtschaft – «schrittweise in einen international operierenden Chemiekonzern von adäquater Statur umzuwandeln», schrieb die «Neue Zürcher Zeitung» 1976 im Rückblick. Man habe zügig eine Expansionsstrategie verwirklichen wollen, «die der Lonza sowohl das Vordringen in neue Aktivitäten ermöglichen als auch den Aufbau eines multinationalen Industrie- und Vertriebspotentials gestatten sollte».[64] Weil man diesen Bereich ausbauen wollte, wurde in den folgenden Jahren, gemessen am Umsatz, überproportional in die Chemie investiert.[65] 1977 nahm in Bayport (Texas) die erste Feinchemikalienfabrik (Diketen, Derivate) der Lonza in den USA ihren Betrieb auf. In einer ersten Phase sollten Ausgangsstoffe für die Herstellung von Agrochemikalien, Pigmenten und Pharmazeutika produziert werden.[66] Mit einem Volumen von 32.5 Mio. Dollar war Bayport die erste Grossinvestition der Lonza seit dem Bau der petrochemischen Anlage in Ladden (VS) in den frühen 1960er-Jahren und zudem «der erste Schritt im Aufbau der organischen Chemie in den USA».[67] Die Aussichten, den US-Markt weiterhin überwiegend von der Schweiz aus zu beliefern, hatten sich angesichts des hohen Frankenkurses, gestiegener Frachtkosten und anderer Handelshemmnisse spürbar verschlechtert.[68]

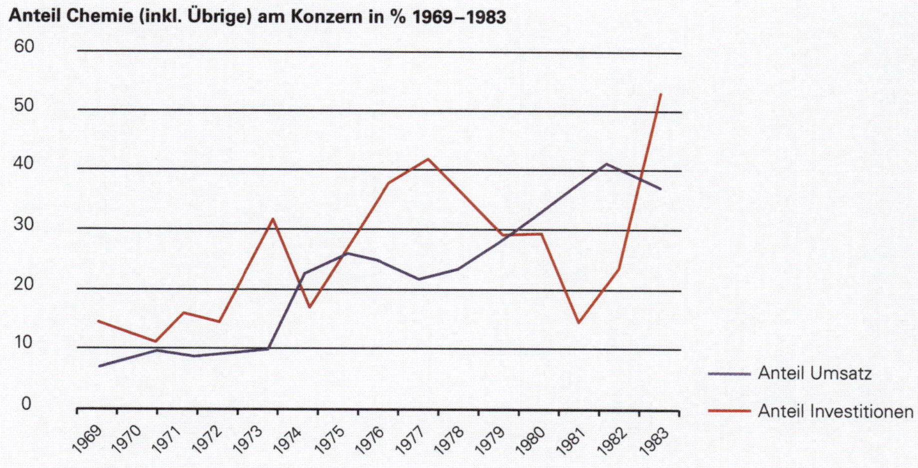

Die Förderung des Bereichs Chemie kommt in den überdurchschnittlichen Investitionen zum Ausdruck. Das Bild wird verfälscht, weil ab 1979 im Bereich «Chemie, Kraftwerke und Übrige» auch Maremont enthalten ist, die insbesondere den Umsatz dieser Sparte steigerte.

Ebenfalls 1977 wurde ein Kredit für die Airex-Produktion in den USA bewilligt, wobei man das entsprechende Projekt als «strategisch hocherwünscht und unaufschiebbar» bezeichnete. Airex ist ein geschlossenzelliger Schaumstoff aus PVC.[69] 1979 folgten die Übernahme der Bio-Lab in Decatur (Georgia), führend in der Herstellung von Schwimmbad- und Wasseraufbereitungs-Chemikalien, und der Quad Chemical Corporation in Carson/Long Beach (Kalifornien), die spezielle Tenside für die kosmetische Industrie herstellte. Mit der Quad gelang Lonza auch der Sprung an die Westküste.[70] Neben den USA war Italien für die Lonza eines der «wichtigsten Chemie-Länder».[71] 1979 wurden die Distillerie Italiane in San Giovanni Valdarno, zwischen Florenz und Arezzo, übernommen, die Weichmacher, Polyester- und andere Spezialharze, Azetate, Lösemittel und Lackkomponenten produzierten.[72] 1980 eröffnete Lonza den administrativen Hauptsitz ihrer Geschäftseinheit Polymere und Additive in Mailand.

Letztlich nicht erfolgreich war ein Versuch mit Barex 210, einem umweltfreundlichen Kunststoff. Zu dessen Herstellung wurde gegen Ende 1974 in Visp eine neue Anlage in Betrieb genommen. Barex, in den USA entwickelt, galt als Erfolg versprechender Ersatz von PVC, das in der Schweiz für die Verpackung von Nahrungsmitteln verboten wurde, weil sich beim Verbrennen nach der damaligen Technologie Salzsäure bildete. Lonza versprach sich von Barex eine grosse Zukunft und erwarb von Standard Oil eine Lizenz zur Herstellung des Granulats.[73] «Mit der Barex-Folie waren uns einige Jahre schöne Erfolge beschieden», schreibt Heinrich R. Wipf rückblickend. «Barex hatte gute Siegeleigenschaften, hohe Gasdichte und Resistenz gegen Säuren.» Die Verpackungsgruppe Wipf stellte als erstes Unternehmen Barex-Folien im Blasformverfahren her. Für die Lonza war das Ergebnis letztlich aber enttäuschend. Weil Barex es nicht schaffte, ein Massenkunststoff zu werden, und viel zu teuer blieb, gab Lonza die Herstellung auf.[74] Die Strategie für die Kunststoffe

Die Anlagen der Lonza in Visp.

wurde 1977 wie folgt neu formuliert: «Abkehr von der Megatonnen-Philosophie für PVC,[75] Erweiterung unseres Spezialitätengeschäfts. Wir bauen Sins und Waldshut in marktgerechten Schritten aus. Mit dem Bau der Airex-Anlage und eventuellen Klein-Akquisitionen fassen wir in den USA Fuss.» Gleichzeitig stieg man aus Atlantik (Wilhelmshaven) aus.[76]

1979 wurde in Visp mit dem Bau des Feinchemikalienkomplexes FCC, einer modernen Mehrprodukteanlage, «der mit Abstand wichtigsten Produktionsstätte für Feinchemikalien», begonnen. Bis 1987 investierte die Lonza hier insgesamt 78 Mio. Franken.[77] Die Lonza-Massnahmenpläne 1983 – 1988 sahen vor: Konzentration der Mittel auf Feinchemikalien und Chemische Spezialitäten, Vermindern der Anfälligkeit bei chemischen Massenprodukten durch Umbau der Lonza Waldshut zu einem modernen, leistungsfähigen anorganischen Zentrum, Umwandeln des Martinswerks (Tonerde) in einen Spezialitätenbetrieb, Optimieren des Düngergeschäfts Schweiz, Konzentration der Kunststoffaktivität auf Italien und Devestition oder Aufgabe verlustbringender Aktivitäten, die nicht mehr in die Strategie der Lonza passten.[78] In diese Richtung wiesen bereits die Massnahmen von 1982: Die Lonza verkaufte ihr Stromverteilnetz im Wallis, übernahm die Betreuung des Martinswerks und devestierte ihre PVC-Aktivitäten sowie das zwischen Reben und Rhein in Süddeutschland gelegene Kalk- und Putzwerk Istein. In der folgenden, schwersten Krise der Alusuisse wurden die Investitionsmittel allerdings auch für den Chemiebereich knapp.

Beschäftigte nach Bereichen, ohne Aluminium, 1969–1983

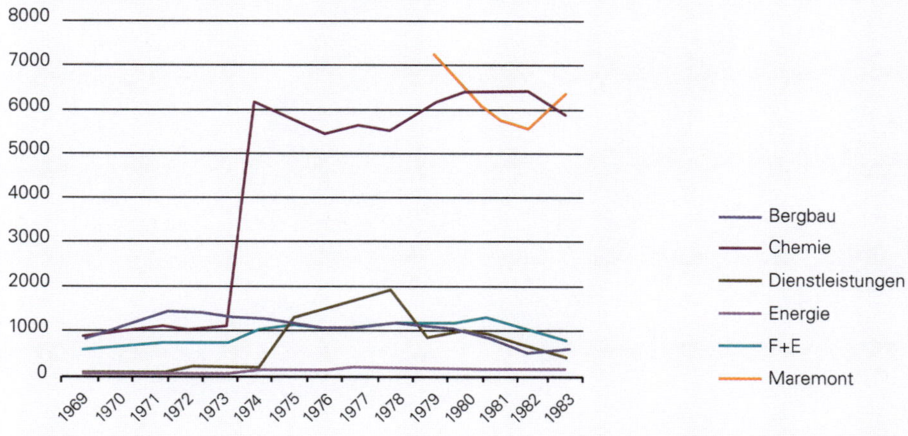

Die zunehmende Bedeutung von Chemie, Bergbau und Dienstleistungen kam auch in den Beschäftigtenzahlen zum Ausdruck. Bei den Dienstleistungen sind die Beschäftigten der Minderheitsbeteiligung Motor-Columbus eingerechnet.

Und das Fazit des Zusammenschlusses? «Die Lonza als Stütze der Alusuisse», stellte die «Neue Zürcher Zeitung» schon 1976 in einer ersten Zwischenbilanz fest, welche «für die Lonza einigermassen ernüchternd» ausfiel. Statt für die eigene Expansion in der Alusuisse einen finanziellen Rückhalt zu finden, musste die Lonza ihrer notleidenden Mutter unter die Arme greifen: «Und zur Bereitstellung der von der Alusuisse in erheblichem Umfang benötigten Finanzmittel hat die Lonza nicht nur aus dem Erlös ihrer 1975 begebenen 60-Mio.-Fr.-Obligationenanleihe ganze 50 Mio. Fr. an die Konzernzentrale abgeführt, sondern über ihre Finanzierungsgesellschaft in Curaçao auch noch 40 Mio. DM im Wege der Placierung von Teilschuldverschreibungen für die Alusuisse ‹an Land gezogen›.» Zum Konzern-Cashflow trug die Lonza bereits 36% bei. Und die NZZ sprach auch das vorhandene Konfliktpotenzial an: «Die fürsorgende Adoptivtochter zu spielen, die ihre etwas kurzatmig gewordene Stiefmutter stützt (und weitgehend auch deren Dividendenausschüttung bestreitet), entspricht nun freilich keineswegs der Rolle, die die Lonza vor zwei Jahren für sich aus dem Fusions-‹Drehbuch› herausgelesen hatte.»[79] Dieses Spannungsverhältnis blieb in der Folge bestehen, eine wirkliche Integration fand nicht statt. «Wäre nicht Lonza, müsste Meyers gesamte Expansions- und Diversifikationsstrategie als total gescheitert bewertet werden», urteilte das «Industriemagazin» im November 1986.[80]

Motor-Columbus zur Stärkung des «D»

Die Akquisition der Lonza (und von Olin in den USA) war noch keineswegs verdaut, als 1974 die Alusuisse 38% der Motor-Columbus (MC) übernahm, die ihrerseits kurz zuvor das Generalunternehmen Mobag geschluckt hatte. «Damit umfasst diese neue Firmengruppe den gewichtigsten Elektrizitätsproduzenten und das grösste Grundstoffchemiewerk der Schweiz, das

Walter Haefner, Besitzer der Auto-Importeurin Amag und Pferdezüchter, verkaufte sein Motor-Columbus-Paket an die Alusuisse. Erhalten hatte er es beim Verkauf seiner Mobag an Motor-Columbus.

zweitgrösste Generalunternehmen und das zweitgrösste Ingenieur- und Planungsbüro des Landes [hinter der Elektrowatt] sowie den sechstgrössten Aluminiumkonzern der Welt», schrieb der Wirtschaftsjournalist Beat Kappeler in einem Artikel in der Berner «Tagwacht», in welchem er den Wandel der Marktwirtschaft «in die Privatplanwirtschaft marktgewaltiger Unternehmen» kritisierte.[81] Vereint sollte die Nachfrage nach umfassenden Leistungen einer multidisziplinären Beratungsfirma befriedigt werden. Weil 1975 die Ingenieurmandate aus der Schweiz um die Hälfte zurückgingen, mussten vermehrt Auslandaufträge hereingenommen werden.[82] Während Motor-Columbus sich stärker mit Infrastruktur-Aufgaben befasste, widmete sich die Alesa vor allem Industrieprojekten.[83]

Die Motor-Columbus hatte in ihrem Bestreben, ihrerseits zu diversifizieren, die Mobag übernommen, indem sie mit dem Auto-Importeur Walter Haefner (Amag) 60% der Mobag gegen 48 000 MC-Aktien tauschte. Dieses MC-Paket verkaufte Haefner unverzüglich an die Alusuisse weiter, und die Schweizerische Bankgesellschaft zog nach, indem sie auch ihre MC-Beteiligung an die Alusuisse veräusserte. Der Einstieg bei Motor-Columbus ging im Alusuisse-Verwaltungsrat nicht diskussionslos über die Bühne. Präsident Emanuel Meyer begründete den Schritt einmal mehr mit dem Ziel, «von der riskanten Aluminium-Monokultur abzukommen und die Konzernertragskraft zu heben». Kreditanstalt-Präsident Felix W. Schulthess fragte, welches denn die Motive der Motor-Columbus seien, ob die Geschäftsleitung der Alusuisse genau im Bilde sei über die Situation bei der Mobag (Leerwohnungsbestand, Verpflichtungen, Finanzbedarf), und weshalb «der sehr selbständige Herr Kohn» bereit sei, sich der obersten Leitung der Alusuisse unterzuordnen. Diese Einwände waren sehr berechtigt, wie sich später weisen sollte. Weil ihn Meyers Antworten überzeugten, stimmte aber auch Schulthess schliesslich «der Operation ohne materielle Vorbehalte zu». Alt Bundesrat Nello Celio stellte fest, «die Mobag könnte für uns eine Belastung werden», meinte aber: «Die Transaktion muss gemacht werden.»[84]

Auch die Medien zeigten sich teilweise skeptisch. «Diversifikation in die Abhängigkeit?», fragte zum Beispiel der «Tages-Anzeiger» und meinte damit die Motor-Columbus.[85] Daneben gab es auch euphorische Stimmen. Um die Übernahme zu bewerkstelligen, war eine Erhöhung des Aktienkapitals, das man von 500 auf 600 Mio. Franken aufstockte, nötig. Motor-Columbus hatte anlässlich der Mobag-Übernahme ihr Kapital von 90 auf 130 Mio. erhöht. Motor-Columbus übernahm die Verantwortung für die Konzernbereiche Dienstleistungen und Energie, Michael Kohn wurde zum Generaldirektor der Alusuisse mit Zuständigkeit für diese beiden Bereiche ernannt. Alfred Schäfer, Präsident der Schweizerischen Bankgesellschaft und Vizepräsident von MC, zog neu in den Alusuisse-Verwaltungsrat ein. Bei der Alusuisse sollte die SBG mit den bereits vertretenen SKA und Bankverein gleichgestellt sein, bei MC sollte sie die Federführung bei Finanzierungsaufgaben haben.

Die Mobag als Klotz am Bein

Die Mobag sollte sich tatsächlich bald als Klotz am Bein des Konzerns erweisen. «Angesichts der Tatsache, dass auf dem Immobiliensektor in der Schweiz in den nächsten Jahren mit einem wesentlich reduzierten Volumen gerechnet werden muss, gewinnt die Tätigkeit der Mobag International umsomehr an Bedeutung», hiess es in deren Geschäftsbericht 1974. Ein Projekt in Griechenland habe man «energisch vorangetrieben», und als weitere Akquisitionsgebiete stünden «Nigeria, Iran und eventuell Spanien im Vordergrund, wobei diese Auslandstätigkeit in enger Koordination und unter Ausnützung der bestehenden Verbindungen der Motor Columbus/Alusuisse Gruppe aufgebaut

Der Umsturz im Iran machte der Mobag einen dicken Strich durch die Rechnung. Ayatollah Khomeini wird nach seiner Rückkehr aus dem Exil von Anhängern begrüsst.

wird».[86] Es lockten vor allem die mit liquiden Mitteln gesegneten Opec-Staaten. In der Schweiz baute die Mobag auf ihren Landreserven auf Halde und sass Ende November 1975 auf einem Leerbestand von bereits 1090 Einheiten. Das führte zu Finanzierungsschwierigkeiten, die schliesslich auch auf Motor-Columbus durchschlugen.[87] Im Iran «akquirierte die Mobag im Sommer 1976 einen Auftrag, der anfänglich vielversprechend aussah: Sie trat in den zwischen der iranischen Military Industrial Organization (MIO) und einem deutschen Generalunternehmer abgeschlossenen Vertrag zur Erstellung von rund 6000 Wohnungen in Teheran ein». Die Auftragssumme betrug über 900 Mio. DM, die vorgesehene Bauzeit 24 Monate.

Nicht vorauszusehen war, dass im Herbst 1978 der Aufstand begann, der zum Sturz des Schahs und zur Machtübernahme durch das Khomeini-Regime führte. Durch die Einstellung der Bauarbeiten und das Ausbleiben der Zahlungen drohte der Mobag der finanzielle Kollaps. Walter Haefner, nach wie vor mit 40% an der Mobag beteiligt, war nicht bereit, weitere Mittel einzuschiessen. Die Alusuisse wies jegliche Verantwortung von sich. «Wir hätten einen solchen Auftrag nie entgegengenommen», erklärte Präsident Meyer. «Das Vorgehen der Mobag war ganz schlicht verantwortungslos.»[88] Ein Konkurs kam nicht infrage, hätte dieser doch auch den geschäftlichen Ruf der Motor-Columbus beschädigt. Nach langen, unerfreulichen Auseinandersetzungen leistete Haefner einen Betrag à fonds perdu. MC übernahm sein Aktienpaket und führte die Sanierung der Mobag allein durch.[89] «Ihre Bereitschaft dazu wurde durch den Umstand gefördert, dass das von Alusuisse gehaltene Motor-Columbus-Aktienpaket wieder an die Schweizerische Bankgesellschaft zurückging», schreibt Erich Haag in seiner MC-Geschichte. Und Haag stellt zutreffend fest: «Die Integration der Motor-Columbus AG in den Alusuisse-Konzern war nie richtig gelungen, wohl auch, weil die Unternehmenskulturen zu verschiedenartig waren.» In Nigeria, Saudi-Arabien und Ägypten verlor die

Mit der jugoslawischen Energal arbeitete Alusuisse immer wieder zusammen. 1978 beteiligten sich die beiden Unternehmen gemeinsam an der Wintermesse Belgrad. Im Bild Basketballer von Partizan Belgrad, gesponsert von der Alusuisse.

Mobag ebenfalls Geld. Motor-Columbus bewältigte die Sanierung dank ihren grossen Reserven aus eigener Kraft (und mit der Bankgesellschaft im Hintergrund), und «innert kurzer Zeit erreichte sie wieder ein solides finanzielles Gleichgewicht».[90] Die «Neue Zürcher Zeitung» schrieb 1995 allerdings, die Periode «von 1986 bis heute» müsse «als Phase des Misserfolgs bewertet werden» und schliesse «mit einer tiefgreifenden Restrukturierung».[91] Bei der Alusuisse lautete das Fazit, dass mit der 1979 erfolgten Trennung von Motor-Columbus die angestrebte Stärkung des Dienstleistungsbereichs, dessen Bedeutung in den 1980er-Jahren zusehends abnahm, gescheitert war. Die Tätigkeitsbereiche der beiden Ingenieurfirmen MC und Alesa waren zu verschieden. Durch den Verkauf der Beteiligung erlitt die Alusuisse in der Konzernrechnung einen Buchverlust von 40 Mio. Franken. Als Vorteil wurde herausgestrichen, dass man dank der Beteiligung an Motor-Columbus die AKW-Beteiligungen Gösgen und Leibstadt an die MC-Tochter Atel habe verkaufen können.[92]

Dienstleistungen von Venezuela bis China

Ihre Dienstleistungen boten die vereinigten Ingenieurfirmen der Alusuisse weltweit an.[93] In Lateinamerika, im Übrigen das Terrain der Nordamerikaner und der Japaner, erhielt die Alusuisse den Engineering-Auftrag für ein Tonerdewerk in Venezuela, zur Versorgung der Aluminiumhütten von Alcasa und Venalum. Auftraggeberin war die staatliche Corporación Venezolana de Gua-

Das Tonerdewerk der Interalumina im Bau Mitte 1982, knapp drei Jahre nach Baubeginn und neun Monate vor der ersten produzierten Tonerde. Interalumina war das letzte Grossanlagenprojekt der Alusuisse auf der grünen Wiese.

Eine Entwicklung des Alusuisse-Engineering: pneumatischer Saugheber für Tonerde.

yana (CVG). Diese beauftragte die Alusuisse auch mit der Suche nach Bauxit. Solches fand man 1976 in Los Pijiguaos im Bundesstaat Bolivar, rund 40 Kilometer östlich vom Orinoco. Die Prospektion erfolgte 1977.[94] Die Alusuisse hatte damals bereits die Referenz von Gove vorzuweisen. «Beim Tonerdeprojekt Venezuela geht es praktisch um eine ‹Wiederholung› von Gove», erklärte Generaldirektor Bruno Sorato denn auch im Verwaltungsrat nach Unterzeichnung der Verträge.[95] Für die Erschliessung der Lagerstätte sowie Projektierung und Bau des Tonerdewerks der Interalumina – von 1974 bis 1983 – lieferte die Alusuisse ein ganzes Dienstleistungspaket. Das Werk wurde am Orinoco in Puerto Ordaz errichtet mit einer Kapazität von 1 Mio. Tonnen. An der 1977 gegründeten Interalumina beteiligte sich die Alusuisse mit 7.5%.[96] Nach dem Ausstieg der Billiton wurde die Beteiligung auf 15% erhöht. Der Aufwand für das Tonerdewerk betrug rund 1.3 Mrd. Dollar.[97] Die Alusuisse reduzierte dann, wie bei solchen Aufträgen üblich, ihre Interalumina-Beteiligung sukzessive. Der Devestitionsplan von 1982 sah den vollständigen Verkauf vor, was aber nicht ganz einfach war. Zwei Jahre später wurde der Verkaufsentscheid bekräftigt: «Wir legen keinen Wert auf die Beteiligung an Interalumina. Diese wurde uns seinerzeit aufgezwungen. Durch deren Verkauf kassieren wir die uns zustehenden Ingenieur-Honorare ein.»[98]

Aus dem «unersättlichen Bedarf an hochqualifizierter Ingenieurarbeit und an Verfahrens-Know-how» der Ölstaaten versprach sich Alusuisse auf Jahre hinaus gute Chancen. Abkommen wurden Mitte der 1970er-Jahre zum Beispiel mit Bahrain und Saudi-Arabien geschlossen, wo man Strangpresswerke errichtete.[99] 1976 erhielt die Alusuisse zusammen mit der französischen Sofremines einen umfassenden Ingenieur- und Beratungsauftrag für das Phosphatminenprojekt Abu Tartur, in der Wüste westlich von El Kharga, in Oberägypten.[100] 1985 bekam das Konsortium zu diesem Vorhaben zwei Zusatzverträge. Die Inbetriebnahme des Minenkomplexes war nun für 1990 vorgesehen.[101] Abu Tartur gehört zu den grössten Phosphatminen der Welt. Auch in China, das seine Aluminiumindustrie ausbauen wollte, wurde die Alusuisse früh aktiv. Ende 1978 befand sich eine grosse Delegation des Unternehmens in China, «um die notwendigen Detailabklärungen zu treffen». Die von der Alusuisse anschliessend ausgearbeitete Studie über den Bau von Aluminiumhütten kostete mehr als 1 Mio. Franken. Das Aluminiumprojekt wurde von China dann aber zurückgestellt.[102] In Indien wurde 1979 mit der staatlichen Mecon (Metallurgical Consultants), «einer der grössten Engineering- und Beratungsfirmen Asiens», das 50:50-Joint Venture Indo-Swiss Engineering Co. gegründet.[103] «Wir möchten diese Gesellschaft, die aussergewöhnlich billige Arbeitskräfte von guter Qualität mobilisieren kann, im internationalen Engineering- und

Beratungstätigkeit in Saudiarabien: Roland Oehler von der Alesa im Jahr 1976.

Besuch des Aluminiumwerks Chengchow in China 1978.

Generalunternehmer-Geschäft einsetzen», wurde im Verwaltungsrat erläutert. «Eine Tätigkeit in Indien ist nicht vorgesehen.»[104]

Seit 1975 gehörte auch Heyward-Robinson aus den USA zur Gruppe der Alusuisse-Ingenieurfirmen. Heyward-Robinson, die auf chemische Verfahrenstechnik spezialisiert war, zählte bei der Übernahme durch die Alusuisse 250 Beschäftigte. Weil die Ingenieurleistungen von den USA aus günstiger zu erbringen waren, wurde der Bestand in der Folge sukzessive auf rund 700 erhöht. Auf dem Gebiet der Müllverbrennungsanlagen arbeitete eine andere Alusuisse-Erwerbung, die Schweizer Firma Widmer + Ernst, mit Heyward-

Zitrusfrüchte in Sierra Leone

«Nichts ist unmöglich», schien die Devise der Alusuisse in der Expansionsphase zu lauten. So führte 1973 Generaldirektor Paul Müller im Zusammenhang mit der Rekultivierung alter Bauxitgruben in Sierra Leone aus: «Testpflanzungen haben ergeben, dass Zitrusfrüchte im dortigen Klima gut gedeihen und sich Orangen-, Grapefruit- und andere Kulturen im Gebiet von Mokanji geradezu aufdrängen. […] Wir arbeiten jetzt eine gründliche Feasibility Studie für ein solches Projekt aus und werden zu einem späteren Zeitpunkt wieder über Sierra Leone berichten.»[105]

Robinson zusammen. «Mehrere Grossprojekte, u.a. in Rhode Island und Puerto Rico, stehen zur Diskussion», berichtete Generaldirektor Paul Müller 1981. «Die Büros der beiden genannten Engineering-Firmen befinden sich im New Yorker World Trade Center. Bereits sind auch neue Stützpunkte in New Orleans und St. Louis gegründet worden.»[106] Mit Verlusten, Bilanzmanipulationen, Prozessen und einem Selbstmord gehörte das Kapitel Widmer + Ernst aber zu den unerfreulichen in der Alusuisse-Geschichte. 1985 wurde die W + E Umwelttechnik AG an die US-Firma Blount Energy Resource verkauft,[107] und

In Jordanien am Roten Meer, an der Grenze zu Saudi-Arabien, realisierte die Alusuisse die grösste Aluminiumfluoridanlage.

fünf Jahre später landete sie bei der ABB, wo sie im Konzern «die Führung als Technologiezentrum der Abfallentsorgung» übernahm.[108] Heyward-Robinson wiederum machte ab 1981 immer Verlust, besonders massiv 1984, weshalb man bereits 1985 nach einem Käufer suchte.[109]

Aluminiumfluorid: Schwergewicht Naher Osten

In den 1970er-Jahren stieg die Alusuisse in die Aluminiumfluoridproduktion ein. Vorangetrieben wurde dieser Entscheid von Fritz Schnorf junior, dem Leiter der Abteilung Bauxit und Tonerde. Aluminiumfluorid wird als sogenanntes Flussmittel, wie Kryolith, beim Elektrolyseprozess eingesetzt und reguliert die Temperatur des flüssigen Elektrolytbades. Der Bau einer ersten Anlage in Florida wurde 1971 kurz nach Aufnahme der Ingenieurarbeiten wegen des Zerfalls des Aluminiumpreises gestoppt, doch dann ging die Alusuisse mit der schwedischen Firma Boliden ein 50:50-Joint Venture ein. Die neu gegründete Alufluor AB mit Sitz in Helsingborg baute mit technischen Unterlagen der

Alusuisse, die eine Lizenz der Chemischen Werke Linz besass, von 1973 bis 1975 eine Anlage mit 15 000 Tonnen Jahreskapazität. Boliden betrieb in Helsingborg eine Phosphorsäureanlage und belieferte die Alufluor mit der dabei anfallenden Kieselfluorwasserstoffsäure. Mit der Produktionsaufnahme der Fabrik verfügte die Alusuisse auch für diesen wichtigen Hilfsstoff «über eine konzerneigene Quelle».[110]

Weitere Anlagen folgten im Irak, in Jugoslawien und in Jordanien, wobei das Personal dieser Firmen teilweise in Schweden ausgebildet wurde. «Im Jahre 1969 war Alusuisse auf dem Flussmittelgebiet als Besitzerin von Verfahren völlig unbekannt. Heute, im Jahre 1986, gehört sie zu den führenden Firmen auf diesem Gebiet», fassten die Mitarbeiter von Fritz Schnorf bei seiner Pensionierung seine Verdienste zusammen. «Die Entscheidung der Konzernführung, auf dem Flussmittelgebiet auf Basis Kieselfluorwasserstoffsäure mit einem völlig unbekannten und grosstechnisch nicht erprobten Verfahren einzusteigen, wäre ohne seine [Schnorfs] Fürsprache nicht getroffen worden.» Schnorf habe die Fluoridgruppe immer verteidigt, wenn sie «von verschiedenen Seiten innerhalb des Konzerns unter Beschuss geriet».[111]

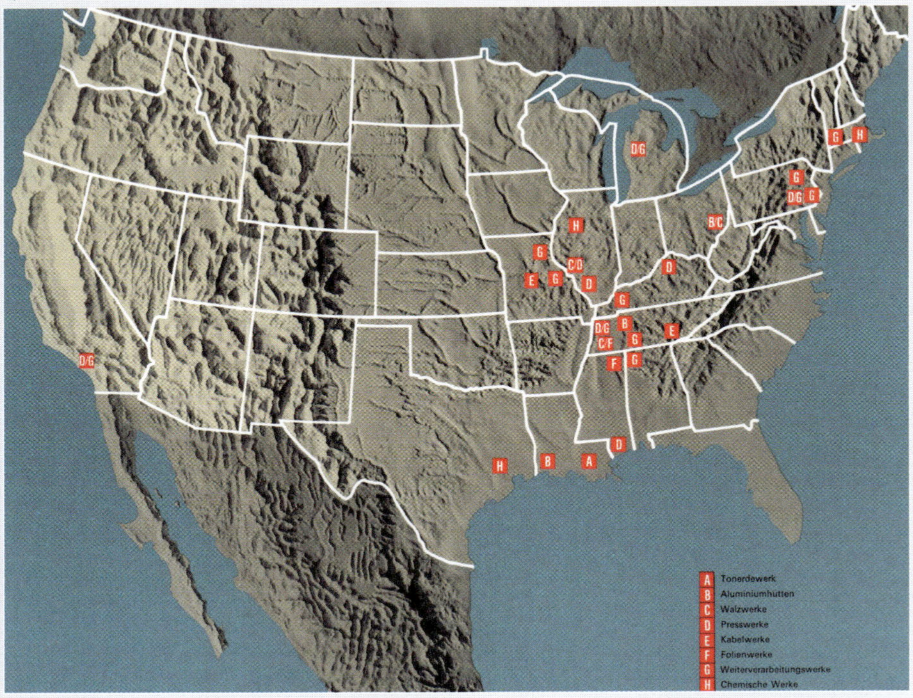

Mit einer Ausnahme waren die Werke der Alusuisse in den USA – Stand 1974 – auf den Osten beschränkt.

Zukäufe in den USA: Nur Schrott?

1975 schrieb die «Weltwoche» noch von «beachtlichen Fortschritten», welche die Alusuisse in den USA erzielt habe. Der US-Konzernteil sei in der Zeit unter der Leitung von John Wohnlich (ab 1973) «der deutlich grösste und gegenwärtig auch gewinnträchtigste in der gesamten Gruppe geworden».[112] Anfang 1974 hatte die US-Tochter Conalco für 120 Mio. Dollar neun Halbzeugwerke der Olin Corporation und die Mehrheit von deren Tochter Olin Revere Metals Corporation (Ormet) mit Hütte und Tonerdefabrik übernommen. Minderheitsaktionärin von Ormet war die Revere Copper and Brass. Die Conalco beschäftigte rund 10 000 Personen, und zur Gruppe gehörten nun drei Hütten, eine Tonerdefabrik,

Die Bäume strebten in den Himmel: Die 1975 übernommene US-Tochter Heyward-Robinson mit rund 700 Beschäftigten belegte in einem der Türme des World Trade Center in New York – hier noch im Bau 1970 – die drei Stockwerke 93 bis 95.

zwei Anodenfabriken und eine lange Reihe von Verarbeitungswerken (Walz- und Pressprodukte, Röhren, Stangen und Draht, Bau- sowie Fertigprodukte).[113] Beim Kauf von Olin, von der 50:50-Strategie getrieben und von allen Mitgliedern der Generaldirektion mitgetragen, wurden die Verwaltungsräte einzeln bearbeitet: Nach der Zustimmung des Verwaltungsratsausschusses «wurden die übrigen Ratsmitglieder von je einem Mitglied der Generaldirektion besucht und durch mündliche Erläuterungen ergänzend orientiert». Ausschuss und Generaldirektion hatten befunden, «dass der Kauf zwar einen gewaltigen finanziellen Effort erfordert, aber eindeutig im Interesse der gesunden Entwicklung der Alusuisse liegt».[114] Später sollte sich allerdings herausstellen, dass die übernommenen Werke überwiegend in einem schlechten Zustand und der Gesundheit der Alusuisse abträglich waren. Interne Warnungen in dieser Richtung hatte die Alusuisse-Führung ignoriert.

Im Bestreben, in den USA unbedingt stärker ins Geschäft zu kommen, sichtete man bei der Alusuisse Tausende von US-Gesellschaften. Conalco hatte im Konzern inzwischen bereits ein sehr starkes Gewicht. 1975 stiess im Bereich Dienstleistungen das Ingenieurunternehmen Heyward Robinson zur Alusuisse. 1977 befand sich ein Viertel der Alusuisse-Anlagewerte in den USA. Aber die Rentabilität stimmte nicht. Trotzdem war die Alusuisse weiterhin auf der Suche nach geeigneten Akquisitionsobjekten. Der Ausflug in die Kernfusion (Migma), der Millionen kostete, wurde 1978 nach nur vier Jahren beendet. 1980 zog sich Phelps Dodge, wegen deren «ungenügender Ertragskraft», aus der Conalco zurück. Phelps Dodge hielt eine nachhaltige Verbesserung der Ertragslage zwar «grundsätzlich für möglich», doch war sie nicht bereit, die dafür notwendigen substanziellen Investitionen zu tätigen. Sie wollte ihre Mittel für eigene Projekte in ihren angestammten Bereichen (Kupfer, Blei, Silber, Uran) einsetzen.[115] Weil die Alusuisse den Preis von 125 Mio. Dollar für das 40%-Paket von Phelps Dodge, den zwei Interessenten angeblich zu zahlen bereit waren, für übersetzt hielt, verzichtete sie vorerst auf die Ausübung ihres Vorkaufsrechts. Noch im gleichen Jahr wurde der Kauf vom Verwaltungsrat aber bewilligt.[116] Die Conalco werde, so liess Präsident Meyer verlauten, «auch in den nächsten Jahren schwerlich eine Dividende ausrichten können». Ursache der äusserst mageren Rentabilität der Conalco waren nicht nur die im Vergleich zu ihren US-Konkurrenten wesentlich höheren Energiekosten, mit denen die im Versorgungsgebiet der Tennessee Valley Authority (TVA) liegenden Conalco-Werke belastet waren. Die TVA verfünffachte den Strompreis zwischen 1973 und 1979. Anderes kam hinzu. «Die Produktionsanlagen der Conalco», so die «Neue Zürcher Zeitung», «sind über weite Strecken wenn nicht veraltet, so doch stark erneuerungsbedürftig. Grössere Rationalisierungs- und Umstrukturierungsinvestitionen sind für die nächsten Jahre unvermeidlich, wenn dieses gewichtige und unternehmensstrategisch hoch eingestufte Konzernglied endlich auf einen grünen Zweig kommen soll.»[117]

«Hungermarsch ohne Proviant»

Das aus diesem Grund vom Verwaltungsrat verabschiedete Investitionsprogramm sah für die nächsten fünf Jahre Aufwendungen von 300 Mio. Dollar vor. Den Schwerpunkt sollte mit einem Aufwand von 175 Mio. Dollar «die Einführung der von Alusuisse in 15jähriger Forschungs- und Entwicklungsarbeit zur industriellen Reife geführten, revolutionären Bandgusstechnologie ‹Caster II›» bilden, für welche im Werk New Johnsonville eine Anlage mit einer Kapazität von 150 000 Tonnen errichtet werden sollte. Dieses Vorhaben, für das letztlich allein rund 300 Mio. Dollar bewilligt wurden, stoppte man aber bereits 1984 wieder.[118] Auf die erneute Konjunkturschwäche 1981, welche die hoch verschuldete Alusuisse mit voller Wucht traf, reagierte der Konzern mit Devestitionen auch in den USA. 1981 verkaufte die Conalco drei Presswerke sowie eine Glas- und Fensterfabrik an Indal. Gemäss der Käuferin befanden sich alle vier Fabriken «in einem äusserst desolaten Zustand».[119] 1982 suchte die Minderheitspartnerin bei Ormet, die Revere Copper and Brass Ind., an deren Hals die Ormet ein «Mühlstein» war, vor dem drohenden Konkurs Schutz

Eine für damalige Verhältnisse neuartige Werbekampagne zum Jubiläum 1963 betonte in einem der Sujets die Präsenz des Unternehmens auch im «Land der unbeschränkten Möglichkeiten». Mit der Kampagne wurde gleichzeitig der neue Name Alusuisse in der Öffentlichkeit verbreitet.

Das Tonerdewerk Burnside mit Hafen, 1957 gebaut, 1985 vorübergehend geschlossen.

Maremont: Auspuffsysteme und Maschinengewehre

Während die Akquisitionsbemühungen im nordamerikanischen Bergbau keinen Erfolg hatten, griff die Alusuisse bei einer andern Gelegenheit zu. Sie übernahm 1979 die Maremont Corporation. Maremont stellte Autoauspuffsysteme und Stossdämpfer her, die sie im After-Market, also im Ersatzteil- bzw. Nachrüstungsgeschäft, verkaufte.[120] Grösste Kundin war die Warenhauskette Sears. Maremont verfügte aber auch über eine Waffenproduktion (Maschinengewehre). Die Übernahme, die man zu hundert Prozent fremdfinanzierte, wurde im Verwaltungsrat aussergewöhnlich lange und kontrovers diskutiert, wobei es vor allem um Finanzfragen ging. Die Akquisition würde, erklärte Präsident Meyer, «einen wichtigen Schritt in der Richtung auf unser Ziel bedeuten». Man strebte nach wie vor eine stärkere Verlagerung in die USA und weg vom Aluminium an. Als Argument wurde auch angeführt, die Übernahme «würde erlauben, die Verlustvorträge von Alusuisse of America mit den Maremont-Gewinnen steuerlich wirksam zu verrechnen».[121] An der Klausurtagung der Generaldirektion auf dem Wolfsberg fasste Meyer die Vorteile des Kaufs von Maremont zusammen: Das Unternehmen stütze sich nicht aufs Aluminium ab, es befinde sich in den USA, es unterliege nicht Rohstoffzyklen, es sei nicht so kapitalintensiv, es sei marktorientiert, es weise über die letzten Jahre eine eindrücklich stabile Ertragskraft aus, es öffne den Weg zur US-Autoindustrie und es löse das Managementproblem der Alusuisse in den USA.[122] Maremont zählte mehr Beschäftigte als der ganze Chemiebereich der Alusuisse. Nach dem «Putsch» von 1986 gehörte Maremont zu den Aktiven, die sofort devestiert wurden. Unter dem Strich war die Akquisition von Maremont finanziell positiv. Aber strategisch beruhte sie auf Fehleinschätzungen und machte keinen Sinn. In den Medien erntete die Alusuisse beim Kauf trotzdem einhelliges Lob.[123]

unter Chapter 11. 1983 verkaufte die Alusuisse die Hütte und die Anodenfabrik in Lake Charles, 1984 das bereits stillgelegte Drahtbarrenwerk Columbia (Tennessee). Ende 1984 hiess es, nach dem Streamlining bzw. einer radikalen Restrukturierung trage das «einstige Sorgenkind» Conalco wieder zum Ertrag der Alusuisse bei. In der Hütte New Johnsonville liefen zu diesem Zeitpunkt aber nur 60 der 480 Öfen. Bei der Produktepalette strebte man eine weitere Erhöhung des Anteils der Spezialitäten an.[124] Wirklich erfolgreich war in den USA letztlich aber nur die Chemietochter Lonza. Mit Blick auf die Bemühungen, die Verhältnisse in den USA zu verbessern, sprach die «Neue Zürcher Zeitung» 1982 von einem «Hungermarsch ohne Proviant (sprich: Investitionsmittel)».[125] Die Alusuisse of America (AoA), in der die US-Interessen zusammengefasst waren, litt unter einer starken Unterkapitalisierung.[126] Im Jahr 1985 wurde das Tonerdewerk Burnside geschlossen.

Auch mit Boxal expandierte die Alusuisse, entsprechend der 50:50-Strategie, quasi in letzter Minute, in die USA. Im Juni 1984 wurden rund 11 Mio. Franken für die Errichtung einer Betriebsstätte genehmigt. Boxal, mit einem Marktanteil von 35% die Nummer eins in Europa, verfügte damals über Butzenbetriebe in Rheinfelden, Beaurepaire und Belfaux sowie Aerosoldosen-Betriebe in Beaurepaire, Fribourg und Veenendaal. «Das Aluminium-Aerosoldosengeschäft verläuft antizyklisch zum Aluminiumgeschäft», führte Generaldirektor

Mit Maremont erhoffte sich die Alusuisse auch Zugang zur US-Autoindustrie. Einbrennlackieren von Stossdämpfern.

Maremont-Produkte, nach der Übernahme des Unternehmens beinahe alljährlich im Alusuisse-Geschäftsbericht prominent präsent, wurden auch in Warenhäusern verkauft.

Dietrich Ernst im Verwaltungsratsausschuss aus. «Es hat sich als krisenresistent und profitabel erwiesen.» Der US-Aerosolmarkt umfasse die Bereiche Körperpflege, Haushalt, Chemische Produkte, Technische Produkte und Verschiedenes. Dominierend sei noch Weissblech. Die Konkurrenten seien «alles kleinere Gesellschaften ohne Bindungen zu Dritten». Es gebe, im Unterschied zum Getränkedosensektor, keine Grossen (Continental Can, American Can) im Aerosolmarkt.[127] Das Werk in Cranbury (New Jersey) wurde 1985 eröffnet, nach ein paar Jahren wegen mangelnder Rentabilität aber an Advanced Monobloc, die Aerosol Division von CCL Container, verkauft. Der Misserfolg, der wegen Umweltbelastungen in langwierigen juristischen Auseinandersetzungen mit der Käuferin gipfelte, wurde auf nichtqualifiziertes Personal, technische, wirtschaftliche und Umweltschutzgründe zurückgeführt.[128]

Ein ungewohntes und schwieriges Terrain

Die USA erwiesen sich – nicht nur für die Alusuisse – als ungewohntes und schwieriges Terrain. Neben den bereits erwähnten hohen Energiepreisen machten der Alusuisse vor allem die Streiks der teilweise sehr militanten Gewerkschaften zu schaffen. So wurde zum Beispiel beim Kauf von Maremont als Kriterium erwähnt, nur eines der vier besichtigten Werke sei «unionized», also gewerkschaftlich organisiert.[129] Mühe bekundete man aber auch mit Mentalität und Kultur. Bereits 1970 klagte Präsident Emanuel Meyer nach einer USA-Reise in einem Brief an Vizepräsident Robert Bühler: «Man hat uns auch unter der Leitung von Mr. Dolland (Nachfolger von Mr. Miller) bewusst hinters Licht geführt und die tatsächliche Situation bewusst und konsequent vertuscht. Dank Herrn Weibel, der seit Februar 1970 in Jackson ist und jetzt als ‹Acting President› die Führung übernommen hat, sehen wir nun klar. Wir haben noch eine schmerzhafte Rosskur vor uns.»[130] Auch in der Folge wurde

die Alusuisse mit ihren amerikanischen Führungsleuten nicht glücklich. «Die Alusuisse hat mich nach Amerika geschickt, um dort Ordnung zu schaffen, und das habe ich getan», erklärte John Wohnlich, den man in die USA abgeschoben hatte, weil er in der Generaldirektion mit Emanuel Meyer nicht kompatibel war. «Die Amerikaner wollen keine europäische Einmischung», stellte Wohnlich fest, als er sich bei seinem Ausscheiden aus dem Konzern über die Verhältnisse äusserte, unter denen er in den USA zu arbeiten hatte.[131]

Als die Alusuisse glaubte, mit der Übernahme von Maremont bzw. dessen CEO Richard B. Black das Managementproblem zu lösen, warnte Verwaltungsrat Niklaus Senn davor, in den USA mit Akquisitionen Manager zu kaufen. «Amerikaner haben», so Senn, «keine Loyalität zu ihrer Firma.»[132] An der Generalversammlung 1981, als die Alusuisse auf ein Geschäftsjahr zurückblickte, in welchem sie in den USA mit 28 Werken und über 15 000 Beschäftigten einen Umsatz von 2.4 Mrd. Franken oder 35% des Konzernumsatzes erzielt hatte, erklärte Generaldirektor Paul Müller: «Wir wissen indessen, dass in Amerika kein Platz für halbherziges Vorgehen ist. Die Schwierigkeiten anderer europäischer Grossunternehmen in den USA sind uns bekannt. Trotzdem glauben wir, dass unsere Hoffnungen auf unsere amerikanische Zukunft wohlbegründet sind.»[133] Die Illusionen zerplatzten in der Folge nur allzu schnell.

Gigantismus in Wilhelmshaven

Eine zentrale Rolle in den globalen Expansionsplänen der Alusuisse sollte auch der Standort Wilhelmshaven im nordwestlichen Niedersachsen spielen. 1970 erwarb die Alusuisse in Wilhelmshaven, das direkt an der südlichen Nordsee mit Zugang für Hochseeschiffe bis 175 000 Tonnen liegt, 5 Mio. Quadratmeter erschlossenes Land. «Es soll dort eine Chlor-Alkali-Elektrolyse errichtet werden. Ferner denken wir an den Bau eines Tonerdewerkes auf Konsortialbasis», teilte Präsident Meyer dem Verwaltungsrat mit.[134] Die Chlor-Alkali-Elektrolyse sollte später vergrössert «und durch andere Chemiebetriebe ergänzt» werden. Die Tonerdefabrik, die rund 1 Mrd. DM kosten und eine Anfangskapazität von 1 Mio. Tonnen – mit einer möglichen Endkapazität von mehr als 10 Mio. Tonnen – aufweisen sollte, wollte man mit den Bauxitprojekten in Gove und Tougué (Guinea) verknüpfen.[135] Darum sollte dem Staat Guinea an Wilhelmshaven eine Beteiligung von 10% eingeräumt werden.[136] Im Vorfeld hatte die Alusuisse eine umfangreiche Studie in Auftrag gegeben, die von Marseille bis Hamburg mögliche Industriegelände in Seehafengebieten evaluierte. Der Entscheid für Wilhelmshaven und gegen Zeebrugge (Belgien) «wurde durch das damals» – die Studie war noch nicht fertiggestellt – «schon vorliegende Informations-Material erleichtert», schrieb der Logistiker Walter Bernath in der Einleitung.[137]

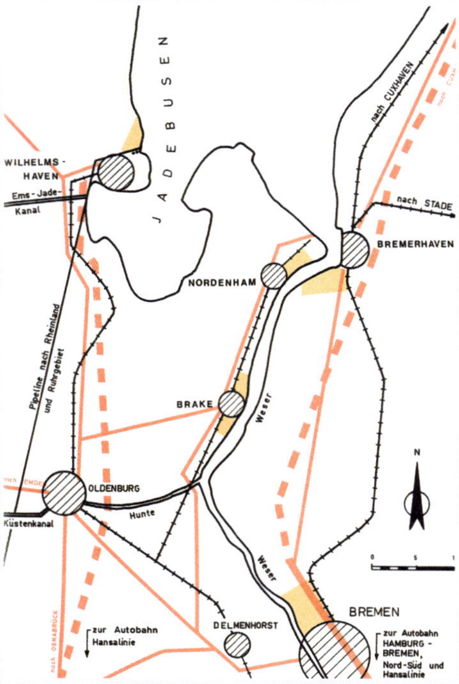

Bei der Standortwahl machte Wilhelmshaven im Weser- und Jademündungsgebiet das Rennen. Rot sind Strassen, rot gestrichelt im Bau befindliche oder projektierte Autobahnen und orange bestehende oder in Entwicklung befindliche Industriezonen eingetragen.

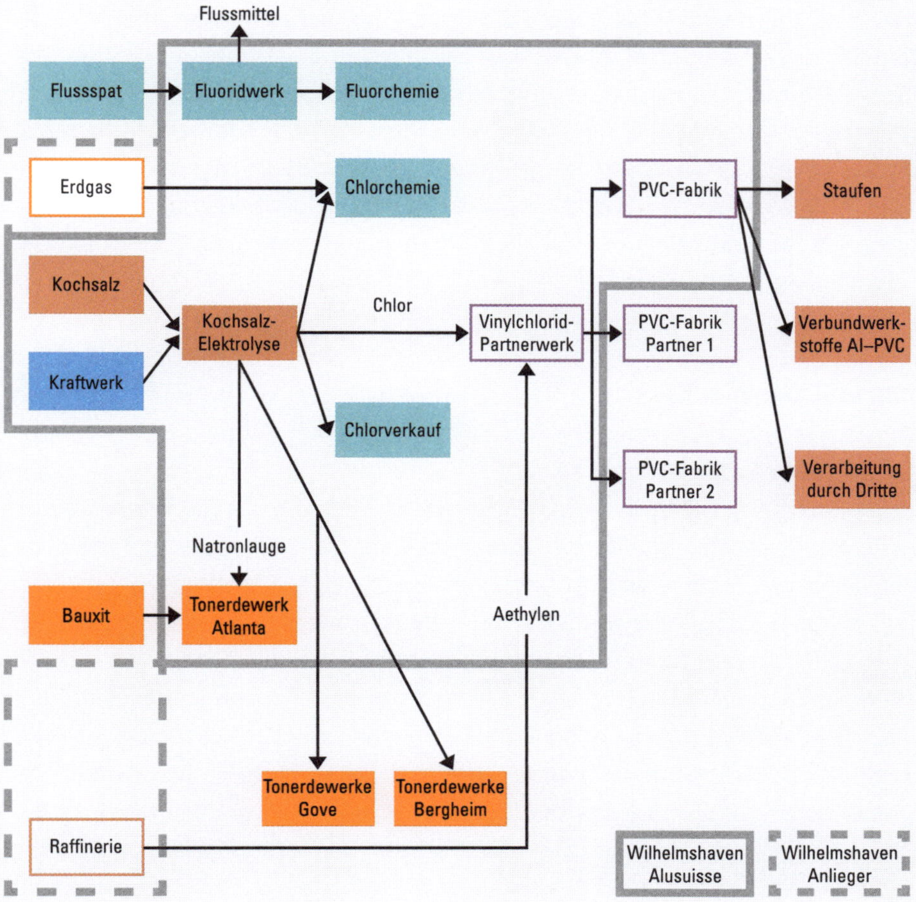

Für Wilhelmshaven wälzte man gigantische Pläne. Die Darstellung vom November 1971 zeigt den langfristig geplanten «Verbundbetrieb Wilhelmshaven».

Realisiert wurde fürs Erste von der Alusuisse Atlantik GmbH für 110 Mio. DM eine Chlor-Alkali-Elektrolyse, auf einem Gelände von 112 Hektaren auf dem Rüstersieler Groden, der 1963 eingedeicht worden war. Produziert wurden ab 1972 unter Verwendung von Steinsalz Chlor und Natronlauge, die in Gove zur Tonerdeproduktion gebraucht wurden. Auch die Übernahme der Lonza wurde unter anderem mit Wilhelmshaven begründet. Sie sollte als PVC-Produzentin Chlor abnehmen. Die Lonza-Direktion stellte dazu allerdings entschieden – und beinahe prophetisch – fest: «Im jetzigen Zeitpunkt jedoch ist Wilhelmshaven für Lonza nicht interessant, da es Alusuisse noch viel Geld kostet, bis es den ‹Grossen› auf diesem Gebiet ebenbürtig sein wird.»[138] Im Zusammenhang mit der Tatsache, dass ein auf 1600 Meter niedergebrachtes, «sehr tiefes, grosskalibriges Bohrloch [...] den Nachweis für grosse Vorräte an hochwertigem Salz lieferte», blühten üppige Fantasien. «Ausserdem stellen die Kavernen, die bei der Aussolung des Salzes entstehen, einen grossen Wert dar: Sie können verkauft werden, entweder als sichere Deponie für radioaktiven Müll aus Kernkraftwerken, oder vielleicht zum Speichern von Rohöl oder anderem», erklärte 1975 der Leiter der Bergbau-Division, Jean L. Chevaillier.[139] Die neue Konkurrentin wurde in der Branche alles andere als mit offenen Armen empfangen. 1972 konstatierte man hoffnungsvoll: «Es bestehen gewisse Aussichten, dass uns die anderen Chlorproduzenten, die ein straff organisiertes Kartell bilden, ein Absatzkontingent einräumen werden.»[140] Ein Jahr später wurde aber von Schwierigkeiten berichtet, «die wir im Jahre 1972 mit dem sogenannten ‹Chlor-Kränzchen› [dem Kartell] hatten». Man habe zu Recht nicht nachgegeben, seither habe sich der Chlormarkt weiter verbessert.[141] 1975 hiess es, die Chlor-Alkali-Elektrolyse sei sehr gut ausgelastet, doch sei die Ertragslage «noch stark verbesserungswürdig». Zudem würden sich Umweltprobleme stellen.[142]

Mit staatlicher Hilfe

Unter dem Eindruck des scharfen Konjunktureinbruchs und vorhandener Überkapazitäten wurde das Tonerdevorhaben Ende 1975 abgeblasen. Die Alusuisse verzichtete «in Konsortialabsprache mit deutschen, amerikanischen, holländischen, norwegischen und japanischen Aluminiumproduzenten», wie es in der «Schweizerischen Handelszeitung» hiess, auf die Realisierung, was unter anderem das Martinswerk rettete. Sie übte ihre Option auf 500 Hektaren Land auf dem Voslapper Groden an der Nordsee nicht aus, sondern gab das Gelände an das Land Niedersachsen zurück. Die Alusuisse war nicht die einzige Aluminiumproduzentin, die zum Rückzug blies: Gestrichen oder zurückgestellt wurden auch Tonerdeprojekte von Alcan in Irland, der australischen Alusuisse-Partnerin CSR in Westaustralien, der australischen Comalco (gemeinsame Tochter von Kaiser Aluminum und Rio Tinto) auf den Philippinen

Die Chlor-Alkali-Elektrolyse in Wilhelmshaven, wo die Alusuisse bei der Ansiedlung von massiver staatlicher Hilfe profitierte.

und von japanischen Herstellern in Singapur. Auch das als Ersatz geprüfte Projekt eines Kunststoffwerks mit einer Produktion von 300 000 bis 400 000 Tonnen Kunststoffe und Folien verschwand in der Versenkung.[143]

Die Ansiedlung in Wilhelmshaven war von der Stadt und vom Land Niedersachsen tatkräftig unterstützt worden. «Die Stadt liess sich nicht lumpen, spülte für Alusuisse an der Aussenjade 500 Hektar Neuland auf und stellte für 100 Millionen Mark eine Umschlagbrücke» – die 2 Kilometer lange Niedersachsenbrücke – «ins Wasser, um auch tiefgehende Massengutfrachter abfertigen zu können», resümierte der «Spiegel» in einem Artikel, in welchem er den Subventionswettlauf der deutschen Kommunen kritisierte. «Aber Schiffe kamen nicht in Sicht.»[144] Das Abenteuer Wilhelmshaven war aber auch für die Alusuisse nicht billig. 1977 fielen Verluste von rund 11 Mio. DM an, für 1978 waren die Aussichten «eher noch schlechter». «Ausserdem scheint es im Chemiebereich bei der Liquidation der einst mit so grossen Hoffnungen gestarteten Alusuisse Atlantik GmbH im norddeutschen Wilhelmshaven recht kostspielig zugegangen zu sein», monierte die «Schweizerische Finanz-Zeitung» nach dem Abbruch der Übung.[145] Es war der Alusuisse gelungen, den Komplex in Wilhelmshaven 1978 an die britische Imperial Chemical Industries (ICI) zu verkaufen.[146] «Von Bund und Land mit dreistelligen Millionensubventionen motiviert, will ICI nach Übernahme der Alusuisse Atlantik bis 1987 in Wilhelmshaven 2000 Arbeitsplätze schaffen», schrieb der «Spiegel».[147] Die ICI baute zusätzlich im neu aufgespülten Voslapper Groden ein Chemiewerk, das 1981 den Betrieb aufnahm und PVC sowie Vinylchloridmonomer produziert. Das dazu benötigte Chlor wird vom früheren Alusuisse-Werk durch eine 12 Kilometer lange Rohrleitung zur neuen ICI-Fabrik transportiert.[148] 2001 erwarb die Ineos, die durch Übernahme verschiedenster Firmen oder Firmenteile zum drittgrössten Chemieunternehmen der Welt gewachsen ist, die ICI-Aktivitäten in Wilhelmshaven.[149]

Die Geheimwaffe Caster II

In Essen verlor die Metallgesellschaft (MG) in der Krise von 1975 die Lust an der LMG. Die Alusuisse machte nach anfänglicher Weigerung – zum Zuge gekommen wäre in diesem Falle die Alumax – und nach kontroverser Diskussion im Verwaltungsrat schliesslich von ihrem Vorkaufsrecht Gebrauch und besass ab 1977 die LMG zu 100%. Die Beteiligung an der LMG, die 1975 einen happigen Verlust von 58 Mio. DM auswies, war bisher für die Alusuisse «eine hohe Belastung». Mit der vollständigen Übernahme der Hütte, die eine Kapazität von 130 000 Tonnen hatte, werde man eine bessere Integration und Effizienz ihrer Aluminiumaktivitäten in Deutschland erreichen, begründete die

Die Konzernspitze trifft zum Caster-II-Start 1978 in Essen ein – und setzt die Anlage in Gang.

Alusuisse den Schritt. Die Versorgung des ganzen Werks durch die Alusuisse werde zudem dazu beitragen, «überhöhte Alusuisse-Tonerdelager in Australien und Norwegen abzubauen». Das grosse Risiko liege beim Metallpreis, hiess es im Verwaltungsrat. «Wenn die Konjunkturerholung anhält, wird der Erwerb der MG-Beteiligung ein gutes Geschäft, im umgekehrten Fall bedeutete er eine grosse Bürde.» Die beiden gemeinsam gehaltenen Tochtergesellschaften Metallwerk Olsberg (Essen) und Händler und Natermann (Hann. Münden) übernahm die Metallgesellschaft.[150]

Essen wurde 1977 zum Standort für den Caster II auserkoren, nachdem man das Verfahren in Chippis seit längerer Zeit in einer Pilotanlage erprobt hatte. Die US-Brauerei Coors habe die gefertigten Caster-Bänder für die Herstellung von Bierdosen geprüft, wurde im Verwaltungsrat ausgeführt. Sie seien «den im konventionellen Verfahren hergestellten überlegen». Die Abmachung mit Coors sah vor, dass die Alusuisse von Coors 6 Mio. Dollar als Beitrag an die Entwicklungskosten und weitere 2 Mio. für die Erstellung eines neuen Prototyps in Essen erhielt. «Coors darf dafür zwei solche Anlagen in den USA aufstellen und betreiben, ohne uns Lizenzen zahlen zu müssen.» Coors verbrauchte jährlich etwa 100 000 Tonnen Blech zur Herstellung von gegen 4 Mrd. Dosen. Von den künftigen Lizenzzahlungen Dritter sollte ein Teil an Coors gehen.[151] Die Caster-Technologie eignete sich in erster Linie für Dosenband, das einen Riesenmarkt darstellte.

Ende 1978 wurde in Essen der Versuchsbetrieb im industriellen Massstab aufgenommen, was im Geschäftsbericht als «Krönung einer dreizehnjährigen intensiven Entwicklungstätigkeit» gefeiert wurde. «Es bestehen noch gewisse Schwierigkeiten beim konventionellen Teil der Anlage», berichtete Präsident Meyer im Verwaltungsrat. Der Caster II sei «durch eine grössere Zahl von Patenten geschützt». Die Alusuisse habe auf diesem Gebiet einen grossen Vorsprung vor der Konkurrenz.[152] «Wir setzen grosse Hoffnungen auf unsere ‹Geheimwaffe› Caster II», erklärte Generaldirektor Paul Müller wenig später in einem Interview. «Dieses Verfahren gestattet die kontinuierliche Herstellung von Aluminiumbändern aus Flüssigmetall und verkürzt den Herstellungsprozess von sechs Phasen, die gesamthaft mehrere Wochen benötigen, auf einen Prozess, der in weniger als einer Stunde abläuft.» Auch der Coors-Konkurrent Anheuser-Busch war am Verfahren interessiert.[153] «In unseren Forschungslaboratorien haben wir zudem eine neue, direkt recyclierbare Legierung entwickelt, welche sowohl für den Dosenkörper wie für die Deckel verwendet werden kann», berichtete Müller weiter.[154] Tiefere Personal- und Energiekosten, geringere Kapitalbindung und massiv reduzierte Umarbeitungskosten gehörten zu den handfesten Vorteilen des neuen Verfahrens.

Der Laufschritt nützte nichts

Anfang 1980 wurden weitere 42 Mio. Franken für den Ausbau der Caster-II-Anlage in Essen bewilligt, die man wie einen Augapfel hütete. Darüber hinaus waren Ergänzungsinvestitionen von 14.5 Mio. in den Halbzeugwerken von Alusingen, Star in England und Sierre notwendig, welche die Caster-Bänder verarbeiteten. Die Anlage werde, erklärte Generaldirektor Dietrich Ernst, etwa 300 Personen beschäftigen, während in einer konventionellen Anlage das Dreifache nötig sei. «Wir haben diese Investition im Laufschritt zu machen», drängte Präsident Emanuel Meyer. «Der Zeitvorsprung hat entscheidende Be-

Eine Riesenanlage:
der Caster II in Essen.

deutung.» In Essen stehe eine halbe Anlage. Für den anvisierten USA-Markt brauche man aber «eine bewährte, narrensichere Anlage in Europa».[155]

Im Juni 1981 bewilligte der Verwaltungsrat rund 300 Mio. Dollar für die Errichtung einer Caster-II-Anlage in der Hütte New Johnsonville in den USA.[156] 1984 wurde dieses Vorhaben aber abgeblasen, wobei für diesen Entscheid weniger Probleme mit dem Caster II als vielmehr die in New Johnsonville mittlerweile sehr hohen Energiepreise ausschlaggebend waren.[157] 1982 jubelten die Medien, nachdem Coors den Entscheid, eine Caster-II-Anlage aufzustellen, bekannt gegeben hatte. Auch Hansjörg Abt, der die Alusuisse sonst sehr kritisch begleitete, schrieb in der «Neuen Zürcher Zeitung»: «Er [der Investitionsentscheid von Coors] markiert gleichzeitig auch die Marktreife, ja den Durchbruch einer revolutionären Technologie, für deren Entwicklung und Vervollkommnung die Alusuisse in den zurückliegenden 15 Jahren rund 100 Mio. Fr. aufgewendet hat.» Der «Tages-Anzeiger» hatte schon drei Jahre vorher euphorisch von einem «revolutionären Produktionsdurchbruch» gesprochen.[158] Nach dem ersten Produktionsjahr 1983 hiess es im Geschäftsbericht: «Die Eignung des Verfahrens für einen weiten Legierungsbereich konnte unter Produktionsbedingungen nachgewiesen werden.» Aber letztlich stand man immer ganz kurz vor dem Durchbruch, die Marktreife wurde nicht wirklich erlangt.

Das Hauptproblem beim Caster II war wohl, dass man zu viel von ihm wollte. Ständig wurden neue Anforderungen – grössere Breiten, verschiedene Legierungen – gestellt, die das Verfahren komplizierten. Für den Konzern war ein zusätzliches Problem, dass wegen des Caster II andere Bedürfnisse zurückgestellt werden mussten. Dies schuf zwei Lager: die Befürworter und die Gegner des Caster II. Weil auch andere Aluminiumproduzenten wie Reynolds oder Alcan an der Caster-Technologie arbeiteten, war man unter einem ständigen Druck. Als dann der Konzern faktisch bankrott war, hatte Hans Jucker

In Singen und andern Werken wurden die Bänder des Caster II weiterverarbeitet.

praktisch keine andere Wahl, als diesen Geldabfluss sofort zu stoppen. Die Produktion von Caster-Bändern bei der LMG wurde Mitte 1986 eingestellt, wozu die Alusuisse mitteilte: «Seit Beginn der industriellen Produktion dieser neuartigen Bandgiessanlage am 1. Juli 1982 hat sie sich für zahlreiche Walzprodukte, auch höherer Legierungen, technisch qualifiziert. Da weder Absatz noch Erlös im Standardmarkt, der durch diese Anlage vorwiegend bedient wird, befriedigend sind, ist ein deutlicher Beitrag zur Verbesserung der Ertragskraft des Konzerns in der gegenwärtigen Marktphase und in absehbarer Zukunft nicht zu erwarten.»[159] Ein Fachmann beurteilt die Sache im Rückblick wie folgt: «Der Caster II war ein Entwicklungsprojekt, das typisch für die innovative Alusuisse war. Der Konzern konnte sich allerdings finanziell keine so grossen Entwicklungen mehr leisten. Die Idee des Bandgiessens war revolutionär, aber etwa 10 Jahre zu früh. Die Komplexität des Projektes wurde unterschätzt, und die damals zur Verfügung stehenden IT Mittel waren noch zu schwach, um dieser Komplexität die Stirn zu bieten.»[160]

Die Caster-Technologie hatte zunächst der Ingenieur Wilhelm Friedrich Lauener entwickelt, der beim Kochgeschirrproduzenten Kuhn in Rikon arbeitete. Kuhn war denn 1960 auch an der Gründung der Lauener AG beteiligt, die ab Mitte der 1960er-Jahre für die Alusuisse arbeitete. Generaldirektor Paul Müller zog in den Lauener-Verwaltungsrat ein. Im Zusammenhang auch mit finanziellen Schwierigkeiten der Firma stiegen die Alusuisse und Kuhn 1973 bei Laueners Unternehmen aus. 1979 wurde die Alusuisse Caster AG (ACC) gegründet, in welcher «die gesamte Caster-II-Entwicklung und -Kommerzialisierung» konzentriert werden sollte.[161] Als 1986 die fast 20-jährige Zusammenarbeit mit der Alusuisse aufgelöst wurde, war die Lauener Engineering, inzwischen in Gwatt angesiedelt und von Bruno Frischknecht geleitet, fast am Boden. Aus rund 70% aller Aufträge sei «plötzlich nichts» geworden, so Frischknecht. Bald darauf wurde die Firma, die «Bandgussanlagen für Alufabriken in aller Welt» konstruierte und

Die unbrennbare Anode

«Im Forschungsbereich bildet nach wie vor die Entwicklung einer unbrennbaren Anode bis zur kommerziellen Reife die Hauptarbeit, wobei hier noch mehrere Jahre einzusetzen sind», wurde 1976 mitgeteilt.[162] Der Gedanke, eine unbrennbare Anode, auch Oxidanode genannt, zu entwickeln und dadurch die Anoden nicht mehr auswechseln zu müssen, faszinierte Forscher und Industrie. Die Alusuisse war bei Weitem nicht die einzige, welche ein solches Projekt verfolgte. Wäre der Durchbruch geschafft worden, hätte dies finanziell unheimlich positive Auswirkungen gehabt. Das Problem war, das geeignete Material zu finden und mit diesem einen stabilen Betrieb zu gewährleisten. Geklappt hat es nicht, und so blieben nur die Kosten. Das hochwertige Keramikmaterial, das bei diesen Versuchen anfiel, bildete die Basis für das Gemeinschaftsunternehmen Metoxit, das die Alusuisse 1978 mit den Tonwerken Thayngen gründete.[163] Wolfhart Rieger, der die entsprechende Alusuisse-Forschungsgruppe in Neuhausen geleitet hatte, wurde Geschäftsführer der Metoxit. 1986 verkaufte die Alusuisse ihre Beteiligung an die Ziegelwerke Horw-Gettnau-Muri, welche zuvor die Tonwerke Thayngen übernommen hatte.[164]

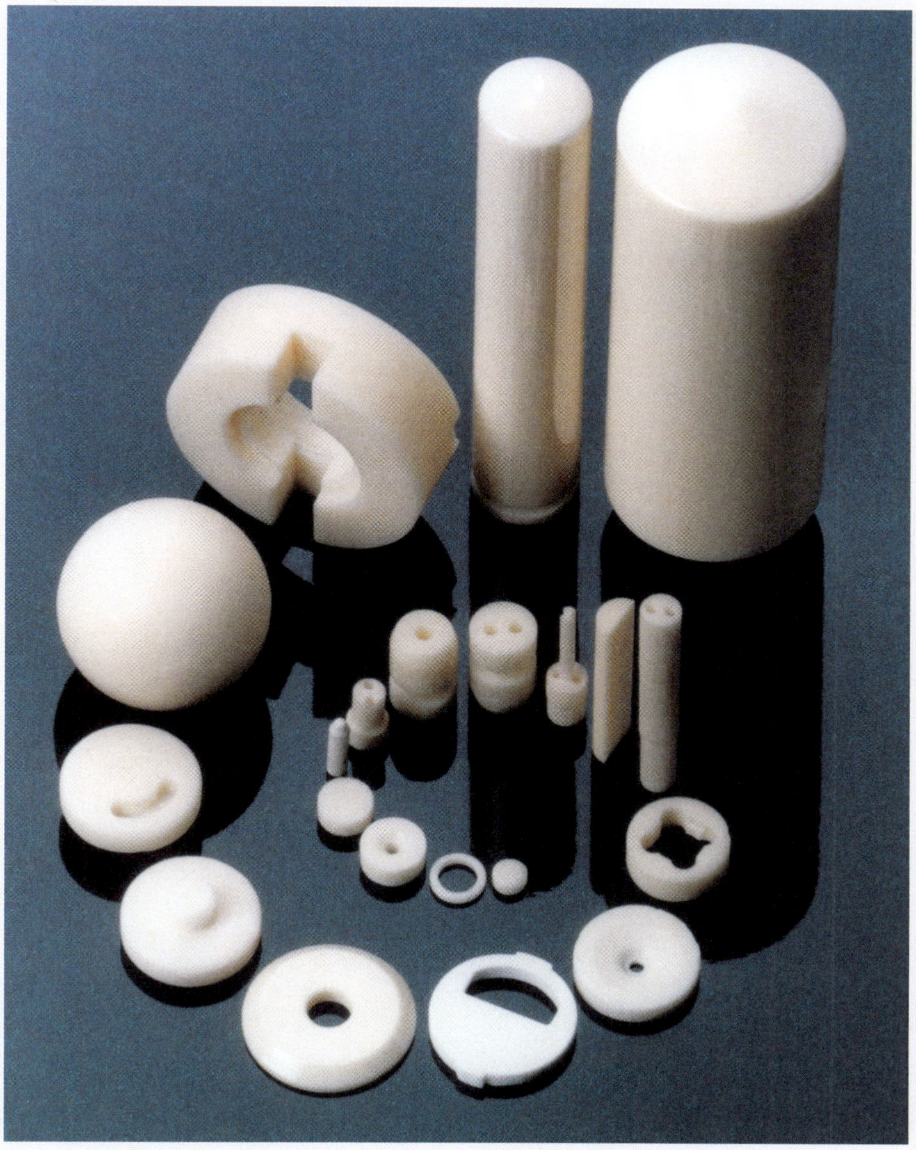

Keramikprodukte der Metoxit. Die Firma ging als «Nebenprodukt» aus den Versuchen, eine unbrennbare Anode zu entwickeln, hervor.

produzieren liess, vom Bierkonzern Coors übernommen. Die Caster-Technologie lebte also weiter.[165] 1996 zogen sich die Amerikaner aus der Lauener Engineering zurück. Das Unternehmen ging in andere Hände über und wurde später liquidiert. 2009 wurde die Firma aus dem Handelsregister gelöscht.[166]

Singen als Stütze

Das Werk Singen litt wie alle deutschen Betriebe unter der starken D-Mark. Aber Dietrich H. Boesken, der 1977 vom Lokomotivbauer Henschel in Kassel und damit aus der Stahlindustrie zur Alusuisse stiess, konnte 1992 feststellen,

Grossprofilfertigung an der 8000-Tonnen-Presse in Singen.

er habe in den letzten 15 Jahren «keinen einzigen Arbeiter entlassen, weil für ihn zu wenig Arbeit da war». Die Zahl der Beschäftigten in Singen stieg in dieser Zeit von 4147 auf 4548.[167] Singen entwickelte sich zu einer wichtigen Stütze des Konzerns. «Alusingen hat in der Verarbeitung und Veredelung in zahlreichen und zum Teil wachsenden Marktsegmenten eine starke Stellung», fasste das «Badener Tagblatt» 1984 zusammen. «So bei Luftfracht-Containern sogar weltweit, über Verbundplatten im Bauwesen bis zu zahlreichen Verpackungsmaterialien täglicher Konsumgüter und Pressteilen für die Automobilindustrie, die Elektrotechnik, den Maschinen- und Schiffbau.» Der Umsatz hatte in den letzten zwei Jahren um über 100 Mio. DM zugenommen.[168] Dies, obwohl «die längste Rezessionsphase der Nachkriegszeit» in der Bundesrepu-

Zwei prägende Figuren: Der legendäre Hans Constantin Paulssen (links) führte Singen bis 1963, Dietrich Boesken stand ab 1977 an der Spitze des Werks. Paulssen, nach dem in Singen eine Strasse benannt ist, präsidierte von 1953 bis 1964 die Bundesvereinigung der Deutschen Arbeitgeberverbände (BDA).

blik eben erst zu Ende gegangen und 1983 erstmals seit zwei Jahren wieder ein reales Wirtschaftswachstum zu verzeichnen war. Die Aluminiumindustrie allerdings erlebte 1983 einen weltweiten Aufschwung.[169]

Im Geschäftsbericht wurde der Erfolg von Singen auf die «seit vielen Jahren verfolgte Strategie der Diversifikation und die Konzentration auf Spezialprodukte sowie die Realisierung einer Reihe von leistungs- und ertragsverbessernden Massnahmen» zurückgeführt.[170] Der Trend ging Richtung hoch veredelte Produkte. Der Umsatz der Alusingen stieg von 1977 bis 1984 kontinuierlich um 73% auf 1.126 Mrd. DM. Seit 1979 entsprach das Wachstum mit 44% exakt demjenigen des Gesamtkonzerns. Aber Singen wies in all den Jahren immer einen Gewinn aus, während der Konzern 1981 bis 1983 im Minus lag. Auch das Investitionstempo von Singen war beachtlich. Allein von 1977 bis 1984 wurden für Investitionen und Instandhaltung durchschnittlich 66 Mio. DM pro Jahr aufgewendet.[171] Als Meilenstein wurde dabei insbesondere die Inbetriebnahme der dreigerüstigen Kaltwalzstrasse in Linie mit der Warmwalze betrachtet. Dadurch entstand 1978 das schnellste Walzwerk der Welt für Folienrohbänder.[172]

In Rheinfelden, das Ende 1978 noch 1350 Personen beschäftigte, wurde die Entwicklung vom reinen Hüttenbetrieb zum diversifizierten Unternehmen vorangetrieben. Das neue Projekt Spezialitätengiesserei machte Fortschritte. In der ehemaligen Elektrolysehalle 6 wurden 1979 «die baulichen Voraussetzungen geschaffen, um mit der Produktion zukunftsträchtiger Druckguss-, Niederdruckguss- und Kokillengussteile die Produktpalette erneut zu erweitern». 1982 ging eine EPT-18-Anlage mit computergesteuerten 185-kA-Pointfeeder-Öfen und Dichtstromförderung in Betrieb. Rheinfelden war hier Technologie-Schrittmacher. Allerdings wurde die Entwicklung dann aus Geldmangel nicht weiterverfolgt. Die andere Seite dieser mit «drastischen Rationalisierungsmassnahmen» verbundenen Umstrukturierung war, dass die Alusuisse 1986, im Zuge der Neuausrichtung des Konzerns, beschloss, die Rohaluminiumproduktion von Rheinfelden schrittweise auf 40 000 Tonnen zurückzuführen.[173] 1982 wurde die Holding Alusuisse Deutschland GmbH gebildet, an der Alusuisse und Lonza beteiligt waren. Wichtigste Tochtergesellschaften waren Rheinfelden, die LMG Essen, Alusingen, das Martinswerk und die Lonza-Werke. Bisher waren die Lonza-Werke und der Kunststoffbetrieb Staufen direkt von der Lonza gehalten worden.[174] Mit der Holding bestanden Gewinnabführungsverträge: Der Gewinn der Töchter ging jeweils an die Holding, die aber auch allfällige Verluste zu übernehmen hatte. Die Holding ihrerseits überwies ihren Gewinn als Dividende an die Muttergesellschaften in der Schweiz. An der deutschen Rohaluminiumproduktion hatte Alusuisse einen Anteil von 25%. Alusuisse Deutschland baute 1980 als erste Länderorganisation in Europa eine Abteilung für den Rohaluminiumhandel auf, die dann ab 1987 für den ganzen Konzern tätig wurde.

Recycling: Übernahme der Refonda

Hatten sich die Primäraluminiumproduzenten lange eher abschätzig über die Recyclingwerke geäussert, so entdeckten sie mit der Zeit ebenfalls den Wert des Umschmelzens. Auch die Alusuisse war ab den 1960er-Jahren zunehmend am Sekundäraluminium interessiert. 1961 machte Präsident Schnorf im

Die Refonda in Niederglatt 1973, fünf Jahre nach dem Einstieg der Alusuisse.

Drehtrommelofen in der Schmelzhalle der Refonda, aufgenommen 1975.

Verwaltungsrat darauf aufmerksam, «dass sich die Schmelzwerke für Umschmelzmetall modernisierten und ihre Produktion sich qualitativ verbessere». Es seien Tendenzen erkennbar, «wonach sich auch Hüttenwerke vermehrt in den Umschmelzmetall-Handel einschalten».[175] Im Oktober 1967 erklärte Generaldirektor John Wohnlich im Verwaltungsratsausschuss: «Die Alusuisse-Gruppe möchte in Zukunft einen Fuss in der stets wichtigeren Umschmelzindustrie haben. Da wir auf diesem Gebiet kein eigenes Know-how besitzen, empfiehlt sich die Anlehnung an ein bestehendes Werk. Diese Möglichkeit besteht bei der Refonda.»[176]

Die Refonda in Niederglatt wurde 1939 von Julius Wiederkehr gegründet, unter Mithilfe des Thalwiler Textilindustriellen Wilhelm Dürsteler, des Maschinen- und Waffenfabrikanten Emil Bührle, Sulzer-Direktor Fritz Meyer, AIAG-Direktor Gerhard Steck und Martin von Schulthess, der damals als Prokurist ebenfalls in den Diensten der AIAG stand. Zuvor hatte in den 1930er-Jahren das Abfallaluminium an Bedeutung gewonnen, wobei die AIAG skeptisch blieb. Die Mitgründer schieden bald aus, und 1951 wurde die Refonda in eine Kommanditgesellschaft umgewandelt, deren unbeschränkt haftender Gesellschafter Wiederkehrs Sohn Arthur war. Ab Anfang der 1950er-Jahre wurden laufend Grundstücke erworben für zukünftige Erweiterungen, «und bis Mitte der siebziger Jahre wurde praktisch andauernd gebaut und wurden neue Anlagen errichtet».

1968 wurde die Refonda im Hinblick auf den Einstieg der Alusuisse, der schrittweise erfolgte, wieder in eine AG umgewandelt, und die Alusuisse übernahm 20% des Kapitals. 1969 beteiligte sich die Refonda, in Absprache mit der Alusuisse, mit 50% am Metallwerk Olsberg in Essen-Katernsberg, das doppelt so gross war wie die Refonda.[177] 1972 erhöhte die Alusuisse ihren Anteil an der Refonda auf 49%, und 1975 ging diese ganz in ihren Besitz über.[178] Arthur Wiederkehr wurde als Vizepräsident mit seinem weitreichenden Beziehungsnetz, über das er als Wirtschaftsanwalt verfügte, bei der Alusuisse eine wichtige Figur – und ein getreuer Gefährte von Emanuel Meyer. Die Verarbeitung von Aluminiumschrott gewinne an Bedeutung, wurde an der Generalversammlung 1975 ausgeführt.[179] Die Refonda verfügte in der Schweiz als Umschmelzwerk mehr oder weniger über ein Monopol. Mit der Société Française de Récupération Métallurgique in Blanc-Mesnil bei Paris verfügte die Alusuisse auch in Frankreich über einen Sekundärmetallbetrieb. Von Recycling sprach man damals noch nicht.

Fluorkrieg jetzt im Wallis

«Der Schadstoff Fluor, der bei der Aluminiumherstellung in Martigny, Chippis und Steg ausgeschieden wird, vergiftet Luft und Wasser, richtet Schäden an Aprikosenkulturen, Weinbergen sowie Wäldern an, und greift die Gesundheit von Tieren und Menschen an. Trotz Reinigungsanlagen entweichen jährlich 500 Tonnen Fluor in die Luft des Unterwallis.» Dieses harte Fazit zog der Journalist Urs P. Gasche 1976 in einem Artikel mit dem Titel «Bereits führen die Hitzköpfe das Wort».[180] Hatten die Fluoremissionen der Aluminiumproduktion in den 1950er- und 1960er-Jahren das Aargauer Fricktal aufgewühlt, so fand

Sandig statt mehlig

Die Trockenadsorption in den eingekapselten Elektrolyseöfen, mit der man die giftigen Gase binden und in den Prozess zurückführen konnte, funktionierte nur mit sandiger (sandy) Tonerde effizient, weil diese mehr Oberfläche aufwies als die mehlige (floury). Während in den USA sandige Tonerde verwendet wurde, arbeiteten Europa und die Alusuisse mit mehliger. Deren Einsatz war bezüglich Stromverbrauch günstiger. Der Druck zur Umrüstung kam nicht nur von den Umweltbehörden, sondern auch von den Gewerkschaften her, war das Arbeiten mit mehliger Tonerde doch auch mit mehr Staub verbunden. Ohne den Wechsel zur sandigen Tonerde hätte sich die Alusuisse isoliert, und die Absatzmöglichkeiten von Gove, das ebenfalls mehlige Tonerde herstellte, wären mit der Zeit drastisch eingeschränkt worden. «Die Umstellung von mehliger auf sandige Tonerde in Gove konnte erfolgreich abgeschlossen werden», wurde im Verwaltungsrat 1980 mitgeteilt. «Das neue Verfahren hat unsere Erwartungen bis anhin erfüllt.» An der gleichen Sitzung bewilligte der Verwaltungsrat den Kredit für die Umrüstung der Hütte Steg von Dachsprühanlagen auf Trockenadsorption.[181] Grosse Verdienste erwarb sich bei der ganzen Umstellungsübung in Gove, die mit hohen Kosten verbunden war, Otto Tschamper, der «Mister Alumina».[182] Die Alusuisse rüstete nicht nur Gove und die eigenen Hütten um, sondern erledigte diese Arbeit auch für Dritte.

Aluminiumproduktion ohne Fluorausstoss sei nicht möglich, hiess es lange, und lange entsprach diese Aussage auch den unzureichenden technologischen Möglichkeiten zur Kontrolle der Emissionen. Im Bild die Adsorptionsanlage zum Erfassen und Reinigen der Ofenabgase in der Hütte Lend.

Die ab den 1950er-Jahren sukzessive installierten Dachsprühanlagen zur Reinigung der Abgase, mit denen das Entweichen von Fluor verhindert werden sollte, waren oft unzureichend gewartet und in schlechtem Zustand.

der «Fluorkrieg» im Wallis erst in den 1970er-Jahren statt. Gelöst war das Problem der Fluorschäden damals aber auch im Fricktal noch nicht.[183]

Auch im Wallis, wo sich die betroffenen Bauern und eine Reihe von Gemeinden im «Walliser Schutzverband gegen giftige Abgase» zusammenschlossen, zahlte die Alusuisse Entschädigungen, aber «grundsätzlich nur unter der Last der Beweise».[184] Als 1975 die Aprikosenernte praktisch vollständig ausfiel, weil die Blust zerstört worden war, eskalierte der Konflikt. Die Alusuisse verwies zunächst darauf, dass die meisten Schäden in der Gegend von Martigny registriert würden, also bei der Hütte von Giulini.[185] Ausserdem vertrat die Industrie den Standpunkt, dass sich Aprikosenkulturen für das Klima im Wallis nicht eignen würden.[186] Die Kritiker warfen den Aluminiumfabriken vor, dass ihre Produktions- und Reinigungsanlagen veraltet seien und dass es längst schon eingekapselte Öfen mit Trockenadsorption gebe, bei denen das Fluor vollständig eingefangen und in die Öfen zurückgeführt werde. In Norwegen, Kanada und den USA gebe es bereits solche Fabriken.[187] Die Einkapselung setzte aber auch den Übergang zu sandiger (sandy) Tonerde voraus, während die Alusuisse, auch in der neuen Fabrik in Gove, immer noch mehlige (floury) produzierte.[188] Am 16. April 1978 wurde bei Saxon ein Hochspannungsmast in die Luft gesprengt. Der Fluorkrieg war auch ein Medienspektakel: «Zwischen 1975 und 1980 erschienen über 5000 Reportagen und Zeitungsberichte; Radio und Fernsehen meldeten in den Nachrichten regelmässig den neuesten Stand der Fluordebatte.» Die «Neue Zürcher Zeitung» stellte vornehm zurückhaltend, aber deutlich fest: «Mehr Fluor als nötig im Wallis.»[189]

Prebaked statt Söderberg

Ab Mitte der 1960er-Jahre wurden die Öfen in den Aluminiumhütten, auch im Zuge von Umweltschutzmassnahmen, sukzessive von «Söderberg» auf «Prebaked» umgestellt. Jurij Judin schreibt in seinen Erinnerungen: «1966 fühlte sich die Alusuisse auf der Menschheit höchster Höhe. Man hatte als erstes Unternehmen das Schmelzverfahren mit vorkalzinierten Anoden entwickelt, wodurch die arge Luftbelastung, eine üble Eigenart der alten Söderbergelektrolyse, verschwand. Daneben hatte man [in Steg] den elektrischen Wirkungsgrad erheblich verbessert und eine elektronische Anodensteuerung eingerichtet.»[190] Gelöst waren die Umweltprobleme allerdings erst, als man die Öfen einkapselte. Bei Söderberg wird die Anodenmasse im Ofen gebrannt, was eine billigere Produktion erlaubt. Inzwischen arbeiten die Hütten weltweit überwiegend mit vorgebrannten Anoden. Söderberg-Öfen kommen vor allem noch in Russland und in Brasilien zum Einsatz.[191]

Im Oktober 1978 setzte das Walliser Volkswirtschaftsdepartement der Alusuisse und der Aluminiumfabrik Martigny eine Frist zur Herabsetzung des Fluorausstosses, der im schlimmsten Fall Werte von bis zu 6 Kilogramm pro produzierte Tonne erreichte. In Chippis sollte er bis 1980 auf 3.9, in Steg bis Ende 1981 auf 1.5 Kilogramm herabgesetzt werden.[192] Diese Verfügung stiess nicht bei allen Verwaltungsräten auf Verständnis. Robert L. Genillard fand es «stossend, dass man von uns eine Investition von vielen Millionen Franken für einen Betrieb verlangt, der Geld verliert».[193] Der Druck zeigte also letztlich Wirkung, wobei Urs P. Gasche auf die teilweise schnellere Gangart auch der Alusuisse im Ausland verwies: «In den USA war die Alusuisse strengen Normen bezüglich Staubemissionen ausgesetzt, und in Norwegen hatten die Gewerkschaften mit Nachdruck weniger Immissionen an den Arbeitsplätzen verlangt. Das waren wesentliche Gründe, weshalb die Alusuisse zuerst diese Hütten im Ausland saniert hat.»[194] Die Information bezüglich Norwegen war allerdings nicht ganz korrekt, hiess es doch im Alusuisse-Geschäftsbericht 1984: «In Husnes (Norwegen) konnte die Einkapselung der zweiten Ofenhalle abgeschlossen werden. Alle Abgase werden jetzt in einer Trockenadsorptions-

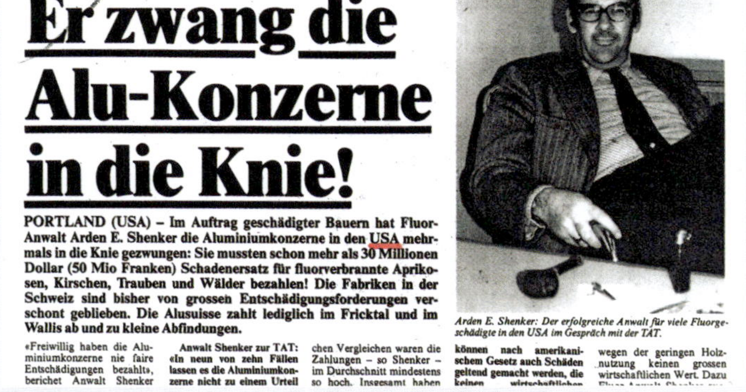

20 KONSUM — ERW. G./H. & I. — Donnerstag, 14. September 1978 TAT

Die TAT war beim «Fluor-Anwalt» A. E. Shenker:

Er zwang die Alu-Konzerne in die Knie!

PORTLAND (USA) – Im Auftrag geschädigter Bauern hat Fluor-Anwalt Arden E. Shenker die Aluminiumkonzerne in den USA mehrmals in die Knie gezwungen: Sie mussten schon mehr als 30 Millionen Dollar (50 Mio Franken) Schadenersatz für fluorverbrannte Aprikosen, Kirschen, Trauben und Wälder bezahlen! Die Fabriken in der Schweiz sind bisher von grossen Entschädigungsforderungen verschont geblieben. Die Alusuisse zahlt lediglich im Fricktal und im Wallis ab und zu kleine Abfindungen.

«Freiwillig haben die Aluminiumkonzerne nie faire Entschädigungen bezahlt», berichet Anwalt Shenker

Anwalt Shenker zur TAT: «In neun von zehn Fällen lassen es die Aluminiumkonzerne nicht zu einem Urteil

chen Vergleichen waren die Zahlungen – so Shenker – im Durchschnitt mindestens so hoch. Insgesamt haben

können nach amerikanischem Gesetz auch Schäden geltend gemacht werden, die

wegen der geringen Holznutzung keinen grossen wirtschaftlichen Wert. Dazu

Arden E. Shenker: Der erfolgreiche Anwalt für viele Fluorgeschädigte in den USA im Gespräch mit der TAT.

Schützenhilfe aus den USA: Die «Tat» besuchte einen «Fluor-Anwalt» in Portland, der die US-Aluminiumkonzerne zu Entschädigungen gezwungen hatte.

Nach der Modernisierung: Ofenhalle der Aluminiumhütte Steg mit den 1981 eingekapselten und vollautomatisierten Elektrolyseöfen.

anlage gereinigt. Auch bei der Leichtmetall-Gesellschaft mbH (LMG) in Essen werden die geplanten Einkapselungsarbeiten weiter vorangetrieben und noch 1985 abgeschlossen.» Für Island (und auch für Norwegen) wurde der Entscheid, die Öfen einzukapseln, 1980 gefällt.[195] Die Aluminiumfabrik Martigny sträubte sich am längsten gegen die Auflagen des Kantons. Schliesslich lenkte aber auch sie ein, nachdem sie sich für die Sanierung die technologische Hilfe von Pechiney geholt hatte.[196]

Grossinvestition in Sierre

Die Walliser Werke entwickelten sich in den 1970er-Jahren – nicht nur wegen des Fluorkriegs – zu einem Sorgenkind, nachdem sie 1971 bis 1973 noch stattliche Gewinne ausgewiesen hatten. Gleichzeitig hatten sie eine Sonderstellung, indem man sie nach Möglichkeit schonte. «Wir hüten uns vor Massnahmen im Wallis, die das Verhältnis unserer Gesellschaft zu den Behörden, zur Bevölkerung oder zu den Mitarbeitern stören könnten», hiess es zum Beispiel

anlässlich der Sondermassnahmen 1977.[197] In der Regel verfügte das Wallis auch über einen Lobbyisten im Verwaltungsrat. Diese Rolle wurde meist von einem alt Staatsrat übernommen. An der Wende zum neuen Jahrzehnt nahm man nicht nur die dringend notwendigen Investitionen zur Erfüllung der Umweltschutzauflagen durch Umbauten in den Hütten von Chippis und Steg vor, sondern man modernisierte auch die Weiterverarbeitungsbetriebe in Sierre, die einen grossen Nachholbedarf aufwiesen. Das Investitionsvolumen in den Jahren 1980 bis 1983 belief sich auf gegen 250 Mio. Franken, wovon rund 100 Mio. auf den Umweltschutz entfielen. Der «Walliser Bote» sprach von den «Früchten des Fluorkriegs».[198]

In Chippis ersetzte die Alusuisse einen Teil der alten Elektrolyseöfen durch eine moderne Versuchsanlage, die künftig der Forschung und Entwicklung der Aluminiumherstellung diente. Aus der neuen Forschungsanlage kam künftig ein Fünftel des in Chippis produzierten Aluminiums. In Steg wurden die 172 Öfen alle eingekapselt und künftig mittels eines Computers bedient. Eine neu installierte Trockenadsorptionsanlage reduzierte die Schadstoffemissionen auf einen Bruchteil des bisherigen Ausstosses. Im Walz- und Presswerk Sierre wollte man künftig jährlich 125 000 Tonnen Halbzeugprodukte, «auch solche höherer Wertschöpfung», herstellen. Dazu wurde die Kapazität des Walzwerks um 40% auf 95 000 Tonnen, diejenige des Presswerks um 10% auf

Politische Überlegungen

Als der Verwaltungsrat Ende 1974 über die Frage eines Arbeitsplatzabbaus auch im Wallis diskutierte, erklärte alt Staatsrat Marcel Gross: «Man darf in dieser Sache nicht nur wirtschaftlich denken, sondern muss auch die menschliche Seite mitberücksichtigen. Entlassungen beeinflussen die Produktivität. Sie haben Auswirkungen auf die geistige Haltung der Arbeiter und schaffen Missstimmung. Um das moralische Kapital intakt zu halten, sollten wir für eine beschränkte Zeit von Entlassungen absehen.» Adolf W. Jann, ehemaliger Generaldirektor der Schweizerischen Bankgesellschaft und Verwaltungsratsdelegierter der Roche, sprach sich «für die Erhaltung der Arbeitsplätze aus, solange ein Unternehmen verdient». Wenn es aber mit Verlust arbeite, würde er Arbeitskräfte abbauen. «Auf lange Sicht», so Jann, «ist die Gesundheit der Unternehmen wichtiger als gewisse politische Überlegungen.» Präsident Emanuel Meyer stellte die folgende Rechnung an: «Angenommen, ein Arbeiter koste die Firma Fr. 36 000.– pro Jahr, so würde das Durchhalten von 2000 Personen, etwa 25% der schweizerischen Belegschaft, einem Jahresaufwand von 72 Millionen Franken, d. h. genau dem Dividendenerfordernis (12% von 600 Millionen Franken) entsprechen.» Der Finanzmann Robert L. Genillard schliesslich wies, allgemein, auf die besondere Situation der multinationalen Gesellschaften hin: «Diese sind in den meisten Ländern Fremde und sollten sich als solche besser verhalten als die einheimischen Gesellschaften. Die Verhältnisse sind in jedem Land verschieden. Wir müssen darauf Rücksicht nehmen.» Meyer fasste zusammen: Man müsse differenziert vorgehen, wobei die Existenz des Unternehmens nicht gefährdet werden dürfe. «Solange der Konzern verdient, ist das Abwägen zwischen der Erhaltung der Arbeitsplätze und der Kreditfähigkeit eine Frage des Masses.»[199] Im Verwaltungsrat der Lonza erklärte Direktor Raymond Perren, «dass aus Zürich die ausdrückliche Instruktion vorliegt, die Arbeitsplätze im Wallis zu erhalten».[200]

Das Walz- und Presswerk in Sierre.

Warmwalzstrasse in Sierre.

Die Walliser Werke beteiligten sich am Sponsoring des Regattaeinsatzes der Segeljacht «UBS Switzerland», für welche sie den Mast lieferten. Mit Pierre Fehlmann am Steuer gewann die «UBS Switzerland» 1985/86 die vierte Whitbread-Weltumsegelung.

30 000 Tonnen erhöht. Dabei installierte man eine neue Presse für Hartlegierungen. Durch ihren Rationalisierungseffekt hatten die Investitionen auch eine leichte Reduktion des Personalbestands zur Folge.[201] Aber auch danach war man die Probleme nicht einfach los. Das Wallis blieb in den 1980er-Jahren neben Conalco unvermindert das zweite grosse Sorgenkind. Umgekehrt kritisierte man im Wallis in den späten 1980er- und den 1990er-Jahren, dass der Konzern trotz guten Zahlen im Wallis immer noch schlechte Löhne bezahle.[202]

Aluminium kommt an die LME

Über das Wohl und Weh der Aluminiumbranche entschied schon immer der Aluminiumpreis. Die Preise waren bis zum Zweiten Weltkrieg über weite Strecken kartelliert, danach bis in die 1970er-Jahre zumindest administriert. Es existierten Listenpreise, nach denen sich die Hersteller mehr oder weniger richteten, wobei es zwischen den Listenpreisen und den effektiven Preisen durchaus erhebliche Abweichungen gab. Für den internationalen Aluminiumhandel war der kanadische Exportpreis (oder Alcan-Preis) massgebend. Im Inland verrechnete die Alusuisse einen separaten Preis, der in der Regel über dem Exportpreis lag.

Das Ende von Bretton Woods hatte zur Folge, dass der Dollarpreis von Rohaluminium in den USA steil anstieg, in Europa hingegen nicht. 1978 erfolgte eine Zäsur, indem die Rohmetallbörse London Metal Exchange (LME) den Handel mit Rohaluminium aufnahm. Anfänglich hatte dies noch geringe Auswirkungen, die LME hatte es schwer mit der Akzeptanz. Die grossen US-Produzenten kämpften gegen die neue Notierung, weil sie den von ihnen hoch gehaltenen Produzentenpreis absichern wollten. William Henry Krome George, Chef von

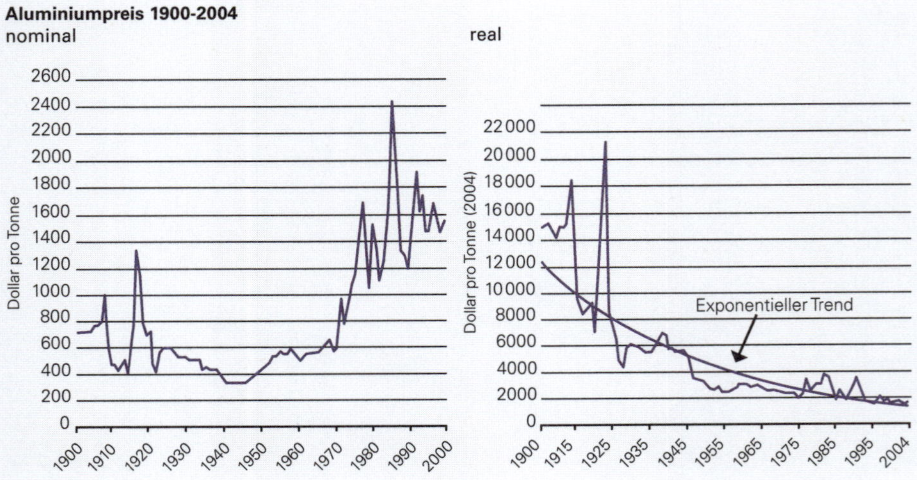

In den späten 1970er-Jahren setzten beim Dollarpreis des Aluminiums wilde Ausschläge ein, die an die Zeit vor 1930 erinnerten. In Europa war der Verlauf aber weit moderater, und real ging der Preis ständig zurück. Aluminium wurde zunehmend zu einer Commodity. Die Grafik zeigt die Entwicklung bis 2004 und prognostiziert einen weiteren, aber abgeschwächten Rückgang.

Hektik im Trading Room der Rohmetallbörse LME in London.

Alcoa, drohte, «jeden Mitarbeiter zu entlassen, der es wagen sollte, das nach Stahl meistgehandelte Leichtmetall an der Börse zu handeln».[203] Letztlich führte die Einführung an der LME aber zum Ende des Oligopols. Obwohl man schon vorher ständig über Unterbietungen geklagt hatte, setzte erst jetzt eine wirklich freie Preisbildung mit stärkeren Ausschlägen ein. Gemäss René Lesclous ist das Aluminium seit 1979 und die Kotierung an der LME nur noch eine Commodity.[204] 1992 kam an der LME auch der Handel von Aluminiumlegierungen hinzu. Am Kongress 2009 des Schweizer Aluminium-Verbandes zog Bruno Böhm in Bezug auf die LME das folgende Fazit: Sie ist Preisreferenz im Aluminium, Risikoversicherung, Liquiditätsbeschafferin, Lagerhalterin bei Überschuss und Lieferantin bei Mangellagen, und ohne die LME gibt es kein Metall-Management.[205] Inzwischen ist die LME, die auf der andern Seite «oft Spekulationsnotierungen ohne Bezug zum Markt erzeugt»,[206] also auch von den grossen US-Konzernen akzeptiert.

Finanzielle Schieflage

Der Dollarzerfall bereitete der Alusuisse während der ganzen 1970er-Jahre Probleme. So wurde für 1978 angegeben, er habe den Walliser Werken eine Einnahmeneinbusse von 30 bis 40 Mio. Franken beschert. Der Reingewinnausweis konnte nur konstant gehalten werden, weil die drei Kraftwerksbeteiligungen Gougra, Aegina und Lötschen auf die Rhonewerke AG übertra-

Um die Anleger bei Laune zu halten, bezahlte die Alusuisse 1981 trotz bereits bedenklicher Schieflage eine Dividende. Das Bild stammt von einer späteren Generalversammlung.

gen wurden, was «die darauf angesammelten stillen Reserven bei dieser Gelegenheit zum Vorschein kommen liess».[207] «Ertragsschwache Alusuisse» überschrieb die «Neue Zürcher Zeitung» ihre Berichterstattung.[208] Von diesen Währungsproblemen abgesehen, war 1978 ein gutes Aluminiumjahr. Auch die Ergebnisse für 1979 und 1980 fielen befriedigend aus. Der nächste Einbruch aber, 1981, traf die schon hoch verschuldete Alusuisse mit voller Wucht. Der Konzern schrieb Verlust und befand sich «im Clinch des Schuldendienstes».[209] Die Zinszahlungen hatten sich von 1978 bis 1981 verdoppelt. «Heute muss Alusuisse für Zinsen und Abschreibungen jährlich über 800 Mio. Franken herauswirtschaften, bis sie auch nur einen Rappen Gewinn ausweisen kann.»[210] Die Konzernbelegschaft, die 1980 mit 45 080 Personen (davon 19% in der Schweiz, 44% in aussereuropäischen Ländern) ihren Höchststand erreicht hatte, ging um 8.5% zurück. Ende November 1981 gab die Alusuisse bekannt, dass sie im Forschungszentrum Neuhausen innert zwei Jahren 170 von 440 Stellen abbauen wolle. Beinahe 40% der Neuhauser Beschäftigten sollten also ihre Arbeit verlieren.[211] Die Alusuisse war damals hinter Nestlé, Ciba-Geigy und BBC und vor Hoffmann-La Roche, Dow Chemical (Europe) und Sandoz das viertgrösste Industrieunternehmen der Schweiz.[212]

Trotz der bereits desolaten Lage zahlte die Alusuisse für 1981 noch 5% Dividende, was im Verwaltungsrat nicht unwidersprochen blieb: «Herr Dr. Senn [SBG] möchte sich nicht dem Vorwurf aussetzen, die Vertreter der Banken hätten bei einer Verschleierung der wahren finanziellen Situation und insbesondere des operationellen Ergebnisses mitgeholfen.» Die Bankenvertreter waren nicht grundsätzlich gegen die vorgeschlagene Dividende, aber die Situation müsse im Geschäftsbericht, so Senn, «unmissverständlich dargestellt werden». «Es würde dann heissen, die pfeifen aus dem letzten Loch, die sind nicht mehr zahlungsfähig. Das Image der Alusuisse wäre angeschlagen», hatte Präsident Meyer den Antrag, trotzdem eine Dividende zu bezah-

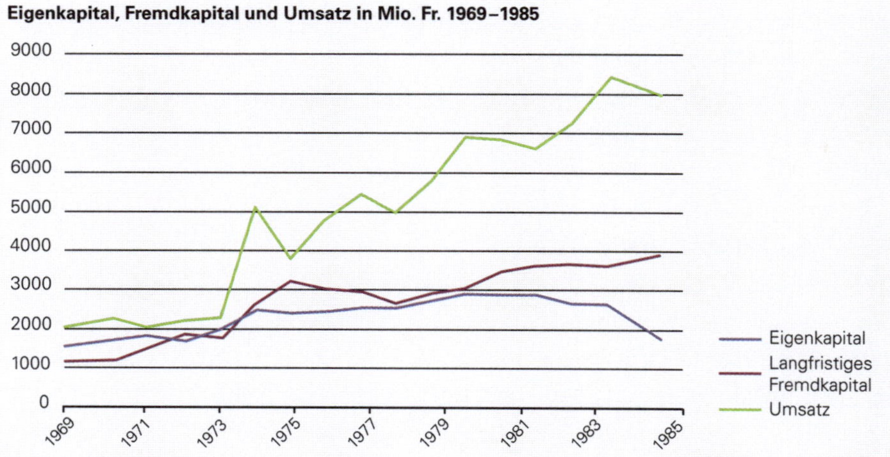

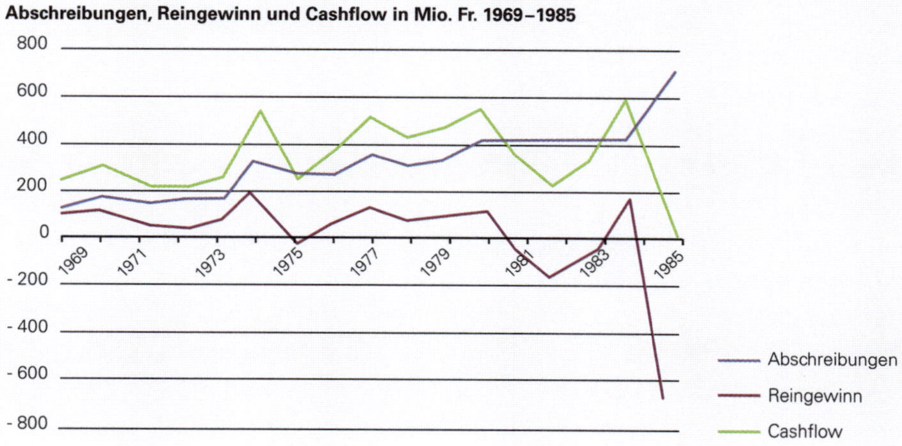

Das Wachstum der Alusuisse wurde überwiegend fremdfinanziert. 1985 war das Unternehmen faktisch bankrott.

len, begründet.[213] 1982 und 1983 schrieb die Alusuisse erneut Verluste. Die Hütten New Johnsonville, Rheinfelden und Chippis wurden vorübergehend abgestellt. Nun war der Ausfall der Dividende nicht mehr zu vermeiden. Die Gesamtwirtschaft befand sich zwar in einer (moderaten) Wachstumsphase, aber in der Aluminiumbranche war die Alusuisse mit ihren Schwierigkeiten nicht allein.[214] Bei der Besprechung der voraussichtlichen Ergebnisse 1982 erklärte Emanuel Meyer im Verwaltungsrat: «Wir müssen die Krise, wie lange sie auch andauert, überleben, und dies sowohl bilanziell als auch in bezug auf Liquidität.» Um den voraussichtlichen Verlust von 450 auf 290 Mio. Franken zu reduzieren, wurde die Bewertungsmethode der Konzernbilanz «von ‹historisch› auf ‹Tageswert/Current rate› umgestellt». Auf diese Weise polierte der inzwischen wesentlich stärkere Dollar die Bilanz auf. Bei Franz Galliker vom Schweizerischen Bankverein hielt sich die Begeisterung allerdings in Grenzen. «Die Drei-Jahres-Szenarien mögen gut und richtig sein, aber es fehlt ihm der Glaube, dass man mit Computermodellen weitere drei Jahre lang Verluste von je Fr. 300 Millionen auffangen kann», wurden seine Bedenken protokolliert.[215] Wirklich problematisch war aber eine andere Bilanzkosmetik: 1982 aktivierte

man erstmals die Bauxit-Abbaurechte in Gove und setzte sie mit 700 Mio. Franken als Aktivum in die Bilanz ein.[216] Das sei in der Bergbaubranche üblich, wurde zur Rechtfertigung dieses Schritts angeführt. Nach Meyers Ablösung wurde die Aktivierung rückgängig gemacht.

«Wenn der Krisendunst aufsteigt»

«Wir haben uns ganz ernsthaft über die Existenzsicherung der Alusuisse zu unterhalten», hatte Franz Galliker schon Mitte 1982 gefordert. «Wenn der Krisendunst aufsteigt, schmelzen die Kreditlimiten wie Schnee an der Sonne weg.»[217] Die Bankenvertreter äusserten im Verwaltungsrat öfters finanzielle Bedenken, doch beugten sie sich schliesslich jedes Mal der industriellen Logik. Emanuel Meyer hatte offensichtlich eine grosse Gabe, einen kontroversen Meinungsbildungsprozess letztlich in die von ihm gewünschte Richtung zu lenken. «Verlässt Herrn Meyer die Fortüne?», hatte die «Finanz und Wirtschaft» im Zusammenhang mit der Angelegenheit Swami bereits 1976 gefragt.[218] Meyer überstand aber den Sturm, und mit der Einführung des Präsidiums wurde seine Position 1977 sogar noch gefestigt. «Die heutige Generaldirektion ist wegen ihrer Grösse als oberstes exekutives Organ der Alusuisse nicht geeignet», heisst es dazu im Verwaltungsratsprotokoll. Das Präsidium bildeten Emanuel Meyer (Präsident und Delegierter), Paul Müller (Präsident der Generaldirektion) und Bruno Sorato (Vizepräsident der GD). Die Position der übrigen Mitglieder der Generaldirektion wurde durch eine Jobrotation weiter geschwächt.[219] Erst im Vorjahr hatte man die dreiköpfige Konzernleitung mit den Bereichsleitungen zu einer zehnköpfigen, neu von Paul Müller präsidierten Generaldirektion verschmolzen.[220] Ende 1980 lösten die «Richtlinien der Unternehmenspolitik 1981» im Verwaltungsrat eine lange, auch kritische Diskussion aus.[221]

Ab 1982 nahm die Kritik auch in den Medien zu. Heinrich Bamberger, in der «Finanz und Wirtschaft» ein stets skeptischer Meyer-Begleiter, sprach in der «Weltwoche» im Zusammenhang mit dessen Rücktritt als VR-Delegierter von einer «überfälligen Wachablösung». Doch Meyer hatte nicht im Sinn, sich als Nur-noch-Präsident aus dem Tagesgeschäft zurückzuziehen, wie Bamberger richtig vermutete: «Denn seiner Natur und Überzeugung gemäss, alles besser zu können und zu wissen, wird er es auf dem Altenteil nicht aushalten.»[222] In die gleiche Richtung zielte die «Neue Zürcher Zeitung», als sie über die Gründe für den Weggang von Finanzchef Thomas Gasser rätselte: «Dazu mag die resignierende Einsicht gehören, unter den im Hause Alusuisse obwaltenden faktischen Entscheidungs- und Machtverhältnissen im Grunde gar nicht vonnöten zu sein.»[223] Gasser wechselte zur BBC (AG Brown, Boveri & Cie., später ABB), wo er 1987 Konzernchef wurde. Am 5. April 1984 titelte die «Schweize-

Ein NZZ-Journalist deckt auf

Zu Beginn seiner Sitzung vom 12. Juni 1984 befasste sich der Verwaltungsratsausschuss mit der «Berichterstattung der NZZ über Alusuisse». Dazu hatten die Ausschussmitglieder ein Dossier erhalten, in welchem der Kommunikationsbeauftragte Roland Hauert umfassende Unterlagen zusammengestellt hatte. NZZ-Redaktor Hansjörg Abt war den Alusuisse-Verantwortlichen schon seit Längerem ein Dorn im Auge, legte er doch bei seiner Kritik den Finger immer wieder auf wunde Punkte. 1982 monierte er die «chronisch zu geringe Selbstfinanzierung», und 1984 geisselte er die Nichteinhaltung der im Geschäftsreglement vorgesehenen Alterslimite für Verwaltungsräte.[224] Abt war nicht der einzige, aber wohl der scharfsinnigste Kritiker unter den Wirtschaftsjournalisten. Weil man weder bei der NZZ vorsprechen noch Abt, da kontraproduktiv, zur «Persona non grata» erklären wollte, unternahm man vorerst nichts. Verwaltungsrat Niklaus Senn (SBG) wollte aber versuchen, mit Abt zu reden.[225] Ärgerlich für die Alusuisse war zusätzlich, dass sie nicht wusste, durch welches Leck Informationen zu Abt sickerten. Das spätere Bemühen, die NZZ dazu zu bewegen, Hansjörg Abt das Dossier Alusuisse zu entziehen, schlug gründlich fehl. Aber die NZZ verlor den Druckauftrag für den Alusuisse-Geschäftsbericht.[226]

rische Handelszeitung» im Zusammenhang mit grossen Investitionen gerade im Aluminiumbereich: «Die unverbesserlichen Aluminium-Fans».[227] Noch zeitigten die Zweifel an der Person Meyer aber keine Folgen.

Geschäftsführerkonferenz 1985 in Interlaken: der letzte Tanz vor dem Putsch.

Der «Putsch» von 1986

Der Widerstand begann sich konkreter anlässlich der Geschäftsführerkonferenz 1985 in Interlaken zu formieren. Gleichzeitig machte die Revisionsgesellschaft Fides (endlich) auf die Schieflage aufmerksam. Viele Beteiligte schienen aber noch nicht realisiert zu haben, was es geschlagen hatte. Die Behandlung des Fides-Papiers wurde vom September auf den Oktober und dann auf den November verschoben, ohne dass sich jemand gewehrt hätte.[228] Als man über die Bewertung der Beteiligungen diskutierte, taten sich überall Löcher auf. Seit Ende 1975 waren diese von 1 auf 1.7 Mrd. angestiegen, doch waren weitere 800 Mio. an Beteiligungen «in den letzten Jahren in einer 100%igen Subholding-Tochtergesellschaft in den British Virgin Islands entstanden». Nach Abzug der Bauxit-Abbaurechte und den für 1985 wesentlich schwächeren Ergebnissen werde, so das Fazit, «der Gesamtsubstanzwert einen kritischen Punkt erreichen». Von der US-Holding Alusuisse of America werde «auch in diesem Jahr ein Verlust von gegen Fr. 200 Mio. erwartet». Um den Kopf aus der Schlinge zu ziehen, verhandelte man mit der Walliser Regierung, vom Verwaltungsrat abgesegnet und von der Regierung der Öffentlichkeit mitgeteilt, über den Verkauf der Kraftwerke an den Kanton.[229] Meyer überlegte gar, sich auch von der Lonza zu trennen.[230]

Da zog SKA-Chef Rainer E. Gut, der sich im Verwaltungsrat vergeblich gegen den Kraftwerke-Verkauf gewehrt hatte, die Notbremse. Er erklärte am 6. November 1985 seinen Rücktritt aus dem Verwaltungsrat. «Ich bin nun schon seit 8 Jahren in Ihrem Verwaltungsrat und kann mich, vor allem in den letzten Jahren, mit der eingeschlagenen Geschäftspolitik nur schwerlich mehr identifizieren», begründete Gut seinen Schritt. «Sollten Sie weiterhin einen Vertreter der Schweizerischen Kreditanstalt auf Generaldirektionsebene in Ihrem Verwaltungsrat wünschen, so wäre ich gerne bereit, mit Ihnen zu be-

Löste mit seinem Rücktritt aus dem Verwaltungsrat eine Dynamik aus: Rainer E. Gut, Vertreter der Grossbank SKA, hier an der Generalversammlung «seiner» Bank 1985 im Hallenstadion.

Ein Jünger Swamis – ein Nebenschauplatz

Schlagzeilen machte in den 1970er-Jahren das Engagement von Emanuel Meyer beim Divine Light Zenter (DLZ) von Swami Omkarananda in Winterthur. Dieser trat 1970 an der Geschäftsführerkonferenz der Alusuisse in Lausanne auf, und danach erhielten alle Teilnehmer das Büchlein «The hundred blessings of cheerfulness», das eigens für diesen Anlass gedruckt worden war.[231] 1975 kam Meyer wegen seiner Verbindung zum Swami, dessen Schüler er seit 1969 war, massiv unter Druck. Das Ehrenpräsidium des Centers hatte er bereits 1972 niedergelegt,[232] und nachdem die Anhänger von Swami Omkarananda in der Auseinandersetzung mit den Behörden zum Mittel von – stümperhaften – Attentaten gegriffen hatten, erklärte Meyer im Herbst 1975: «Mit dem indischen Mönch und Philosophen Swami Omkarananda verbindet mich seit Jahren eine persönliche Freundschaft. Ich teile seine Ideen, wie sie in seinen Büchern, zahlreichen Publikationen und öffentlichen Vorträgen zum Ausdruck kommen. [...] Nach Bekanntwerden der Vorfälle habe ich jegliche finanzielle Unterstützung des DLZ eingestellt und seither auch den Kontakt mit dem DLZ abgebrochen.»[233] Meyer habe beträchtliche sechsstellige Summen – aus seiner Tasche – ans Divine Light Zenter bezahlt, schrieb die «Frankfurter Allgemeine Zeitung».[234] Nachdem der Winterthurer Stadtpräsident Urs Widmer Opposition gegen die Wiederwahl Meyers in den Verwaltungsrat der Schweizerischen Kreditanstalt angekündigt hatte, verzichtete Meyer, der auch in den Verwaltungsräten von Ciba-Geigy und der «Zürich» Versicherungen sass, 1976 auf Ersuchen der SKA auf eine erneute Kandidatur. Weil man bei der Alusuisse Gleiches befürchtete, wurden die Verwaltungsräte Alfred Wiederkehr und Felix W. Schulthess (SKA) beauftragt, mit Widmer zu reden.[235] Zum Swami unterhielt Meyer, der den Sturm überstand, auch nach seiner Distanzierung weiter Kontakte, und nach seinem Ausscheiden bei der Alusuisse übersetzte er Bücher aus dem Sanskrit.[236]

sprechen, unter welchen Voraussetzungen dies geschehen könnte.» Es hatte lange gedauert, bis jemand im Aufsichtsgremium wirklich aufbegehrte. Offensichtlich wollte es keine der Grossbanken mit der wichtigen Kundin Alusuisse verderben und die Geschäftsbeziehung aufs Spiel setzen. An einem Gespräch mit Emanuel Meyer, das «beiderseits in freundschaftlichem Ton geführt» wurde, nannte Gut am 10. Dezember die Bedingungen für eine weitere Vertretung der SKA im Verwaltungsrat: Der Präsident der Generaldirektion sei «durch einen fähigen CEO zu ersetzen», und es sei so bald als möglich zu bestim-

Der Chef und seine Entourage: Meyer, Müller und Sorato an der Geschäftsführerkonferenz 1980 in Lugano.

men, «wer die Nachfolge des VR-Präsidenten antreten soll». Beim letzteren Punkt sei das ‹Timing› nicht wesentlich, «aber man muss jetzt wissen, wer der Mann ist». An der Sitzung des Verwaltungsratsausschusses vom 11. Dezember wurde dann kurzfristig sowohl die Nachfolge von Präsident Meyer als auch diejenige von CEO Bruno Sorato traktandiert, wobei man «die Wahl des ‹CEO› für wichtiger» erachtete «als die Nachfolge für den Verwaltungsratspräsidenten». Im Bestreben, die Zahl der Eingeweihten zu minimieren, schrieb Meyer, am Prozess vorerst beteiligt, das Protokoll selber.[237] Meyer, der noch das 100-Jahr-Jubiläum der Firma feiern und 1988 zurücktreten wollte,[238] hoffte wohl auf eine Gnadenfrist. An der Verwaltungsratssitzung vom gleichen Tag wurde über das Thema – zumindest offiziell – nicht gesprochen.[239]

«Lieber einen ‹Teufel›, den man kennt»

Das Drama, das sich in den ersten Januartagen 1986 dann abspielte, liest sich im Protokoll des Verwaltungsratsausschusses ganz nüchtern: «Hierüber fand zuhanden der anschliessenden Verwaltungsrats-Sitzung ein Meinungsaustausch statt», wurde zum Traktandum «Nachfolgeprobleme an der Konzernspitze» festgehalten.[240] An der anschliessenden ausserordentlichen Verwaltungsratssitzung, an welcher er abgesetzt wurde, nahm Präsident Meyer nicht mehr teil.[241] Am Tag zuvor, einem Sonntag, hatten sich die «Verschwörer» zu einer inoffiziellen Sitzung getroffen. Einiges war inzwischen bereits durchgesickert, und am 16. Januar 1986 meldete die «Neue Zürcher Zeitung», Bruno Sorato werde von Hans Jucker – als Alternative stand Hermann Haerri zur Diskussion – abgelöst.[242] Eine externe Lösung hatte man abgelehnt mit dem Argument, man wolle «lieber einen ‹Teufel›, den man kennt, als einen unbekannten ‹Engel›». Jucker wurden «Erfolg mit der Lonza», «Kenntnisse der Aluminiumtechnologie» und «überdurchschnittliche Intelligenz» bescheinigt. Mit der Anfrage bei Jucker war im Dezember noch Meyer beauftragt worden.[243] Bei der Alusuisse war man über die Indiskretion verärgert und dementierte energisch.[244] Aber kurz danach war die Sache offiziell: Jucker wurde Verwaltungsratsdelegierter, als Präsident löste alt Bundesrat Nello Celio Emanuel Meyer ab. «Die Banken stehen voll und ganz hinter uns», erklärte Jucker.[245] Die SBG war damals grösste Aktionärin, und die drei Grossbanken hielten zusammen 10–12% der Alusuisse-Aktien in ihrem Eigenbestand.[246]

Emanuel Meyer, von seiner Herkunft her nicht zur wirtschaftlichen Elite des Landes gehörend, hatte die Alusuisse nach der eher beschaulichen Ära Schnorf zum Weltkonzern ausgebaut und auf ungeahnte Höhen geführt. Dann aber verlor Meyer im Expansionsrausch den Sinn für die Relationen, und mit seiner Machtfülle hatte er weder im Management noch im topbesetzten Verwaltungsrat ein wirkliches Gegengewicht. Meyer verfolgte zu viele Projekte,

In allen Ländern unterwegs: Meyer ① und Müller ②, hier mit Jurij Judin ③ in der Sowjetunion.

Auch Walter Gysel sah in seiner Zeichnung das Tandem Emanuel Meyer (vorne) und Paul Müller als Einheit.

die Ertragskraft war zu gering, und der Konzern verfügte über zu wenig Eigenkapital. Nachdem die Diversifikation zunächst entscheidend zur Bewältigung der Krisenjahre beigetragen hatte,[247] brach ihm letztlich die Ungunst der Aluminiumkonjunktur das Genick. «Die Aluminiumwelt ist wieder in Ordnung», hatte Meyer noch im April 1984 erklärt.[248] Da täuschte er sich gewaltig. Mit ihrem Titel «Abrupter Königswechsel – Kein Sanierungsfall» lag aber auch die «Schweizerische Handelszeitung», nach Meyers Sturz, gründlich falsch.[249]

1986–1997

Neue Köpfe, neue

Strategie

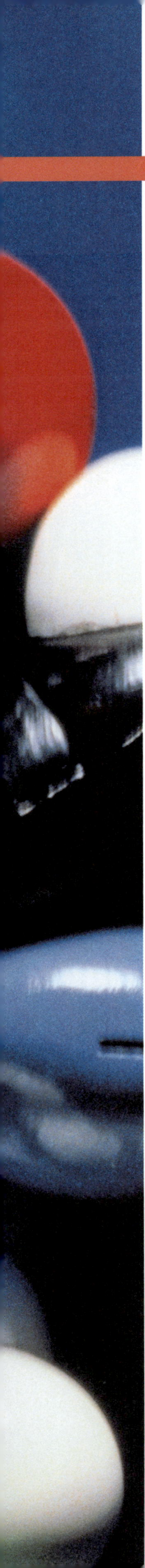

Neue Köpfe, neue Strategie

«Alusuisse ist blank» – Das grosse Aufräumen

«Alusuisse ist blank», stellte die «Bilanz» im Mai 1987 fest. Noch viel ausgeprägter galt dies im Januar 1986, nach dem – es existieren für den Vorgang verschiedene Bezeichnungen – Putsch oder Fenstersturz. An der ausserordentlichen Verwaltungsratssitzung vom 12. Januar 1986, die im Hauptgebäude der SBG am Paradeplatz stattfand, legte Hans Jucker eine schonungslose Analyse vor. Beim Rohaluminium liege die Alusuisse bezüglich Logistik, Energie, Alter der Anlagen und Kapitalstruktur «gesamthaft gesehen ungünstig». In Sachen Kostensenkung seien die «Besten der Branche» bereits bedeutend weiter. Im Sektor Halbzeug und Weiterverarbeitung sei die Alusuisse «immer noch zu wenig kundenorientiert». Zudem würden einige Werke einen beträchtlichen Investitionsbedarf aufweisen. Bei der Lonza sah Jucker «keine unlösbaren Probleme», das Martinswerk sei dort das Hauptproblem. Die «ungünstig gelegene Tonerdefabrik», die nicht zur Lonza passte, war an diese «zwangsverkauft» worden, um Geld von Basel zur Muttergesellschaft nach Zürich zu verschieben. Der geplante Verkauf der Kraftwerke, so Jucker weiter, bewirke finanziell «nur eine Verlängerung der Agonie, aber keine Lösung». In der Ära Meyer hatte man Jucker mit seinen kritischen, wohl auch nicht energisch genug vorgetragenen Vorstössen meist ins Leere laufen lassen.[1]

Für seine Zusage, den Posten des Konzernchefs zu übernehmen, verlangte Hans Jucker vom Verwaltungsrat «freie Hand in der Wahl der Strategie, ihrer Durchführung, der Personen seines Vertrauens und deren Einsatz – und rasche Bankenhilfe in ‹erheblichem› Umfang».[2] Die Letztere wurde vom Vizepräsidenten Robert L. Genillard mit etwa 500 Mio. Franken veranschlagt. Dieser Betrag sollte, so Genillard, ausreichen, «um das Unternehmen zu restrukturieren und um die Kreditwürdigkeit aufrechtzuerhalten».[3] So schnell als möglich mussten nun Massnahmen ergriffen werden. «Immer noch gilt es, Verlust-

Am 12. Januar 1986 traf sich der Verwaltungsrat, üblicherweise im «Seefeld» und einmal jährlich im Wallis tagend, zu einer ausserordentlichen Sitzung im Hauptgebäude der SBG [heute UBS] an der Bahnhofstrasse.

1986–1997)

löcher zu stopfen, Fronten zu kürzen, nicht mehr strategische Tätigkeiten abzubauen und auf unseren Stärken aufzubauen», wurde zwei Monate später im Verwaltungsrat zum Stand der Strategiestudie festgehalten. «In diesem Sinne wurde auch die laufende Arthur D. Little-Studie angepasst.» Diese war noch unter dem «alten» Management gestartet und von Juni 1985 bis Februar 1986 ausgearbeitet worden.[4]

Die neue Strategie und die aus ihr abgeleiteten Massnahmen, die in der Folge auch dem Kader, den Mitarbeitern und den Medien erläutert wurden, beinhalteten im Wesentlichen: Reduktion des Geschäfts auf die beiden Hauptsäulen Aluminium und Chemie; Verkauf oder Schliessung «mit geringstmöglichem Schaden» der «strukturell ungünstigen» Hütte der Ormet in den USA, der Hauptverlustquelle der Conalco; Verkauf oder Stilllegung des Caster II in Essen; Ausbau der Stärken bei den Folien, Verpackungen, bei Verbundmaterial und Aerosoldosen durch Investitionen; weitere Optimierung der Herstellung von Halbfabrikaten und Spezialgusslegierungen durch das Angebot von «anwendungsorientierten Lösungspaketen» und den Verkauf von Standarderzeugnissen nur noch dort, «wo Veredlungsaktivitäten auf eine Grundlastproduktion angewiesen» waren; Beibehaltung der Strategie «Mehr Feinchemikalien und Spezialitäten» im Bereich Chemie; Aufhebung des Bereichs Dienstleistungen. Die vom Bereich Aluminium benötigte Engineering-Kapazität wollte man aber sicherstellen. Die Alesa, die sich künftig auf die Sektoren Fördertechnik und Automation konzentrierte, blieb eine selbstständige – und erfolgreiche – Tochter, die auch Dienstleistungen an Dritte verkaufte. Für Maremont wurde ein Käufer gesucht. Schliesslich sollten «die Führungsstruktur und die Verwaltung vereinfacht und gestrafft werden».[5]

Finanzielle Tabula rasa – schmerzhafter Kapitalschnitt

Für die Umsetzung dieser Strategie, die dann recht zügig erfolgte, galt es zuerst die finanziellen Voraussetzungen zu schaffen, und hier versuchte man möglichst Tabula rasa zu machen. Die Bilanz wurde mit einem Riesenabschreiber – 146 Mio. gegenüber 68 Mio. im Vorjahr – bereinigt, wodurch frühere Versäumnisse korrigiert und Wertberichtigungen vorgenommen wurden.[6] Der Konzern wies für 1985 einen Verlust von 692 Mio. Franken aus. Der Verlust von 648 Mio. bei der Muttergesellschaft wurde durch die Auflösung des gesetzlichen Reservefonds und des Spezialreservefonds gedeckt, wonach noch ein Verlust von 160 Mio. Franken auf neue Rechnung vorgetragen werden musste.[7] Auf der andern Seite brauchte die Alusuisse neues Kapital. Das Aktienkapital wurde um 209 Mio. auf 1.05 Mrd. Franken erhöht. Die Banken, die sich bereit erklärt hatten, «in einer noch zu findenden Form max. Fr. 500 Millionen zinslos zur Verfügung zu stellen»,[8] übernahmen diese Kapitalerhöhung

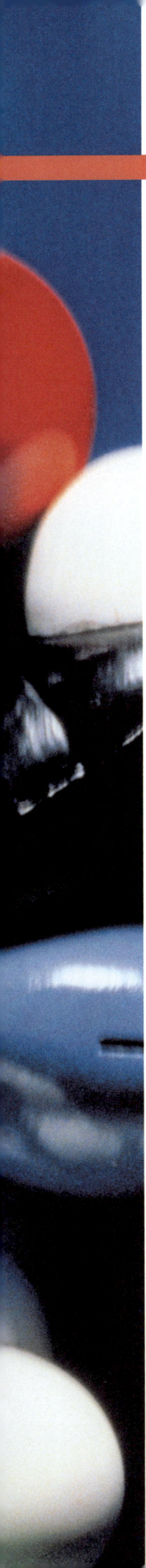

Beschäftigte nach Ländern 1985

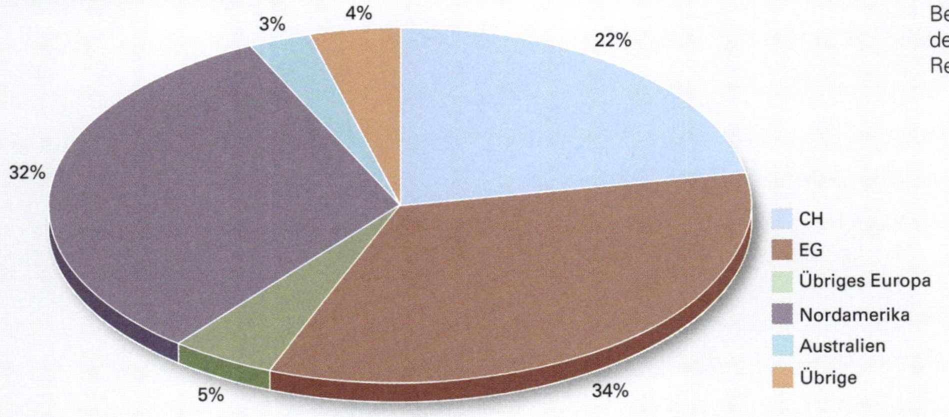

Beschäftigte nach Bereichen 1985

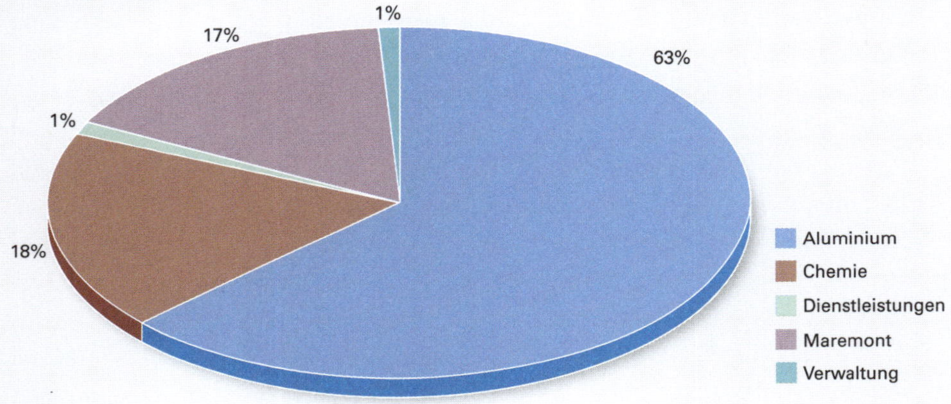

Die Struktur der Beschäftigten vor dem grossen Reinemachen.

mit einem Aufpreis von 75%. Sie waren damit auch die bedeutendsten Aktionäre. Einen Kapitalschnitt – ein solcher war ebenfalls, aber zeitlich nicht fixiert, in Juckers «Eintrittsbedingungen» enthalten[9] – lehnten die Banken vorerst ab. Ob sie sich dabei wirklich, wie die «Neue Zürcher Zeitung» vermutete, um die übrigen Aktionäre sorgten, sei dahingestellt. «Auf Grund ihres langjährigen und äusserst prominenten Mitwirkens im Verwaltungsrat der Alusuisse gaben sich die Bankenvertreter in realistischer Einschätzung ihrer nicht geringen Mitverantwortung ausserdem Rechenschaft darüber, dass eine Depossedierung [Enteignung] Tausender von Kleinaktionären womöglich einen landesweiten Empörungsschrei an ihre Adresse auslösen würde», schrieb die Zeitung. Eine Lösung auf Kosten der Aktionäre sei zudem, so die NZZ, vor allem auch deshalb nicht erfolgt, weil VR-Präsident Nello Celio «mannhaft zu seiner früher abgegebenen Zusicherung stand: ‹Ein Kapitalschnitt kommt gar nicht in Frage.›»[10] Mehr als diese «Zusicherung» zählte wohl die Tatsache, dass Celio Verwaltungsrat der Schweizerischen Kreditanstalt war.

Von ihnen hing 1986 Wohl und Weh der Alusuisse ab: den Grossbanken.

Ein Jahr später war es dann trotzdem so weit. Man hatte zwar Fortschritte erzielt, wies nach weiteren Abschreibungen auf Anlagen und Beteiligungen sowie Rückstellungen für Restrukturierungen aber nochmals einen Konzernverlust von 688 Mio. Franken aus. Dies bei einem um 29% kleineren Umsatz. Die Aktivierung der «Abbaurechte Bauxit» hatte man rückgängig gemacht, und es war gelungen, das verzinsliche Fremdkapital um einen Drittel zu reduzieren. Zur teilweisen Deckung des Verlustsaldos löste man die gesetzliche Reserve von 156.5 Mio. Franken auf. Zusätzlich wurde jetzt das Kapital um 50% herabgesetzt, was der «Vernichtung von mehr als einer halben Milliarde Aktien- und PS-Kapital» gleichkam.[11] Gleichzeitig waren die drei Grossbanken bereit, Kredite von total 300 Mio. Franken in (lukrative) nachrangige Darlehen «zu marktüblichen Zinssätzen» umzuwandeln. Mit diesen Massnahmen wurde der Verlustvortrag praktisch eliminiert. Eine Wiedererhöhung des Kapitals

Kritik an der Kontrollstelle

Dass der Abschreibungs- und Rückstellungsbedarf zunächst auf rund 250 Mio. Franken veranschlagt worden war, dann auf 700 Mio. stieg und ein Jahr später nochmals eine halbe Milliarde hinzukam, veranlasste die «Neue Zürcher Zeitung» zu einer harschen Kritik an die Adresse der Kontrollstelle KMG Fides Revision: «Was ist, wird man fragen dürfen, von der sachlichen Kompetenz einer Kontrollstelle zu halten, die bei der Bewertung des Konzernvermögens derartige Sprünge vollführt und in bald einmal jährlichem Abstand mit stets neuen Überraschungen aus dem Gruselkabinett aufwartet?» Aber auch die neue Konzernführung kam nicht ungeschoren davon: «Das alles versucht man heute einer konsternierten Öffentlichkeit als ‹im Vorjahr nicht erkennbar› zu verkaufen.» Und schliesslich war die Reihe auch an den Grossbanken, welche die NZZ ein Jahr zuvor wegen des Verzichts auf den Kapitalschnitt noch ausdrücklich gelobt hatte: «Es wäre wohl für manchen Aktionär und Partizipanten letztlich alles irgendwie zu ertragen – oder jedenfalls leichter zu tragen –, wenn er sich bei diesem Opfergang nicht so schmählich im Stich gelassen vorkommen müsste. Im Stich gelassen von den drei schweizerischen Grossbanken, deren Präsidenten bzw. Direktionspräsidenten seit Jahren im Verwaltungsrat der Alusuisse sitzen und dort die Geschicke des Konzerns massgeblich und verantwortlich mitbestimmen.»[12]

wurde nicht vorgenommen.[13] Die Grossbanken hatten es abgelehnt, eine solche im Umfang von 200 oder wenigstens 100 Mio. Franken zu zeichnen, und auch die KMG Fides Revision sprach sich gegen diese Lösung aus.[14] 1987 waren die Ergebnisse dann wieder positiv. Die Alusuisse wurde gerettet, weil sie ein Vorzeigeunternehmen war, in dessen Verwaltungsrat die Schweizer Wirtschaftselite sass, und weil die Banken bei einem Zusammenbruch des Konzerns viel Geld verloren hätten.

Auch personelle Remedur

Das personelle Revirement an der Konzernspitze war ebenfalls massiv: Dieses beschränkte sich nicht auf die Ablösung von Konzernchef Bruno Sorato durch Hans Jucker und von Verwaltungsratspräsident Emanuel Meyer durch alt Bundesrat Nello Celio.[15] Die Generaldirektoren Dietrich Ernst und Adnan Odok schieden sofort aus, Edwin Weibel und René Himmel bis Ende Jahr. Von der alten Mannschaft blieb neben Jucker als einziger Finanzchef Hermann J. M. Haerri übrig, der als Mann der SKA betrachtet wurde, bei welcher er 1985 im Verwaltungsrat Einsitz genommen hatte. Neben Jucker und Haerri gehörten der Generaldirektion neu Theodor Tschopp als Leiter des Aluminiumbereichs und Ivo Gerster an, der bei der Lonza die Nachfolge von Hans Jucker antrat. Tschopp holte man aus den USA zurück, wo er bisher die schwierige Conalco geleitet hatte. Zweites Mitglied der Lonza-Konzernleitung wurde Eduard Thalmann. In den Verwaltungsrat zogen neu Max Amstutz (Holderbank), Pierre Arnold (SMH, ex-Migros) und als Delegierter Hans Jucker ein. Ex-Konzernchef Paul Müller schied aus dem Gremium aus, Robert L. Genillard, der im Verwaltungsrat blieb, machte als Vizepräsident Max Amstutz Platz. Die weiteren Meyer-Getreuen Arthur Wiederkehr (Vizepräsident) und Jürg Engi (Ausschussmitglied) waren bereits 1985 zurückgetreten. Rainer E. Gut (SKA),

Verwaltungsratspräsident Nello Celio (rechts), hier auf einer früheren Aufnahme neben Generaldirektor Paul Müller (Mitte), wurde als Nachfolger von Emanuel Meyer zu einer wichtigen Übergangsfigur.

Zeigt Präsident Pius Binkert der Alusuisse den Weg?

der mit seiner Rücktrittserklärung die Dynamik beschleunigt hatte, blieb vorerst im Verwaltungsrat, nachdem seine Bedingungen dafür (neuer CEO, neuer Präsident) erfüllt waren. 1988 trat er zurück.[16] Die Hauptarbeit beim Putsch leistete aber nicht Gut, sondern Niklaus Senn von der SBG, der für Hans Jucker eine wichtige Stütze war und auch dessen, wie Jucker selbst bemerkt, «doch einschneidende Bedingungen» für die Übernahme des Konzernleiterpostens durchsetzen half.[17]

1987 löste Pius Binkert (Keramik Laufen, Forbo) den Übergangspräsidenten Nello Celio ab. «Mit Nello Celio gewannen wir einen ‹Schutzschild›, der sämtliche Kritik von aussen abwehrte und die neue Konzernleitung in Ruhe arbeiten liess», würdigt Hans Jucker die Verdienste Celios in dieser wichtigen und stürmischen Phase.[18] In der Gerüchteküche war auch der soeben aus dem Bundesrat zurückgetretene Kurt Furgler als Celio-Nachfolger gehandelt worden. Weiter wurde Albert Bodmer (Ciba-Geigy) in den Verwaltungsrat gewählt, wo er sogleich in den Ausschuss einzog. Pierre Arnold trat nach nur einem Jahr wieder zurück, der frühere Walliser Staatsrat Guy Genoud starb im Frühjahr 1987. Mit Hans Jucker hielt auch ein neuer Führungsstil mit weniger Personenkult im Konzern Einzug.

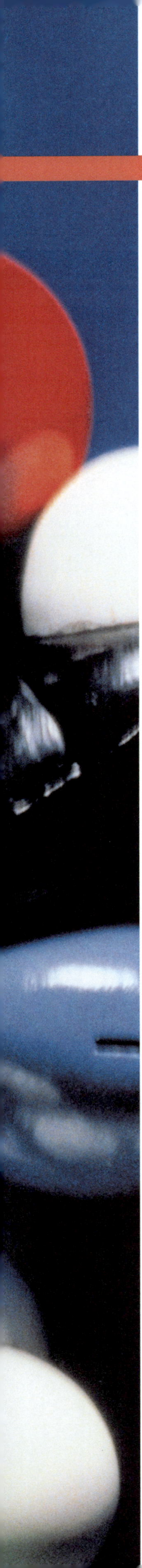

Die Konjunktur hilft mit

Ab 1987 ging es wieder aufwärts. Die Resultate für das 1. Quartal fielen besser als erwartet aus. «Das Ergebnis ist erfreulich; es zeigt, dass die getroffenen Massnahmen offensichtlich greifen», wurde im Verwaltungsrat festgestellt.[19] Die Restrukturierungsübung laufe «schneller als vorgesehen», hatte Jucker im März 1987 ausgeführt. «Die wichtigsten Löcher sind gestopft.» Noch bleibe aber «ein Trümmerfeld aufzuräumen». Beim Verkauf der Kraftwerke zeichne sich eine Teillösung ab. Die Abklärungen, ob zur Mittelbeschaffung ein «Going public» mit einem Teil der Lonza möglich sei, ergaben hingegen wegen der sehr verflochtenen Strukturen ein negatives Resultat.[20] Durch die massiven Devestitionen war der Personalbestand 1986 um 29% auf 24007 geschrumpft. Seit 1980 hatte sich die Zahl der Beschäftigten damit beinahe halbiert. Einen entscheidenden Beitrag zur Besserung leistete die Weltkonjunktur. «Der Umschwung ist im wesentlichen auf den günstigen Konjunkturverlauf, die Erholung des Rohmetallpreises und die konsequent fortgeführte Ausrichtung auf hochwertige Spezialitäten zurückzuführen», hiess es dazu im Geschäftsbericht im Rückblick auf das ganze Jahr.[21] Ohne diese Entwicklung wäre die Rettung der Alusuisse fraglich gewesen. Konzern und Muttergesellschaft wiesen positive Ergebnisse auf.

1988 wurde für die Aluminiumindustrie dann ein Rekordjahr. Man sprach von «über Erwarten guten wirtschaftlichen Rahmenbedingungen».[22] Es gab wieder eine Dividende und dazu einen Jubiläumsbonus. Die Investitionen konnten vollständig aus eigenen Mitteln bestritten werden. Die nachrangigen Bankdarlehen wurden von 300 auf 100 Mio. Franken abgebaut. Vom Aluminiumsatz der Alusuisse entfielen rund 50% auf industrielle Produkte, 20% auf das Verpackungsgeschäft, das neu in einem eigenen Unternehmensbereich zusammengefasst war, und der Rest auf den Handel mit Rohstoffen. 1989 nahm der Umsatz stark zu und erreichte einen vorläufigen Höhepunkt. Dies, obwohl von 1986 bis 1989 für 828 Mio. Franken Firmen mit «nichtprofitablen oder strategisch nicht relevanten Geschäften» mit einem Umsatz von insgesamt gut 1.9 Mrd. Franken veräussert worden waren. Neben Maremont und Ormet umfassten diese Devestitionen weitere Beteiligungen im Rohmetallbereich, Beteiligungen an Energieunternehmen (inklusive Atomkraftwerk Kaiseraugst) und Metallbaufirmen.[23] In den Folgejahren, bis 1993, lag der Umsatz rund 10% tiefer. Der Grund war eine erneute Krise. «Im Verlauf des Geschäftsjahres haben sich die wirtschaftlichen Rahmenbedingungen nicht wie angenommen verbessert, sondern drastisch verschlechtert», hiess es dazu im Geschäftsbericht 1991. «Verschärft wurde die Lage durch Aluminiumexporte zu Billigstpreisen aus der ehemaligen Sowjetunion. Ein nicht mehr für möglich gehaltener Preiszerfall war die Folge.» Die Abkehr vom Tonnengeschäft habe aber «den Säuretest bestanden», indem der Spezialitätenanteil den Konzern vor Verlus-

Umsatz, Eigen- und Fremdkapital in Mio. Franken 1984–1999

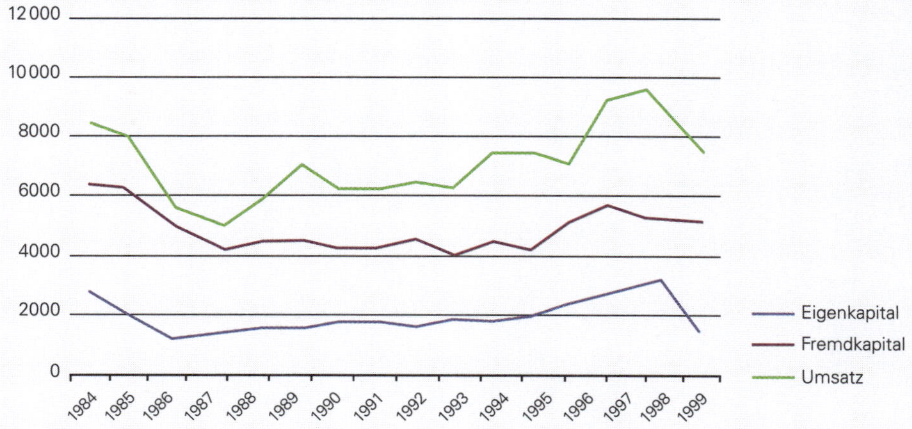

Die Ausschläge in der finanziellen Entwicklung waren nicht mehr so heftig wie in der Ära Meyer. Das Verhältnis von Eigenkapital zu Fremdkapital war aber auch jetzt noch nicht berauschend.

ten bewahrte. Nach dem Zusammenbruch des Ostblocks überschwemmte billiges Russenmetall, das auf den heimischen Märkten keine Abnahme mehr fand, Europa. Stark getroffen wurde zum Beispiel der Standort Singen.[24]

1993 war weiterhin von einer (allgemeinen) Rezession und einer Strukturkrise der Aluminiumindustrie mit hohen Lagern und tiefen Preisen geprägt. In Mitleidenschaft gezogen wurde auch der Standort Steg. «Die Situation von Steg hat sich durch den nicht vorhersehbaren, totalen Zusammenbruch des Aluminiummarktes viel rascher verschlechtert, als noch vor kurzem für möglich gehalten wurde», begründete die Alusuisse den Entscheid, die Elektrolyse zu schliessen. «Der ungebrochene Zufluss des Metalls aus Russland und der voranschreitende Aufbau neuer grosser Kapazitäten in Übersee lassen auch keine kurz- oder mittelfristige Verbesserung der Marktsituation erwarten, so dass ein wirtschaftlicher Betrieb der Hütte Steg aus der Sicht der Produktionskosten wie auch der Marktpreise ausgeschlossen ist.»[25] Die Zunahme des Konzernumsatzes 1994 war akquisitionsbedingt (Lawson Mardon), ertragsmässig herrschte «Erntezeit».[26] Die Dividende wurde von 10 auf 12% erhöht. Im gleichen Jahr erklärte Theodor Tschopp, die neuerliche Restrukturierung sei abgeschlossen. «In den letzten drei Jahren sind 7000 Mitarbeiter aus dem Konzern ausgeschieden und rund 8000 Mitarbeiter neu dazugestossen», rapportierte die «Neue Zürcher Zeitung». Vier Betriebe wurden geschlossen und zehn Gesellschaften abgestossen, aber auch zehn Firmen gekauft.[27]

1996 stellte die NZZ fest, die Alusuisse befinde sich «trotz schwieriger Konjunkturentwicklung gegenwärtig in einer Aufschwungphase».[28] Die Ziele, die man sich 1991 für ein Jahrzehnt gesteckt hatte, waren Ende 1996 «bereits weitgehend erreicht», die Ertragskraft hatte sich fortschreitend verstärkt, und im Januar 1997 war Alusuisse «derzeit einer der Börsenlieblinge». «A-L [Alusuisse-Lonza] verfügt über hervorragende internationale Marktpositionen»,

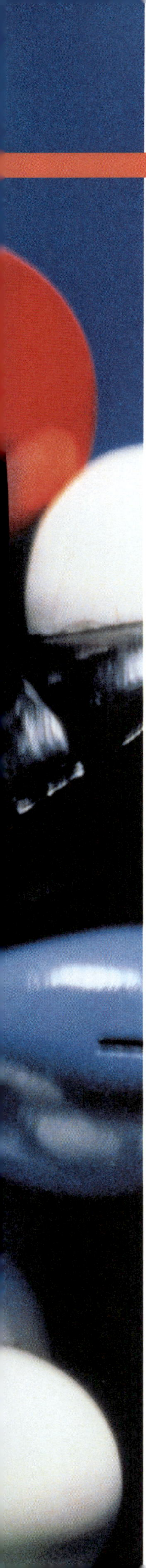

Reingewinn und Cashflow in Mio. Fr. 1987–1997

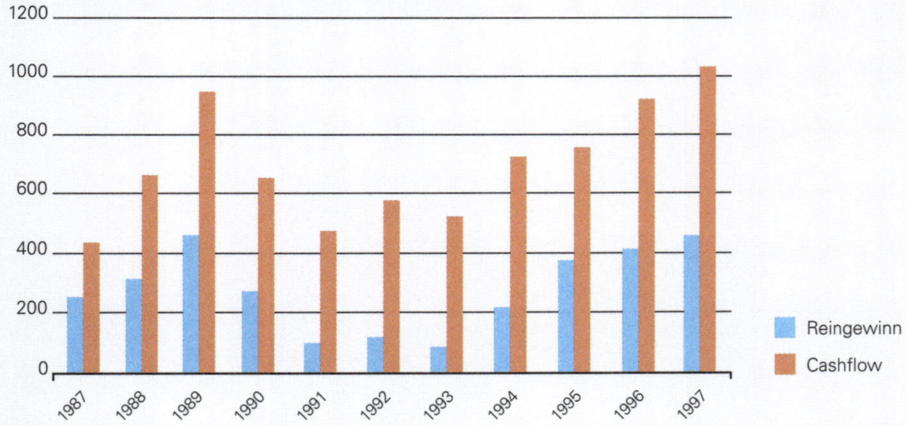

In den frühen1990er-Jahren hatte die Alusuisse-Lonza nochmals eine schwierige Phase durchzustehen.

Beschäftigte 1984–1999

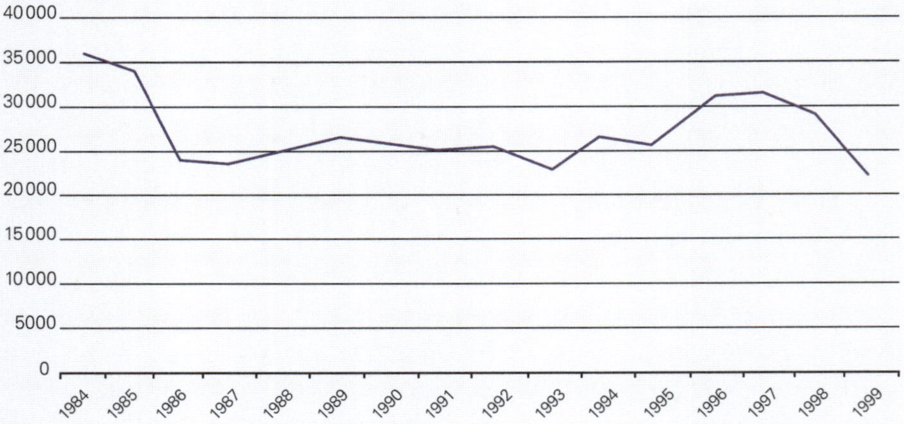

Nach dem massiven Abbau bis 1986 hielt sich die Beschäftigtenzahl in etwa konstant, bis sie durch neue Akquisitionen wieder anstieg.

Das Tandem Hans Jucker (rechts) und Theodor Tschopp prägte die Entwicklung der Alusuisse von 1986 bis 1997.

Viel Lärm um Ruhegehälter

1987 wurden die Ruhegehälter von Emanuel Meyer, Paul Müller und Bruno Sorato in den Medien ein Thema. «Ehemalige Alusuisse-Führung wird vom Ruhekissen aufgeschreckt», titelte die «Basler Zeitung». Mit einer einmaligen, vollständig von der Alusuisse bezahlten Einkaufssumme von 15.7 Mio. Franken in die Fürsorgeeinrichtung hatte sich das Führungstriumvirat bereits 1977, durch den Abschluss von entsprechenden Verträgen, jährliche Renten zwischen 280 000 und 500 000 Franken gesichert. Der Verwaltungsrat segnete dieses Vorgehen ab.[29] Der streitbare Rechtsanwalt Jürg Meister reichte in dieser Sache eine Verantwortlichkeitsklage gegen den Verwaltungsrat ein, namentlich gegen die Ausschussmitglieder Emanuel Meyer und Niklaus Senn. Der neue VR-Präsident Pius Binkert erklärte: «Wir verfolgen diesen Fall mit Interesse, aber die Alusuisse ist nicht beklagt, also auch nicht involviert.»[30] Emanuel Meyer reagierte mit einer Widerklage gegen Meister. 1990 wurde die Auseinandersetzung mit einem Vergleich abgeschlossen, was einem Sieg Meyers gleichkam.[31] Die erwähnten Beträge schienen damals sehr hoch zu sein. Verglichen mit den goldenen Fallschirmen und Bonuszahlungen des 21. Jahrhunderts, waren sie ein Pappenstiel.

lobten die Analysten der SBG. «Der Konzern ist der weltweit grösste Hersteller von Verpackungen für die rasch wachsende Pharmaindustrie und für Tabakfaltschachteln, der führende europäische Zulieferer von Aluminiumkarosserien sowie Weltmarktleader in der Exklusiv-Synthese.»[32]

Vision A-L 2000: Aluminium, Verpackung, Chemie

Hatten bei der Rettung der Alusuisse Sofortmassnahmen im Vordergrund gestanden, so machte man sich 1989, unter Beizug der Unternehmensberatung McKinsey, an eine gründlichere Ausarbeitung der neuen Strategie. Dabei wurde zum «Stand heute» festgestellt, die Basis für eine dauerhafte Profitabilität sei gelegt, es sei eine neue Rechtsstruktur geschaffen, das Leitbild verabschiedet, die Grobstrategie der Gruppe formuliert, die detaillierten Geschäftsstrategien befänden sich in unterschiedlichem Entwicklungsstadium, und die Anpassung der Organisationsstruktur sei in Bearbeitung.[33] Die neue Strategie «Vision A-L 2000», vom Verwaltungsrat im November 1991 «als Richtlinie für die nächste Zeit» gutgeheissen, postulierte unter anderem ein Umsatzwachstum bis zum Jahr 2000 von 6.5 auf 8–9 Mrd. Franken. Die gegenwärtige Struktur mit 50% Aluminium, 30% Chemie und 20% Verpackung sollte in 40% Chemie, 30% Aluminium und 30% Verpackung geändert werden. Die weitere Reduktion des Aluminiumbereichs hatte auch mit der formulierten Kernfrage zu tun: «Kann die A-L Gruppe überhaupt in drei grossen Märkten gleichzeitig erfolgreich sein?» Das Dilemma der Gruppe liege weniger in der Grösse dieser Märkte als im grossen Mittelbedarf für das Aluminiumgeschäft, der das «Wahrnehmen von Wachstumschancen in den Nichtaluminiummärkten» erschwere, wurde dazu ausgeführt. Die Rechtsstruktur hatte man bereits angepasst: «Per 1. 1. 90 wurden praktisch alle Gruppenbeteiligungen, u. a. aus fiskalischen Gründen und um weiterhin vom Holdingprivileg profitieren zu können, in die neue Holdinggesellschaft Alusuisse-Lonza Holding AG, Zürich,

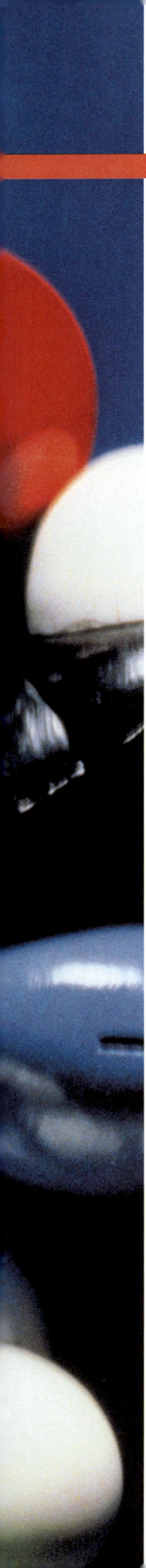

Ab 1990 firmierte der Konzern als Alusuisse-Lonza Holding.

eingebracht.» Parallel dazu wurden die Alusuisse-Lonza Trading und die Alusuisse-Lonza Services gegründet. Die Walliser Werke überführte man in die eigenständige Tochtergesellschaft Alusuisse Schweizerische Aluminium AG, Sierre.[34]

Im Sommer 1992 wurde die Entwicklung von 1990 bis 1992 analysiert, mit der Strategie verglichen und ein Fünfjahresplan formuliert. Für die Realisierung und Durchsetzung des strategischen Plans wurde ein «Fünfkampf»-Programm definiert, welches die Disziplinen Rentabilität, Wachstum, Restrukturierung, Ökologie und Unternehmensprofil umfasste.[35] Drei Jahre später strebte man – die ständige Anpassung der Strategie war von Anfang an gefordert worden – nicht mehr drei umsatzmässig vergleichbare Bereiche an, sondern die Bereiche mit dem grössten Wertschöpfungspotenzial sollten ausgebaut werden.[36] Neben der Chemie sah man Chancen vor allem beim Aluminium, das von der «Last» des Rohmetallbereichs inzwischen weitgehend befreit war. Theodor Tschopp trat auch mit der klaren Aussage an, den Wert der Aktie (Shareholder value) heben zu wollen. «Zur klaren Ausrichtung auf die Wertsteigerung des Unternehmens sollen auch die Aktienbezugsrechte für das Management beitragen, die wir in diesem Jahr einführen möchten», erklärte er 1996.[37]

Von Jucker zu Tschopp

Personell war die neue Strategie «Vision A-L 2000» begleitet vom Rückzug Hans Juckers aufs Verwaltungsratspräsidium, wo er 1991 auf Pius Binkert folgte, und von der Einsetzung von Theodor Tschopp als neuem CEO. In der neuen Organisationsstruktur, ab Januar 1991 in Kraft, waren die Geschäftsaktivitäten in fünf Bereiche und zwei zentrale Funktionen zusammengefasst. Eine achtköpfige Konzernleitung unter der Führung von Tschopp löste die vierköpfige Generaldirektion unter Jucker ab. Ihr gehörten der stellvertretende

Verwaltungsrats-präsident Hans Jucker, am Rednerpult, und die Konzernleitung.

KL-Vorsitzende Eduard Thalmann (Materialien und Energie) und Finanzchef Georges Schorderet an, die zusammen mit Tschopp den Konzernleitungsausschuss bildeten, ferner Fritz Blaser (Human Resources und Dienste), Dominique Damon (Verpackung), Peter Kalantzis (Organische Chemie), Edward A. Notter (Rohstoff- und Metallversorgung) und Dieter Syz (Industrielle Produkte), ein Sohn des früheren Wallis-Chefs Werner Syz. 1992 verliess Syz, der als neuer Chef zur Schweizer Post- und Telekommunikationsgesellschaft PTT wechselte, die Konzernleitung. 1993 schieden auch Thalmann, Blaser und Notter aus, wobei das im Geschäftsbericht mit praktisch keinem Wort erwähnt wurde. Neu zog der Deutsche Heinrich Holtmann als Bereichsleiter Aluminium in die KL ein, schied aber nach nur vier Monaten wieder aus. Damit war die Konzernleitung wieder auf vier Köpfe geschrumpft. 1995 ersetzte Sergio Marchionne als Finanzchef Georges Schorderet, und Dominique Damon schied aus. An ihre Stelle trat Henk van de Meent, und den Aluminiumbereich übernahm Kurt Wolfensberger. 1997 löste Marchionne Theodor Tschopp als CEO ab, neuer Finanzchef wurde Urs P. Fischer, Peter Kalantzis avancierte zum Head of Corporate Development (Konzernentwicklung), und der Walliser Leander Tenud leitete neu den Bereich Chemie.

Mit der Neuorganisation war auch eine Dezentralisierung verbunden und damit eine Abkehr vom äusserst zentralistischen Führungsstil, wie ihn Emanuel Meyer gepflegt hatte. Bei der Straffung und Anpassung der Führungsstruktur sei man vor allem darauf bedacht gewesen, die Managementkapazitäten auf die veränderte Rollenverteilung zwischen dem Konzernhauptsitz und den drei Geschäftsbereichen Aluminium, Verpackung und Chemie auszurichten, hiess es dazu. «Während die in Zürich domizilierte A-L Holding gesamtstrategische Aufgaben wahrnimmt und eine optimale Koordination der konzernweiten Ressourcen sicherstellt, wurden die operativen Entscheidungsbefugnisse an die Geschäftsbereiche delegiert.»[38]

Bei den Devestitionen nach dem Führungswechsel nahm man nicht nur von verschiedenen Hütten Abschied, sondern auch von der «Exotin» Sana in Italien, die während Jahrzehnten die Schiffstransporte besorgt hatte.

«Weg von der Tonne – Hin zum Markt»

Zum Aluminiumbereich hatte man 1980 im Rahmen der 50:50-Strategie festgestellt, man wolle dessen Gewicht, «entsprechend den eigenen langfristigen Konzernzielen», innerhalb des Unternehmens nicht verstärken. «Man möchte lediglich in einem wachsenden Weltmarkt für Leichtmetall den derzeitigen Anteil von rund 6% halten.»[39] 1984 lautete die Bilanz: «Das bisherige Ergebnis und die relative Stabilität der Diversifikationsbereiche unterstreichen das Gebot, die Fifty-Fifty-Strategie konsequent durchzuführen.» Diese habe «die Feuerprobe bestanden», weil der kumulierte Verlust auf dem Leichtmetall durch den Gesamtgewinn der Diversifikationssparten überkompensiert worden sei.[40] Nach dem Ende der Ära Meyer und dem Abschied von 50:50 prägte der neue Aluminiumchef Theodor Tschopp 1987 für den Bereich die Losung «Weg von der Tonne – Hin zum Markt».[41] Dem wurde in der Folge auch nachgelebt. Bei der neuen Strategie, die einen weitgehenden Rückzug aus der Rohaluminiumproduktion und den Ausbau der marktnahen Spezialprodukte postulierte, kam der Produkt- und Verfahrensentwicklung besondere Bedeutung zu.[42] Als Spezialerzeugnisse hatte man vor allem Folienprodukte, Halbzeugspezialitäten, Verbundwerkstoffe, Aerosoldosen, Gusslegierungen

«Gerade noch gewährleistet»

Zur Strategie des weitgehenden Abschieds aus der Rohmetallproduktion erklärte der frischgebackene Verwaltungsratspräsident Pius Binkert 1987: «Die Produktion von Aluminium mit Commodity-Charakter spielt in der Alusuisse fortan nur noch eine Nebenrolle. Im unteren und mittleren Qualitätssegment sind Venezuela, Brasilien, Kanada und die Länder am Golf heute gleich mehrfach im Vorteil. Sie verfügen über Bauxit, billige Energie, billige Arbeitskräfte und über den Zugang zum Meer. Deshalb wird im Hause Alusuisse die Rohaluminium-Erzeugung auf einen Stand abgebaut, der die Versorgungssicherheit des Unternehmens gerade noch gewährleistet. ‹Nicht erpressbar sein, flexibel bleiben›, heissen die Kriterien.»[43]

und keramische Filter im Auge. Die Einführung der Marktorientierung und Aufgabe der Produktorientierung kam einem «Kulturwechsel der Gesellschaft» gleich.[44]

Das Programm, das der Konzern dann durchzog, war ziemlich radikal. In den Hütten Chippis und Rheinfelden wurden zuerst die Kapazitäten abgebaut, dann legte man sie vollständig still. Ebenfalls geschlossen wurde die Hütte in New Johnsonville, der Caster II in Essen wurde abgestellt. Die Alusuisse verkaufte die Beteiligung an Ormet, die restliche Beteiligung von 50% an der italienischen Sava, eine Beteiligung von 24.8% an der norwegischen Søral an Norsk Hydro, die damit 49.9% von Søral hielt, eine Beteiligung von 9.7% an der niederländischen Aluchemie (Anoden), die Beteiligung an der Frialco (Bauxit, Tonerde in Guinea), eine Beteiligung von 1% an der venezolanischen Interalumina (Tonerde), ausserdem die Wefa (Werkzeugbau) und im Bereich der Verarbeitung Alumaco (Leichtmetallbau) und Nigalex (Presswerk) in Nigeria, die Restbeteiligung an der Benalu (Metallbau) in Frankreich, die MBB (Metallbau) und Metoxit (Oxidkeramik) in Thayngen. In Italien trennte man sich auch

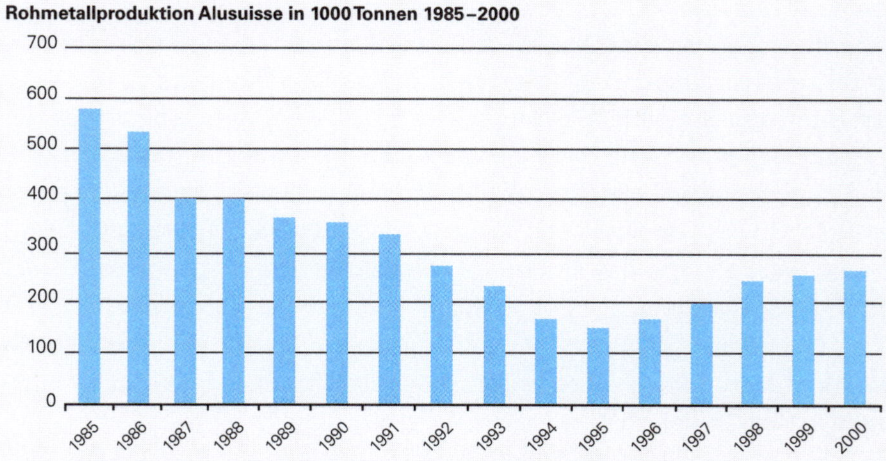

Die Devise «Weg von der Tonne» kam in der Rohmetallproduktion der Alusuisse deutlich zum Ausdruck.

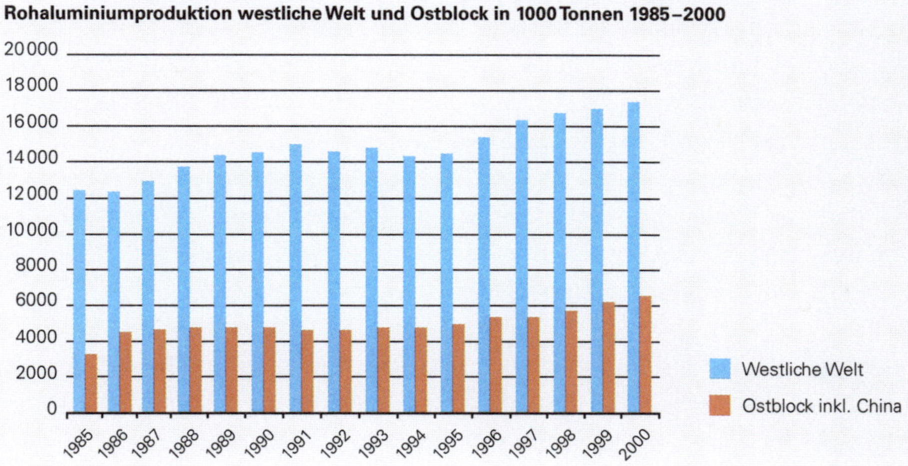

Die Produktion des Ostblocks überschwemmte nach dem Ende der kommunistischen Regierungen den Westen, weil der Absatz im Ostblock zusammenbrach.

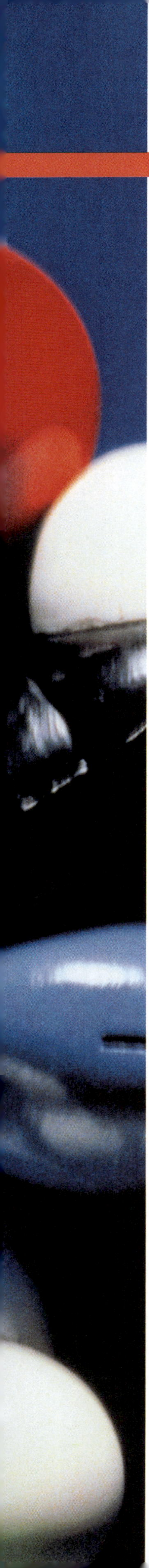

von der inzwischen zur «Exotin» gewordenen Sana, die an die Schweizerische Reederei und Neptun AG in Basel ging.

Das Ziel, Nettokäuferin von Rohaluminium zu werden, hatte die Alusuisse 1987 bereits weitgehend erreicht. Die Rohaluminiumproduktion wurde von 683 000 auf 370 000 Tonnen reduziert, also annähernd halbiert. In den USA war das Unternehmen zur Metallkäuferin geworden, während in Europa eine «nahezu ausgeglichene Rohmetallversorgungsbilanz» resultierte.[45] Entsprechend wurde der Handel neu aufgebaut bzw. strukturiert, stiegen die gehandelten Volumina doch stark an. Die Schliessung von Hütten führte zur Zunahme der Rohmetallbeschaffung bei Dritten und zu steigendem Absatz von Rohstoffen, vor allem Tonerde, an Dritte. Man legte Einkauf und Verkauf der Bereiche Rohmetall sowie Bauxit und Tonerde in eine Organisation zusammen, in die man auch den Rohmetallhandel – zurückverlegt von Konstanz nach Zürich – integrierte. 1989 wurde mit der Alusuisse-Lonza Trading (ALT) eine eigenständige Tochtergesellschaft gegründet, in die auch der Anodenverkauf und -handel und die Rohstoff- und Rohmetalltransporte überführt wurden. Die «einmaligen Stärken» der ALT waren ihre etablierte Marktposition in der Aluminiumindustrie und die Tatsache, dass sie mit ihren Aktivitäten in einen Konzern mit eigenen Produktions- und Verarbeitungswerken eingebettet war. Ab 1993 intensivierte die ALT die von ihr aufgebauten Kontakte zu den Rohaluminiumproduzenten in Russland. Die Eröffnung einer Vertretung in Moskau, gekoppelt mit einer intensiven Reisetätigkeit bis in entfernte Ecken Sibiriens, war Ausdruck dieser Aktivitäten, die auch den Aufbau eines Halbzeughandels von Russland nach den USA beinhalteten.[46] Nie zum Tragen kam eine andere Absicht: Nach US-Vorbild wollte man in Europa eine Swingkapazität einführen, also über Elektrolysekapazitäten verfügen, die man bei Bedarf anfahren und in der Krise wieder stilllegen konnte.[47] Eine solche Swinghütte forderten die Gewerkschaften 1990 als Alternative zur vollständigen Schliessung der Elektrolyse in Rheinfelden.[48]

1997 bestand die Rohmetallkapazität der Alusuisse, die einst nicht weniger als zwölf Hütten betrieben hatte, noch aus der Hütte Steg, die auf der Abschussliste stand, der Hütte der Isal in Island sowie einer 50%-Beteiligung an Husnes in Norwegen. Die einzige Erweiterung, welche die Alusuisse trotz der Reduktion der Kapazitäten noch vornahm, war der Bau einer dritten Ofenlinie bei der Isal. Deren Kapazität erhöhte sich dadurch von 100 000 auf 160 000 Tonnen. Nicht nur Elektrolysen der Alusuisse, sondern auch zahlreiche andere Hütten wurden seit den späten 1980er-Jahren in Europa geschlossen.

1992 devestierte die Alusuisse auch ihre Beteiligung an der Aluminium AG Menziken, die sie seit 1922 gehalten hatte. «Nachdem früher Alusuisse an Menziken billigeres Metall lieferte, ist dies seit 1986 nicht mehr der Fall»,

Der Hafen der Isal in Island, der einzigen Hütte, die von der Alusuisse noch ausgebaut wurde.

Aluminium im Tiegel, aufgenommen bei der Isal.

begründete CEO Theodor Tschopp den Schritt. «Mit 20% haben wir auf das Geschäft und die Entscheidungen keinerlei Einfluss, sodass heute auch aus strategischen Überlegungen die Beteiligung abzustossen ist.» Die Menziken-Aktie mit einem Nennwert von 500 Franken war damals etwa 3500 Franken wert, und man scheine bereit zu sein, so Tschopp, «uns einen Paketzuschlag von 30–50% zu zahlen».[49] Auf der andern Seite kam die 1987 anvisierte Übernahme der Nestlé-Tochter Alupak in Belp (BE) nicht zustande, weil Nestlé ihre Meinung änderte und die Verkaufsabsichten aufgab.[50] Inzwischen ist die Alupak selbstständig, für die Nespresso-Kapseln aber eine wichtige Lieferantin von Nestlé. Die lackierten Bänder für die Kapselproduktion bezieht Nestlé exklusiv von Alcan Rorschach (heute Amcor).

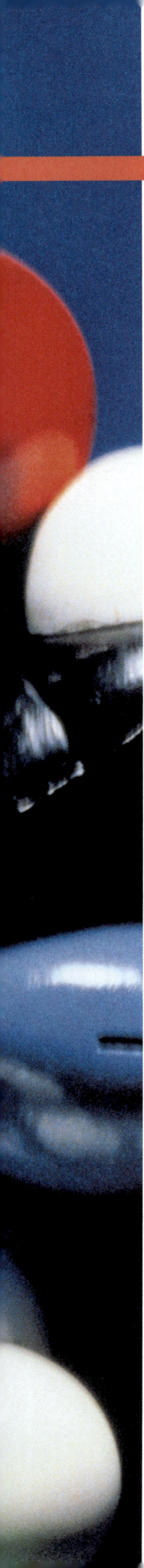

Umsatz nach Bereichen 1997

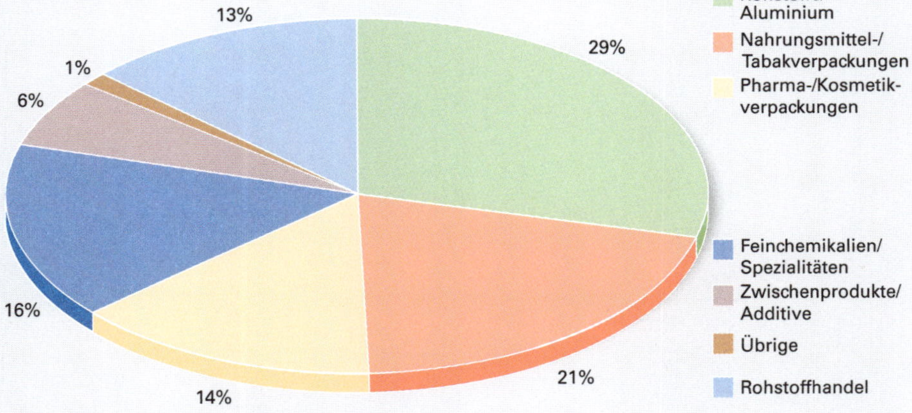

Die seit zehn Jahren verfolgte Strategie – weg vom Rohmetall, hin zu Produkten höherer Wertschöpfung – kam in der Umsatzverteilung 1997 klar zum Ausdruck. Auf die Sparte Aluminium entfielen aber immer noch beinahe 30%.

Mit Produktionskürzungen gegen die Ostmetall-Schwemme

Während die Alusuisse erfolgreich ihre Abhängigkeit vom Rohaluminium reduzierte, wurde das verbliebene Geschäft dieser Sparte ab 1991 durch die erwähnte Überschwemmung mit Ostmetall beeinträchtigt.[51] Eine ähnliche Situation hatte der Westen bereits in den 1960er- und 1970er-Jahren einmal erlebt. Die damalige konzertierte Aufkaufaktion des Dumpingmetalls durch die westlichen Produzenten hatte die EU mit dem Vorwurf der Kartellbildung unterbunden.[52] Diesmal war die Ursache der Zusammenbruch der kommunistischen Regimes. Der militärische Bedarf fiel mit einem Schlag weg, und der Aufbau ziviler Produkte erfolgte nur langsam. «Die Preise für Rohaluminium blieben angesichts der enormen Lagerbestände und der extrem hohen Exporte von Hüttenmetall aus der ehemaligen Sowjetunion unter Druck», wurde im Geschäftsbericht 1993 festgehalten. Von Ende 1990 bis Ende 1993 erhöhten sich die IPAI- (IAI), LME- und anderen Hüttenaluminium-Lagerbestände von rund 2 Mio. auf 4.7 Mio. Tonnen. Bei einem Normalbestand von rund 2.1 Mio. Tonnen resultierte damit ein Überbestand von 2.6 Mio. Tonnen. Ein grosser Teil dieser Lageraufstockung resultierte aus den Exporten aus der früheren Sowjetunion, die von rund 150 000 auf 1 Mio. Tonnen 1992 und 1.8 Mio. Tonnen 1993 anstiegen. Gleichzeitig fiel der LME-Kassapreis für Aluminium von 1522 Dollar pro Tonne im Dezember 1990 auf 1039 Dollar im November 1993, die tiefste Notierung in den 1990er-Jahren.

Die westlichen Produzenten reagierten mit einem Mittel, das in der Aluminiumindustrie bei Preiszerfall immer wieder angewendet wurde. Sie kündigten zwischen 1991 und 1993 zeitlich begrenzte Hüttenschliessungen im Umfang von 1.75 Mio. Tonnen an, wovon 700 000 Tonnen 1992 und 500 000 Tonnen 1993 abgestellt wurden. Auf dieser Basis wurden Kontakte mit der Regierung

Nach dem Zusammenbruch der Sowjetunion suchte das russische Metall Absatz im Westen. 2010 waren Bratsk und Krasnoyarsk, die beide der Rusal gehören, mit einer Kapazität von je 1 Mio. Tonnen die grössten russischen Hütten. Arbeiter in der Hütte in Bratsk.

der Russischen Föderation angestrebt, wobei auch auf westlicher Seite die Regierungen in Aktion traten. Im Oktober 1993 erfolgte in Moskau ein erstes Zusammentreffen auf Regierungsebene zwischen den USA, Australien, Kanada, der EU und Norwegen sowie Russland, mit dem Ziel, durch geeignete Massnahmen die Aluminium-Schwemme zu begrenzen. Weitere Treffen fanden im Dezember 1993 in Washington, im Januar 1994 in Brüssel und Ende Februar/Anfang März in Ottawa statt. An der letzten Zusammenkunft – unter Teilnahme von Industrievertretern – wurden multilaterale Elektrolyseproduktionskürzungen beschlossen, die ab 1. Mai 1994 galten. Dieses Memorandum of Unterstanding sah vor, dass die westlichen Produzenten, begrenzt auf zwei Jahre, ihre Produktion um 0.94 Mio. Tonnen pro Jahr, die russische Föderation um 0.30 Mio. Tonnen kürzen sollten. Die Alusuisse beteiligte sich an diesen Massnahmen mit der Kürzung von insgesamt 45 000 Tonnen in den Hütten Steg, Essen und Husnes.

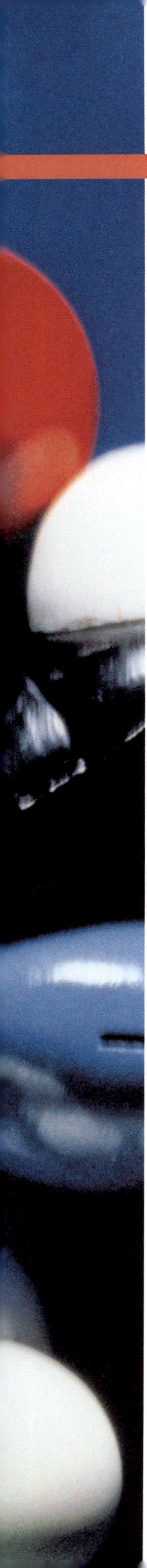

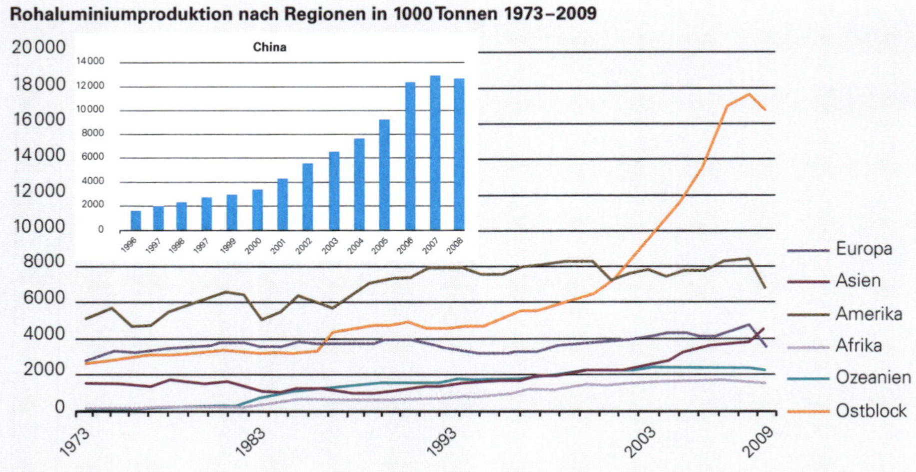

Seit 1990 verschob sich die Rohaluminiumproduktion immer stärker von den alten Industrie- zu den Schwellenländern (vor allem China) und in den Mittleren Osten. China ist in den Zahlen des Ostblocks enthalten.

Die Produktion in der Russischen Föderation sank von 2.9 Mio. Tonnen 1990 auf ein Tief von 2.7 Mio. Tonnen 1994. Da die Kürzung mit empfindlichen Einnahmeausfällen verbunden war, bat die russische Regierung um finanzielle Unterstützung. Gehör fand sie insbesondere bei den USA, die rund 250 Mio. Dollar über Anteilsinvestitionen in kapitalintensive Industrien offerierten. Die LME-Kassapreise erholten sich vom Tief von 1039 Dollar im November 1993 innert Jahresfrist auf 1892 Dollar, und bis im Januar 1995 kletterten sie gar auf 2060 Dollar. Dann ging der Preis wieder deutlich zurück.[53] 1996 setzte in der Branche aber eine beschleunigte Erholung ein und eine Expansion der Produktion speziell im Mittleren Osten und in Südafrika. Zudem etablierte sich China zunehmend als Aluminiumproduzent. Die Erfahrungen mit dem von den Regierungen ausgehandelten «Produktionskartell» dürften den Fusionsbemühungen in der europäischen und bald auch kanadischen Industrie entscheidenden Auftrieb gegeben haben. Eine andere Folge der Wende war, dass die Alusuisse entscheiden musste, ob sie in der ehemaligen DDR gelegene Grundstücke, die ihr einst gehörten, zurückhaben wollte. Sie lehnte dankend ab. Die Altlasten wären eine (zu) teure Angelegenheit geworden, und die Standorte hatten keinen Zusammenhang mehr mit dem Bedarf und der geografischen Ausrichtung des Konzerns.[54]

Abbau in Chippis

«Ob des Desasters bei der amerikanischen Tochtergesellschaft Conalco, das bis 1983 jährlich dreistellige Millionenlöcher in die Konzernrechnung gerissen und dadurch die Alusuisse an den Rand der Sanierungsreife getrieben hat, blieb deren zweitgrösstes Sorgenkind lange Zeit unbemerkt: die Hütten-, Press- und Walzwerke in Chippis, Steg und Siders, kurz Walliser Werke genannt», schrieb die «Neue Zürcher Zeitung» im Februar 1985. Im Jahr darauf

Die Werke in Chippis
(in der Mitte rechts)
und Sierre (unten).

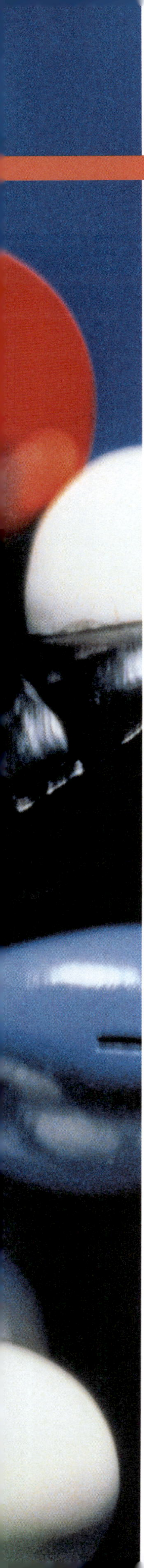

Nicht jetzt, aber bald

«Keine Alu-Produktion mehr», hiess es am 16. Februar 1987, basierend auf einer Meldung der Schweizerischen Depeschenagentur, im Zürcher «Volksrecht». Verwaltungsratspräsident Nello Celio habe im Westschweizer Radio gesagt, Chippis werde ganz geschlossen. Die Alusuisse dementierte umgehend, das treffe nicht zu: «Wenn Dr. Celio in dem Radiogespräch bestätigte, dass der Elektrolyse-Betrieb Chippis eines Tages stillgelegt werden müsse, so wiederholte er lediglich eine Information, die schon im September 1986 von der Direktion der Walliser Werke an Behörden, Personalvertretungen, Gewerkschaften und Medien abgegeben worden war.» Wenn die Metallpreise unter den Gestehungskosten verharren würden, werde man um die Schliessung «in absehbarer Zeit» aber nicht herumkommen.[55] Fazit: nicht jetzt, aber bald. Es dauerte dann immerhin noch bis 1992, bis die schon längst veraltete Hütte in Chippis vollständig stillgelegt wurde. Im gleichen Jahr kam auch das Ende für die Elektrolyse von Giulini in Martigny.

mussten die Walliser Werke, die seit 1981 rote Zahlen schrieben, «einen erheblichen Verlust hinnehmen, der hohe Restrukturierungskosten einschliesst».[56] Begründet wurde dieses Ergebnis mit den bekannten Faktoren: beträchtliche Exportabhängigkeit, Nachteil der hohen Lohn- und Transportkosten sowie des starken Schweizer Frankens. Man baute 250 Stellen ab. Im Rahmen der Reduktion der Rohmetallkapazitäten liess man die Hütte in Chippis nur noch mit halber Kapazität laufen. Auf der andern Seite erlaubte das elektromagnetische Giessen von Walzbarren «erstmals die Fertigung von hochlegierten Spezialblechen».[57] «Das Walzwerk und das Presswerk Siders, die Giesserei Chippis sowie die Aluminiumhütte in Steg mit einer Jahreskapazität von 48 000 Tonnen sind gut ausgelastet und von den Massnahmen in der Elektrolyse Chippis nicht betroffen», hiess es in der Pressemitteilung der Alusuisse.[58] In der Folge entwickelte man für die Aluminium-Aktivitäten im Wallis «ein zukunftsgerichtetes Konzept» (Masterplan WW 90), das «schrittweise sowohl im Marketing als auch in der Produktion realisiert werden» sollte.[59] Gefragt war ein generelles Umdenken in Richtung Produkte und Problemlösungen.

Steg: Und es geht (vorerst) doch weiter

Eine mehr als zehnjährige Leidensgeschichte durchlebte, vor ihrem definitiven Ende, die Hütte in Steg. Im Frühjahr 1993 beschloss die Alusuisse, die Hütte im Herbst 1994 stillzulegen.[60] Das blieb nicht unwidersprochen. Die Belegschaft wollte den Betrieb selber übernehmen, und der Zürcher Ingenieur Peter U. Fischer, weltweit als Berater von Aluminium-Firmen tätig, erklärte, er halte den Weiterbetrieb von kleineren Aluhütten in Westeuropa für durchaus sinnvoll.[61] Im November 1994 überraschte dann Staatsrat Wilhelm Schnyder im Walliser Parlament mit der Mitteilung, der in den letzten Jahren gewährte Rabatt auf der Wasserkraftsteuer werde der Alusuisse weiterhin eingeräumt, weil diese die Elektrolyse in Steg, mit noch 65 von ursprünglich 175 Beschäf-

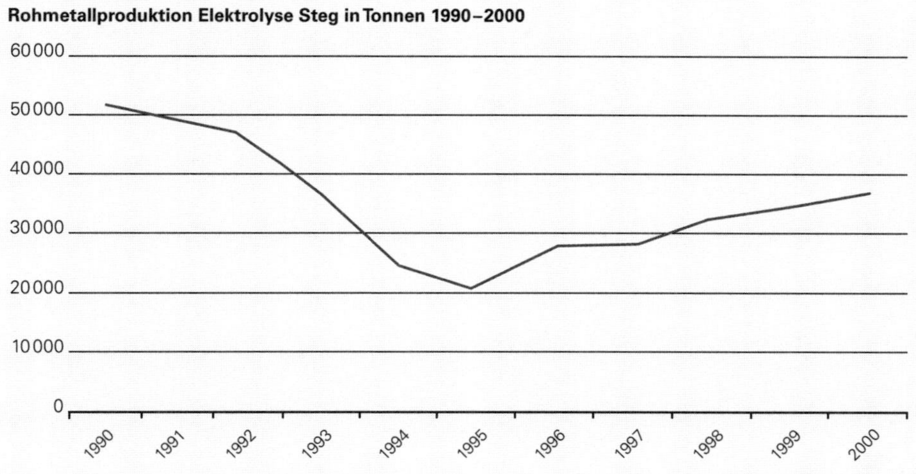

Die Produktion der Elektrolyse Steg richtete sich in den 1990er-Jahren nach der Entwicklung des Rohmetallpreises.

tigten, befristet bis März 1996 weiterbetreibe. Das Unternehmen begründete den Aufschub mit dem Umschwung bei den Metallpreisen. Entgegen den Erwartungen seien durch den Lagerzyklus und spekulative Effekte die Metallpreise rasch gestiegen. Das neue Preisniveau ermögliche, einen Drittel der Kapazität in Steg weiterzubetreiben.[62] 1997 hiess es zur Begründung der Weiterführung bis mindestens 1999, «anziehende Rohmetallpreise nach international abgesprochenen Kapazitätsreduktionen sowie geringere Energiekosten im Zusammenspiel mit einer flexiblen Haltung des Kantons Wallis» machten dies möglich.[63]

Hier mischten sich kurzfristige Überlegungen in die langfristige Konzeption, und das Hin und Her zeigt auch, welch grosse Rolle der Aluminiumpreis in der Branche spielt. Nach dem ersten Schliessungsentscheid hatte der Delegierte für Wirtschaftsfragen des Kantons Wallis in einem Brief an die Wirtschaftsredaktion der «Neuen Zürcher Zeitung» deren Berichterstattung kritisiert und sich für den Ruf des Wallis gewehrt: «Während das Chemiewerk der Lonza in Visp regelmässig Gewinne erzielt, stellte die Elektrolyse in Steg in den letzten Jahren wegen der bedeutenden Metallmengen auf dem Markt aus den GUS-Staaten eine Verlustquelle dar, dies trotz moderner, auf dem neusten Stand der Technik stehenden Anlagen, welche die strengen Anforderungen der schweizerischen Umweltschutzgesetzgebung erfüllen, sowie einer qualifizierten und motivierten Arbeitnehmerschaft.»[64] Steg hatte aber auch wegen seiner vergleichsweise geringen Kapazität im Konkurrenzkampf Nachteile.

Im Februar 2000 hiess es, Glencore sei an einem Kauf der Elektrolyse interessiert.[65] Im Oktober 2005 teilte Alcan mit, über den Verkauf der Hütte Steg seien Vorgespräche aufgenommen worden. Als Interessent wurde ein Konsortium deutscher und schweizerischer Investoren genannt, das vom Walliser Albert Bass, Verwaltungsratsvizepräsident der Walliser Kantonalbank, angeführt

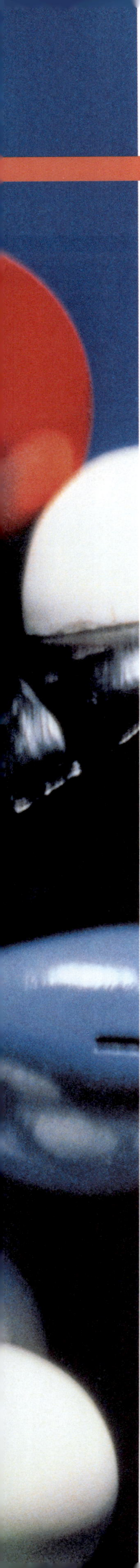

Ein wichtiger Standortnachteil waren die Transportkosten ins Wallis: Tonerdewagen auf der Lötschbergstrecke. Im Tal unten die Hütte Steg.

wurde und dem auch die Trimet in Essen angehörte, welche in den 1990er-Jahren die dortige Hütte der Alusuisse übernommen hatte. Auslöser für die neuerlichen Schliessungsüberlegungen waren offenbar Befürchtungen, dass der neu auszuhandelnde Stromliefervertrag eine massive Verteuerung der Energie mit sich bringen werde.[66] Das war dann auch der Fall, und im Dezember 2005 wurde der Abbruch der Verhandlungen mitgeteilt mit der Begründung, der Strompreis sei zu hoch.

Dagegen wehrte sich die Walliser Regierung mit dem Hinweis, man habe der Elektrolyse in den letzten sechs Jahren Stromrabatte im Umfang von 27 Mio. Franken gewährt und in dieser Zeit habe Alcan am Standort Steg Gewinne eingestrichen. Die Gewerkschaft Unia forderte den Kanton auf, «ernsthaft die Übernahme der Fabrik zu prüfen».[67] Nachdem die Stromlieferanten ihre Forderung nicht reduzierten, sondern sogar noch erhöhten, gab Alcan im März die Einstellung des Elektrolysebetriebs auf Ende April 2006 bekannt. 180 Arbeitsplätze gingen verloren.[68]

Giessen von Walzbarren in Steg. Diese wurden in den Walzwerken weiterverarbeitet.

Nach langem Hin und Her kam das endgültige Aus für die Hütte Steg 2006. Arbeiter beim Abbruch der Öfen 2007.

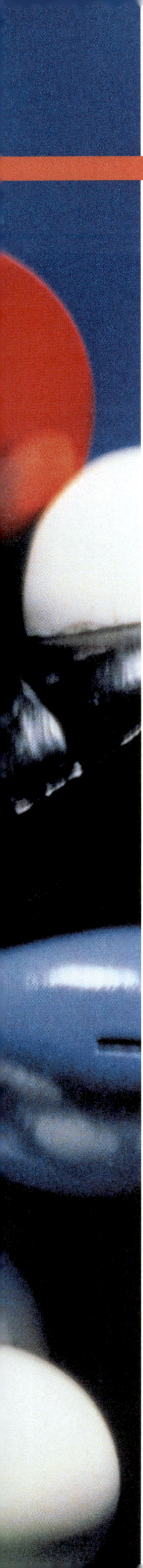

Der Masterplan WW 90

In den übrigen Bereichen, also von den Hütten abgesehen, hatte das Wallis aber auch positive Entwicklungen zu verzeichnen. Gleichzeitig mit der Teilschliessung der Hütte Chippis beschloss die Alusuisse, 6 Mio. Franken in die Giessereien der Walliser Werke zu investieren, um Qualität und Kapazität zu steigern. Im Oktober 1987 wurde eine neue Fabrik für keramische Filter (Selee) in Betrieb genommen. Ein Trostpflaster war auch die Verlegung der Abteilung «Verkauf Walzhalbzeug» von Zürich nach Chippis.[69] Im Geschäftsbericht 1988 wurde gemeldet, die Kommerzialisierung von Selee-Filtern in den Märkten Eisen-/Stahl- und Nichteisenmetallgiessereien sei nun «voll im Gange», und das Testprogramm für den Einsatz von Selee-Produkten in Katalysatoren und Dieselrussfiltern von Motorfahrzeugen laufe intensiv weiter. 1991 wurde Sierre ausgebaut, 1993 in eine neue grosse Presse investiert. In der allgemeinen Strukturkrise der 1990er-Jahre gab es indes auch Rückschläge, die mit dem Abbau von Stellen verbunden waren.[70] Im September 1991 wurde für 1000 Beschäftigte Kurzarbeit verordnet, mit Hinweis auf die weltweite Rezession und die Überschwemmung mit Metall aus den Oststaaten.[71]

Als 1987 der erwähnte Masterplan «Walliser Werke 90» (WW90) erarbeitet wurde, stellte man fest: «Wir haben sichtlich strukturelle Nachteile und wir sind dadurch ernstlich bedroht.» Das war ein Damoklesschwert, das seit Langem über den Walliser Werken hing. Mit dem WW90 wollte man die Leaderposition «in den Ländern und Anwendungsgebieten, in welchen wir bereits besonders aktiv sind», stärken und ausbauen, und die Spezialisierung entwickeln «durch eine Konzentration auf genau bezeichnete Branchen und intensives Weiterverfolgen unserer Bemühungen in Richtung neuer Anwendungen und Marktnischen». Zur Durchführung der Strategie bildete man «eine spezifische Organisation», jedes Projekt erhielt einen Projektleiter, und alle Projekte zusammen bildeten den Masterplan. Mit der «Mobilisierung aller Mitarbeiter» sollte ein Ruck durch die Walliser Werke gehen. Das sollte mit dem Projekt «Qualité totale» erreicht werden, «das prioritäre Projekt der Walliser Werke». Der Kunde, sowohl der interne als auch der externe, sollte König sein: «Wir alle auch innerhalb der Firma stehen, jeder an seiner Stelle, in einem Verhältnis Kunde-Lieferant und bilden dadurch eine wahre Kette der Qualität.»[72] Im Verwaltungsrat stellte CEO Hans Jucker fest, auch das vorgesehene Konzept habe seine Schwächen, aber die ersten Hürden seien genommen. «Erste Erfolge sind absehbar, aber ein mühsamer Weg steht uns bevor.» In der Diskussion wurde der Glaube zum Ausdruck gebracht, «zumindest das investierte Geld so am besten zu nutzen und unserer sozialen Verpflichtung im Wallis nachzukommen».[73]

Karosseriebleche für Daimler-Benz

Wohin die Reise gehen sollte, zeigte die 1988 begonnene Kooperation mit Daimler-Benz. Wegen des geringeren Gewichts und der Rezyklierbarkeit begann sich Aluminium sowohl gegenüber Stahl als auch gegenüber dem (noch leichteren) Kunststoff im Automobilbau immer stärker durchzusetzen. Das Walzwerk Sierre war damals bereits Alleinlieferant für grossformatige Karosseriebleche an Pinin Farina in Turin, der die Karosserien für den Cadillac Allante herstellte. Nun qualifizierte sich Sierre als Erstlieferant für das abnehmbare Aluminiumdach des neuen Mercedes-Sportwagens Roadster 129. Die einzige mögliche Konkurrentin in Europa für die Lieferung der ultrabreiten (2200 mm) Karosseriebleche war Pechiney-Issoire. «Unser Banddurchlaufofen (BDLO), in welchem das Band berührungslos schwebend durch den Ofenteil transportiert wird, hat gegenüber der Einzelblech-Vergüteanlage von Pechiney hinsichtlich der erreichbaren Oberflächenqualität deutliche Vorteile», wurden die Vorzüge von Sierre herausgestrichen. «Mit diesem Engagement, zusammen mit Ihren leistungsfähigen Produktionsanlagen, sind Sie jeder Her-

Mercedes-Benz

Dank seiner führenden technologischen Kompetenz in der Herstellung von Karosserieblechen wurden zahlreiche namhafte Automobilhersteller Kunden des Walzwerks Sierre.

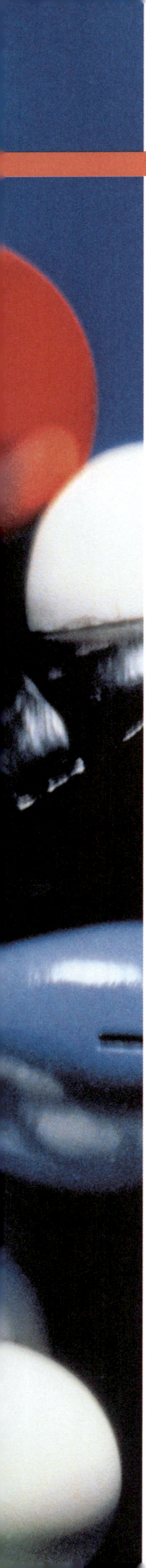

Geplatzt: Joint Venture mit Alcoa

«Alcoa kauft sich bei Alusuisse ein», titelte der «Tages-Anzeiger» im November 1991. Das Walzwerk in Sierre sowie Hütte und Giesserei in Steg sollten in ein Gemeinschaftsunternehmen überführt und in den folgenden drei bis fünf Jahren mit einem Aufwand von 300 Mio. Franken ausgebaut werden. Hergestellt werden sollten in erster Linie gut verformbare Bleche, die dem Aluminium neue Anwendungsgebiete im Automobil- und Flugzeugbau eröffneten. «Alusuisse und Alcoa haben beide Alu-Legierungen entwickelt, die leicht bearbeitet werden können und damit einen der Nachteile von Aluminium gegenüber Stahlblech verringern», liess der «Tages-Anzeiger» seine Leserschaft wissen. Das Presswerk in Sierre, die Giesserei in Chippis, die meisten Immobilien und der gesamte Grundbesitz der Alusuisse sollten ausserhalb des Joint Venture bleiben.[74] Dem Aktionär bringe das Joint Venture kurzfristig die Realisierung eines ausserordentlichen Ertrags von 150 Mio. Franken, langfristig die Zukunftssicherung für die Walliser Werke, eine bessere Rentabilität, eine bessere «Hardware» sowie den Zugriff zu Produkten und Märkten, die sonst nicht zugänglich wären, wurde im Verwaltungsrat ausgeführt. Von den Beschäftigten hätten rund 1250 in die neue Alusuisse Alcoa Aluminium AG gewechselt, rund 800 wären im Presswerk und der Giesserei Chippis verblieben.[75] Die Verhandlungen schleppten sich in der Folge dahin. Im Juni 1992 wurden als Schwierigkeiten genannt, dass der partnerschaftliche Grundtenor nicht vorhanden sei und dass die Rendite des Projekts für Alcoa angeblich nicht attraktiv genug sei. Ein weiterer Stolperstein waren die Umweltprobleme in Steg und Chippis. Ein «letztes» Angebot der Alusuisse sah unter anderem vor, dass die Hütte Steg von der Vereinbarung ausgenommen werde. «In einer Woche findet mit dem ‹Chairman› und ‹CEO› der Alcoa, Paul O'Neill, ein weiteres Gespräch statt», teilte CEO Theodor Tschopp mit. «Dort wird es um das ‹Entweder-Oder› gehen.»[76] Warum das Vorhaben letztlich scheiterte,[77] dürfte verschiedene Gründe gehabt haben. Eine Erklärung lautet, dass Alcoa wegen der rückläufigen Konjunktur und des verschlechterten Dollarkurses kalte Füsse bekommen habe. Nach dem Scheitern baute die Alusuisse in Sierre und Chippis weitere 200 Arbeitsplätze ab, wobei man betonte, der Alcoa-Entscheid habe für diese Massnahmen «fast keine Rolle gespielt».[78]

ausforderung gewachsen», schrieb Daimler-Benz im Mai 1988 nach ausgedehnten Werkbesuchen in Sierre. «Wir sehen der Belieferung durch Ihr Haus hoffnungsvoll entgegen.» Der Roadster 129 war für Daimler-Benz der Vorreiter einer neuen S-Klasse, womit sich für Sierre weitere Chancen eröffneten.[79] An der Generalversammlung von 1992 wurde Ernst Georg Stöckl, Direktionsmitglied von Daimler-Benz, in den Verwaltungsrat der Alusuisse-Lonza gewählt. Diese Zuwahl wurde explizit damit begründet, dass man «einen Vertreter aus der Automobil- und Eisenbahnsparte in den Verwaltungsrat ALH [Alusuisse-Lonza Holding] aufnehmen» wolle.[80] Daimler-Benz war der Einstieg. Weitere Automobilfirmen folgten, mit Audi als Höhepunkt. Der zweite wichtige Standort für die Zusammenarbeit mit der Autoindustrie war Singen.

Audi wählte die Alusuisse 1993 als Erstlieferanten der Karosseriebleche für den A8 aus, der mit einer Ganzaluminium-Karosserie ausgestattet war. Das festige die Position der Alusuisse auf dem Automobilmarkt, hielt der Geschäftsbericht fest. Im Jahr 2000 wurde mit einem Riesenaufwand der Audi A2 lanciert.[81] Die Medien überschlugen sich in Superlativen. «Mit dem A2 erobert die VW-Tochter das Segment der kompakten Raumwunder. Hier soll

Der Audi A8, ganz aus Aluminium.

Audi wurde für die Alusuisse zu einem besonders wichtigen Kunden.

das erste Alu-Grossserienauto als alltagstaugliche Zukunftsvision punkten», schrieb zum Beispiel die Gratiszeitung «20minuten». «Die neue Leichtigkeit», titelte der «Walliser Bote», die «Aargauer Zeitung» sah «Alusuisse mit Audi gut in Fahrt», und das «Bündner Tagblatt» hob das «Walliser Alu-Know-how» hervor. Sechs weitere europäische Werke des Konzerns waren neben Sierre in die A2-Fertigungspartnerschaft mit Audi involviert. Die Sparte Alusuisse Automotive steuerte damals zum Produkteumsatz der Aluminium-Division rund 20% bei. Das erforderte auch Vorleistungen. Allein für das seit 1995 laufende Projekt Audi A2 wurden rund 70 Mio. Franken in Spezialmaschinen und Infrastrukturen investiert. «Robotik und Hydroformanlage brachten die Verarbeitungstechnologie zur Serienreife». Der A2, mit seinen 895 Kilogramm Leergewicht 40% leichter als ein in konventioneller Stahlbauweise gefertigtes Modell, war aber keine Erfolgsstory. Es sei wohl gewagt gewesen, ein so wertvolles Auto als Kleinauto auf den Markt zu bringen, lautet eine der möglichen Erklärungen.[82]

Die Allega: Geschichte des Handels

Eine wichtige Rolle für die Walliser Werke spielte die Handelsfirma Allega, die dafür sorgte, dass das Aluminium-Halbzeug aus den Walz- und Presswerken den Weg zur verarbeitenden Industrie fand. Bereits in den 1930er-Jahren erkannte man die zunehmende Bedeutung eines Feinverteilsystems. Die Allega

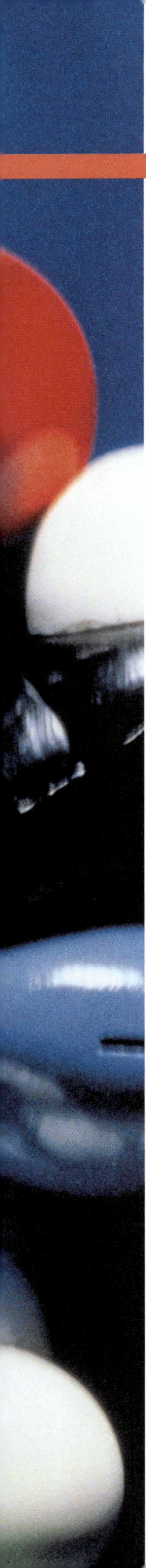

wurde 1933 als Tochter der Alusuisse in Basel gegründet. Bei der Eisenhandlung Ernst Schoch hielt man ein kleines Konsignationslager, also ein Lager, dessen Ware bis zum Zeitpunkt des Verkaufs im Eigentum der Alusuisse blieb. 1936 wurde der Sitz in den Ballungsraum Zürich verlegt, wo 1948 ein Neubau mit Lagerräumen und Büros an der Buckhauserstrasse in Zürich-Altstetten bezogen werden konnte. Diese Gewichtsverlagerung nach Zürich war nicht unumstritten. Der frühere AIAG-Direktor Gerhard Steck-von Erlach hegte «die schwersten Bedenken gegen die Errichtung dieses Lagerhauses», wenn es an einem anderen Ort als in Chippis gebaut werde. Die vorgeschlagene Lösung erscheine ihm «verkaufstechnisch falsch und geschäftspolitisch äusserst gefährlich». Steck bezweifelte die angegebenen Absatzvolumen ab Zürich, ar-

Das Aluminiumprofil-Hochregallager der Allega im «Kappeli».

1997 wurde die Allega von Zürich auf das Areal der Refonda in Niederglatt verlegt. Die Aufnahme wurde während des Baus des neuen Servicecenters, am 21. April 1997, gemacht.

gumentierte mit den hohen Frachtkosten, plädierte dafür, wie der Eisenhandel und der Kupferhandel überall Verkaufsagenturen zu unterhalten, und er nahm an, dass die anderen Schweizer Halbzeugfabrikanten, welche rund die Hälfte des Alusuisse-Rohmetalls abnahmen, den Bau eines grossen Allega-Lagerhauses in Zürich «als eine Kampfansage betrachten» würden. Steck befürchtete, dass die Halbzeugfabrikanten die Alusuisse dann bei der Verteidigung des Aluminium-Einfuhrzolls, der für die Alusuisse sehr wichtig war, nicht mehr unterstützen würden. Zürich sei der richtige Platz, und die Präsenz der Allega könne nicht durch den Eisenhandel ersetzt werden, fanden demgegenüber die Befürworter, die sich «mit grosser Mehrheit» durchsetzten.[83] Die Allega installierte sich in Zürich und nahm eine sehr gedeihliche Entwicklung. 1956 wurde das Haus «Kappeli» vergrössert.

1970 expandierte die Allega in Altstetten ein weiteres Mal und erstellte das modernste Aluminiumprofil-Hochregallager Europas mit einem Fassungsvermögen von über 1500 Tonnen.[84] 1984 beschäftigte die Allega 125 Personen und der Umsatz, der mit mehr als 8000 Kunden erzielt wurde, lag nahe der

Im Service-Center der Allega werden die aus Halbzeugwerken gelieferten Formate für die Kunden zugeschnitten. Im Bild eine Bolzensäge.

100-Mio.-Grenze. Rund 13 000 Tonnen Halbzeug wurden jährlich verkauft. Hinzu kamen Zubehörteile für Fenster-, Fassaden- und Nutzfahrzeugbau-Systeme sowie Verbundplatten. Zu über 90% erfolgten die Halbzeugbezüge aus den Walliser Werken. In die Verantwortung des Halbzeugverkaufs in der Schweiz teilte sich die Allega mit dem Verkauf Inland, wobei ihre Haupttätigkeit neben dem Lagergeschäft im Konfektionieren für das Bauwesen und den Nutzfahrzeugbau lag. Die Allega belieferte auch die übrigen, nicht konzerneigenen Metallhandelsfirmen in der Schweiz.[85]

1991 nahm die Allega ein Servicecenter in Regensdorf (ZH) in Betrieb, und 1997 erfolgte der Umzug von Zürich und Regensdorf in einen Neubau nach Niederglatt (ZH). Nach der Übernahme der Alusuisse trennte sich Alcan 2007 von der Allega, weil sie gemäss Pressemitteilung nicht mehr zur Strategie des Bereiches «Engineered Products» passte. Zusammen mit andern europäischen Servicecentern – insgesamt 800 Beschäftigte an 32 Standorten in 10 Ländern, mit 340 Mio. Euro Umsatz – wurde sie an das US-Unternehmen Amari Metals verkauft.[86] 2008 beschäftigte die Allega am Hauptsitz in Niederglatt sowie im Servicecenter in Dagmersellen und im Verkaufsbüro in Saint-Blaise rund 160 Mitarbeiter. Als «einziger reiner Aluminiumspezialist in der Schweiz» bot die Firma gemäss Eigenwerbung eines der umfassendsten Aluminium-Sortimente für Industrie-, Bau- und Transport-Anwendungen an, welches unter anderem Bleche und Platten, Stangen, Rohre und Profile oder auch ganze Systeme und Bausätze für die Bau- und Transportbranche umfasste.[87]

Die Schliessung der Refonda

«Mit dem Übergang von Refonda an die damalige Alusuisse, Schweizerische Aluminium AG, folgte bezüglich Bautätigkeit wieder eine ruhigere Phase», heisst es in der Geschichte der Refonda. «Die ab 1988 angestrebte und mit allen Mitteln durchgezogene Mehrproduktion wurde nicht durch bauliche Erweiterungen, sondern über die Anpassung und Optimierung der Anlagen und Arbeitsweise verwirklicht.»[88] 1989, als die Refonda ihr 50-Jahr-Jubiläum feiern konnte, beschäftigte sie 145 Personen, die einen Umsatz von 83 Mio. Franken erwirtschafteten. Die Hälfte der Refonda-Produktion von 30 000 Tonnen Sekundäraluminium ging in den Export. Im Jubiläumsjahr wurde, um die Luftreinhalteverordnung einhalten zu können, die aus dem Jahr 1973 stammende Nassentstaubungsanlage durch eine Trockengasreinigung ersetzt.[89]

Doch bereits zogen sich dunkle Wolken über der Refonda zusammen. In der Schweiz schlossen zahlreiche Giessereien. Zudem wurde der europäische Schrottmarkt liberalisiert, mit einem Abbau der Ausfuhrzölle. «Refonda haben

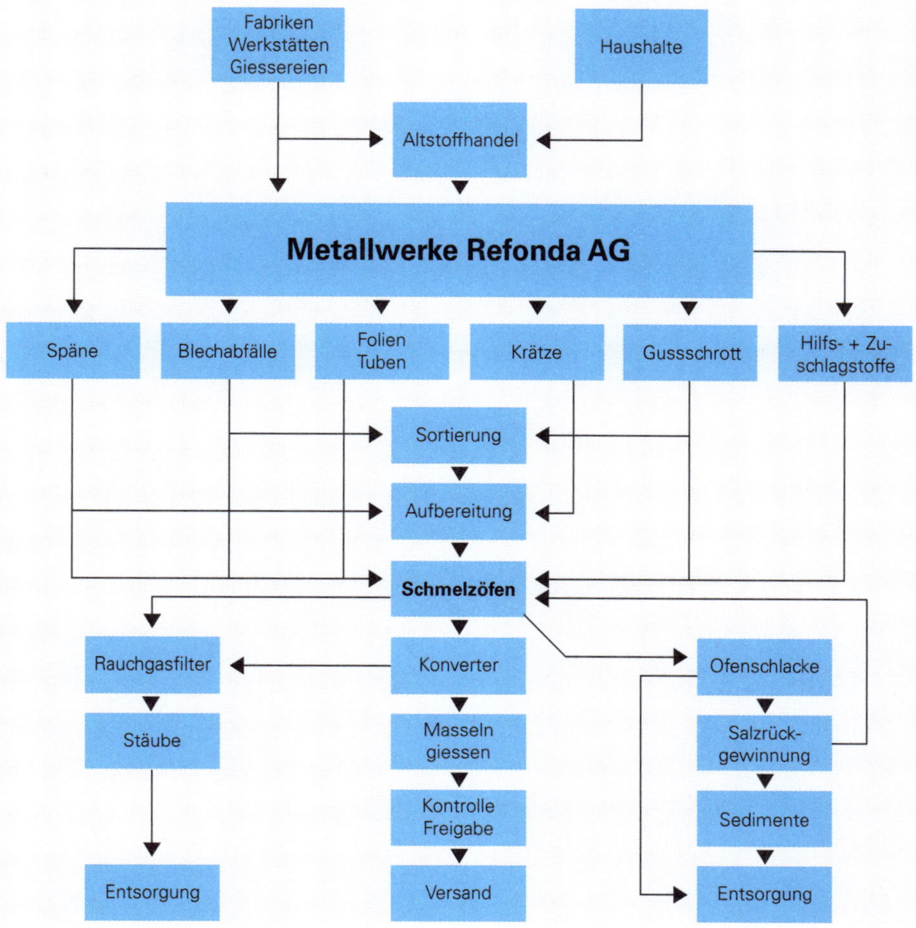

Von der Anlieferung bis zu Versand und Entsorgung: der Materialdurchlauf in der Metallwerke Refonda AG.

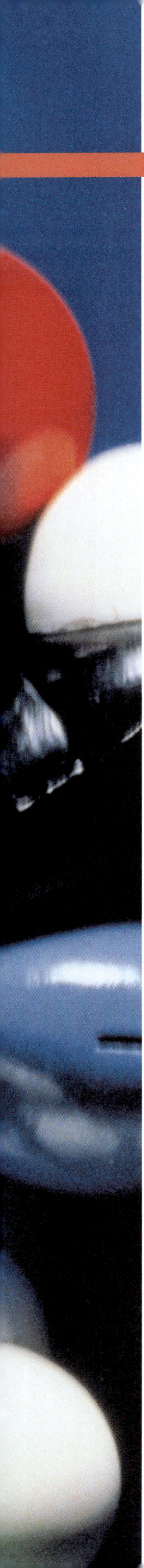

Aluminium, das fürs Recycling bereitsteht.

wir so lange weiterzubetreiben (mit eventuellen Sanierungsauflagen), bis wir Alternativen zur Verfügung haben, wo wir umweltgerecht Aluminium rezyklieren können», wurde im November 1991 erklärt.[90] Einen Monat später beschloss der Alusuisse-Verwaltungsrat die Stilllegung des Werks. Die Schliessung wurde mit wirtschaftlichen Überlegungen begründet: «Veränderungen in der schweizerischen Wirtschaft (weniger Aluminiumschrott, kleinerer Bedarf an Gusslegierungen), tiefe Metallpreise und hohe Betriebskosten führten zu Verlusten (ca. Fr. 1 Mio. pro Monat), die länger nicht mehr verantwortet werden können.» In Deutschland gebe es Schmelzwerke, «die allen Schrott der schweizerischen Aluminiumgesellschaften übernehmen und umweltgerecht aufarbeiten können», erläuterte man zum zukünftigen Konzept des Recyclings. Die kleine Fraktion des stark verschmutzten Haushaltschrotts (ca. 700 Tonnen pro Jahr) sollte, mit einem Kostenbeitrag der Alusuisse, bei vier bis fünf Schrotthändlern sortiert werden.[91] Mit diesem Konzept gelang es den Verantwortlichen, das Werk zu schliessen, ohne den Markt kaputt zu machen. Eine Beeinträchtigung der Recyclingmöglichkeiten hätte der Aluminiumverpackung geschadet, deren Verbot Umweltschutzkreise immer wieder verlangten.

Die Betriebseinstellung, von der 125 Beschäftigte betroffen waren, erfolge nicht aus ökologischen Gründen, wurde an einer Medienkonferenz betont. Aufgrund der bisherigen Schadstoffmessungen bestehe keine Gefahr für Menschen, Tiere und Pflanzen. Greenpeace hatte im Sommer zuvor mit einer gross angelegten Aktion die Stilllegung des Werks gefordert und vor erhöhten

Dioxinwerten in der Umgebung gewarnt. Das Messprogramm umfasse «die ganze Palette der heute bestimmbaren Schadstoffe und Schadstoffgruppen», teilte die Baudirektion des Kantons Zürich mit.[92] Während Greenpeace die Schliessung als Erfolg wertete, warf die Gewerkschaft SMUV dem Konzern «mangelndes Verantwortungsgefühl für die Belegschaft» vor und verlangte die «Suche nach zukunftsträchtigen Lösungen».[93] «Die Stilllegung des Werks 1992 hatte eine der aufwendigsten Altlastensanierungen im Kanton Zürich mit über 12 Mio. Fr. Kosten zur Folge», wird im «Historischen Lexikon der Schweiz» (HLS) festgestellt.[94] Die Umweltbelastungen stammten mehrheitlich von Vorgängerbetrieben der Refonda, deren Hinterlassenschaften bei der Übernahme nicht überprüft wurden. Dieser Fall hat die Alusuisse zu einem systematischen Umweltmanagement und sorgfältiger Due Diligence (Überprüfung) im Umweltbereich veranlasst.[95]

Ein Volk von Sammlern: Erfolgsmodell Igora

Dass das Ende der Refonda nicht gleichbedeutend war mit dem Ende des Aluminiumrecyclings, war auch der seit 1989 bestehenden Igora zu verdanken. «Um ein drohendes, wenn auch absurdes Verbot von Alugetränkedosen durch den Bundesrat zu verhindern, gründen Getränkeunternehmen und die Aluindustrie die Igora», heisst es in der Geschichte dieser von Alusuisse initiierten Organisation, deren Name aus der Abkürzung von Interessengemeinschaft für die Organisation des Recyclings von Aluminium-Getränkedosen entstand. In der Schweiz wurden damals rund 110 Millionen Dosen verkauft, für die man nun ein Sammelsystem aufbaute. Nach intensiven Verhandlungen mit dem Bund einigte man sich 1990 auf eine Verordnung über Getränkeverpackungen mit zulässigen Restabfallmengen pro Gebinde. Später wurde diese Verordnung angepasst und eine Mindest-Recyclingquote von 75% festgelegt. Ein

Wertvoll: gesammelte und gepresste Aludosen.

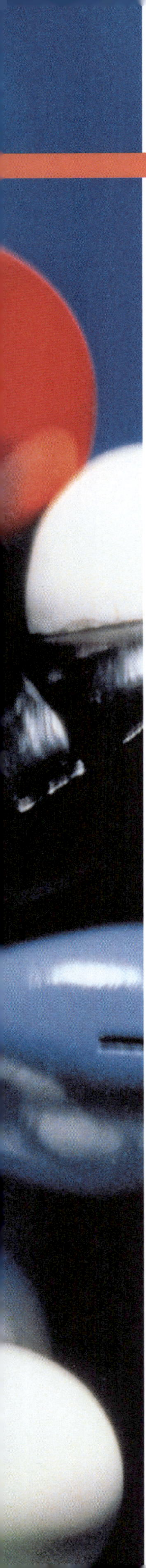

Ein Aluminiumrecycling-Ofen wird mit Material «gefüttert».

Vorgezogener Recyclingbeitrag (VRB) von 5 Rappen pro Dose sollte die Aktivitäten der Igora finanzieren. 1992 erreichte die Recyclingquote für Aludosen bereits 68%, 1993 waren es 80%. 1996 schlossen sich die Produzenten von Tiernahrung in Aluschalen dem Igora-System an, 1997 diejenigen von Lebensmitteltuben. Studien der Eidgenössischen Materialprüfungs- und Forschungsanstalt (EMPA) belegten die Nachhaltigkeit von Dosen, Schalen und Tuben aus Aluminium – wenn sie rezykliert werden. Bis 2008 wurde der VRB auf 1 Rappen pro Dose reduziert. Die «Neue Zürcher Zeitung» bezeichnete das Aluminiumrecycling in der Schweiz als eine «Erfolgsgeschichte», das Sammeln von Altaluminium sei in der Schweiz «zur Gewohnheit geworden».[96]

Mit vielfältigen Aktionen und Wettbewerben versucht die Igora, die Sammelquoten weiter zu erhöhen. 2009 kamen in der Schweiz 91% der Aludosen, 80% der Tierfutterschalen sowie rund 60% der Tuben ins Recycling. «Aluverpackungen sparen durch Recycling 95 Prozent Energie gegenüber der Neuherstellung und 1 Kilo recyceltes Aluminium spart zudem 9 Kilo CO_2», schrieb die Igora in ihrer Jahresbilanz.[97] Weltweit liegt die Quote bei den Dosen bei rund 70%.[98]

USA: Der Rückzug aus dem Aluminium

In den USA, wo man im Zeichen von 50:50 so gewaltig zugekauft hatte, gelang es bereits im August 1986, die Diversifikation Maremont abzustossen. Käuferin war die Arvin Industries Inc. in Columbus (Indiana), ein Zulieferer der Automobilindustrie.[99] Im Rahmen der Reduktion des Rohmetallanteils wurde die Beteiligung an Ormet mit einer Hütte in Hannibal (Ohio), einem (stillgelegten) Tonerdewerk in Burnside (Louisiana) und einer Anodenfabrik 1987 mit einem Management-Buy-out an Emmett Boyle verkauft. Ebenfalls veräussert

Die Hütte der Ormet in Hannibal, Ohio.

wurden in diesem Jahr das Presswerk in Madison, wo man Umweltprobleme hatte, und das Ingenieurunternehmen Heyward-Robinson. Die Sparte Dienstleistungen war mit der neuen Strategie aufgelöst worden. Die Hütte New Johnsonville wurde Ende 1986 stillgelegt.

Der Verkauf der Beteiligung an Ormet erinnert mit den damit verbundenen Finanztransaktionen phasenweise an ein Kriminalstück. Das Conalco-Management hatte sich bereits 1985 entschieden, einen Käufer zu suchen, weil die Partnerin Revere Copper unter Chapter 11 Zuflucht vor dem Konkurs gesucht hatte und man befürchtete, deren Verpflichtungen übernehmen zu müssen. Die Bemühungen von First Boston, die Beteiligung zu verkaufen, waren aber erfolglos. Daraufhin wurde 1986 eine Gruppe zusammengestellt, der Ormet-Präsident Emmett Boyle, der von First Boston ins Spiel gebrachte Thomas McGinty, Charles Bradley, der mit einem Versuch, Ormet zu kaufen, gescheitert war, Willy Strothotte, Präsident der sich später in Glencore verwandelnden Marc-Rich-Gesellschaft Clarendon, und First Boston, die eine Scheinfirma zur Verfügung stellte, angehörten. Ein monatelanger Streik begleitete diese Übergangsphase, während welcher Conalco und Revere nach wie vor in der Pflicht bzw. die Käufer Schuldner der Verkäufer waren.[100] Um die Rohmetallversorgung für ihre verbliebenen Walzwerke unabhängig von Ormet zu sichern, baute Conalco 1987/88 in Bens Run (West Virginia) ein Umschmelzwerk. Bens Run hätte für die Versorgung allerdings nicht vollständig ausgereicht.[101] 1990 endlich, als der Rohmetallpreis hoch war, beglichen die neuen Besitzer ihre Schulden bei Conalco und erhielten so volle Handlungsfreiheit. Boyle, Strothotte und Bradley zahlten die Partner aus und erwarben zusätzlich die Hütte Ravenswood von Kaiser. 1994 verkaufte die Alusuisse die Conalco, die neben Bens Run noch die beiden Walzwerke in Hannibal (Ohio) und Jackson (Tennessee) umfasste, an deren frühere Tochter Ormet. Damit habe das 1992 eingeleitete, konzernweite Restrukturierungsprogramm seinen Abschluss gefunden, hiess es im Geschäftsbericht.[102] 2004 flüchtete sich auch Ormet unter Chapter 11, worauf die Gewerkschaften in den Streik traten. 2005, aus Chapter 11 entlassen, übernahmen die Gläubiger, angeführt von Matlin Patterson Asset Management, das Unternehmen. Das wieder betriebene Tonerdewerk Burnside wurde stillgelegt, Bens Run 2005 an Aleris International, ein führendes Unternehmen im Aluminiumrecycling, verkauft.[103]

Während beim Rohaluminium ein fast vollständiger Rückzug erfolgte, wurden in den Bereichen Chemie und Verpackung die Positionen in den USA ausgebaut. 1997 figurierten auf der Liste der wichtigen Konzerngesellschaften noch die Holding Alusuisse-Lonza America Inc, die Lawson Mardon Wheaton Inc (Verpackung) und die Lonza Inc (Chemie). Die Produktionsstandorte in den USA verteilten sich wie folgt auf die Sparten: Rohstoffe und Aluminiumprodukte 1, Nahrungsmittel- und Tabakverpackungen (Lawson Mardon) 6, Pharma- und Kosmetikverpackungen (Wheaton) 29, Feinchemikalien und Spezialitäten (Lonza) 7, Zwischenprodukte und Additive (Lonza) 1.[104]

Verkauf von Essen, Rheinfelden und Lend

Das grosse Reinemachen nach dem Putsch und die Losung «Weg von der Tonne – Hin zum Markt» hatten auch in Deutschland eine ganze Reihe von Devestitionen zur Folge. 1986 übernahmen Bruno Maier, der Singen-CEO Dietrich Boesken und Georg von Schulthess, der langjährige kaufmännische Leiter von Rheinfelden, mit einem Management-Buy-out die 1972 gegründete Wefa in Rielasingen. Von Schulthess schied bald aus, und Boesken durfte vorerst nur als stiller Teilhaber mitwirken. Die Wefa, die nach Singen umzog, spezialisierte sich ab 1992 auf die Herstellung von Strangpresswerkzeugen und etablierte sich als sehr erfolgreiches Unternehmen im Markt.[105]

Das Kraftwerk Rheinfelden, dem Abbruch geweiht, mit einem Teil der alten Werkanlagen im Hintergrund.

Ein Rheinfelden-Produkt: Butzen für die Herstellung von Aerosoldosen.

In Rheinfelden hatte die Debatte um eine allfällige Schliessung der Hütte schon früh eingesetzt, und zwar nicht nur wegen des «Fluorkriegs», sondern auch wegen des Energiepreises. 1975 stellte man fest, man versuche Rheinfelden durchzuhalten.[106] Drei Jahre später schrieben die «Schaffhauser Nachrichten»: «Schliessung Rheinfeldens träfe Aluminiumwalzwerke Singen.»[107] Dann wurde der Faden, an welchem das Damoklesschwert der Schliessung hing, zunehmend dünner. Ab 1987 fuhr man die Rohaluminiumproduktion, die 1984 mit 63 000 Tonnen nochmals einen mengenmässigen Höhepunkt erreicht hatte, kontinuierlich herunter. 1991 wurde die Hütte geschlossen.[108] Gegen den Entscheid demonstrierten im Oktober dieses Jahres 400 Rheinfelder Arbeiter vor dem Alusuisse-Hauptsitz in Zürich, also dort, wo 1963 aufgebrachte Fricktaler Bauern die Schliessung ebendieser Hütte verlangt hatten. Die Beschäftigtenzahl in Rheinfelden war von 1970 (1466) bis 1991 (749) beinahe halbiert worden. Die Gewerkschaften warfen dem Unternehmen «Fehlmanagement und leere Versprechungen» vor. Wenige Tage nach der Demonstration konnte eine Einigung erzielt werden: Die Elektrolyse wurde geschlossen, aber es konnten «wesentliche Massnahmen für die Zukunftssicherung des Standortes» vereinbart werden. Das entsprechende Investitionsprogramm belief sich auf 11.6 Mio. DM. Vom Entscheid betroffen waren schliesslich noch 140 Personen.[109] 1993 wurde die inzwischen auf die Herstellung von Butzen für Aerosoldosen und von Gusslegierungen spezialisierte Aluminium Rheinfelden durch das Management übernommen. Käufer waren die zwei Geschäftsführer Alois Franke und Günter Grimmig. Durch das MBO würden über 300 Arbeitsplätze gesichert, wurde mitgeteilt. Die längerfristige Finanzierung sei durch Zusagen von drei namhaften Banken gesichert.[110] 2008 wurde die Aluminium Rheinfelden in eine Holdinggesellschaft umgewandelt, zu welcher die drei operativen Unternehmen Rheinfelden Alloys (Primäraluminium-Gusslegierungen für die Automobilindustrie), Rheinfelden Semis (Butzen) und Rheinfelden Carbon (Anoden und Spezialkohlemassen,

Rheinfelden, aufgenommen am 28. April 2010. Rechts vom alten Kraftwerk ist der Kraftwerk-Neubau im Gange. Die ehemaligen Anlagen der Alusuisse befinden sich im mittleren und oberen Teil des Bildes.

sog. Söderberg-Pasten, für die elektrometallurgische Industrie) gehören. Die Rheinfelden Alloys betrachtet es als ihre «Mission», «die richtige Legierung zur richtigen Zeit an den richtigen Ort in der richtigen Qualität» zu liefern.[111]

Geschlossen werden sollte Mitte 1994 auch die Leichtmetall-Gesellschaft (LMG) mit ihrer Hütte in Essen.[112] Hier kam es in letzter Minute ebenfalls zu einem Management-Buy-out. Damit habe «nicht nur eine willkommene Lösung zur Absicherung von mehreren hundert Arbeitsplätzen gefunden» werden können, sondern dank einem Umarbeitungsvertrag mit den neuen Eigentümern sei auch ein Beitrag zur Rohmetallversorgung des Konzerns geleistet worden, kommentierte der Geschäftsbericht. Käufer war der Geschäftsführer Jürgen Fischer mit Unterstützung der 1985 gegründeten Metallhandelsfirma Trimet von Heinz-Peter Schlüter, der damit in die Primäraluminiumproduktion einstieg. 1995 wurde die LMG in die Trimet integriert. Fischer beteiligte sich an der Trimet, verkaufte seine Anteile drei Jahre später aber wieder und wurde «ein privater Investor». Schlüter hatte die industrielle Fertigung bereits 1993 durch die Gründung der Aluminium Recycling in Gelsenkirchen aufgenommen. 2001 kaufte die Trimet die Metallwerke Harzgerode (Druckguss) und die MWS Metallwerk Sömmerda. 2006 schliesslich übernahm die Trimet von Norsk Hydro deren bereits stillgelegte Aluminiumhütte in Hamburg, wodurch sie zur grössten deutschen Aluminiumherstellerin wurde. Die Gruppe beschäftigte im Geschäftsjahr 2008/09 1548 Personen, die einen Umsatz von 827 Mio. Euro erarbeiteten, nachdem dieser im Vorjahr noch bei 1.1 Mrd.

Die Elektrolyse in Essen und Trimet-Chef Heinz-Peter Schlüter.

Leistungsausweis für einen Verbundwerkstoff: Hauptsitz des Stromversorgers RWE (Rheinisch-Westfälisches Elektrizitätswerk AG) in Essen mit einer Alucobond-Fassade.

gelegen hatte. Mit den Problemen einer Aluminiumproduktion in Deutschland sieht sich auch Schlüter unverändert konfrontiert: «Unter den Nägeln brennt dem Konzerngründer ein ganz anderes Thema: die hohen Energiepreise. Der Kostenblock, der seiner Trimet die Luft abschnüren könnte.»[113]

Bereits 1992 war auch die Hütte im österreichischen Lend ans Management übergegangen. Käufer der Salzburger Aluminium-Gesellschaft (SAG) war Josef Woehrer, der für die Alusuisse lange in Sierra Leone tätig war. Die SAG betrieb eine Elektrolyse mit einer Jahreskapazität von 11 000 Tonnen, die temporär aber zu 50% stillgelegt war, verfügte über eigene Kraftwerke, produzierte Gusslegierungen und Pressbolzen (31 000 Tonnen pro Jahr) sowie in

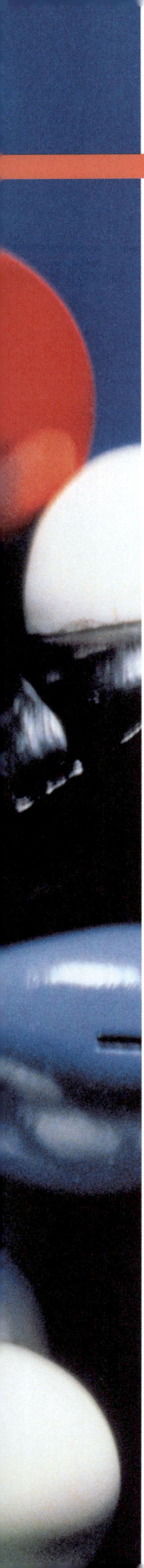

einem Filialbetrieb in Schwarzach Druckluft- und Kraftstoffbehälter für LKWs. Die Finanzierung des MBO sei jetzt gesichert, wurde im Februar 1992 im Verwaltungsrat mitgeteilt.[114] Wie bei Ormet erhielten die Käufer von Essen, Rheinfelden und Lend bei den Transaktionen finanzielle Unterstützung durch die Alusuisse. Die Beispiele zeigen aber auch, dass Firmen, die in einem Grosskonzern keinen Platz mehr hatten und unter die Räder zu geraten drohten, durch ihre Verselbstständigung neue Entwicklungschancen bekamen. Beim Martinswerk schliesslich, das schon seit Längerem im Bereich Chemie angesiedelt war, beschloss man 1996, die Verarbeitung von Bauxit zu Tonerde wegen mangelnder Rentabilität ganz aufzugeben. Die Produktion von Spezialtonerden führte man aber weiter. Das bisher aus Bauxit gewonnene Hydrat wurde fortan von Dritten zugekauft und im Martinswerk zu Spezialtonerde verarbeitet. 2001 war der Ausstoss an Spezialtonerden mengenmässig praktisch ebenso gross wie früher der Ausstoss an Hüttentonerde.[115]

Singen verdient Geld

Die deutsche Aluminiumgruppe reduzierte sich so zunehmend auf die Aluminiumwerke Singen, die 1988 in Alusingen umbenannt wurden. Zwei Jahre zuvor lobte das «Manager Magazin» den Standort Singen über den grünen Klee. «Sein [gemeint ist Singen-Chef Boesken] Press- und Walzhalbzeug ist erfolgreich am Markt, mit seinen veredelten und unveredelten Folien verdient er Geld, allein Grosskunde Tetra Pak kauft 30 000 Tonnen im Jahr. Kundennähe und Kenntnis der Anwendungstechniken (‹Was braucht Mercedes?›) sichern der Alusingen Wettbewerbsvorteile selbst gegen rationeller produzierende Konkurrenten.»[116] Soeben war unter dem Titel «Ertüchtigung für Produktion von schwer brennbarem Alucobond» eine weitere Investition von 10.8 Mio. DM in die Produktionsanlagen dieses Verbundwerkstoffs beschlossen worden.[117] 1989 wurden im Bereich Industrielle Produkte eine zweite Alucobondanlage (23 Mio. DM) und ein neues Warmwalzgerüst (31 Mio. DM) in Betrieb genommen, ferner nahm man wie im Wallis einen Ausbau bei den Grossprofilen vor. Im Bereich Verpackungen erfolgte 1989/90 die Modernisierung des Walzgerüsts (18 Mio. DM) und ein Ausbau bei den Dünnband-Spezialitäten (Steralcon, 20 Mio. DM).[118] 1991 wendete Alusingen 20 Mio. DM für Umweltschutzmassnahmen auf. 1992 erfolgte die Aufteilung des Unternehmens in zwei Gesellschaften: die Alusingen GmbH und die Alusingen Verpackungen GmbH.

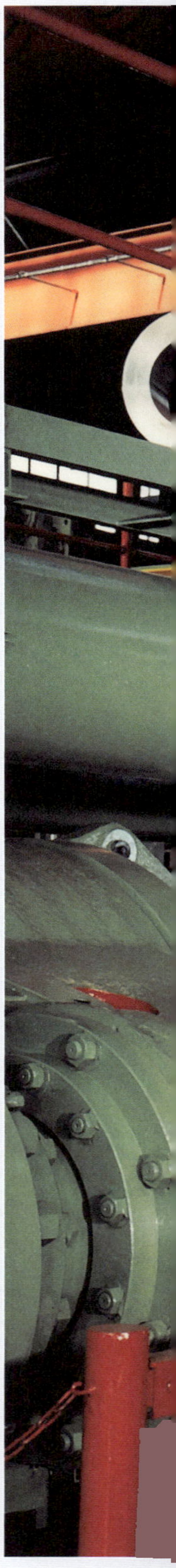

1990 übernahm die Alusuisse das Bayrische Druckguss-Werk Thurner (BDW), ein Familienunternehmen in Markt Schwaben bei München, das 1996 in Alusuisse Bayrische Druckguss-Werk GmbH & Co. KG umfirmiert wurde. Vom Einstieg ins Druckgussgeschäft erhoffte man sich zusätzliche Kontakte zur Au-

Beeindruckende Dimensionen und Stolz der Singener: die Grosspresse.

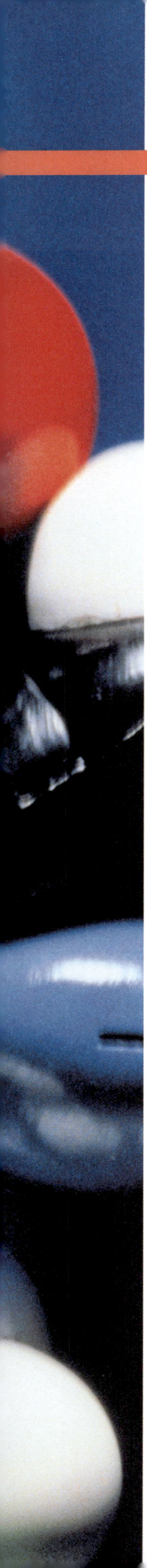

Die Folienwalzstrasse V11 in Singen.

Die Aufwendungen für den Umweltschutz nahmen zu: Abluftreinigungsanlage in Singen.

tomobilindustrie, 3-D-Komponenten als wichtige Basis im Systembau und das Ausschöpfen bestehender und latenter Synergien im Geschäft mit Schmiedeteilen sowie in Forschung und Entwicklung. Die BDW sollten dem Bereich Industrielle Produkte helfen, den geforderten Übergang vom rohstofforientierten Unternehmen zum Problemlöser (Werkstoffe, Komponenten, Systeme) zu forcieren und Chancen im Transportmarkt wahrzunehmen. Die BDW mit einem Umsatz von 60 Mio. DM waren «sehr gut eingeführt für Spezialitäten in der deutschen Automobilindustrie» (vor allem Opel, Mercedes Benz), verfügten hingegen über keine Marktkontakte ausserhalb Deutschlands. In ein Ausbauprojekt investierte die Alusuisse 33 Mio. DM. Zwei Jahre nach der Akquisition wurde Bilanz gezogen: Man habe mit der BDW Spitzentechnologie (dünnwandiges Giessen, aushärtbarer Guss, Basis für weitere Entwicklungen) eine starke Marktposition in der Automobilindustrie und «eine den Plänen entsprechende Rentabilität» bekommen. Probleme stellten sich unter anderem noch beim «Übergang vom mittelständischen Unternehmen zur Konzerngesellschaft».[119] Das bei der BDW abgeschlossene Modernisierungsprogramm habe eine 20%ige Erweiterung des Produktesortiments ermöglicht.[120] 1996 gratulierte Verwaltungsrat August von Finck nach einer Werksbesichtigung der Alusuisse «zu Herrn [Ivan] Gyöngyös und zu der Mannschaft in Markt Schwaben».[121]

2006 wurden die BDW wieder aus dem Alcan-Konzern herausgelöst und unter der Firma BDW Technologies als mittelständisches Unternehmen weitergeführt.[122] In Singen wurde 1998 die 9000-Tonnen-Rohr- und Strangpresse modernisiert und das Automotive Structures Center in Betrieb genommen. Mit den in diesem Center installierten Anlagen wurde «die ganze Bandbreite der automobilen Kundschaft abgedeckt».[123] 1999 erfolgte der Start zum Bau einer Fertigungsstätte für Stossstangen und Komponenten im benachbarten Gottmatingen, wo 2002/03 drei weitere Hallen für Seitenschweller[124] und Cockpitteile gebaut wurden.[125] Das Automotive Center war damit nach Gottmadingen verlegt, wo man 2010 «trotz Krise und ständigen Preisdrucks» mit einem «riesengrossen» Erweiterungsbau die Produktion nochmals ausbaute.[126]

Neue Märkte: Bahnen, Nutzfahrzeuge, Schiffe

«Mit neuen Aluminiumanwendungen darf daher täglich gerechnet werden», wurde im Geschäftsbericht 1988 festgehalten. Der Suche nach neuen Verwendungsmöglichkeiten für den Werkstoff Aluminium hatten die Anstrengungen der Branche schon früh gegolten. Gezielte produktespezifische Entwicklungs- und Marketinganstrengungen hielten aber erst in den 1960er-Jahren Einzug. Zuvor hatten die Grundlagenforschung und die Masse im Vordergrund gestanden. 1964 steckte Emanuel Meyer das Spektrum ab in einem äusserst

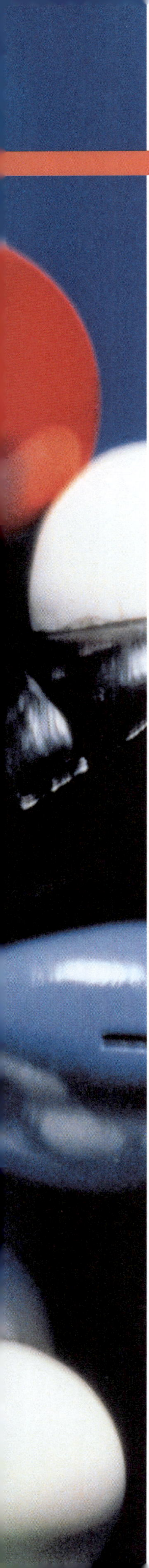

Die Pariser Metro war ein wichtiger Grosskunde für die Abteilung Schienenfahrzeugbau der Alusuisse. Im Bild die Fertigung eines Wagenkastens mit zusammengeschweissten Grossprofilen.

Erfolgreiches Schienenfahrzeug auch dank Alusuisse-Technologien: der Doppelstockwagen IC 2000 der SBB, konstruiert mit Aluminiumgrossprofilen und einer Führerkabine aus glasfaserverstärktem Kunststoff.

optimistischen Vortrag, den er über «Schweizer Leichtmetalltechnologie in der Welt» an der Sophia University in Tokio hielt.[127] Die von Meyer angesprochene Produktepalette reichte von Aluminiumfassaden über Lawinenverbauungen, Leitplanken, Eisenbahnen, Busse, Nutzfahrzeuge und Schiffe bis zum Flugzeugbau sowie Aerosol- und Getränkedosen. In ihrem Bemühen, auf höherveredelte Produkte umzusteigen, entwickelte die Alusuisse nicht nur das Aluminium/Kunststoff-Verbundmaterial Alucobond, sondern es gelang ihr, im Eisenbahn- und U-Bahn-Wagen-Sektor sowie in der Autoindustrie Fuss zu fassen. «Auf dem Gebiet der Entwicklung neuer Produkte ist die Spezialkonstruktion für Leichtmetallwagen der Pariser Métro und des Réseau Interconnexion erwähnenswert», konnte schon 1976 gemeldet werden. «Nach der Lieferung von zehn Prototypen steht die Anschlussbestellung für 1000 bis 1500 Eisenbahnwagen in Aussicht.»[128] Drei Jahre später erklärte Generaldirektor Paul Müller: «Das Eindringen in den Automobilbau ist nicht nur im Gussgebiet gelungen, sondern auch im Blechsektor, wo wir zusammen mit europäischen Autoherstellern Forschung betreiben.»[129]

Die Alusuisse betrat also kein Neuland, als sie ab 1986 ihre Hoffnungen vor allem auf den Transportsektor setzte. Die Arbeit für die Automobilindustrie mit ihren Schwerpunkten im Wallis und in Singen war das eine. Weitere wichtige Bereiche waren der Bahn- und der Nutzfahrzeugsektor. 1985 konnten bedeutende Aufträge für die U-Bahn London, für die dänischen Staatsbahnen und für die U-Bahn San Francisco gebucht werden.[130] Im Geschäftsbericht 1988 wurde die Tätigkeit für das Transportwesen, bis hin zu den Seilbahnen, ausführlich vorgestellt. 1989 nahm man die Zusammenarbeit mit dem spanischen Produzenten Talgo auf. «In enger Zusammenarbeit mit Bahnverwaltungen und Waggonherstellern ist Alusuisse bei der Entwicklung neuer Lösungen in ganz Europa zuvorderst mit dabei», berichtete der «Tages-Anzeiger» aus Spanien, und Konzernleitungsmitglied Dieter Syz tat die Meinung kund, dass sich der Vormarsch der Leichtbauweise in der Rollmaterialfabrikation nicht aufhalten lasse. Zu den schlechten Erfahrungen, welche die SBB Jahre zuvor mit ersten Konstruktionen in Leichtbauweise gemacht hatten, erklärte Abteilungsleiter Jürg Zehnder: «Man muss es nur richtig machen.»[131] 1993 wurde erneut auf die Verstärkung der «Entwicklung von Produkten mit hoher Wertschöpfung für die Transport-, Bau- und Maschinenbaubranche» hingewiesen. «Aufgrund der wachsenden Sensibilität für Umweltfragen und der Notwendigkeit, den Energieverbrauch zu senken, ist die Zukunft des Aluminiums im Bereich Transport gesichert.» Die Vorzüge des Aluminiums waren sein geringes Gewicht, die Rezyklierbarkeit und die zeitsparende Verarbeitung. Auf dem Markt für Grossprofile für den Schienenverkehr nahm Alusuisse eine führende Position ein. Im Wallis war für deren Produktion eine weitere hochmoderne Anlage in Betrieb genommen worden.[132]

Die Abteilung Alusuisse Road & Rail sorgte für manche Erfolge. So zum Beispiel mit Profilen für die Intercity-Neigezüge der SBB. Und sie bereitete den Boden für andere. In den Auseinandersetzungen um die Beschaffung von 59

So wurde der Transportsektor im Leitbild 1989 symbolisiert.

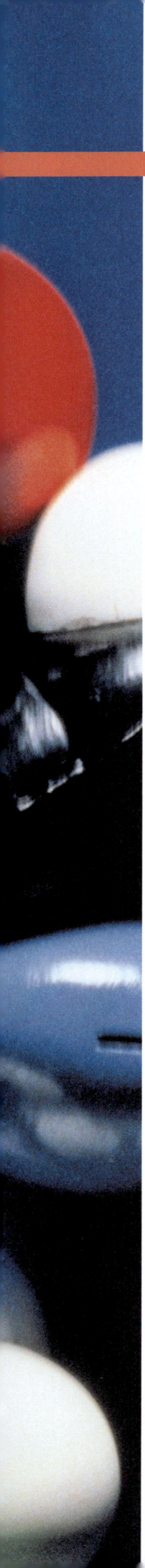

Auf die Magnetschwebebahn Transrapid setzte man grosse Hoffnungen. Bisher kommt der Transrapid, für dessen Konstruktion neben Aluminium auch Kunststoffe und Verbundmaterialien von Alusuisse Verwendung fanden, aber erst zwischen der chinesischen Metropole Schanghai und ihrem Flughafen zum Einsatz.

In den Himmel ragend: Auflieger für LKW-Chassis, entwickelt von den Ingenieuren der Abteilung Nutzfahrzeuge.

Der Ganzaluminium-Lastwagen, der in den 1970er-Jahren in Zürich und Neuhausen entwickelt wurde, posiert vor dem Rheinfall.

Ein Beispiel für modernen Schiffsbau: eine von der italienischen Werft Fincantieri mit Alusuisse-Komponenten gebaute Aluminiumschnellfähre.

Doppelstock-Triebzügen für den Fernverkehr schrieb die Firma Stadler Rail von SVP-Nationalrat Peter Spuhler im April 2010: «Stadler Rail besitzt als einzige Anbieterin in der Schweiz über langjährige Kompetenz im Aluminium-Leichtbau, weil Stadler Rail in den 1990er-Jahren das komplette Engineering-Team von Alusuisse übernommen hatte, als diese an Alcan verkauft wurde. Dieses Team hat bereits Ende der 90er-Jahre vier Aluminium-Doppelstock-Triebzüge konzipiert und entwickelt (TAF für Italien, TGV 2N für Frankreich, IC 2N für Finnland und Dosto 71 für Tschechien). Um die Kriterien der SBB-Ausschreibung erfüllen zu können, müssen die Wagenkästen in Aluminium gefertigt werden. Stadler hat am meisten Erfahrung im Bau von Aluminiumwagenkästen. Die Mitanbieter haben bis heute Doppelstock-Triebzüge nur in Stahl gebaut.»[133] Besser kann ein Werbespot für die damalige Alusuisse-Abteilung nicht formuliert werden.

Der zweite wichtige Absatzmarkt der Abteilung Road & Rail waren die Nutzfahrzeuge. Die Vielfalt der Anwendungen in diesem Sektor sei eindrücklich, und sie werde «durch einfallsreiche, ökonomisch denkende Konstrukteure täglich aufs Neue belegt», hielt der Geschäftsbericht 1988 fest. Vor allem die Alusuisse habe sich auf dem Gebiet einen Namen gemacht, «beispielsweise durch die Entwicklung von Aufbauten nach dem Baukastenprinzip». Bereits in den 1970er-Jahren hatte sich die Alusuisse an der französischen Benalu beteiligt, die rund 350 Personen beschäftigte und Aluminiumkomponenten für Strassenfahrzeuge herstellte. «Damals stieg Alusuisse Frankreich bei Benalu ein und brachte sein ganzes Know-how über den spröden und delikaten Werkstoff Aluminium gleich mit», heisst es dazu in einem Firmenporträt. «Davon profitierten die Produkte von Benalu erheblich.» 1982 verkaufte die Alusuisse 80% ihrer Benalu-Anteile an Fruehauf, und im Zuge der grossen Devestitionsübung von 1987 trennte sie sich auch noch vom Rest.[134] «Die Hoffnungen des Managements ruhen auf dem Markt für Schienen- und Strassenfahrzeuge, in

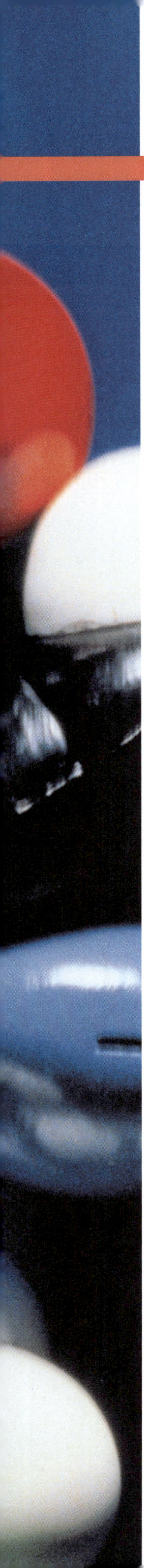

dem Alusuisse überzeugt ist, eine hohe Kompetenz und einen technologischen Vorsprung vorweisen zu können», wurde 1995 einmal mehr festgestellt.[135] Die Sparte Nutzfahrzeuge brachte in den Bereichen Busse, Feuerwehrautos, Tanklastwagen, Silofahrzeuge, Kippmulden und Chassis eindrückliche Leistungen hervor, wobei es aber auch viel Überzeugungsarbeit für den Werkstoff Aluminium brauchte, bis die Produkte sich bei den Kunden durchsetzten. Nach der Übernahme durch Alcan verlor die Sparte aber sukzessive an Bedeutung. 2010 wurden gewisse Systeme für Fahrzeugaufbauten noch durch die Allega kommissioniert und ausgeliefert. Alusuisse Road & Rail wurde 2002 aufgelöst, indem man sie mit der Alesa Alusuisse Engineering fusionierte.[136]

Verpackung: Die Übernahme von Lawson Mardon

Mit der massiven Reduktion der Rohaluminiumkapazität verbunden war die Ausrichtung der Alusuisse als Verpackungskonzern. Am 1. Oktober 1988 nahm der neue Unternehmensbereich Verpackung seine Tätigkeit auf. Er umfasste die Herstellung, den Vertrieb und die Entwicklung in den drei Hauptsegmenten flexible Verpackungen, Dispensersysteme und Behälter. «Die Reorganisation stärkt unsere Position auf dem für den Bereich Aluminium strategisch wichtigen Verpackungsmarkt», hiess es dazu im Geschäftsbericht.[137] Wachstum sollte künftig in erster Linie in diesem weniger zyklischen Sektor erzielt werden, was wohl auch hiess, dass hier die Mittel für Akquisitionen und Investitionen leichter erhältlich waren. Für einzelne Standorte gab es aber auch Rückschläge. So wurde 1990 die Boxal in Fribourg (Aerosoldosen) mit 150 Beschäftigten geschlossen, während die Schwesterfabriken in Frankreich und den Niederlanden überlebten. Im gleichen Jahr wurden die Verpackungsaktivitäten mit einem Umsatz von 1.09 Mrd. Franken in der neuen Division A-L

Die erste Frau in der Konzernleitung

Mit der Französin Dominique Damon zog 1991 die erste (und letzte) Frau in die Alusuisse-Konzernleitung ein. Sie stiess 1988 unter Mitwirkung eines Headhunters zur Alusuisse, nach dem Entscheid, den Verpackungssektor zu verselbstständigen. Zuvor zeichnete sie als Generaldirektorin für den Turnaround des französischen Verpackungsunternehmens Société d'Emballages Plastiques verantwortlich, das sie anschliessend mit der englischen Metal Box zur CNP Packaging fusionierte. Bei der Alusuisse wurde Damon Chefin des neuen Unternehmensbereichs Verpackung und Anfang 1991 als Leiterin der Division A-L Packaging Mitglied der Konzernleitung. 1994 kündigte Theodor Tschopp an, Damon werde seine Nachfolgerin als Konzernchefin. Dazu kam es aber nicht. Eine Mischung von Kommunikationsunfähigkeit, verfehltem Führungsstil, Festhalten am Arbeitsort Paris und internen Intrigen, die vor allem auch von Sergio Marchionne geschürt und von einer Kampagne der «SonntagsZeitung» gut orchestriert wurden, führten 1995 zum Ausscheiden von Damon.[138] Beim Auf- und Ausbau der Verpackungssparte hatte Damon aber ihre unbestrittenen Verdienste: «Sie war es, welche die Akquisitionen im Verpackungsbereich gewollt hat und die Übernahmekandidaten präsentierte.»[139]

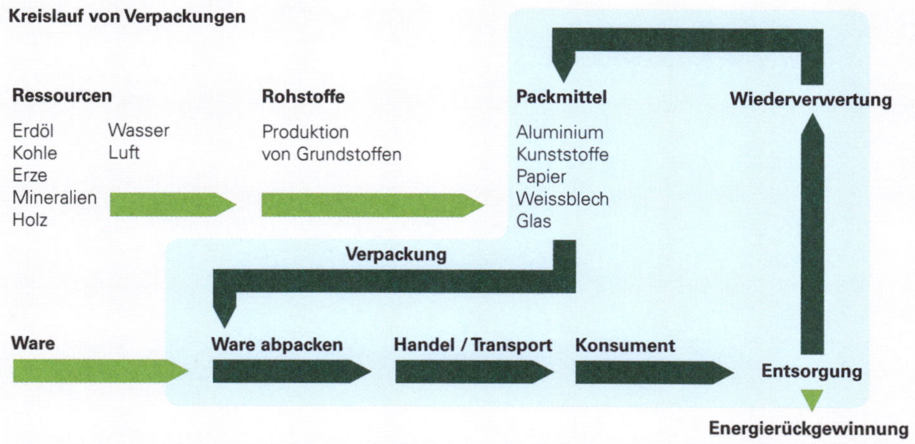

Mit der Fokussierung auf das Ziel Verpackungskonzern nahm auch die grundsätzliche Erörterung des Themas breiteren Raum ein: Verpackungskreislauf aus dem Geschäftsbericht 1987.

Zur Produktepalette von Lawson Mardon gehörten auch bedruckte flexible Verpackungen für die Nahrungsmittelindustrie.

Packaging zusammengefasst. Bereits der Geschäftsbericht 1987 war weitgehend dem Thema Verpackung gewidmet, und dies mit einer klar ökologischen Ausrichtung: Aluminium war damals als Verpackungsstoff arg in die Kritik geraten. Ein wichtiger Aspekt der neuen Strategie war auch das Ziel, die Werkstoffpalette für Verpackungen zu erweitern: Den Kunden sollte auf jeden Fall die beste Verpackungslösung angeboten werden, egal ob aus Aluminium, mit Aluminium (= Verbundwerkstoffe) oder ohne Aluminium, das heisst aus anderen Materialien wie Kunststoff, Weissblech, Glas usw. Diese Philosophie prägte denn auch die intensive Akquisitionstätigkeit des Verpackungsbereichs in dieser Zeit.[140]

CEO Theodor Tschopp erläuterte die Strategie, die man verfolgte, Ende 1993 in einem Brief an den Grossaktionär August von Finck. Dies vermutlich, weil dieser zum Kauf der kanadischen Lawson Mardon Gruppe kritische Fragen gestellt hatte. «Die Akquisition der Lawson Mardon Gruppe bringt der A-L die Marktführerschaft in flexibler, veredelter Verpackung, eine Ergänzung der geographischen Märkte, ‹blue chip› Kunden mit internationaler Präsenz und

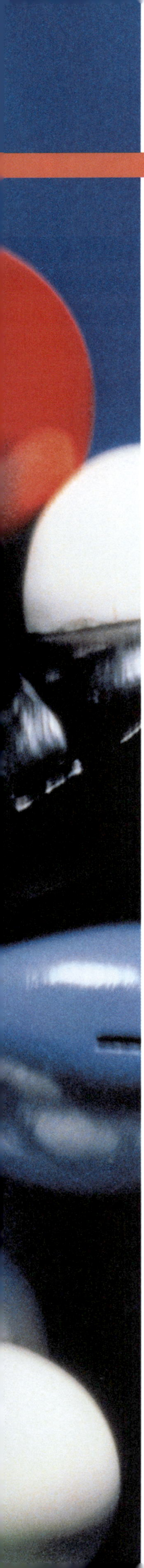

Sergio Marchionne kommt

1994 tauchte ein neues Gesicht an der Seefeldstrasse auf, das die weitere Entwicklung des Konzerns schliesslich entscheidend mitprägen sollte: Sergio Marchionne, studierter Betriebswirtschafter und zertifizierter Anwalt. Der Italo-Kanadier Marchionne, der seine berufliche Laufbahn 1983 als Wirtschaftsprüfer und Spezialist für Steuerfragen bei Deloitte & Touche in Kanada begann, war Finanzchef der Lawson Mardon Group, als diese 1994 von der Alusuisse übernommen wurde. Bei der Alusuisse arbeitete Marchionne zunächst im Bereich Verpackung, 1995 wurde er Finanzchef, und 1997 löste er Theodor Tschopp als CEO ab. Nach dem Verkauf der Alusuisse an Alcan führte Marchionne zwei Jahre als CEO und Präsident des Verwaltungsrates die abgespaltene Lonza Group. 2002 wechselte er als CEO zur Société Générale de Surveillance (SGS), bei welcher er 2006 das Verwaltungsratspräsidium übernahm. Seit 2003 ist Marchionne Verwaltungsrat von Fiat, seit 2004 auch CEO. Von 2007 bis 2010 sass Marchionne im Verwaltungsrat der UBS, deren Vizepräsident er ab 2008 war.

eine willkommene Ergänzung der Verpackungsmaterialien», schrieb Tschopp. Die heutige Grösse der Verpackungsaktivitäten sei «subkritisch und noch zu sehr auf Aluminium ausgerichtet, längerfristig sogar gefährdet». Das Verpackungsgeschäft, weniger kapitalintensiv als die Chemie, erwirtschafte «einen konstanten freien Mittelfluss, der später der Chemie für eine Akquisition zugute kommen» könne. Die Übernahme solle zum Teil durch eine Erhöhung des Aktienkapitals finanziert werden, wobei aus Sicht des Unternehmens «ein möglichst hoher Ausgabepreis vorgesehen» werden müsse, während «verständlicherweise der Aktionär an einem tiefen Emissionspreis interessiert» sei. «Mittelfristig wird aber», beruhigte Tschopp den Grossaktionär, «der ‹Shareholder Value›, wie eingehende Studien zeigten, gerade durch das Verpackungsgeschäft in der Neuausrichtung unserer Gruppe positiv beeinflusst.» Lawson Mardon war etwa gleich gross wie A-L Packaging. Weil die Marke am Markt sehr gut eingeführt war, wurde der Name der Division in Lawson Mardon Packaging geändert.[141] Das Aktienkapital wurde von 582 Mio. Franken 1990 sukzessive auf 765 Mio. erhöht, zuletzt um 110 Mio. im Jahre 1994. Nur

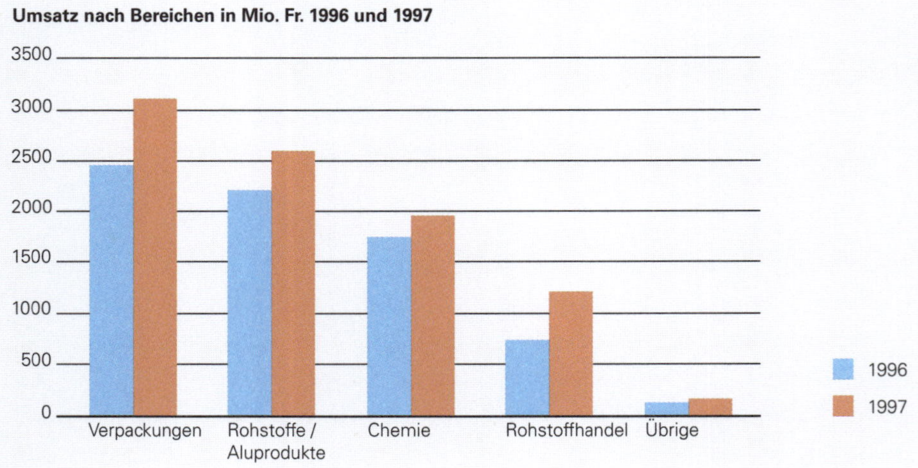

«Packaging» war 1997 klar zum umsatzstärksten Bereich avanciert.

Mit dem Verpackungsunternehmen Lawson Mardon kam auch Sergio Marchionne zur Alusuisse.

Qualitätskontrolle in der Glasproduktion von Wheaton in Millville (USA).

zwei Jahre später erfolgte der nächste Grosseinkauf in Nordamerika. Für 500 Mio. Franken übernahm die Alusuisse den US-Verpackungskonzern Wheaton (Glas- und Kunststoffverpackungen) und stieg damit zum Weltmarktführer von Pharmaverpackungen auf. Wheaton war ein Familienunternehmen an der Ostküste, beschäftigte 5750 Personen und erzielte einen Umsatz von 450 Mio. Dollar. Hingegen scheiterte zur gleichen Zeit die Akquisition der US-Faltkarton-Produzentin Mebane Packaging Group Inc. (MPG).[142] Auf den Verpackungsbereich entfielen 1997 35% des Konzernumsatzes von 8.87 Mrd. Franken.

Neher: Geschichte einer Folienproduzentin

Zu den «alten» Mitgliedern der Alusuisse-Verpackungsgruppe gehörte die Folienproduzentin Neher in Kreuzlingen. Sie wurde nach dem Zweiten Weltkrieg wenig spektakulär, aber kontinuierlich ausgebaut. 1952 kamen vier neue Walzanlagen für Breiten bis zu 1060 Millimeter (bisher 845 Millimeter) hinzu. Weitere sechs Walzgerüste wurden in den 1960er-Jahren installiert. Im gleichen Jahrzehnt erstellte Neher ein neues Fabrikations- und Bürogebäude und schaffte die erste Tiefdruckmaschine an. Die Aluminiumfolienproduktion stieg bis 1965 auf 6780, bis 1972 auf 10000 Jahrestonnen. In der ersten Hälfte der 1970er-Jahre lancierte Neher mit Alucoprint, der ersten Verbund-Offsetplatte in Europa, das Druckplatten-Geschäft, sie forcierte die Folienveredlung und brachte mit Duraset zur Herstellung von Schildern und Frontplatten ein neues

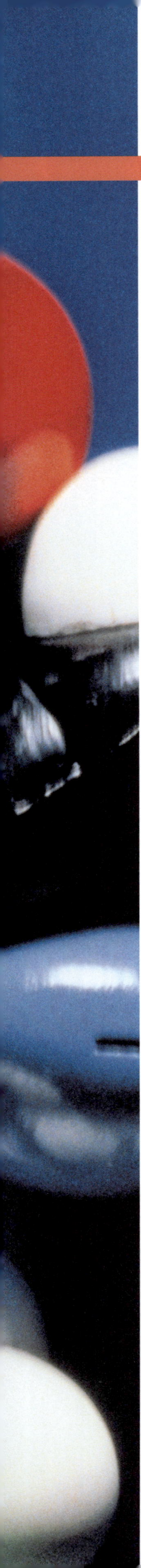

Auf den Mehrfarben-Tiefdruckmaschinen wurden vor allem Folien für die legendären «Kaffeerahmdeckeli», Joghurtdeckel und Süsswarenverpackungen bedruckt, ebenso Folien für die Tabakindustrie. Im Bild läuft auf der Maschine die Marke Pall Mall der British American Tobacco (BAT), für die Neher während 75 Jahren produzierte.

Produkt auf den Markt. Das Projekt Druckplatten und Duraset musste 1976 wegen anhaltender Qualitätsprobleme und schlechtem Geschäftsgang in den traditionellen Produkten aber eingestellt werden. Neher schrieb, für kurze Zeit, erstmals rote Zahlen. Die Tochter bekam, im Zeichen des Einbruchs von 1975 und der bei der Diversifikation liegenden Priorität, die Finanzknappheit der Alusuisse zu spüren: Für längere Zeit wurden Kreditanträge aus Kreuzlingen vom Konzern immer wieder zurückgestellt. 1978 nahm Neher gemeinsam mit Boxal, dem Werk Singen und Lonza-Folien auf einem Alusuisse-Gemeinschaftsstand an der Interpack in Düsseldorf teil, der grössten Verpackungsmesse der Welt.

1983 überstieg die Produktion der Walzerei 15 000 Tonnen, trotz kontinuierlicher Verminderung der Foliendicke. 1986 begann nach rund zweijähriger Entwicklung die kommerzielle Produktion des Laserschneidens von dünnster Aluminiumfolie für Hochleistungskondensatoren. In diesem Jahr, das dem Konzern nochmals einen riesigen Verlust bescherte, gehörte Neher mit Singen und Boxal zu den Lichtblicken. Weil die Aluminiumfolie aus Umweltschutzkreisen unter Beschuss geriet, wurde die Ökobilanz auch bei Neher ein Thema. 1988/90 wurden umfangreiche Investitionen in die thermische Nachverbrennung von Abluft aus den Glühöfen und aus dem mit lösemittelhaltigen Lacken und Farben arbeitenden Veredlungsbetrieb vorgenommen, in der Walzerei wurden die Öldämpfe herausgefiltert. In den frühen 1990er-Jahren setzten 1260 Millimeter breite Lackier- und Kaschieranlagen neue Massstäbe in der

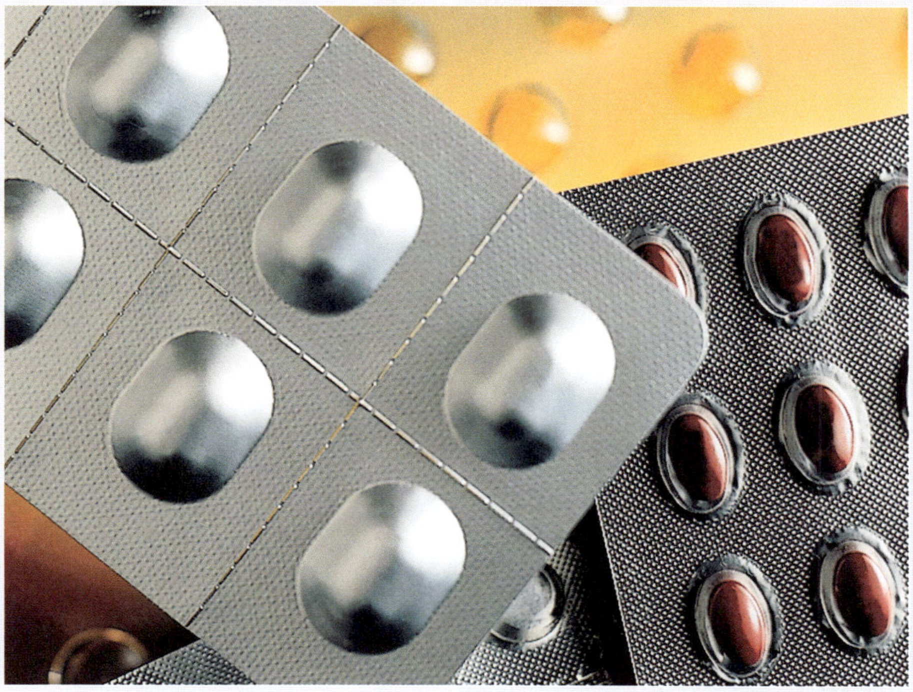

Das Schwergewicht der Neher-Produktion liegt nunmehr bei den Pharmaverpackungen.

Folienveredlung. 1995 nahm Neher ein Pharmacenter in Betrieb, für welches der Verwaltungsrat des Konzerns drei Jahre zuvor einen Kredit von 35 Mio. Franken bewilligt hatte. Dieser Neubau verwirklichte hinsichtlich Sauberkeit und Arbeitsabläufe ganz neue Standards.

1998 wurde die Zusammenarbeit zwischen Singen und Neher neu geregelt: Die Verkaufstätigkeit wurde nach den Marktsegmenten Food, Pharma und Folie gegliedert. 2000 erfolgte der Aufbau des Ceramis-Coating-Centers, nachdem das Forschungsinstitut in Neuhausen die umweltfreundliche Dünnschicht-Technologie auf Basis Siliziumoxid unablässig verbessert hatte. Jetzt begann sich Neher auf flexible Verpackungen für die Pharmaindustrie und sterilisierbare Verbundmaterialien für Lebensmittel (Food Flexibles) zu konzentrieren. Und der Investitionsrhythmus blieb hoch. Zur Herstellung der Food Flexibles wurde für 27 Mio. Franken ein neues Veredlungszentrum errichtet, umfassend eine 10-Farben-Tiefdruckanlage mit Duplex-Kaschiermaschine, Farbmischzentrum, Lackrezeptierung und Waschanlage. Nur drei Jahre später musste Neher aber aus dem Food-Flexibles-Geschäft aussteigen. Die Kosten für den Markteintritt waren unterschätzt worden. Die 10-Farben-Tiefdruckmaschine wurde abgebaut und andererseits das Pharmadruck- und Veredlungszentrum ausgebaut. Produktion und Vertrieb von Ceramis verblieben in Kreuzlingen, ebenso die Abteilung Technische Folie (Kondensatorenfolie). Im April 2002 stellte die Walzerei, zu alt und nicht mehr wettbewerbsfähig, ihren Betrieb ein: «Am 19.4. um 10.57 h wird das letzte Walzgerüst abge-

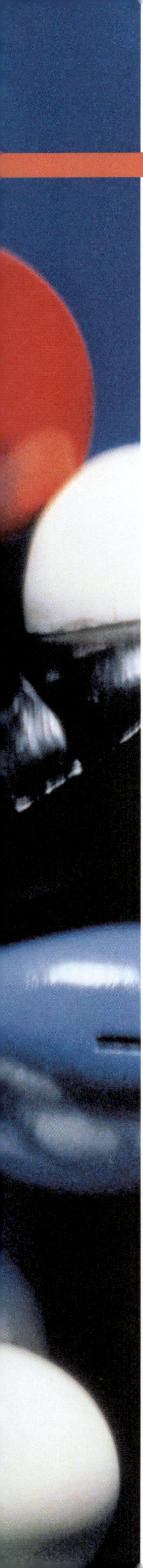

Die Lackier- und Kaschiermaschine, seit 2000 in Betrieb, ist das Rückgrat der Produktion von Pharmaverpackungen. Sie wird auch als «work-horse» für die Durchdrückfolie (Tablettenverpackung) bezeichnet.

stellt, am 30. April das letzte Band ausgewickelt.» Nach 90 Jahren stellte die Pionierin im Bereich der Aluminiumfolie den Betrieb dieser Sparte ein. Trotz all den Rückschlägen schaffte Neher aber schon zwei Jahre später, 2004, den finanziellen Turnaround: Alcan Packaging Kreuzlingen, so jetzt der Name, schrieb wieder schwarze Zahlen. 2007 erhielt das Unternehmen als erster Hersteller von Primärpackmitteln[143] für die Pharmaindustrie weltweit die Zertifizierung DIN ISO 153678:2006. Erstmals wurde die Umsatzgrenze von 200 Mio. Franken überschritten. Und bald sollte Neher eine neue Besitzerin bekommen.[144]

Lonza geht in die Biotechnologie

Die Lonza blieb nach der Wende von 1986 bei ihrer eingeschlagenen Strategie. 1987 wurden 40 Mio. Franken in eine weitere Feinchemikalienanlage in Visp investiert, und potenzielle Übernahmekandidaten suchte man vor allem in den USA und Japan. Mit der Biotechnologie kam in den 1980er-Jahren eine weitere wichtige Sparte auf, die bald das dritte Standbein bildete. Ab 1989 wurden in Visp die ersten biotechnologischen Produkte in grossen Mengen hergestellt, und das Segment wurde durch Kauf ausländischer Forschungs- und Produk-

Technologiemarkt Feinchemie

Anlässlich der Investition von 1987 in die Produktionsstrasse 3 der Feinchemikalienanlage wurde im Verwaltungsrat der Feinchemikalienmarkt erläutert: «Pro Produkt ist die Anzahl der Abnehmer jeweils sehr klein. In den meisten Fällen liegt Exklusivherstellung für einen Auftraggeber vor, d. h. ‹contract manufacturing›. Insofern ist der Feinchemie-Markt kein Warenmarkt, sondern ein Technologiemarkt. In Konkurrenz zueinander bzw. auf dem Markt angeboten werden Know how, Flexibilität und Produktionsmöglichkeiten, also Unternehmenspotentiale.»[145]

Die USA waren für Lonza ein wichtiger Markt und Produktionsstandort. Im Bild die Diketen-Anlage in Bayport.

tionsstandorte ständig erweitert. Der Geschäftsbereich Exklusivsynthese & Biopharmazeutika entwickelte sich in der Folge quasi zur Vorzeigesparte, neben den Geschäftsbereichen Organische Feinchemikalien & Anwendungsorientierte Spezialitäten sowie Polymere Zwischenprodukte.[146] «Für Lonza sind Massenprodukte nur noch interessant, wenn wir entweder über eine führende Marktposition und eine Spitzentechnologie verfügen, oder wenn diese Massenprodukte für Feinchemikalienherstellung benötigt werden», erklärte Generaldirektor Ivo Gerster 1989.[147] Im traditionellen Sektor hatte Lonza 1985 die Grafitkapazität in Bodio (Gotthardwerke) ausgebaut.

Das Akquisitionsschwergewicht lag deutlich in den USA. 1986 übernahm Lonza die Glyco in Norwalk (Connecticut) mit über 300 Beschäftigten, mit der die Ausrichtung auf chemische Spezialitäten in den USA «bedeutend verstärkt werden» sollte.[148] Die Bio-Lab erwarb im Bereich Schwimmbadchemikalien die Swim Chem Corp in Phoenix (Arizona). Zusammengefasst wurden die Ziele im Leitbild «Lonza 2000»: «Lonza will im Bereich der chemischen Spezialitäten und der damit verknüpften Dienstleistungen auf ausgewählten, attraktiven Märkten führend sein», hiess es dort. Dabei wollte sich die Lonza auf folgende Kerngeschäfte konzentrieren: Organische Chemie und Feinchemikalien, hochwertige Materialien auf der Basis von Kunststoffen und anorganischen Produkten, Performance-Chemikalien (Produkte, die wegen ihrer spezifischen Wirkung gekauft werden).[149] Im Bereich der Organischen Chemie kaufte die Lonza 1992 mit Biotec Kourim ein Fermentationswerk in der Tschechischen Republik, und sie beschloss einen Diketen-Ausbau für 55 Mio. Franken in Bayport und Visp.[150] Mit einem Joint Venture für den Bau einer Niacinamidfabrik machte Lonza 1995 den Schritt nach China. 1996 übernahm sie die Celltech Biologics, eine führende Herstellerin von therapeutischen Proteinen für die Pharmaindustrie, mit Produktionen in Grossbritannien und den USA.

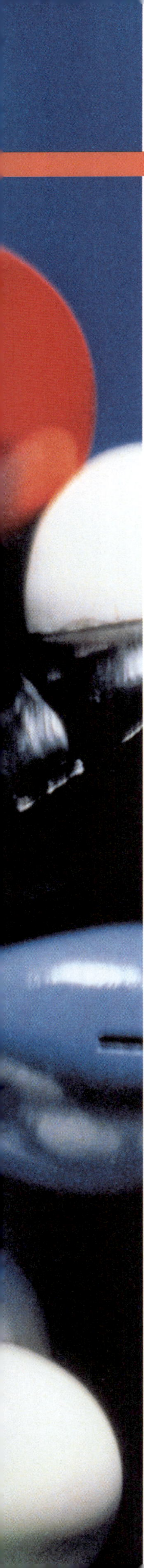

Visp wird Akademikerhochburg

Es ging aber nicht nur aufwärts. 1993 erfolgte der Abbau von 180 Stellen in Visp. Dabei legte die Lonza eine erst wenige Jahre zuvor für 18 Mio. Franken aufgestellte Düngerpresse still.[151] 1994 investierte Lonza in Visp erneut 70 Mio. Franken in die Feinchemikaliensparte. Die Veränderungen hätten das Werk Visp «forschungsmässig, verfahrenstechnisch und nicht zuletzt umwelttechnisch in die Welt-Spitzengruppe der Branche geführt», stellte die «Neue Zürcher Zeitung» 1995 nach einem Betriebsrundgang fest. Grösste Kundin war die Hoffmann-La Roche. Im Bereich der Exklusivsynthesen profitierte die Lonza vom Outsourcing-Trend bei den grossen Chemieunternehmen. Mit der Neuausrichtung waren auch die Forschungsanstrengungen verstärkt worden, wobei diese anwendungs- und technologiebezogen waren. Man machte also keine Grundlagenforschung. Lonza beschäftigte inzwischen im Wallis rund 300 akademisch geschulte Fachleute und HTL-Absolventen.[152]

Im Rahmen der Ausweitung des Exklusivsynthesegeschäfts installierte Lonza im Feinchemikalienkomplex FCC in Visp eine fünfte Mehrzweckanlage. Sie konnte Mitte 1995 dem Betrieb übergeben werden.

1998 bewilligte der Verwaltungsrat des Konzerns erneut 45 Mio. Franken für ein Exklusivfeinchemikalienprojekt, bei dem es um die Herstellung eines Wirkstoffs für ein Anti-Aids-Mittel ging, sowie den Bau einer neuen Cyanatester-Anlage in Visp. Cyanatester sind Zwischenprodukte für hitzebeständige, leicht verarbeitbare Kunststoffharze (Engineering Polymere), die beispielsweise für Ummantelungen von Computer-Chips, Leiterplatten für die Elektronikindustrie und im Flugzeuginnenausbau eingesetzt werden.[153] Das waren zwei Projekte, welche die Ausrichtung der Lonza deutlich dokumentierten. 1998 wurde über eine Fusion der Algroup – also nicht nur des Chemieteils – mit der 1995 aus der Sandoz abgespaltenen Clariant verhandelt, doch scheiterte diese an «unüberbrückbaren Gegensätzen».[154]

Im Jahr 2000 waren die Walliser Werke mit rund 2600 Beschäftigten der grösste Forschungs-, Entwicklungs- und Produktionsstandort der Lonza Group. Mit chemischen und biotechnologischen Methoden wurden rund 250 Feinchemikalien und Wirkstoffe hergestellt, die in Produkten der Chemie-, Pharma-, Agro- und Nahrungsmittelbranche weiterverarbeitet wurden. Die Geschäftseinheit Organische Chemikalien verfügte über eine breite Palette von organischen Zwischenprodukten in den Stammbäumen Diketen-, Pyridin- und Blausäure-Chemie für Kunden in den Gebieten Farbstoffe und Pigmente, Aromen und Duftstoffe, Futtermittel, Vitamine, Kunst- und Klebstoffe. Hergestellt wurden sie aus Ausgangsstoffen, die man aus Leichtbenzin, Erdgas und Luft auf der Benzinspaltanlage (Cracker) produzierte. Die Geschäftseinheiten Feinchemikalien für Pharma und Agro und Biotechnologie boten auf Kundenanforderungen abgestimmte Entwicklungs- und Produktionsdienstleistungen für die Life-Science-Industrie an.[155]

In Italien, wo ebenfalls verschiedene Akquisitionen getätigt wurden und die Tochter Ftalital (inzwischen Lonza S.p.A.) schon lange zu ihrem Kunststoffportfolio gehörte, konnte die Lonza mit einem neuen Verfahren zur Herstellung von Maleinsäureanhydrid (MSA), das sie in Zusammenarbeit mit ABB Lummus Crest entwickelte, einen grossen Erfolg buchen. Das sogenannte Alma-Verfahren verwendete als Ausgangsmaterial Butan, das weitaus kostengünstiger und umweltfreundlicher war als das wegen seiner Toxizität mit

Rote statt gelbe Gewerkschafter

1986 fasste die «rote» Gewerkschaft Textil Chemie Papier (GTCP) in der Lonza Fuss, indem die Mitglieder des bisher dominanten «gelben» Christlichen Metallarbeiter-Verbandes (CMV), mit welchem sie nicht mehr zufrieden waren, scharenweise zur GTCP überliefen. Ein für den katholischen Kanton Wallis aufsehenerregendes Ereignis. «Schon Anfang Dezember 1986 gründeten die Lonzianer eine eigene GTCP-Sektion. Bereits zwei Wochen später zählte die GTCP-Sektion Lonza 300 Mitglieder, unter ihnen der Grossteil der Betriebskommission. Und auf den ersten Januar 1987 anerkannte die Lonza-Direktion die neue Gewerkschaft als Vertragspartner. […] Über Nacht sah sich der CMV um seine Monopolstellung in der Lonza gebracht.»[156]

Eine Perle im Chemieportefeuille des Konzerns war die einstige Ftalital. Während die Bedeutung Italiens für den Aluminiumbereich ständig schrumpfte, nahm sie für die Chemie zu. Italien war neben den USA der zweite wichtige Auslandstandort der Lonza. Im Bild die MSA-Anlage in Ravenna.

Risiken verbundene Benzol. Weitere Vorteile gegenüber andern Technologien waren niedrigere Investitionskosten und eine positive Energiebilanz. Der Geschäftsbericht 1994 meldete die Vergabe von bereits acht Lizenzen. In diesem Jahr nahm Lonza in einem neuen Werk in Ravenna die weltweit grösste und modernste Anlage zur MSA-Herstellung nach dem neuen Verfahren in Betrieb, mit einem Reaktor von 50 000 Jahrestonnen Kapazität. Rund die Hälfte des in Ravenna produzierten Maleinsäureanhydrids wurde innerhalb der Lonza zu höherwertigen Produkten wie Polyesterharzen, Epoxidhärtern und Zwischenprodukten für Kunststoffadditive und Agrochemikalien weiterverarbeitet.

Bitteres Ende in Waldshut

Auch die Lonza-Geschichte dieser Periode besteht aber nicht nur aus Erfolgsmeldungen. Das galt vor allem für den Standort Waldshut, wo die Lonza während des Ersten Weltkriegs die Produktion aufgenommen hatte. Im Zuge der Neuausrichtung der Lonza auf Feinchemie und Spezialitäten hatten die anorganischen Massenprodukte, deren Zentrum Waldshut war, einen schweren Stand. 1984 nahm man mit dem Projekt Phönix, mit welchem die Kapazität zur Herstellung von Siliciumcarbid (SiC) stark erweitert wurde, nochmals einen Anlauf. Die SiC-Produktion in Waldshut sei, im Gegensatz zu den modernen Anlagen bei den Gotthardwerken in Bodio, «alt und klein», führte Hans Jucker im Verwaltungsrat aus. Trotzdem sei SiC, bei welchem die Lonza über eine starke Marktposition verfügte, «das einzige tragfähige Produkt im sa-

Firmenbroschüre für die Anorganischen Produkte.

Die Einrichtungen in der Anorganischen Chemie in Waldshut waren, gelinde gesagt, nicht auf dem neusten technischen Stand.

Das Lonza-Werk in Waldshut.

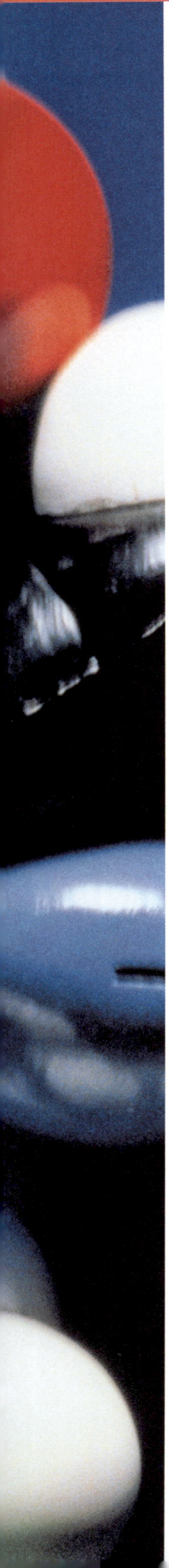

nierungsbedürftigen Werk Waldshut». Obwohl es sich bei SiC um ein altes Produkt handle, verjünge sich seine Lebenskurve durch neue Einsatzgebiete fortlaufend, wurde der Investitionsantrag weiter begründet. «Selbst in Rezessionsjahren erwies sich das Produkt, das vor allem in den Bereichen Schleifen, Feuerfest und Keramik Verwendung findet, als relativ konjunkturfest.» Als Alternative zum Projekt Phönix käme nur die Stilllegung des gesamten Werks infrage, was mit Kosten von 55 bis 80 Mio. DM und der Entlassung von gegen 1000 Personen verbunden wäre, führte Jucker aus. Der Verwaltungsrat bewilligte die für Phönix beantragten 52 Mio. DM.[157]

Aber das Vorhaben stand unter einem schlechten Stern: «Die fehlende Nachfrage nach Siliciumcarbid, die Importe billiger Ware und die aufgedrängten Sanierungsprogramme verschlechterten die Situation gegen Ende der 80er-Jahre dramatisch.» Zusätzlich beschleunigte eine Havarie in der Phönixhalle das Schicksal des Betriebs. 1993 wurde die Stilllegung des Werks, das auch noch Edel- und Halbedelkorund sowie Keramikvorprodukte herstellte, beschlossen, was für die Region um Waldshut ein schwerer Schlag war. 1996/97 wurde das gesamte Werksareal gereinigt, entstaubt und eine umfassende Altlastensanierung eingeleitet. 2001 stimmte der Gemeinderat dem Vorschlag der Lonza, das Gelände in einen Gewerbepark umzunutzen, grundsätzlich zu, drei Jahre später begannen die Rückbau- und Erschliessungsarbeiten. 2005 wurde der Lonza-Kamin gesprengt. 2007 konnte das Westareal des Gewerbeparks Hochrhein, das ehemalige Industrieareal umfassend, eröffnet werden. Die Fläche des Ostareals war bisher landwirtschaftlich genutzt. Im Juli 2009 waren im Gewerbepark 27 Betriebe mit über 250 Beschäftigten angesiedelt.[158]

Auch die PVC-Produktion in Waldshut, 1959/60 eingerichtet, brachte der Lonza letztlich kein Glück. «Das PVC-Geschäft ist das grösste Sorgenkind im Bereich Chemie», hiess es schon 1981. Ohne «einschneidende Umstrukturierungsmassnahmen» sei dieses «nicht mehr haltbar». Als «die beste aller schlechten Lösungen» wurde ein Joint Venture mit ICI bezeichnet.[159] Im Vergleich mit der PVC-Konkurrenz war Lonza viel zu klein. In der Folge wurden die PVC-Aktivitäten durch die ICI übernommen. «Mit dem Verkauf dieser Betriebe an ICI wurden Verlustquellen eliminiert», hiess es im Geschäftsbericht 1982. In der Sparte Kunststoffe verblieben danach noch die Airex in Sins, das Dispersionengeschäft in Visp, der Folienbetrieb in Weil und die Aktivitäten der Chemie-Division von Alusuisse Italia.[160] Aber der Ärger war damit noch nicht ausgestanden. 1986 wurde über Probleme von Waldshut in Bezug auf Betriebsbewilligungen und die Umweltschutzgesetzgebung berichtet.[161] Im gleichen Jahr flossen fünf Kubikmeter einer krebserregenden PVC-Latex-Emulsion in den Rhein, und unter dem Titel «Krebstod durch PVC» wurden «drei Todesfälle bei Lonza in Waldshut» gemeldet.[162]

Verkauf des Energiegeschäfts

Nachdem Emanuel Meyers Blitzaktion im Herbst 1985 gescheitert war, wurde der Verkauf der Kraftwerke im Wallis in der Ära Jucker/Tschopp weiterverfolgt und nachgeholt. Die Idee des Verkaufs, bei den AKW realisiert, spukte bereits lange in den Köpfen.[163] Hatte man in früheren Jahren auch schon überlegt, sich aufs Stromgeschäft zu konzentrieren und die Aluminiumproduktion im Wallis aufzugeben, so führte nun umgekehrt die teilweise Einstellung der Produktion zum Verkauf der Kraftwerke, weil man sie nicht mehr in diesem Ausmass brauchte.[164] «Die Kraftwerke zu verkaufen und trotzdem über den Strom verfügen zu können, war eine wenig realistische Lösung», merkte Hans Jucker zu den ursprünglichen Plänen an.[165] Es dauerte allerdings noch Jahre, bis der schrittweise Verkauf realisiert war, und der Kanton Wallis war auch nicht mehr an einer Übernahme sämtlicher zwölf Kraftwerke interessiert.[166] Bereits 1983 verkaufte die Lonza ihr Verteilnetz für elektrische Energie zur Allgemeinversorgung des Unterwallis an die Walliser Elektrizitätsgesellschaft AG (WEG).[167] Verkauft wurden auch die Kraftwerke Vernayaz und Riddes. 1987 trat die Alusuisse die Allgemeinversorgung des Oberwallis (aus dem Besitz der Lonza) und 20% der Rhowag,[168] 1993 nochmals 50% des Aktienkapitals der Rhowag an die WEG ab. Die Illsee-Turtmann AG (ITAG) ging vollständig an die WEG. Die verbleibenden 30% der Rhowag mit allen Beteiligungen wurden im Jahre 1994 auf die Lonza und von dieser 2001, zusammen mit allen andern 1999 von der Alusuisse übernommenen Energiegesellschaften, auf EnAlpin übertra-

Die Energie ist neben dem Bauxit der wichtigste Rohstoff für die Aluminiumproduktion: Transformatorenstation in Chippis.

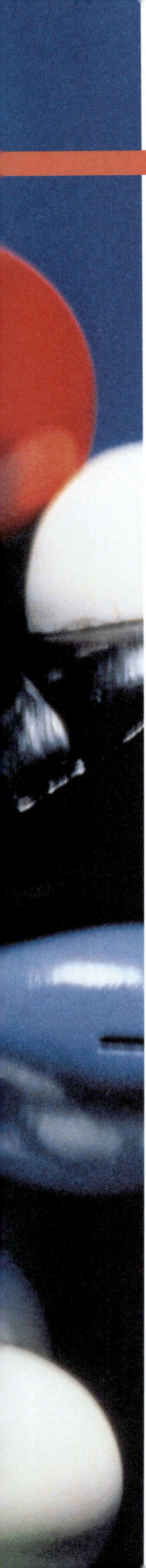

gen. 1994 wurden auch 80% des Kraftwerks Reckingen verkauft. Die EnAlpin wiederum gehört der Energie Baden-Württemberg (EnBW). 2008 übernahm die Energiedienst Holding AG mit Sitz in Laufenburg, ihrerseits ebenfalls im Besitz der EnBW, die EnAlpin.[169]

1998 geriet die Walliser Elektrizitätsgesellschaft, die sich in Schwierigkeiten befand, arg in die Kritik, und man sprach vom «Walliser Stromskandal». In einem Bericht war von fatalen Fehlentscheiden und einem Sanierungsbedarf von 300 Mio. die Rede. Der Kauf des Aktienpakets der Rhonewerke (Rhowag) zu einem Preis von über 300 Mio. sei wirtschaftspolitisch motiviert und ein Fehler, der dafür entrichtete Preis überhöht gewesen. Die WEG müsse, wenn man richtig rechne, «rund 40 Prozent ihrer Energie weit unter den Gestehungskosten verhökern». Die Regierung rechtfertigte sich mit dem Argument, damals seien 2000 Alusuisse-Arbeitsplätze in Gefahr gewesen. Die Alusuisse habe Investitionen in der Grössenordnung von rund 240 Mio. Franken in Aussicht gestellt, die auch realisiert worden seien.[170] Kurz danach kamen die WEG (ab 2005 Forces Motrices Valaisannes) bzw. der Kanton zusätzlich unter Druck. Der neue Alusuisse-Grossaktionär Martin Ebner verlangte einen substanziellen Preisnachlass. Im Jahr 2000 gewährte der Kanton Wallis dem Konzern 30 Mio. Franken Energierabatt und eine Reduktion der Gewinnsteuer um 30% gegen die Zusicherung, 150 Mio. in die Walliser Werke zu investieren und die Elektrolyse in Steg bis 2005 weiter zu betreiben. «Die Drohgebärden der Algroup waren erfolgreich», kommentierte der «Tages-Anzeiger».[171]

Ökologie als Teil des «Fünfkampfs»

Der Werkstoff Aluminium hatte immer wieder gegen seine Verteufelung anzukämpfen. Einerseits wegen des hohen Energieverbrauchs bei der Primäraluminiumproduktion, aber auch wegen der Belastung der Umwelt rund um die Produktionsstätten. Sehr lange betrachtete die Aluminiumindustrie Ausgaben für den Umweltschutz als reinen Kostenpunkt, und sie verhielt sich, zum Beispiel bei den jahrzehntelangen Auseinandersetzungen um die Fluoremissionen, sehr defensiv. Theodor Tschopp definierte die «ökologische Verantwortung» 1992 als einen Punkt des «unternehmerischen Fünfkampfs», den die Alusuisse mit der «Vision A-L 2000» zu bestehen hatte. Bereits im Jahr zuvor hatte die Alusuisse mit ihrer Unterschrift unter die Vereinbarung der Internationalen Handelskammer für ein «Sustainable Development» den «Willen zum ökologischen Verhalten in allen unseren Tätigkeiten bekundet».[172] 1992 erhielt die Ökologie im Geschäftsbericht dann erstmals einen kleinen Abschnitt, und die Berichterstattung über diesen Bereich wurde kontinuierlich ausgebaut. Die Investitionen in Umwelt und Sicherheit hatten bereits in den 1980er-Jahren in allen Sparten zugenommen. Jetzt aber wurde die Alusuisse-Umwelt-

Der Lebenszyklus des Aluminiums

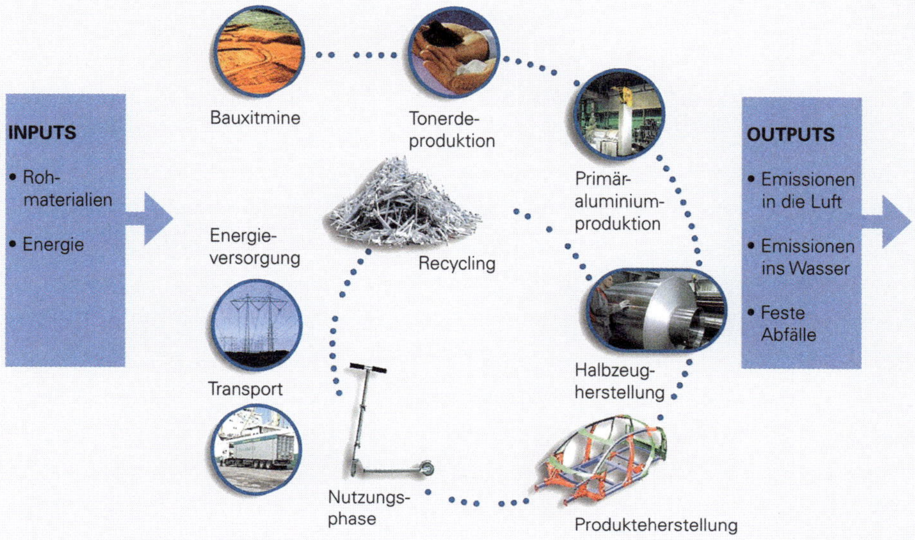

Beim Umweltschutz ist das Denken in Stoffkreisläufen, vom Abbau des Rohstoffs bis zur Wiederverwertung, wichtig.

politik von Grund auf neu gestaltet. War sie vorher den Werken überlassen, die mehr oder weniger nach Lust und Laune und je nach dem Druck, unter dem das lokale Management stand, agierten, so wurde sie nun eine Konzernangelegenheit. Ansatzpunkt war die Tatsache, dass Altaluminium, weil es ohne Qualitätseinbusse beliebig oft wiederverwertet werden kann, als Rezykliergut prädestiniert ist, und man beschäftigte sich mit den Stoffkreisläufen.[173] Neben der Optimierung bestehender Entsorgungsanlagen forcierte die Alusuisse «den produktionsintegrierten Umweltschutz und die Kreislaufwirtschaft». 1993 begann man, an allen Produktionsstandorten über zwei Dutzend sicherheits- und umweltrelevante Daten zu erfassen. Die Verantwortung für die Einhaltung der Ökologie- und Risikomanagement-Bestimmungen lag nun vollumfänglich bei den Bereichen. 400 Beschäftigte sorgten dafür, dass der Konzern «den hohen Stand in Bezug auf Sicherheit, Gesundheits- und Umweltschutz der vergangenen Jahre halten konnte».[174] 1995 beliefen sich im Konzern die Aufwendungen im Bereich Sicherheit, Gesundheits- und Umweltschutz (SGU) auf 183 Mio. Franken, wovon 71 Mio. auf Investitionen und 112 Mio. auf Betriebskosten entfielen. Die SGU-Investitionen machten 17% der in Sachanlagen getätigten Investitionen aus. Die Berichterstattung im Geschäftsbericht war weiter ausgebaut worden.[175] Im Februar 1997 wurde im Bereich Aluminium die neue SGU-Politik und -Strategie der Alusuisse eingeführt, unterstützt von einem Leitfaden für das SGU-Management.

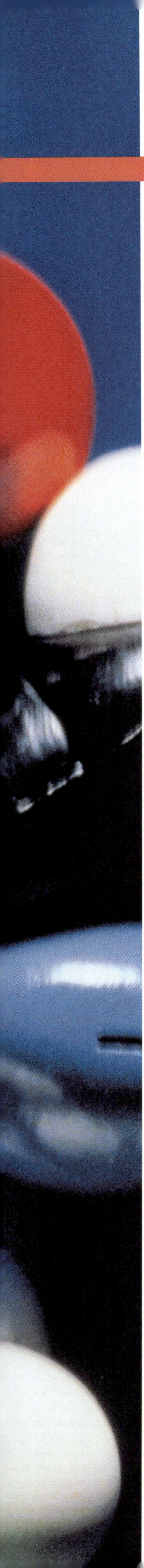

Ein Forschungsinstitut – wozu?

Eine Basis für die Erfolge der Alusuisse bildete das Forschungsinstitut (FI, früher Forschungslabor) in Neuhausen, das immer einen wichtigen Pfeiler des Unternehmens darstellte. Zu Zeiten des Gründers Alfred von Zeerleder (1890–1976) und auch noch von Ernst Bloch (1913–2008) wurde starkes Gewicht auf die Grundlagenforschung gelegt. Zeerleder schrieb das Standardwerk «Technologie des Aluminiums und seiner Leichtlegierungen» und hatte eine enge Verbindung zur ETH, wo er – der Lehrstuhl wurde von der AIAG «veranlasst» – Professor für Elektrometallurgie und Technologie der Leichtmetalle war. Mit dem Bedarfsrückgang nach dem Ersten Weltkrieg sei das Direktorium zur Auffassung gelangt, «dass die AIAG selber für die Schaffung neuer Absatzmöglichkeiten und damit für die Weiterentwicklung der Aluminium-Legierungen besorgt sein müsse», erinnerte sich Zeerleder an die Anfänge. Das FI verfügte gerade im Bereich der Legierungen immer wieder über hervorragende Fachleute. Eine Bibliothek wurde aufgebaut, und Zeerleder trat verschiedenen ausländischen Fachorganisationen bei. Zu den wichtigen Erfindungen dieser Phase gehörten die besonders korrosionsbeständige Legierung Anticorodal, die Freileitungslegierung Aldrey und das Verfahren zur Herstellung von Raffinal. Daneben beschäftigte sich das FI mit der Weiterentwicklung der Elektrolyse und der Weiterverarbeitung.[176] In einem gewissen Sinne in die Fussstapfen Zeerleders trat später Dieter Altenpohl, der das Handbuch «Aluminium von innen betrachtet: Das Profil eines modernen Metalles» publizierte. Dieses ist in mehreren Auflagen und zahlreichen Sprachen erschienen. Altenpohl war im Konzern ein unermüdlicher und innovativer Anreger. Er war auch der geistige Vater von Alucobond, einem der erfolgreichsten Produkte in der Alusuisse-Geschichte, und dessen hartnäckiger Promoter in der Anfangszeit der Entwicklung.[177]

Ab den 1950er-Jahren rückten die Produktentwicklung und auch das Marketing immer stärker in den Fokus. Der Druck, Nutzen und Notwendigkeit der Forschung unter Beweis zu stellen, nahm zu. «Ein Hauptanliegen der heutigen Aussprache bildet die Erwartung, dass man langfristig gesehen mit greifbaren Ergebnissen der Forschungstätigkeit rechnen können muss», erklärte der künftige Generaldirektor Emanuel Meyer 1960, als die starke Kostensteigerung der letzten Jahre thematisiert wurde.[178] Unter der Leitung von Ernst Bloch (ab 1955) gehörte ein Verfahren zur Herstellung von äusserst feinem Aluminiumhydroxid (Martifin) «zu den herausragendsten Ergebnissen». Auch Bloch wirkte an der ETH, als Lehrbeauftragter im Fach Leichtmetallbau.[179] Ende 1967 arbeiteten im Forschungsinstitut 215 Personen: neben dem Direktor und dem Vizedirektor 30 Akademiker, 15 Techniker, 28 Laborantinnen und Laboranten, 33 übrige technische Angestellte, 20 kaufmännische und administrative Angestellte, 17 Mitglieder der TVE-Gruppe (Technische Verfahrensentwicklung), 7 Beschäftigte des Hüttenlabors Chippis und 5 Lehrlinge.

Ein Aluminium-Wagenkasten wird in Neuhausen getestet

Zu diesen Beschäftigten im Monatslohn kamen 3 Halbmonatslöhner und 55 Stundenlöhner hinzu.[180] Die von Dieter Altenpohl aufgebaute Abteilung TVE beschäftigte 1970 in Zürich, Chippis, Neuhausen und Fribourg (Boxal) rund 100 Personen. Zur TVE gehörte auch die Versuchsgiesserei in Chippis, die ebenfalls auf Altenpohl zurückging.[181]

Ein neuer Wind wehte unter Hans Jucker, der die Leitung des Forschungsinstituts 1969 übernahm. Die schnelle Expansion rufe «nach einer raschen und umfangreichen Vergrösserung von Forschung und Entwicklung», stellte Jucker fest. «Diese muss von den Werkslabors, den zentralen Stabsabteilungen und dem Forschungsinstitut getragen werden.»[182] Drei Jahre später umschrieb

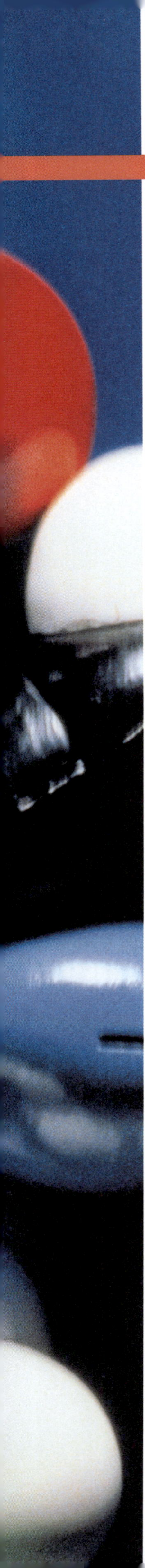

Jucker die Ziele der Forschung wie folgt: Produktivitätssteigerung mit technischen Massnahmen, Einsparung von Mitteln über die Verfahrensentwicklung, aktive Verkaufsunterstützung durch Qualitätserhaltung und -steigerung, Schaffung neuer Anwendungsgebiete für das Aluminium (höhere Wertschöpfung, grössere Gewinnspannen), Diversifikation in die Nachbargebiete, wie Verbundmaterialien und Feinchemikalien. Stichworte waren unter anderem Keramikanoden, Gusslegierung Alcast, Verbundmaterialien Alucobond und Alucopan, Verpackung Steralcon, Feinchemikalie Gallium.[183]

Verkauf und Neunutzung

1981/82 erlitt Neuhausen durch den Abbau von 170 der inzwischen 440 Arbeitsplätze einen Aderlass. Konzernweit schrumpfte der Personalbestand des Bereichs Forschung und Entwicklung von 1265 Beschäftigten 1981 auf 727 Ende 1983, davon 250 in Neuhausen.[184] Involviert war Neuhausen auch in die Entwicklung von Caster II und die Arbeiten an der unbrennbaren Anode. In der grossen Krise von 1985/86 waren Forschung und Technologie wichtige Pfeiler für das Wiedererstarken der Firma.[185] 1987 wurde wieder einmal festgestellt, «durch eine Änderung in der F+E-Organisation Neuhausen» werde «der Forderung nach marktnaher Forschungs- und Entwicklungstätigkeit entsprochen». Ein Jahr später sprach man von einer strategiekonformen Neuausrichtung auch im Bereich F+E: «Die im Primärsektor freiwerdenden

Ein Prüfstand für Grossprofile in Neuhausen.

personellen und finanziellen Mittel kamen in den Gebieten Verpackung und Industrielle Produkte zum Einsatz.»[186] Darin kam die Abkehr von der Rohaluminiumlastigkeit zum Ausdruck. Forschungsarbeiten für den zukunftsträchtigen Transportsektor gewannen immer mehr Gewicht. Die Forschung in der Chemie hingegen blieb nach deren Übernahme 1973 weitestgehend bei der Lonza angesiedelt.

Eine veränderte Situation ergab sich mit dem Verkauf der Alusuisse an Alcan 2000 und der Übernahme von Pechiney 2003. Mit Voreppe bei Grenoble erhielt Neuhausen ein Schwesterinstitut, mit welchem es in der Alcan Technology & Management (ATM) zusammengefasst wurde. ATM sei als Teil der Technology & Innovation Organisation des Geschäftsbereichs Engineered Products (Industrielle Produkte) «weitgehend für die Forschung & Entwicklung und die Technologieentwicklung für das künftige Unternehmenswachstum verantwortlich», wurde die Aufgabe umschreiben. In Neuhausen und Voreppe waren 250 Personen beschäftigt.[187] Die Arbeitsteilung erfolgte in der Art, dass in Voreppe Prozesse und Produktspezifikationen im Vordergrund standen, Neuhausen auf Anwendungen für die Automobilindustrie und die Oberflächenbehandlung spezialisiert war.[188] Doch schon bald ging man wieder getrennte Wege. 2009 wechselte der Standort Neuhausen mit dem Geschäftsbereich Composites zur Firma Schweiter mit Hauptsitz in Horgen. Getragen von ATM, dem Industrie- und Technozentrum Schaffhausen (ITS) und dem Kanton Schaffhausen, hat sich in den Gebäuden von ATM ab 2008 zudem neu der Industriepark «RhyTech Materials World» installiert, wo «Start-ups, Technologieunternehmen und Hochschulen ein Technologieumfeld für Materialwissenschaften finden».[189]

Verwaltungsrat: Stelldichein der Schweizer Wirtschaftselite

Obwohl die Alusuisse längst ein globaler Konzern war, sassen in ihrem Verwaltungsrat immer noch beinahe ausschliesslich Schweizer. Das war auch bei andern Schweizer Multis so, bei der Alusuisse aber nicht immer so gewesen. In der ersten Phase bis zum Ende des Ersten Weltkriegs gehörten dem Gremium auch Deutsche und Österreicher an, vor allem deutsche Bankiers, welche mit ihrem Kapital mitgeholfen hatten, die Alusuisse zu gründen. Ihr Ausscheiden war nicht freiwillig, sondern die Voraussetzung, dass Frankreich den im Krieg requirierten Alusuisse-Besitz wieder herausrückte.[190] Schon seit ihrer Gründung war der Verwaltungsrat der Alusuisse stets hochkarätig besetzt, und wie bei andern Topunternehmen der Schweizer Wirtschaft (Nestlé, Swissair, ABB, Sulzer, Georg Fischer u.a.) versammelte sich in diesem Gremium die Schweizer Wirtschaftselite. 1930 setzte sich der Verwaltungsrat unter dem Präsidium von Max Huber, Sohn des AIAG-Mitgründers Peter Emil Huber-

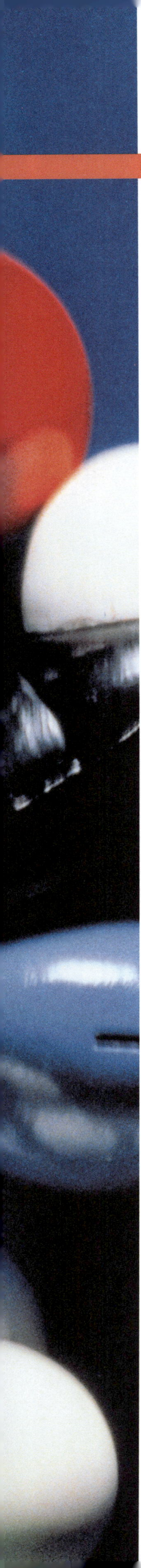

Selbstdarstellung in den 1960er-Jahren. In der Alusuisse-Festschrift von 1964 wurden der «Verwaltungsratssaal» und das – ebenfalls leere – Sitzungszimmer der Generaldirektion prominent platziert.

Werdmüller, wie folgt zusammen: Leonhard Erzinger, Ingenieur und Financier,[191] der Aargauer Ständerat und Mehrfach-Verwaltungsrat Gottfried Keller, der Winterthurer Industrielle und Nationalrat Carl Sulzer-Schmid, Walter Wyssling, Professor für angewandte Elektrotechnik an der ETH, Kraftwerkspezialist und eng mit der Elektroindustrie verbunden, der Textilfabrikant Jakob Heusser-Staub aus Uster, der Zürcher Privatbankier Albert Hofmann-Schmid (Bank Hofmann), der Papierindustrielle Robert Naville, Sohn des AIAG-Mitgründers Gustave Naville, der Schaffhauser Wirtschaftsanwalt Carl Spahn, der Zürcher Nationalrat und Delegierte des Vororts[192] Ernst Wetter und der Basler Bankier Carl Zahn-Sarasin, der im Verwaltungsrat seinen Onkel ablöste. 1939 zog mit dem Anwalt Etienne Dallèves der erste Walliser Vertreter in den Verwaltungsrat ein, und künftig war der Standortkanton bis 1987 immer, meist durch einen alt Staatsrat, im Verwaltungsrat präsent.

Ab 1975 verfügten die drei Schweizer Grossbanken ständig über Vertreter im Verwaltungsrat. Es gab aber schon vorher enge Beziehungen. Ständerat Gottfried Keller (VR 1921–1945) gehörte von 1930 bis 1945 dem Verwaltungsrat der Schweizerischen Kreditanstalt an, und der Textilindustrielle und Nestlé-Präsident Carl J. Abegg, ab 1946 im Verwaltungsrat, war bis 1953 Vizepräsident der SKA. In deren Verwaltungsrat sass ab 1954 auch AIAG-Direktor Fritz Schnorf sen. Spätere Alusuisse-Vertreter bei der SKA waren Emanuel Meyer, Hermann Haerri und Theodor Tschopp. Nationalrat Robert Bühler, AIAG-Verwaltungsrat ab 1949, war seit 1948 Verwaltungsrat der Schweize-

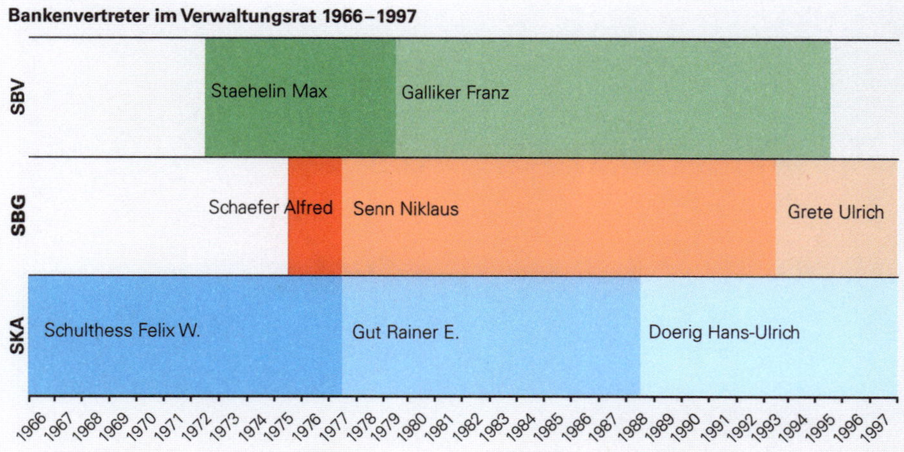

Ab 1975 waren alle drei Grossbanken ständig im Alusuisse-Verwaltungsrat vertreten.

rischen Bankgesellschaft. Von 1951 bis 1961 gehörte Rudolf Speich, Präsident des Schweizerischen Bankvereins, dem AIAG-VR an. Bei der Wahl von Felix W. Schulthess wurde 1966 die Frage von Bankenvertretern im Verwaltungsrat nochmals grundsätzlich angesprochen. «Er weiss, dass es bei der Alusuisse Tradition war, keine Bankvertreter in den Verwaltungsrat zu wählen, wobei Herr Dr. Speich als Präsident des Bankvereins eine löbliche Ausnahme machte», wurde das Votum von Nello Celio protokolliert, der Schulthess mit folgender Begründung vorschlug: «Herr Schulthess ist viel weniger exponiert als seine zwei Grossbank-Kollegen. Die Kreditanstalt ist unsere Hausbank.»[193] Rudolf Speich ist ein gutes Beispiel für das immense Netzwerk, das im Verwaltungsrat zusammenkam. Speich, der beim Bankverein eine lange berufliche Laufbahn absolvierte, war unter anderem Verwaltungsrat bei Ciba, BBC, Sulzer, Nestlé, der Schweizerischen Sprengstoff-Fabrik in Dottikon und den Basler Versicherungsgesellschaften. Weiter war er Bankrat der Nationalbank, Verwaltungsrat der SBB, Mitglied der Schweizerischen Handelskammer und auch der Chambre de Commerce Internationale. Im Militär kommandierte er ein Regiment.[194]

Industrie, Politik und Armee

Von den 62 Verwaltungsräten, die von 1939 bis 1997 in den Verwaltungsrat eintraten, waren insgesamt 13 im Bankgeschäft tätig. Unter ihnen auch Gottlieb Bachmann (VR 1940–1947), der von 1939 bis 1947 die Nationalbank präsidierte. Bei dieser war Fritz Schnorf sen. bis zu seiner Rekrutierung durch die AIAG (1941) Mitglied des Direktoriums gewesen. Zu den Bankiers (und Financiers) ist auch August von Finck zu zählen, der sich selbst allerdings als «Industrieller» bezeichnet. 20 Verwaltungsräte kamen aus der Industrie, davon 7 aus der Chemie und 4 aus der Metall- und Maschinenindustrie. Unter

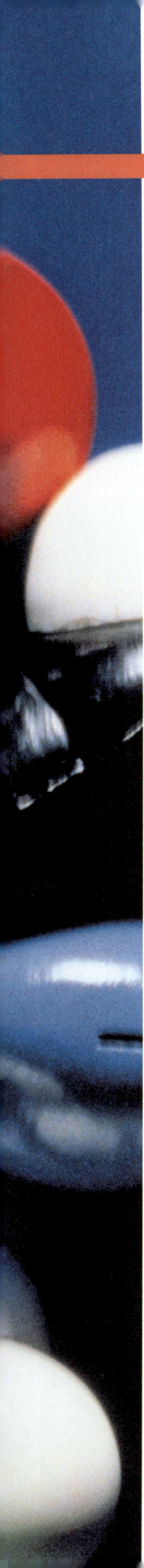

Am Festakt zum Jubiläum 1964 war auch der Zürcher Regierungsrat und spätere Bundesrat Ernst Brugger (vorne rechts) anwesend. Dessen Nachfolger im Bundesrat, Fritz Honegger, wäre nach seinem Rücktritt 1982 beinahe Alusuisse-Verwaltungsrat geworden. Sondierungen verliefen positiv, doch wurde die Idee schliesslich nicht realisiert.

den «Chemikern» befand sich mit Rolf Sammet, Verwaltungsrat 1982–1990 und Vorsitzender der Konzernleitung von Hoechst, auch der erste Ausländer, der seit 1919 wieder im Alusuisse-Verwaltungsrat Einsitz nahm. Auf ihn folgte, ebenfalls von Hoechst, Wolfgang Hilger, und auch die weiteren Ausländer im Verwaltungsrat, Ernst G. Stöckl (Daimler-Benz, 1992–1996), August von Finck (1993–1999) und Dieter Seebach (ETH-Professor, 1997–1999), waren Deutsche. Eine personelle Verbindung bestand über Jahrzehnte zum Nahrungsmittelmulti Nestlé: Carl J. Abegg (VR 1946–1965) war 1948–1961 Präsident von Nestlé, Alusuisse-Chef Fritz Schnorf sen. sass von 1954 bis 1963 bei Nestlé im Verwaltungsrat, und die Alusuisse-Verwaltungsräte Carl L. Angst (VR 1985–1991) und Rupert Gasser (1993–2000) bekleideten das Amt eines Nestlé-Generaldirektors. Zudem sass Rainer E. Gut (SKA) parallel in den Verwaltungsräten von Alusuisse (1977–1988) und Nestlé (1981–2005), wie vor ihm schon sein Vorgänger Felix W. Schulthess, während Fritz Gerber (Roche, Zürich Versicherungen, VR 1977–1981) zwar gleichzeitig das VR-

Nur ein kurzes Gastspiel im Alusuisse-Verwaltungsrat gab Dieter Bührle (Mitte).

Mandat bei der SKA und der Alusuisse ausübte, bei Nestlé hingegen erst bei seinem Rücktritt aus dem Alusuisse-Aufsichtsgremium gewählt wurde. Ein Roche-Vertreter war auch Adolf Walter Jann (VR 1967–1982), VR auch bei den Zürich Versicherungen sowie bei der ABB und 1949 bis 1957 Generaldirektor der SBG. Mit Pius Binkert (1987–1993) und René Ruepp (1993–1998) war die Forbo (Bodenbeläge, Klebstoffe, Antriebs- und Leichtfördertechnik) über zehn Jahre im Alusuisse-VR präsent.

Die drei alt Bundesräte (Ernst Wetter, Nello Celio, Hans Schaffner) und die alt Staatsräte aus dem Wallis waren nicht die einzigen Politiker im Verwaltungsrat. Zu ihnen gehörten weiter der Schaffhauser Ständerat Ernst Uhlmann aus Neuhausen, der ersten Standortgemeinde des Konzerns, die Aargauer Ständeräte Gottfried Keller (VR 1921–1945) und Bruno Hunziker (VR 1985–1993 und 1976–1977 Leiter des Bereichs Energie in der Alusuisse-Generaldirektion) sowie Nationalrat Robert Bühler. Bei den alt Bundesräten Fritz Honegger und Kurt Furgler wurde eine Berufung erwogen, aber nicht realisiert.[195] Auch die Verbindung zur Armee war vorhanden, die lange ein Charakteristikum der

Konflikt mit Bührle

Nachdem 1963 kurz hintereinander Präsident Fritz Schnorf sowie die Verwaltungsräte Ernst Wetter und Heinrich Hürlimann gestorben waren und der Verwaltungsrat «nun recht eigentlich verwaist» war, wurde an einer ausserordentlichen Generalversammlung im Herbst unter anderem Dietrich Bührle, Besitzer der Werkzeugmaschinenfabrik Oerlikon, in den Verwaltungsrat gewählt.[196] Nach gut zwei Jahren war man mit der getroffenen Wahl des Waffenproduzenten aber nicht mehr glücklich. «Insbesondere hat sich leider gezeigt, dass aus Ihrer Präsenz im Verwaltungsrat mancherorts und vor allem im überseeischen Ausland, wo Alusuisse vitale Interessen hat, eine enge Verbindung zwischen Ihrem Konzern und unserem Unternehmen abgeleitet wird», hiess es in einem Brief vom 16. Februar 1966 an Bührle, der von Nello Celio und Emanuel Meyer unterzeichnet war. Dem habe man seinerzeit «offensichtlich zu wenig Rechnung getragen», zumal damals noch keine offenen Kriege geherrscht hätten. Ein zweiter Kritikpunkt war, dass Bührle der Alusuisse heimlich den Generalsekretär Hans Rudolf Niggli abgeworben habe, was man «als besonders schwerwiegenden Vertrauensbruch» empfand.[197] «Es dürfte im beidseitigen Interesse liegen, und es ist unsere Hoffnung, dass diese für uns alle peinliche Angelegenheit ohne Aufsehen in dem Sinne geregelt werden kann, dass Sie uns von sich aus Ihren Rücktritt erklären», schrieben Celio und Meyer weiter.[198] Bührle sah die Gründe aber anderswo und knüpfte seinen Rücktritt an die Bedingung, dass er an der GV mit folgendem Wortlaut bekannt gegeben werde: «Herr Dr. Dietrich Bührle verzichtet wegen Meinungsverschiedenheiten mit dem Präsidium des Verwaltungsrates auf eine Wiederwahl zum Verwaltungsrat.»[199] Schliesslich einigte man sich aber auf eine harmlose Begründung, und der Rücktritt ging ohne Lärm über die Bühne.[200]

Der zweite eindeutige Fehlgriff war 20 Jahre später die Wahl des früheren Migros-Chefs Pierre Arnold, inzwischen Delegierter der SMH Société Suisse de Microélectronique et Horlogerie SA. Der Verwaltungsrat wählte ihn 1986, nach der Ablösung von Emanuel Meyer, zusammen mit Max D. Amstutz (Holderbank) aus vier Kandidaten aus, «unter der von Herrn Dr. Galliker [Schweizerischer Bankverein] ausdrücklich gewünschten Voraussetzung, dass er weder für das Präsidentenamt noch für den Ausschuss kandidiert».[201] Arnold seinerseits aber erwartete offensichtlich, dass er den Übergangspräsidenten Nello Celio ablösen werde. Nach nur einem Jahr trat Arnold aus dem Verwaltungsrat zurück.

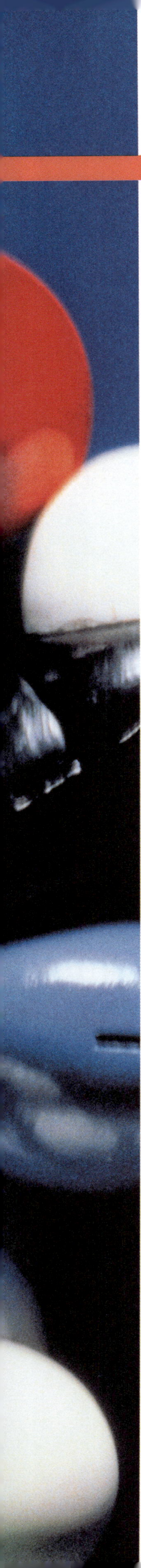

Schweizer Wirtschaft bildete: Mit Gottfried Keller, Rudolf Speich, Robert Bühler, Jürg Engi, Dieter Bührle, Niklaus Senn, Fritz Gerber, Hans Jucker und Pius Binkert bekleideten, in der Phase ab 1939, mindestens neun Alusuisse-Verwaltungsräte den Rang eines Obersten. Ernst Uhlmann war gar Korpskommandant. Zu den vier Wirtschaftsanwälten im Alusuisse-VR gehörten Nello Celio und Arthur Wiederkehr, der mit dem Verkauf seiner Refonda an die Alusuisse in den Verwaltungsrat einzog. Zu erwähnen sind schliesslich auch noch Carl J. Burckhardt (VR 1963–1971), der ehemalige Präsident des Internationalen Komitees vom Roten Kreuz (IKRK), und Raymond Probst (1984–1988), ehemaliger Botschafter in Washington (1975–1980) und alt Staatssekretär. Probst war VR auch bei Roche, bei der Crédit Suisse-First Boston und beim Bierkonzern Sibra.[202]

13 Verwaltungsräte waren zuvor in der AIAG/Alusuisse operativ tätig. Von 1939 bis 1946 wechselten nicht weniger als vier frühere Direktoren (Julius Weber, Arnold Bloch-Frey, Gerhard Steck-von Erlach und Henri Détraz) ins Aufsichtsgremium. Ihnen taten es später Anton Bettschart, Fritz Schnorf sen., Max Hintermann, Emanuel Meyer, der aber operativ tätig blieb, Paul Müller, Hans Jucker, Hermann Haerri, Ivo Gerster und Theodor Tschopp gleich. Als 1966 Max Hintermann für den Verwaltungsrat vorgeschlagen wurde, diskutierte der Ausschuss die Frage grundsätzlich und bestätigte «im Rahmen eines ausführlichen Meinungsaustausches» die Ansicht, «dass Mitglieder der obersten Geschäftsleitung nicht eo ipso Anspruch auf eine Wahl in den Verwaltungsrat haben». Andererseits «schade es nicht, wenn im einen oder anderen Fall ‹Ehemalige› in den Rat aufrücken, wo sie der Gesellschaft mit ihren Kenntnissen und langen Erfahrung nützen können».[203] 1973 erwog man «im Hinblick auf die in der Schweiz aufgekommenen Bestrebungen, den Arbeitnehmern vermehrten Einfluss in den Unternehmungsleitungen einzuräumen», einen Vertreter der Gewerkschaften in den Verwaltungsrat zu holen. Ins Auge gefasst hatte man Ernst Wüthrich, Nationalrat und ehemaliger Präsident des Schweizerischen Gewerkschaftsbundes, der im Verwaltungsrat als «sehr umgänglich und gemässigt» charakterisiert wurde. Nachdem alt Bundesrat Hans Schaffner aber «aus politischen Überlegungen im Zusammenhang mit der Mitbestimmungsinitiative» davon abgeraten hatte, Wüthrich jetzt vorzuschlagen, und auch Ständerat Ernst Uhlmann Bedenken äusserte, beschloss der Verwaltungsrat, «die Kandidatur Wüthrich vorläufig zurückzustellen».[204]

Von Finck steigt ein

1993 kam ein Mann in den Verwaltungsrat, dessen Wahl ein Vorbote der kommenden Veränderungen war. «Auch im vergangenen Geschäftsjahr hielt der Trend zu einer Internationalisierung unseres Aktionariates an», vermerkte der

Mit August von Finck hatte die Alusuisse plötzlich wieder einen Grossaktionär. Das Bild zeigt von Finck (rechts) mit dem Vorstandsvorsitzenden der Barclays Bank, Andrew R. F. Buxton, 1995 anlässlich einer Feier der Münchner Privatbank Merck, Finck & Co.

Geschäftsbericht 1993. Der Anteil der Namenaktionäre mit Wohnsitz im Ausland stieg per Ende 1993 von 27 auf 46%. «Wir wissen, dass wie bereits vor einem Jahr ein Aktionär Namen- und Inhaberaktien besitzt, die zusammen ca. 10% des gesamten Aktienkapitals ausmachen», schrieben Hans Jucker und Theodor Tschopp im Geschäftsbericht weiter. Bei diesem Aktionär handelte es sich um einen Mann, der ab den 1990er-Jahren (vermehrt) Einfluss auf die Schweizer Wirtschaft nahm: August von Finck, von Haus aus Bankier (Bankhaus Merck, Finck & Co. in München).[205] Er hatte kurz vor Weihnachten 1991 von Ueli Prager die Kontrolle über den Gastro- und Hotelkonzern Mövenpick übernommen und wurde im Januar 1992 von der «SonntagsZeitung» als Alusuisse-Investor «enttarnt».[206]

Von Finck, der in den 1990er-Jahren auch in andere Schweizer Grosskonzerne (Bührle, Surveillance, Von Roll) investierte, verlangte bald einen Sitz im Verwaltungsrat. Zunächst allerdings nicht für sich persönlich, sondern für Hans Grunder, weil der Schweizer sei.[207] Grunder war Verwaltungsratsdelegierter der Familienholding Ihag der Familie Bührle, in deren Verwaltungsrat seit 1980 auch von Finck sass. Schliesslich wurde aber von Finck selbst gewählt. Nachdem sich der Einfluss der alten Besitzerfamilien im Lauf der Jahre reduziert hatte, das Aktionariat der Alusuisse sehr breit gestreut war und die Banken mit ihren Depotstimmen die Generalversammlungen dominierten,[208] zog nun erstmals wieder ein Vertreter eines grösseren Aktienpakets in den Verwaltungsrat ein. Von Finck, dessen Vater als Schweizer Familiensitz Schloss Weinfelden im Thurgau erworben hatte,[209] mischte sich bald einmal auch in strategische Fragen ein und machte dem Verwaltungsrat immer wieder Vorschläge, was zu tun oder zu lassen sei. Vor allem aber war er ein strikter Vertreter der Aktionärsinteressen.[210] So verlangte er zum Beispiel im Herbst 1995 in einem Brief an Verwaltungsratspräsident Hans Jucker eine Dividendenerhöhung um 4 statt «nur» um 2%.[211] Und das war wie gesagt nur der Auftakt zu den kommenden Entwicklungen.

1997–2000

Fusionspoker und Eigenständigkeit

Ende der

Fusionspoker und Ende der

Wieder gesund – und wieder eine neue Strategie

In der bisherigen Geschichte der AIAG bzw. Alusuisse standen Probleme des Wachstums, der Rohstoffgewinnung, der Aluminiumherstellung und -verarbeitung, der Entwicklung und Vermarktung von Produkten, der Innovation, der Finanzierung und bisweilen auch von Partnerschaften im Vordergrund. Die Jahre von 1997 bis 2000 dominierte nun vor allem die Frage: wer mit wem? Zwei wichtige personelle Wechsel läuteten die Periode ein: 1997 wurde Hans Jucker, der bei der Rettung des Konzerns entscheidend mitgewirkt hatte und wie Albert Bodmer wegen Erreichens der Alterslimite zurücktrat, als Verwaltungsratspräsident von Theodor Tschopp abgelöst. Auf dem dadurch frei werdenden Sessel des CEO nahm Finanzchef Sergio Marchionne Platz. Dieser wiederum wurde durch Urs Fischer ersetzt, der aber schon 1998 als stellvertretender Vorsitzender der Geschäftsführung nach Singen wechselte, worauf CEO Marchionne, unterstützt von einem dreiköpfigen Team, auch für die Konzernfinanzen zuständig war. Mit Marchionne wurde ein Manager Konzernchef, der im Unterschied zu Jucker und Tschopp nicht in der industriellen Führung gross geworden war, sondern seine ganze bisherige Karriere in Stabsfunktionen (Recht, Finanzen, Controlling) absolviert hatte.[1] Entscheidend aber wurde die Veränderung im Aktionariat. Nachdem in der Ära Jucker/Tschopp der Konzern trotz verschiedener Widerwärtigkeiten wieder gesund geworden war, griffen die Investoren, die ernten wollten, zu.

Alusuisse-Lonza befand sich in den späten 1990er-Jahren in einem ausgezeichneten Zustand. Mit 20% hatte sie die anvisierte Eigenkapitalrendite von 15% bereits 1995 klar übertroffen, und der Konzern war gut aufgestellt. 1997 konnte dann ein Ergebnis präsentiert werden, das «zum vierten aufeinanderfolgenden Mal wesentlich verbessert werden konnte». Unter dem neuen CEO Marchionne waren «Status und strategische Ziele der Gruppe» – einmal mehr – «einer tiefgreifenden Analyse unterzogen» worden. «Die Ergebnisse bestätigten, dass Alusuisse-Lonza eine diversifizierte Industriegruppe bleibt, die jedoch künftig anders geführt wird.» Die Geschäftsaktivitäten der drei Bereiche Aluminium, Verpackung und Chemie wurden in sechs technologie- und marktfokussierten Divisionen gruppiert: Rohstoffe und Aluminium-Produkte, Rohstoffhandel, Nahrungsmittel- und Tabakverpackungen, Pharma- und Kosmetikverpackungen, Feinchemikalien und Chemische Spezialitäten, Zwischenprodukte und Additive. Die Division Rohstoffe und Aluminium-Produkte war nach wie vor die grösste Division, die 1997 zudem einen überproportionalen Beitrag zum Betriebsergebnis leistete. Tätigkeiten, die man als nicht strategiekonform betrachtete, standen, im Umfang von 865 Mio. Franken Umsatz, zum Verkauf. Wie erwähnt legte man, zwei Jahre vor der Trennung von Lonza, erneut ein Bekenntnis zur Diversifikation ab: «Die Zukunft der Gruppe wird von ihrer Fähigkeit bestimmt, mit industrieller Diversifikation umgehen zu können.» Deren Begründung liege nicht – wie sonst üblich – «in der Reduktion von Zyklizität und Risiken». Diese Aufgabe werde «von den Kapitalmärkten wahrgenommen». Der Versuchung der Quersubventionierung von Geschäften mit unterschiedlichem Risikoprofil habe Alusuisse-Lonza «schon seit einigen Jahren erfolgreich widerstanden». Bis ins Jahr 2002 sollte der Umsatz auf 15 Mrd. Franken (1997, ohne zu devestierende Einheiten, 8.9 Mrd.) erhöht sowie der Gewinn jährlich um 10% gesteigert werden, und man wollte in allen Sparten den Status des «Klassenbesten» erreichen. «Schritt für Schritt drückt Sergio Marchionne [...] dem Mischkonzern seine Handschrift auf», stellte «Finanz und Wirtschaft» fest.[2]

Ebner steigt ein

Für die nun folgende, immer stärker finanzgetriebene Entwicklung war in den Jahren zuvor der Boden bereitet worden: einerseits im Zeichen des Shareholder-Value-Denkens, das auch bei der Alusuisse Platz griff. «Ich unternehme alles, was in meiner Macht steht, den Shareholder Value zu erhöhen», erklärte Marchionne zugespitzt, nachdem sein Aufstieg zum CEO perfekt war. Und der Kurs der Alusuisse-Namenaktie ging ab «wie eine Rakete».[3] «Leider vergessen viele Aktionärsvertreter und Analysten, dass zum ‹Shareholder Value› auch Kundenzufriedenheit und motivierte Mitarbeiter gehören», hatte Hans Jucker 1995 noch gemahnt.[4] Andererseits waren im Zuge der Ereignisse (Ostmetallschwemme, abgesprochene Abschaltung von Kapazitäten) die Kontakte unter den Konkurrenten enger geworden, und man begann mögliche Zusammenschlüsse zu prüfen. «Denkbar ist, dass die Aluminiumsparte in ein Joint venture eingebracht wird, an dem der Konzern aber die Mehrheit halten würde», schrieb der von der SBG und der Wirtschaftszeitung «Finanz und Wirtschaft» gemeinsam herausgegebene «Aktienführer Schweiz 1996/1997». «Mit einer solchen Allianz könnten dem Alugeschäft neue geographische Märkte, vor allem in Fernost, erschlossen werden.» Der Aufbau eines vierten Bereichs oder ein Spin-off [Ausgliederung] seien hingegen nicht geplant.[5]

1997 tauchte neben August von Finck, der unverändert rund 10% der Alusuisse-Aktien hielt, ein neuer Grossaktionär auf: Per Ende Juni wies die Stillhalter Vision AG des Financiers Martin Ebner einen Anteil von 4.1% am Alusuisse-Aktienkapital aus. Ende Jahr hielt Ebners BZ Gruppe Holding über die Stillhalter Vision etwa 6.3%, und Ebner kaufte weiter zu. «Ein anderer Titel, der mit Ebner in Verbindung gebracht wird, ist Alusuisse (+5.2%), bei der die BZ Bank als Käuferin beobachtet wurde», vermerkte der «Tages-Anzeiger» in seinem Börsenbericht unter dem Titel «Ebner beflügelt ABB und Alusuisse».[6] «A-L fürchtet seinen neuen Grossaktionär aber nicht und hat auch keinen Grund dazu», hielt «Finanz und Wirtschaft» wenig später fest. Der Konzern

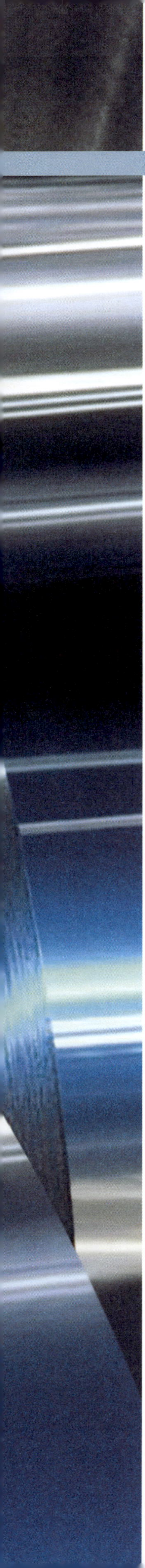

richte sich bereits stark auf die Bedürfnisse der Aktionäre aus: «Die Entscheidung, statt einer Dividende eine Nennwertrückzahlung durchzuführen, zeugt von der Shareholder-Ausrichtung. Im Gegensatz zur Dividende ist eine Nennwertrückzahlung nämlich nicht steuerpflichtig.»[7] Für die Generalversammlung vom 24. März wurde die Schaffung einer Einheitsnamenaktie, also die Abschaffung der Inhaberaktie, beantragt, womit man auch mehr Transparenz beim Aktionariat erhalten wollte. An dieser GV erhielt die A-L Alusuisse-Lonza wieder einen neuen Namen. 1990 war, 16 Jahre nach ihrer Übernahme, die Lonza in die Firmenbezeichnung des Konzerns integriert worden. Nun hiess das Unternehmen neu Alusuisse Lonza Group (Algroup).[8] Aus dem Verwaltungsrat waren Wolfgang Hilger (bis 1994 Konzernchef von Hoechst) und Ulrich Grete (SBG) zurückgetreten. Eigentlich sollte Armin Meyer von der ABB neu ins Gremium gewählt werden, doch wurde die für die Generalversammlung bereits traktandierte Wahl nicht vollzogen, weil sich Meyer auf Druck von Martin Ebner zurückziehen musste. Ebner war damals gerade daran, auch bei Meyers Arbeitgeber ABB seine Position als Grossaktionär massiv auszubauen. «Meyer führt ein industrielles Geschäft, das auf fünf Kontinenten tätig ist, hat Erfahrung in der Forschung und weiss, wo Produktionskosten zu senken sind», hatte Verwaltungsratspräsident Theodor Tschopp die Nomination im Februar begründet. Meyer sass wie Tschopp im Verwaltungsrat der Ciba Spezialitätenchemie, deren Chef er 2000 wurde.[9]

Der ehemalige Vontobel-Banker Ebner hatte bis zu diesem Zeitpunkt bereits versucht, die Bank Leu zu übernehmen, den Versicherungskonzern «Winterthur» in die Arme der Credit Suisse getrieben, den Chemiekonzern Roche belagert, die Grossbank UBS in einen lähmenden Rechtsstreit verwickelt, sich an der CS, der ABB und an der Textilmaschinenproduzentin Rieter beteiligt, das Immobilienunternehmen Intershop geschluckt und, zusammen mit Christoph Blocher, eine «Annäherung» an Von Roll wieder abgebrochen. Blocher hatte sich 1987 an Von Roll beteiligt und war in deren Verwaltungsratsausschuss gewählt worden. Als er sich, mit Ebner im Hintergrund, nicht durchsetzen konnte, trat Blocher Knall auf Fall zurück und verkaufte sein Aktienpaket.[10]

Lonza: Strukturwandel verpasst?

Sorgen bereitete seit einiger Zeit das Zugpferd Lonza. Der Betriebsgewinn stagnierte seit zwei Jahren. «Die Betriebsgewinnmarge ist geschrumpft – in einer Periode, in der die Chemiekonjunktur boomt und Konkurrenten wie Clariant oder Ciba Spezialitätenchemie Wachstumsraten von über 20% ausweisen und mit steigenden Gewinnmargen brillieren», rügte «Finanz und Wirtschaft». Lonza habe auf den rasanten Strukturwandel der Branche, der mit einer Konzentration und einer Intensivierung des Konkurrenzdrucks verbunden war,

Gewerkschaftlicher Protest an der Generalversammlung der Alusuisse Lonza Holding von 1998. Tschopp (rechts) und Marchionne erklären sich den Medien.

«noch keine überzeugende Antwort gefunden». «Weltweite Markt- und Kostenführerschaft in klar abgegrenzten Tätigkeitsgebieten» seien die Schlagworte, nach denen sich die Branche orientieren müsse. Spekulationen der Zeitung über einen bevorstehenden «Tausch von Geschäftsfeldern unter den Schweizer Spezialchemieunternehmen» bestätigten sich aber nicht. «Der schiefe Turm von Lonza», titelte die Wirtschaftszeitung «Cash» und berichtete von Verunsicherung in Basel und im Wallis.[11]

Schliesslich wurde ein Stellenabbau in Visp und Basel von per saldo 122 Stellen über die nächsten drei Jahre angekündigt. Dem geplanten Abbau von 207 Stellen stand die Schaffung von 85 neuen Arbeitsplätzen gegenüber. Für den gleichen Zeitraum sah man in Visp Investitionen von 250 Mio. Franken vor. Die Lonza wollte noch vermehrt Exklusivsynthesen für einzelne Kunden anbieten. Die Investitionen sollten denn auch die Lonza unter anderem in die Lage versetzen, für einen international tätigen Pharmakonzern einen Wirkstoff für ein Anti-Aids-Mittel herzustellen.[12] 1998 erzielte die Division Feinchemikalien und Spezialitäten dann ein Rekordergebnis. Der Umsatz stieg um 6%, das Betriebsergebnis um 46%, und die Umsatzrendite betrug 15.1%. Bei den Zwischenprodukten und Additiven sank zwar der Umsatz um 6%, aber die Umsatzrendite stieg auf 11.1%.[13] War im Frühjahr unnötig dramatisiert worden? «Die immer kürzer werdenden Markteinführungszeiten von Produkten und Technologien erfordern kürzere Forschungs- und Entwicklungsphasen», hiess es im Geschäftsbericht. Dass die Beurteilungszeiträume immer kürzer wurden, hatte aber auch mit dem Shareholder-Value-Denken zu tun und mit der Tatsache, dass die Medien in ihrer Berichterstattung Börsengurus und Finanzanalysten immer mehr Platz einräumten.

Blocher springt auf

Im April 1998 outete sich Ebners Kompagnon und Studienkollege Christoph Blocher. Seine Ems-Chemie, eine Konkurrentin der Lonza, teilte mit, sie halte einen Anteil von 5.61% an A-L.[14] Kurz darauf errechnete die «Finanz und Wirtschaft», dass Blocher seit dem Aufbau der Position bereits einen Buchgewinn von 130 Mio. Franken verzeichnen könne. Sergio Marchionne hatte gegen die beiden Investoren gar nichts einzuwenden. «Es schmeichelt mir, dass Ebner uns mag, und für Blocher gilt dasselbe», sagte er in einem Interview, in welchem er auch erklärte, er betrachte Blocher und Ebner nicht als Team. Für Marchionne waren die beiden keine typischen Raider, und eine feindliche Übernahme würde, so der CEO, «eine ziemlich teure Sache».[15] Mitte Mai wurde aber bekannt, dass Ebner bereits 11% besass. Das machte zusammen mit Blocher gegen 17%, und weitere Titel wurden «bei befreundeten Investoren» vermutet. Rechnete man das Paket von Fincks hinzu, so waren es schon 27%. Es kursierten allerdings auch Gerüchte, von Finck habe einen Teil seines Aktienbesitzes verkauft. Ende Jahr figurierte er tatsächlich nicht mehr unter den bedeutenden Aktionären, doch gemäss Medienberichten veräusserte er sein Paket erst im Februar/März 1999 an Ebner.[16] Der Aktienkurs war weiter in die Höhe geklettert. Ebner jage die Alusuisse, wie er letztes Jahr die «Winterthur» gejagt habe, stellte ex-Alusuisse-Verwaltungsrat und ex-SBG-Präsident Niklaus Senn fest. Senn hatte immer vor Ebner gewarnt, wie seinerzeit schon vor Werner K. Rey. Als Motiv von Blocher vermutete die «SonntagsZeitung», dass er damit das Grössenproblem seiner Ems-Chemie lösen wolle. «Die Autosparten von Blochers Ems-Chemie und der algroup zusammen wären, angereichert mit weiteren Akquisitionen, ein neues Schwergewicht mit Chancen», schrieb das Blatt. Zudem möchte Blocher in der Feinchemie seiner Ems-Dottikon die (viel grössere) Lonza hinzufügen.[17] 1987 hatte die Alusuisse ihrerseits versucht, die damals noch unabhängige Sprengstoff-Fabrik Dottikon

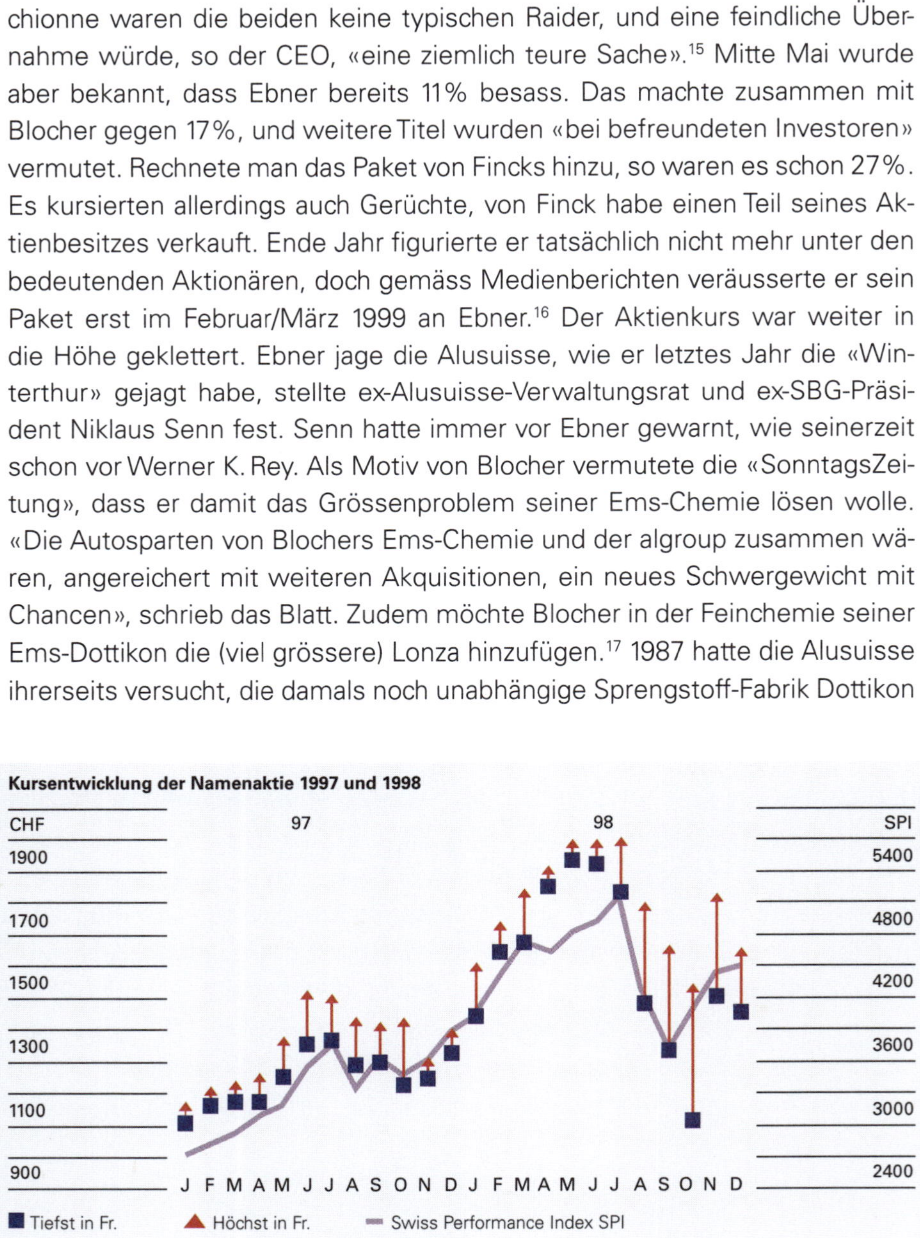

Im Zuge der Zukäufe von Martin Ebner und Christoph Blocher stieg der Kurs der Algroup-Aktie steil an, viel stärker als der Swiss Performance Index.

zu kaufen – gegen Blochers Ems-Chemie aber den Kürzeren gezogen.[18] Blocher seinerseits betonte, sein Engagement habe «bloss finanziellen Charakter», führte aber scheinbar trotzdem (ergebnislose) Gespräche mit Tschopp und Marchionne.[19]

Ebner wurde bald mit Forderungen beim Algroup-Verwaltungsrat vorstellig. Wie bei andern Unternehmen verlangte er zunächst eine Anpassung der Statuten, die ihm freie Hand gewähren sollte. Die entsprechende Post traf Mitte Juli 1998 bei der Algroup ein. Der Verwaltungsrat lehnte praktisch alle Vorschläge ab, wobei er «am ehesten noch eine gewisse Sympathie für eine Lockerung der Vinkulierungsbestimmungen und eine Verkürzung der Amtsdauer der Verwaltungsratsmitglieder» bekundete. Der Verwaltungsrat beschloss, «alle Unterredungen mit Herrn M. Ebner zu protokollieren und insbesondere ihn zu ersuchen, seine definitiven Forderungen hinsichtlich Statutenänderungen in einem formellen Schreiben zu bestätigen». Die Verwaltungsräte waren sich einig, «dass sie ein kompromissloses Festhalten von Herrn M. Ebner an allen seinen Statutenänderungsvorschlägen nicht akzeptieren würden». Präsident Theodor Tschopp wies darauf hin, dass die Algroup sich sowohl hinsichtlich Stimmrechtsbeschränkungen wie hinsichtlich Erschwerung der Abwahl von Verwaltungsratsmitgliedern – auf diese beiden Punkte zielte Ebner – «im Rahmen vergleichbarer Gesellschaften» bewege. Bei der Algroup wurden Aktionäre mit maximal 5% des Kapitals ins Aktienregister eingetragen, und das Stimmrecht pro Aktionär war auf 5% aller Aktienstimmen beschränkt. Seine Forderung nach einem Sitz im Verwaltungsrat sollte Ebner ebenfalls formell bestätigen.[20] An der nächsten Sitzung, nach einer Besprechung mit Ebner und Ralph Stadler von der BZ Gruppe, an welcher Ebner «wenig Flexibilität» gezeigt hatte, «von den eingenommenen Positionen abzuweichen», empfahl Verwaltungsrat Hans-Ulrich Doerig von der CS, «den Forderungen von Herrn M. Ebner nur soweit entgegenzukommen, wie der Verwaltungsrat dies

Sie haben gut lachen: Die neuen Herren Martin Ebner und Christoph Blocher lassen sich an der ausserordentlichen Generalversammlung von 1999 registrieren.

Griff in die Schatulle

Nicht nur mit der Ausgliederung der Lonza und mit dem Verkauf der Algroup an die Alcan machten Martin Ebner und Christoph Blocher ein gutes Geschäft, wie ein Rückblick der «NZZ am Sonntag» zeigt: «Martin Ebner und Christoph Blocher waren in der Schweiz die ersten, die exorbitante Entschädigungen wie in den USA einführten. Als Verwaltungsräte der Beteiligungsgesellschaft Pharma Vision kassierten Blocher (Präsident), Ebner und Peter Sjöstrand von 1992 bis 1998 zusammen 67 Mio. Franken an persönlichen Verwaltungsratshonoraren. Im Jahr 1997, einem Boom-Jahr, bezog VR-Präsident Blocher ein Honorar von 6.8 Mio. Franken Solche Gehälter waren in der Schweizer Wirtschaft einzigartig: Nur gerade zwölf Firmen zahlten damals über 100 000 Franken pro Verwaltungsrat. Die Pharma Vision legte das Geld von Anlegern grösstenteils in Roche-Aktien an, deren Aktienkurs steil anzog. Insgesamt zog Ebners BZ Trust als Geschäftsführerin von 1992 bis 1998 total 3.07 Mrd. Fr. aus vier börsenkotierten Beteiligungsgesellschaften. Nach dem Platzen der Börsenblase musste die Pharma Vision 2002 an die Zürcher Kantonalbank verkauft werden. 2006 wurde die Pharma Vision aufgelöst und in einen Fonds umgewandelt.»[21]

verantworten kann, und unvernünftige Forderungen nicht zu akzeptieren».[22] Im Frühjahr 1999 wurden die Statuten im Sinne Ebners geändert.[23]

Schon früh angedacht: Fusion mit der Viag

«Verkaufsgerüchte vom Tisch», war im August 1998 im «Tages-Anzeiger» zu lesen. Bis jetzt hätten Ebner und Blocher noch keine Vorschläge für einen Strategiewechsel unterbreitet. Von der Asienkrise, die zu dieser Zeit andern Schweizer Industrieunternehmen zu schaffen machte, war die Algroup wenig tangiert, entfielen doch nur 5% ihres Umsatzes auf die betroffenen Regionen.[24] Dass Ebner und Blocher die A-L aber nicht übernahmen, um sie auf längere Sicht als industrielles Unternehmen zu betreiben, war von Anfang an klar. Die Konsolidierung der Branche war unvermindert im Gang. Im März hatte Branchenleader Alcoa mitgeteilt, dass sie für 3.8 Mrd. Dollar (inkl. Schulden) die Konkurrentin Alumax übernehme, wodurch ein Aluminiumkonzern mit 17 Mrd. Dollar Umsatz und 100 000 Beschäftigten entstand. Das waren ganz andere Grössenordnungen, als sie die Alusuisse Lonza Group mit ihren Bereichen Aluminium und Rohstoffhandel erreichte. «Neben weiteren Einsparungen und gemeinsamen Plänen zum Aufbau von Schmelzen im energiereichen British Columbia (Kanada) setzen die beiden Unternehmen darauf, dass die Aluminium-Nachfrage in den nächsten Jahren wieder anziehen wird», hiess es zum Zusammenschluss in den USA weiter.[25]

Ein Zusammengehen mit der deutschen Viag, zu der die Aluminiumproduzentin VAW gehörte, wurde schon früh angedacht. Die Viag sei für eine Zusammenarbeit «hochinteressant», hatte Verwaltungsratspräsident Hans Jucker bereits in den frühen 1990er-Jahren erklärt. Darum sei der Grossaktionär August von Finck mit seiner Beteiligung an der Viag bei der A-L auch willkommen, kommentierte die «Weltwoche», wobei sie allerdings bezweifelte, dass sich der deutsche 25-Milliarden-Konzern «mit einer reinen Partnerschaft begnügen würde».[26] Ein Zweifel, der sich noch bestätigen sollte. August von Finck war es dann vermutlich auch, der 1998 den Zug in Richtung Viag anschob. Anfang Juni, nachdem die seit April verhandelte Fusion mit dem Spezialitätenchemie-Unternehmen Clariant «infolge unüberbrückbarer Gegensätze struktureller, kultureller und strategischer Art» gescheitert war, schrieb er an Verwaltungsratspräsident Tschopp: «Der im Zusammenhang mit dem heutigen Telefonat genannte Herr S. hat mit eigenen Stücken und aufgrund von Sonderbeziehungen Einfluss auf ca. 30% des Kapitals [der Viag]. Hinzu kommt, dass das bekannte Land [Bayern] weitere 26% besitzt. Zugleich ist das Land an dem Institut, dem Herr S. vorsteht, mit deutlich über 10% beteiligt.»[27] Bei S. handelte es sich um Albrecht Schmidt von der Bayerischen Vereinsbank, die 1998 mit der Bayerischen Hypotheken- und Wechselbank zur zweitgrössten Privatbank Deutschlands, der Bayerischen Hypo- und Vereinsbank, fusionierte.[28] Gut zwei Monate später wurde im Verwaltungsrat mitgeteilt, dass man beim Fusionsprojekt Viag (Deckname Alpine) «bedeutende Fortschritte» gemacht habe und dass auf der Seite von Viag (Matterhorn) mittlerweile neben dem CEO auch der ganze Vorstand involviert und auch der Verwaltungsratspräsident dem Projekt gegenüber positiv eingestellt sei. Die Verhandlungen beim Konkurrenzprojekt «Drax» – hier ging es um das niederländische Spezialchemie-Unternehmen DSM – habe man hingegen vorläufig eingestellt. Der CS-Vertreter Hans-Ulrich Doerig zeigte sich optimistisch, «auch bezüglich der kulturellen Vereinbarkeit zwischen der Zürcher und der Münchner Mentalität». Das fusionierte Unternehmen hätte, so Doerig, grössenmässig eine Basis, «um mittels künftiger Transaktionen weiter wachsen zu können». Tschopp und Marchionne erklärten, dass für die Fusion die Zustimmung von Martin Ebner notwendig sei, weil es für die entsprechenden GV-Beschlüsse ein qualifiziertes Mehr brauche. Ebner müsste aber «an einer für die Aktionäre vorteilhaften Transaktion grundsätzlich interessiert sein». Marchionne fasste zusammen, «dass aus industrieller Sicht diese Transaktion sinnvoll wäre, dass es zwar andere Fusionskandidaten geben würde, aber nicht Kandidaten von der Art eines Matterhorns».[29]

Mit dem Segen von Ebner und Blocher

In der September-Sitzung des Verwaltungsrats bestätigte Marchionne, «dass es sich bei der heute vorgestellten Projektstruktur letztlich um eine Übernahme der Zugspitze durch Matterhorn (und nicht um eine Fusion) handelt». Ebner und Blocher, die sich ihrerseits auch mit den Viag-Leuten trafen, verlangten, im Verwaltungsrat des fusionierten Unternehmens Einsitz nehmen zu können. Der Verwaltungsrat war aber der Meinung, «dass nicht das Doppelge-

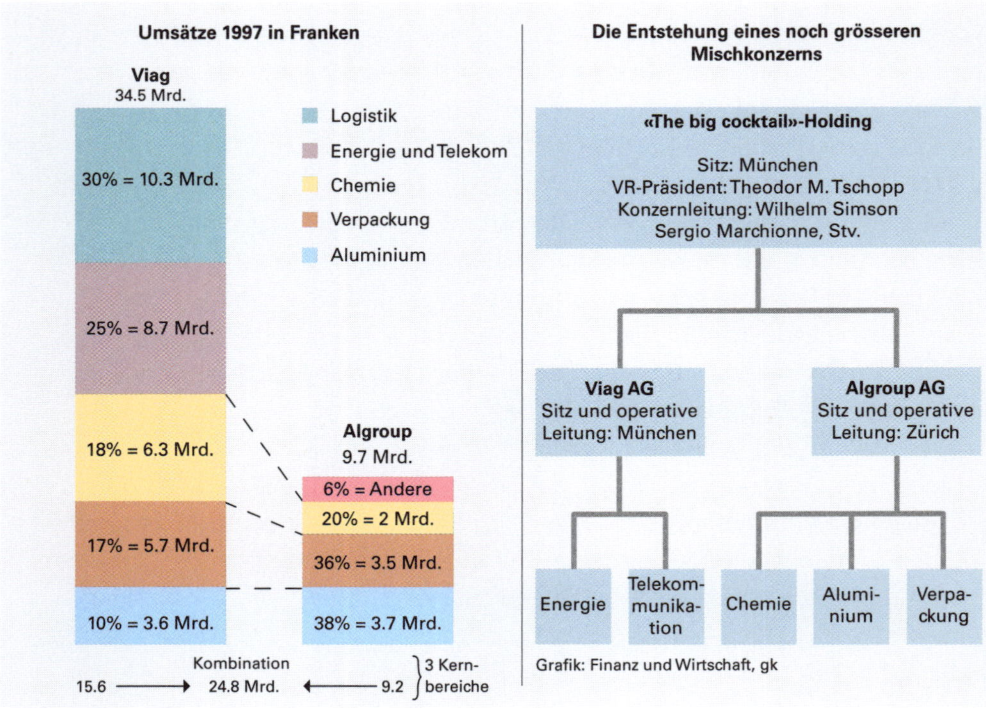

Mit Viag und der Algroup hätten zwei sehr unterschiedliche Unternehmen fusioniert. Wirklich zusammengepasst hätten nur die Aluminiumbereiche, allenfalls Teile der Chemie.

spann Ebner-Blocher, sondern höchstens Herr M. Ebner (eventuell zusammen mit Herrn G[öran] Lindahl [ABB, von Ebner portiert])» zur Wahl vorzuschlagen sei. Der CS-Vertreter Doerig fragte, ob der Verwaltungsrat «angesichts der Ebnerschen Bedrohung» allenfalls weniger objektiv sei. «Falls wir», so Doerig, «vom Projekt angesichts der Schwierigkeiten auf kultureller und auch struktureller Ebene bei objektiver Betrachtung nicht überzeugt sind, müssen wir ‹nein› sagen können». Ebner und Blocher hatten in einem Gespräch mit Tschopp ihr «prinzipielles Einverständnis mit dem strategischen Fit der beiden Gesellschaften» erklärt, hätten allerdings «einem Zusammengehen mit einem chemischen Unternehmen (Ciba, Clariant) den Vorzug gegeben». Sie hätten sich «wegen der Lonza bei der algroup engagiert und möchten vor allem das chemische Geschäft ausbauen». Vielleicht entstehe dann später durch Abspaltung von Lonza, SKW und Goldschmidt ein neues chemisches Unternehmen. Ihr Einverständnis mit der Fusion sei letztlich «abhängig vom Wertzuwachs» für die Algroup. Wie gross dieser sein müsse, sagten sie nicht.

Schon damals zeichnete sich ab, dass neben den Unterschieden «beim Führungsstil und Verständnis der Führung eines diversifizierten Industriekonzerns» insbesondere das Austauschverhältnis zum Knackpunkt werden sollte. Und auch bezüglich der Besetzung der leitenden Posten lagen die Positionen von Algroup und Viag anfänglich ziemlich weit auseinander. August von Finck empfahl, direkte Gespräche mit Albrecht Schmidt aufzunehmen «und seine Unterstützung für die Lösung aller anstehenden Probleme zu gewinnen».[30]

Praktisch perfekt

Aber zunächst fand man sich. Am 27. November teilten die beiden Unternehmen, nachdem die Medien immer neue Einzelheiten über die laufenden Verhandlungen verbreitet hatten, ihre Fusionsabsicht mit. Die Börse reagierte ungnädig mit einem Kursrückgang. Befürchtet wurde, dass die schlecht rentierende Viag, ein grosser Mischkonzern, die gut rentierende Alusuisse schlucke.[31] Personell sollten von Algroup-Seite Theodor Tschopp als Präsident sowie Rupert Gasser, Martin Ebner und Christoph Blocher in den 20-köpfigen Verwaltungsrat einziehen, wo nach deutschem Recht die Hälfte der Sitze für Arbeitnehmervertreter reserviert war. Wilhelm Simson von Viag war als CEO vorgesehen, Sergio Marchionne als sein Stellvertreter. «Offenes Ende der Algroup», titelte die «Neue Zürcher Zeitung».[32] Im Dezember stimmte der Viag-Verwaltungsrat einstimmig zu. Am 4. Februar fand ein gemeinsames Pressegespräch von Viag und Algroup in Düsseldorf statt, und am 12. Februar legten die Fusionspartner an ihren Bilanzmedienkonferenzen Rekordergebnisse vor.[33]

Am 27. März kam es, nach hektischen Wochen und zahlreichen Briefwechseln, im Verwaltungsrat zum Eklat. Es seien keine neuen Tatsachen oder Argumente aufgetaucht, die das Wertverhältnis von 35% Algroup zu 65% Viag infrage stellten, erklärte Max D. Amstutz zwar am Tag nach der Verwaltungsratssitzung. Geklärt seien «bereits 99% aller Einzelfragen», Martin Ebner wer-

Ein Handschlag, der am Ende keiner war: Sergio Marchionne (links) und Viag-Chef Wilhelm Simson nach der Bekanntgabe der Fusionsabsichten von Algroup und Viag.

Theodor M. Tschopp hat genug

Theodor Tschopp, der 1997 Hans Jucker als Verwaltungsratspräsident abgelöst hatte, trat am 27. März 1999 abrupt zurück, weil er, wie es im Geschäftsbericht 1998 hiess, «sich aus grundsätzlichen Überlegungen ausserstande sah, die vorgesehene Transaktion mit Viag zu unterstützen». Was letztlich Tschopp zu seinem radikalen Schritt veranlasste, ist nicht zu eruieren. Anfänglich hatte er das Zusammengehen mit der Viag durchaus befürwortet, es auch an der Bilanzpressekonferenz im Februar «noch wortreich verteidigt», und er war auch als Verwaltungsratspräsident des fusionierten Gebildes vorgesehen.[34] Zum Rücktritt dürfte einerseits der Eindruck geführt haben, dass die Alusuisse bei den Deutschen unter die Räder gerate. Zum andern war Tschopp Ebner, Blocher und Marchionne in den Auseinandersetzungen nicht gewachsen. «Die im Kopf verankerte und immer wieder betonte Überzeugung des strategischen Fits der beiden Unternehmen hat vielleicht mit der im Herzen versteckten Trauer darüber gestritten, dass ‹sein› Unternehmen die Selbständigkeit verliert», schrieb die «Neue Zürcher Zeitung» am Tag nach dem Rücktritt unter dem Titel «Der Lotse geht von Bord».[35] Tschopp, der unter anderem auch in den Verwaltungsräten der CS und der Ciba Spezialitätenchemie sass, starb 2001.[36]

de Präsident des fusionierten Unternehmens, das den Namen Axera erhalten hätte.[37] Doch während der Sitzung war Tschopp per sofort als Präsident zurückgetreten. Er hatte erklärt, dass er die Transaktion in strategischer Hinsicht nach wie vor positiv einschätze. Die «weichen Faktoren» «wie die potentielle Einflussnahme des Freistaats Bayern auf die Alpen AG [Deckname der neuen Gesellschaft] und deren Corporate Governance, die Verstrickung der Viag Gruppe in die Problematik des 2. Weltkriegs, das Problem der Kernenergie in der heutigen deutschen Politlandschaft, etc.» würden ihn insgesamt aber «zu einer negativen Beurteilung» führen. Tschopp bezweifelte, «ob es algroup in diesem Umfeld gelingen kann, im Rahmen der Alpen AG innert nützlicher Frist die nötigen Veränderungen herbeizuführen und die internationale algroup Unternehmenskultur im grösseren Verband energisch durchzusetzen; damit wären aber auch die ursprünglich in die Transaktion gesetzten Erwartungen (Schaffung einer Unternehmensgruppe mit europäischem Fundament und globaler Wettbewerbsfähigkeit sowie internationaler Managementkultur) in Frage gestellt».

Innert Tagen geplatzt

Sergio Marchionne hingegen wollte am Vorhaben festhalten, und an einer Besprechung vor der Sitzung, die Tschopp und Marchionne mit Blocher und Ebner führten, hatte sich Ebner hinter Marchionne gestellt. Dies allerdings nur, wenn das Austauschverhältnis unverändert 35:65 bleibe, die Rechnungslegung nach US-GAAP erfolge und wenn gesichert sei, dass Marchionne in zwei Jahren Wilhelm Simson als CEO ablösen werde. Ebner meldete an, er wolle im Falle eines Rücktritts von Tschopp an seiner Stelle VR-Präsident der Algroup und bei Gelingen der Fusion VR-Präsident der neuen Gesellschaft werden. Er forderte zudem, dass an der Generalversammlung vom 20. Mai neben ihm als Präsident und Blocher auch Marchionne – der Statthalter der beiden – als künftiger Delegierter «und möglicherweise ein weiterer Kandidat in den algroup Verwaltungsrat gewählt werden, unter Ausscheiden der Herren Dr. H.-U. Doerig, A. von Finck und Prof. Dr. D. Seebach». Nestlé-Generaldirektor Rupert Gasser durfte im Verwaltungsrat bleiben. Nach einer ausführlichen Diskussion unterstützten in der Abstimmung die Verwaltungsräte Amstutz, Doerig, von Finck und, «via Telefon», Gasser den Vorschlag Marchionne/Ebner, während Seebach mit Tschopp gegen die Weiterverfolgung der Transaktion stimmte. Die genannten Bedingungen wurden insofern präzisiert, als der Freistaat Bayern auf eine Einflussnahme auf die neue Gesellschaft verzichten sollte; von der Viag früher gemachte Aussagen, «insbesondere betreffend der Erhaltung und Schaffung von Arbeitsplätzen in Bayern», sollten für das fusionierte Unternehmen «nicht rechtlich bindend» sein. Von Marchionne verlangte der Verwaltungsrat, dass er «ab Dienstantritt» fünf Jahre in der Geschäftsleitung bleibe. Marchionne bejahte dies, «allerdings nur für solange, als er sich in seiner künftigen Aufgabe vom Alpen Vorstand und vom Alpen Aufsichtsrat unterstützt fühlt».[38]

Am 30. März meldeten die Medien das Scheitern des Zusammenschlusses, der zum sechstgrössten deutschen Industriekonzern geführt hätte. Entscheidend dafür war, zumindest in der offiziellen Lesart, das Bewertungsverhältnis, über welches man sich am Ende doch nicht einigen konnte. Am Vorabend hatte die Viag erklärt, sie könne und wolle die ursprüngliche Bewertungsquote nicht akzeptieren. Sie fusioniere nur, wenn sie 67.5% am neuen Konzern erhalte. Diese neue Quote hatte ein Gutachten der Wirtschaftsprüfungsgesellschaft BDO ergeben. Daraufhin liess der Algroup-Verwaltungsrat verlauten, auf dieser Basis werde er die Verhandlungen nicht fortsetzen.[39] Das Wirtschaftsmagazin «Bilanz» fand die Erklärungen «fadenscheinig» und «dürftig» und ging mit den Exponenten hart ins Gericht: Die missglückte Fusion zeige «das peinliche Kommunikationsverhalten und den Egozentrismus grossindustrieller Wortführer in grellem Licht».[40] Für die deutschen Medien war klar, dass «die Schweizer» für das Scheitern verantwortlich waren. Ebners sture Weigerung, vom ursprünglichen Bewertungsverhältnis abzuweichen, erklärte man sich damit, «dass er sein umfangreiches Aktienpaket an Algroup relativ teuer zusammengekauft hat». Dem Vernehmen nach habe er rund 2.5 Mrd. Franken in den Kauf gesteckt.[41] Nun musste sich die Algroup anderweitig umsehen. Die Viag-Tochter VAW landete später bei der Norsk Hydro, während die Viag mit der Veba zum deutschen Energiekonzern E.On fusionierte.

Der Verwaltungsrat wird ausgewechselt

Bereits am Tag, an welchem Theodor Tschopp seinen Rücktritt erklärte, sanktionierte der Verwaltungsrat den faktisch schon lange vollzogenen Machtwechsel bei der Algroup, indem er für seine Neubestellung an der kommenden Generalversammlung die Vorschläge Ebners übernahm. Neben Doerig, von Finck und Seebach schied, wegen Erreichens der Altersgrenze, auch Max D. Amstutz aus, der nach dem Abgang von Tschopp noch für rund zwei Monate das Präsidium übernahm. An seiner nächsten Sitzung vom 31. März erachtete der Verwaltungsrat aber die Zuwahl eines fünften Verwaltungsrates, der neben Rupert Gasser «die Interessen der ‹freien› Aktionäre» vertreten sollte, «als äusserst wichtig». Zudem hätte der Verwaltungsrat Blocher, «gestützt auf seine anerkannten industriellen Erfahrungen», als Präsidenten «gegenüber dem Bankier Dr. M. Ebner» vorgezogen. Für beide Forderungen zeigte Ebner aber kein Musikgehör.[42]

Nach der Aufhebung der Stimmrechtsbegrenzung durch die Generalversammlung vom 20. Mai hatten Ebner (mittlerweile 23.2%) und Blocher (8.9%) das Sagen. Gestrichen worden war auch das Quorum von ¾ der vertretenen Aktienstimmen für bestimmte GV-Beschlüsse.[43] Der frühere CEO und VR-Präsident Hans Jucker kritisierte die neue Zusammensetzung des Verwaltungsrats: «Mir ist das zu finanzlastig. Ich bevorzuge eine gute Mischung. Ein Forscher gehört dazu, ein Bänkler, ein Jurist, ein Industrieller, vielleicht sogar ein Politiker. Der Verwaltungsrat sollte doch auch beraten und dem Management ein Gesprächspartner sein können.»[44] Der frühere Alusuisse-Mitarbeiter Walter Gysel schrieb in einem Leserbrief: «Wir alten Mitarbeiter, die die Höhen und Tiefen des über hundertjährigen Unternehmens miterlebt haben, sind erschüttert, dass nun die Führung in Hände übergeben werden soll, die kaum einmal mit der Produktion und dem Vertrieb unserer Produkte zu tun hatten.» Wer wisse, so Gysel weiter, «was es braucht, um den realen Wert einer Unternehmensaktie durch Arbeit zu erhalten», der werde kaum glauben, «dass Ebner künftig den Weg der Algroup ebnen kann».[45]

Mit Alcan und Pechiney?

Die Algroup wolle vorerst selbstständig bleiben, neue Fusionspartner seien nicht in Sicht, erklärte CEO Sergio Marchionne unmittelbar nach dem Scheitern des Viag-Deals. Allerdings fügte er hinzu: «Irgendwann wird die Frage einer Kooperation wieder auf den Tisch kommen.» Auch Ebners rechte Hand, Kurt Schiltknecht, sagte, Algroup habe das Potenzial, im Alleingang erfolgreich zu sein. Mitstreiter Christoph Blocher hatte hingegen im Herbst erklärt: «Die Alusuisse hat in ihrer heutigen Grösse keine Chance.» Blocher hatte auch

Sergio Marchionne und Martin Ebner steigen am 11. August 1999 im Seefeld zu den wartenden Medienvertretern herunter, um ihnen den geplanten Zusammenschluss mit Alcan und Pechiney zu verkünden.

das Zusammengehen mit einer deutschen Firma verteidigt. Er kenne die Bayern gut. «Ich hätte Angst, wenn eine amerikanische Firma gekommen wäre. Denn die Amerikaner denken ganz anders.»[46] Der Verwaltungsrat diskutierte, noch in alter Zusammensetzung, das Ende des Projekts, doch wurde «die unter den Verwaltungsratsmitgliedern geführte Aussprache nicht protokolliert».[47] Von den neuen Besitzern her war aber wohl immer klar, dass sie ihre Beute möglichst schnell versilbern wollten, und aus dem «irgendwann» wurde alsobald ein «sofort». Am 10. August bestätigte die Algroup, dass sie Verhandlungen mit der kanadischen Alcan und der französischen Pechiney über eine Kooperation führe. Die Gespräche seien «in einem fortgeschrittenen Stadium», der Ausgang «indessen noch offen».[48] Einen Tag später meldete die Algroup, sie werde mit Alcan und Pechiney zum weltgrössten Aluminiumkonzern und zum weltweit führenden Unternehmen im Sektor flexible und Spezialverpackungen fusionieren. Vor diesem Schritt führe sie für die Aktionäre einen Spin-off [Abspaltung] des Chemiegeschäfts (Lonza) durch. Am neuen Weltmarktführer mit einem Gesamtumsatz von 21.6 Mrd. Dollar (17.4 Mrd. Aluminium und Rohstoffhandel, 4.2 Mrd. Verpackung) und 91 000 Beschäftigten sollte Alcan 44%, Pechiney 29% und Algroup 27% halten. Angesichts der rasch wachsenden Nachfragemacht der Abnehmer von Verpackungen (zum Beispiel Konzentration in der Pharmaindustrie) und Aluminium (Autoindustrie) bleibe den Anbietern nichts anderes übrig, als ebenfalls grösser zu werden, kommentierte ein Analyst den Fusionsplan. «Die Börse jubelte.»[49] Alcoa konterte mit der Übernahme von Reynolds Metals, der Nummer zwei der USA.[50] Einen Tag später war zu lesen, auch APA – so sollte der neue Aluminiumriese heissen – biete allenfalls für Reynolds.[51]

Führend im ganzen APA-Prozess war Alcan. Pechiney hatte eine Geschichte mit ähnlichen Schwierigkeiten hinter sich wie die Algroup mit dem zusätzlichen Element, dass sie nach dem Zusammenschluss mit Ugine-Kuhlmann

1972 bereits über Fusionserfahrungen verfügte und von 1982 bis 1995 dem französischen Staat gehört hatte. Mit der Algroup und Pechiney wären aber auch zwei «uralte» Rivalen mit sehr unterschiedlichen Firmenkulturen unter ein gemeinsames Dach gekommen. Gemäss Philippe Thaure, der die Pechiney-Geschichte aus der Sicht eines Insiders schildert, waren es aber Unstimmigkeiten zwischen Pechiney und Alcan, die bald einmal auftraten. Auf höchster Ebene stand Sergio Marchionne bei Alcan Jacques Bougie und bei Pechiney Jean-Pierre Rodier gegenüber.[52]

Die Lonza wird herausgelöst

Angesichts der neuen Entwicklungen war die Algroup-Strategie von 1997, mit der man deklariert hatte, an der Diversifikation festhalten zu wollen, bereits Makulatur. Die Chemie passte nicht zu einem Aluminiumkonzern, und zudem witterten Ebner und Blocher in der Abspaltung der Lonza ein gutes Geschäft. Mit der Chemie sollte auch die Energie ausgegliedert werden, was die ausserordentliche Generalversammlung vom 18. Oktober 1999 guthiess. Keinen halben Monat später ging die verselbstständigte Lonza Group AG mit Sitz in Zürich an die Börse. Die Algroup-Aktionäre konnten pro Aktie für 10 Franken eine Lonza-Aktie erwerben. Die Algroup-Besitzer räumten sich auch sonst gute Bedingungen ein: «Die neue Gesellschaft [Lonza] wird über flüssige Mittel in der Höhe von USD 280 Millionen verfügen und schuldenfrei sein. Rund USD 170 Millionen der gesamten flüssigen Mittel von USD 280 Millionen stammen aus einer Sonderzahlung aufgrund der Dreifachfusion, immer unter der Voraussetzung, dass diese erfolgreich abgewickelt werden kann.»[53] Weil dies dann nicht der Fall war, musste dieser Betrag zurückbezahlt werden. Insgesamt wurden für die Abspaltung des Chemie- und Energiegeschäfts bei

Prozessoptimierung bei der Lonza-US-Tochter in Mapleton (Illinois).

der Algroup 1.748 Mrd. Franken beansprucht. Auch der Hauptsitz im Zürcher Seefeld und Liegenschaften in Neuhausen am Rheinfall wurden der Lonza «mitgegeben».[54] Das Eigenkapital der Algroup war nach dem Spin-off von 3.1 auf 1.36 Mrd. Franken gesunken, während sich die Nettoverschuldung von 1.8 auf 2.1 Mrd. Franken und der Verschuldungsgrad von 0.58 auf 1.55 erhöht hatte. Vom verbliebenen Konzernumsatz von 7.6 Mrd. Franken entfielen 40% auf Rohstoffe und Aluminiumprodukte, 14% auf den Rohstoffhandel, 29% auf Nahrungsmittel- und Tabakverpackungen und 17% auf Pharma- und Kosmetikverpackungen.[55]

Die Lonza wurde zu ihrem Neustart also gut ausgerüstet. Das erste Jahr in der neuen Unabhängigkeit schloss das Unternehmen mit einem Gewinnsprung von 16.3% ab.[56] Das Eigenkapital machte stolze 85.4% der Bilanzsumme aus. Im Verwaltungsrat sassen Martin Ebner (Präsident), Christoph Blocher (Vizepräsident), Sergio Marchionne (Delegierter), Rupert Gasser und Peter Kalantzis,[57] also die Leute, die auch bei der Algroup noch das Sagen hatten. Von Ende 1999 bis Ende 2000 erhöhten die beiden Hauptaktionäre Ebner und Blocher ihre Anteile leicht auf 22.2 bzw. 10.1%.[58] Für das erste

Airex: Von Lonza über Alusuisse und Alcan zu Schweiter

Die Airex im aargauischen Sins kam 1974 mit der Lonza zur Alusuisse und blieb bei der Ausgliederung der Lonza, als Bestandteil der in den frühen 1990er-Jahren gebildeten, auch in den USA tätigen Geschäftseinheit Alusuisse Composites, bei der Algroup. Die Airex ist führend auf dem Gebiet der geschlossenzelligen Spezialschaumstoffe, welche aus verschiedenen Polymeren hergestellt werden. Das Produkteangebot von Composites, die nach dem Jahr 2000 in Alcan Composites umbenannt wurde, umfasst neben Platten für den Displaymarkt, Kernmaterialien für Sandwichkonstruktionen, Gymnastikmatten sowie Weichschaumstoffen für Auftriebs- und Industrieanwendungen, die alle in Sins hergestellt werden, auch die aus Singen stammenden Verbundwerkstoffe Alucobond (für Architekturanwendungen) und Dibond (für Display-Anwendungen). Zu den Highlights der 1990er-Jahre gehörte die Eröffnung einer Produktionsstätte für Alucobond 1997 in Schanghai. 1999 zog die ehemalige Saurer Kunststofftechnik, von Airex 1993 erworben, von Arbon nach Altenrhein (SG) um, wo Alusuisse Airex Composites gleichzeitig die – inzwischen aufgegebene – Wickeltechnik der Rollmaterialproduzentin Schindler übernahm. Ziel war der Aufbau eines Kompetenzzentrums für Faserverbund-Werkstoffe, das in erster Linie Komponenten für den Schienenfahrzeugbau, aber auch für die Automobilindustrie lieferte.[59] Seit 1974 wurde die Airex von Walter Grüebler geführt, der zuvor Geschäftsleitungsmitglied bei der Hayek Engineering gewesen war. 1990 übernahm Grüebler im Konzernbereich Aluminium die Leitung der Einheit Alusuisse Composites, die er bis 1999 beibehielt. Im Jahr 2000 wechselte Grüebler als CEO zum Bauchemiekonzern Sika, in deren Verwaltungsrat er 1998 gewählt worden war. Bei Composites folgte auf ihn Georg Reif. Die Airex genoss im Alusuisse-Lonza-Konzern stets einen gewissen Freiraum, der weder von der Alusuisse noch von der Lonza richtig besetzt war. 2009 wurde die Alcan Airex zusammen mit dem gesamten Composites-Geschäft an die Firma Schweiter Technologies mit Sitz in Horgen verkauft, und sie erhielt wieder den Namen Airex. Der weltweit aktive Bereich Composites als Ganzes firmiert, innerhalb der Schweiter-Gruppe, seit dem Jahr 2010 als 3A Composites.[60]

Das war einmal, dass sich A-L zusammen mit der Airex in die Lüfte schwang … Seit der Übernahme durch Schweiter heisst Airex wieder ganz einfach Airex.

Geschäftsjahr erhielten die Aktionäre eine Dividende von 10 Franken, also von 100% auf dem Nominalwert. Ende 2000 bot die Lonza ihren Aktionären an, bis zu maximal 10% des Aktienkapitals zum Preis von 940 Franken pro Namenaktie zurückzukaufen, welche die Aktionäre beim Spin-off für 10 Franken erhalten hatten. Auf dem restlichen Aktienkapital wurde eine Dividende von 150% ausgerichtet.

2001 stieg der Reingewinn erneut um 30%. Im Rahmen einer strategischen Neuausrichtung verkaufte die Lonza Aktivitäten im Betrag von über 1 Mrd. Franken. Das entsprach beinahe einem Drittel des Portfolios. Unter den Devestitionen befand sich auch das Energiegeschäft, das ihr von der Algroup vollständig mitgegeben worden war. Dieses ging für 450 Mio. Franken an die EnAlpin, eine Tochtergesellschaft der Energie Baden-Württemberg (EnBW). Diesmal betrug die Dividende 190%. Die (vier) nicht exekutiven Verwaltungsräte erhielten insgesamt 2 Mio. Franken, wovon rund 78 % in Form von Optionen ausbezahlt wurden. Die zehn Mitglieder der Geschäftsleitung bekamen zusammen 4.6 Mio. Franken.[61]

Ein Kommen und Gehen

Bis Ende 2001 erhöhte sich der Anteil Ebners an der Lonza auf rund 31%, derjenige Blochers auf 11%. Dann kam, wegen der Kurseinbrüche an der Börse,

Ebners vorübergehender Absturz. Er musste 2002 seine Visionen an die Zürcher Kantonalbank verkaufen, darunter auch die an Lonza beteiligte Stillhalter Vision. Ebners BZ Group, ebenfalls Lonza-Aktionärin, und die Zürcher Kantonalbank trennten sich in der Folge von ihren Lonza-Paketen. Sie wurden «an über 200 institutionelle Anleger verkauft, wobei keiner dieser Aktionäre mehr als 3% der ausstehenden Aktien hält». Der Anteil von Blochers Ems-Chemie war unverändert.[62] Ein Jahr später hatte sich Blochers Aktienbesitz auf 22.5% erhöht, doch wurde er im Februar 2004 auf 19.5% reduziert, verbunden mit der Mitteilung, die Ems-Chemie betrachte ihre Anlage «nun als eine rein finanzielle Investition». Als Vertreter der Ems-Chemie-Interessen war 2003 Peter Matter, der fast 30 Jahre bei Roche tätig war, in den Verwaltungsrat eingezogen. Nach einem Jahr trat er zurück.[63] Ende 2004 war die Ems-Chemie, inzwischen von Blochers Tochter Magdalena Martullo geleitet, unverändert mit 19.5% registriert. Neu traten bei Lonza, wie bei andern Unternehmen, Private-Equity-Firmen aus Grossbritannien und den USA auf den Plan. Die US-Firmen Franklin Templeton Companies und Harris Associates hielten je 10% des Lonza-Kapitals. Ein Jahr später waren die Verhältnisse stabil. Im Dezember 2006 teilte die Ems-Chemie dann mit, dass sie die Schwelle von 5% der Stimmrechte unterschritten habe. Magdalena Martullo-Blocher hatte der von ihrem Vater während Jahren praktizierten Anlagepolitik inzwischen eine Absage erteilt. Finanzgeschäfte sollten in Zukunft «nicht mehr zu den Kernaktivitäten der Ems-Chemie-Gruppe zählen». Dies war auch der Grund für das Kürzestgastspiel von Peter Matter im Verwaltungsrat. Dafür war als neue Aktionärin die US-Firma The Capital Group Companies hinzugekommen.[64] 2007 häuften sich die Meldungen von Über- und Unterschreitungen der 3%-Grenze, wobei der Streubesitz per Ende Jahr bei 94.3% lag. Bis Ende 2009 hatte er sich auf 98.7% erhöht.[65]

Was steckte hinter diesen Bewegungen? Um die Beute, die man sich mit dem Spin-off gesichert hatte, war scheinbar ein Kampf entbrannt. Vizepräsident Blocher verabschiedete sich bereits 2001 aus dem Verwaltungsrat; neu wurde Bernard Mach, emeritierter Ordinarius für Molekulargenetik und Vorsteher des Departements für Genetik und Mikrobiologie der Medizinischen Fakultät der Universität Genf, gewählt. Blochers Ausscheiden sei ein Triumph für Marchionne gewesen, fand die «Bilanz»: «Die beiden hatten das Heu nie auf der gleichen Bühne.» Danach habe Blocher perfekt die Übernahme der Lonza und ihre Vereinigung mit der Ems-Chemie unter dem Dach einer Holding geplant, schrieb die «Bilanz» weiter. Nur Blochers Wahl in den Bundesrat im Dezember 2003 habe die Realisierung vereitelt.[66] Im Juli 2000 hatte Blocher zu einer Zusammenlegung der zwei Firmen allerdings noch erklärt: «Wir haben das geprüft, es lohnt sich nicht.»[67]

Lonza-Produktion in Guangzhou, China.

Inzwischen war am 3. Oktober 2002 Martin Ebner als Verwaltungsratspräsident per sofort zurückgetreten. Er wurde durch Sergio Marchionne ersetzt. Dieser hatte seinerseits den Geschäftsleitungsvorsitz der Lonza Ende Januar 2002 an Markus Gemünd übergeben, weil er einem Ruf des einstigen Alusuisse-Grossaktionärs August von Finck zur Genfer Prüfgesellschaft SGS Surveillance folgte, bei der von Finck mit 23.5% beteiligt und bei welcher der frühere Algroup-Verwaltungsrat Max D. Amstutz Verwaltungsratspräsident war.[68] Später spielte die Verbindung zwischen den beiden noch einmal, als von Finck sich für kurze Zeit an Hochtief beteiligte und Marchionne als seinen Vertreter in den Verwaltungsrat des grössten deutschen Baukonzerns schickte. «Mit Alusuisse-Lonza und mit SGS hat er gut verdient», stellte Sergio Marchionne in einem Interview fest. An der SGS war auch die Familie Agnelli beteiligt, die Marchionne dann zu Fiat holte.[69] Anfang 2005 zog gemäss «Bilanz» Ebner bei Lonza wieder die Fäden. Er suche für Präsident Marchionne dessen Nachfolger, weil der wegen seiner Engagements bei Fiat (CEO), Surveillance (Vizepräsident) und Serono (Verwaltungsrat) für Lonza kaum noch Zeit habe. Immerhin hatte es noch dafür gereicht, Markus Gemünd nach nur zwei Jahren als Konzernleiter wieder hinauszukomplimentieren. Er wurde durch Stefan Borgas ersetzt. Lonza hatte, von der Paradesparte Biotechnologie einmal abgesehen, schwierige Zeiten hinter sich. Der Reingewinn hatte sich 2004 gegenüber 1999 praktisch halbiert, und der Börsenwert des Unternehmens war seit 2002 von 6 auf gut 3 Mrd. Franken gesunken.[70]

2006 brachte Lonza den Geschäftsbereich Polymer Intermediates an die Mailänder Börse, der seitdem unter dem Namen Polynt mit Sitz in Italien firmiert. Der Erlös dieses Börsengangs diente unter anderem dem Aufkauf des Biotechnikgeschäfts des US-Konzerns Cambrex, mit 460 Mio. Dollar der grösste Zukauf der Firmengeschichte. Ein Teil der erworbenen Einheiten bildete den neuen Sektor Bioscience.[71] 2009 erwirtschafteten bei Lonza 8386 Beschäftigte, verteilt auf weltweit über 30 Produktions-, Forschungs- und Entwicklungsstandorte, einen Umsatz von 2.69 Mrd. Franken und einen Reingewinn von 279 Millionen. Aus all den Spekulationen über Fusionen, die in den Medien immer wieder angestellt wurden, neben Ems-Chemie auch mit Clariant oder (früher) Ciba Spezialitätenchemie, ist nie etwas geworden.

Von APA zum Verkauf an Alcan

Wie schon das Zusammengehen mit Viag scheiterte auch die angestrebte Dreierfusion mit Alcan und Pechiney. Diesmal spielten die Kartellbehörden der EU nicht mit. Anfang März 2000 meldete die «Finanz und Wirtschaft», die sich zu den Kritikern der geplanten Dreierfusion zählte, dass das Fusionsprojekt gefährdet sei.[72] Kurz darauf zog Pechiney sein Gesuch bei den Wettbewerbsbehörden in Brüssel zurück mit der Absicht, ein überarbeitetes Gesuch einzureichen, das die Fusion doch noch ermöglichen sollte.[73] Mitte April war das Dreierbündnis aber definitiv gescheitert, während dem Zusammenschluss von Alcan und Algroup «nur noch die ausstehende Bewilligung der amerikanischen Kartellbehörde im Weg» stand. «Kaum noch gezügelte Ungeduld der Algroup», bemerkte die «Neue Zürcher Zeitung». Die Bedenken der Kommission hätten nur ausgeräumt werden können mit Devestitionen, die das Europageschäft der fusionierten Gesellschaften bei den Walzprodukten stark beeinträchtigt hätten, schrieb die Algroup in ihrer Pressemitteilung. Man

In Zukunft wurde wieder getrennt gegessen. Der Name Algroup stand nur noch für Alusuisse Group, die Lonza ging eigene Wege.

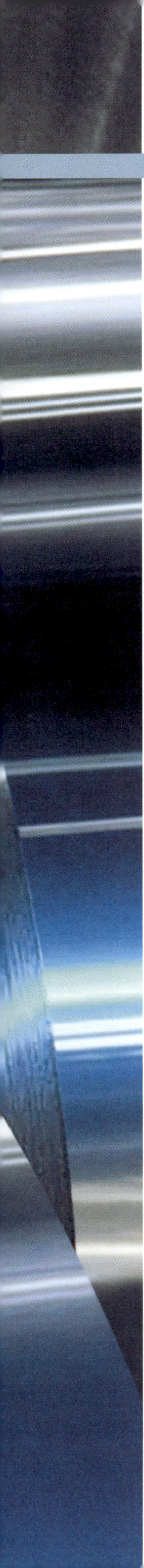

Eurobetriebsräte

Im Zeichen der Globalisierung waren auch die Gewerkschaften gezwungen, sich international stärker zu vernetzen. Ein Mittel, das ihnen zumindest einen gewissen Einfluss sichern sollte, waren die von der EU 1994 über eine entsprechende Richtlinie institutionalisierten Eurobetriebsräte (EBR), die auch in den Fusionsprozessen der späten 1990er-Jahre zu konsultieren waren. Der EBR der Alusuisse-Lonza, der 16 Mitglieder umfasste, wurde 1996 konstituiert. Die Schweiz, Deutschland und Grossbritannien waren mit je drei Delegierten, die übrigen Länder mit einem vertreten. Die drei Schweizer Sitze wurden auf die Bereiche Chemie, Aluminium und Verpackung aufgeteilt. Als 1999 der Plan zur Fusion von Alcan, Pechiney und Algroup bekannt wurde, bildeten Gewerkschaftsvertreter der drei beteiligten Firmen sofort eine Arbeitsgruppe innerhalb des Europäischen Metallgewerkschaftsbundes mit dem Ziel, mit den APA-Verantwortlichen zu verhandeln und bei der Europäischen Kommission – gegen den Zusammenschluss – zu lobbyieren. In Gewerkschaftskreisen wurde das Scheitern von APA denn auch als Erfolg betrachtet.[74] Nach der Übernahme durch Alcan wurde der Algroup-EBR vom Alcan-EBR abgelöst.

rügte, «dass die EU nicht die weltweite Konkurrenz weltweit tätiger Aluminiumkonzerne und auch nicht den Substitutionswettbewerb mit Stahl und Kunststoff berücksichtigte». Konkreter Stolperstein war die Weigerung der Alcan, ihre hälftige Beteiligung an Alunorf, einem Joint Venture mit der deutschen VAW, zu verkaufen. Ohne diesen Schritt war die von der EU beanstandete marktbeherrschende Stellung von Alcan, Pechiney und VAW im Bereich der Herstellung von Getränke- und Konservendosen nicht zu beseitigen.[75] Aber auch Pechiney weigerte sich, entsprechende Tochtergesellschaften in diesem Marktsegment zu veräussern.[76] Für Philippe Thaure war der Misserfolg, wie er in seiner Pechiney-Geschichte festhält, die Konsequenz einer zunehmenden Nichtkommunikation zwischen Bougie (Alcan) und Rodier (Pechiney). Rodier, der schliesslich den Rückzug seines Konzerns aus den Verhandlungen erklärte, habe vergessen, dass Alcan die dominierende Position innegehabt habe und dass er Kompromisse hätte akzeptieren müssen. Der Misserfolg der Dreierfusion sei, so Thaure, das Vorspiel zum Verschwinden von Pechiney im Jahr 2003 gewesen.[77]

Im Juni 2000 änderten 611 Aktionäre, die über 74% des stimmberechtigten Kapitals vertraten, den Firmennamen Alusuisse Lonza Group in Alusuisse Group. Am 17. Juli belohnten sich die Aktionäre – und damit vor allem die Grossaktionäre Ebner und Blocher – mit einer Nennwertrückzahlung von 90 und einer aus den Reserven bezahlten Sonderdividende von 135 Franken, bei einem Nennwert von 100 Franken. Nimmt man den Stand von Ende 1999, so machte das für Ebner 404.436 Mio. und für Blocher 88.875 Mio. Franken.[78] «Was die Gewinnmaximierung angeht, meine ich, sollte man sich stets im roten Bereich des Tourenzählers befinden», erklärte Martin Ebner 1999.[79] Im November wurden Ebner, Blocher, Gasser und Marchionne im Verwaltungsrat der Algroup durch Chris Bark-Jones, Richard B. Evans, Hendrik van de Meent

Blick in die Produktion bei Alcan Decín Extrusions GmbH. Das Halbzeugwerk in der tschechischen Republik hatte die Alusuisse nach der Wende übernommen.

und Kurt Wolfensberger ersetzt.[80] Ebner und Blocher hatten gerade mal 18 Monate im VR gesessen. Ihre Amtsdauern waren – vom einjährigen Gastspiel Pierre Arnolds abgesehen – die kürzesten in der Alusuisse-Geschichte, aber in dieser kurzen Zeit bewirkten sie das Ende der 112-jährigen Geschichte eines grossen Schweizer Industriekonzerns.

Das Übernahmeangebot von Alcan, das vom 29. August bis am 25. September lief, bot 17.1 Stammaktien der Alcan gegen 1 Namenaktie der Algroup. Das Umtauschverhältnis wurde unter der Annahme vereinbart, dass die Algroup-Aktionäre zuvor die erwähnten 225 Franken erhalten würden. Nach Umtausch aller Aktien sollten die ehemaligen Algroup-Aktionäre mit 35% und die Alcan-Aktionäre mit 65% an der Alcan beteiligt sein. Einziger Aktionär mit einem Anteil von mehr als 5% würde Ebners BZ Gruppe Holding sein mit ungefähr 9.1% Am 1. Juni 2000 hatte sich Ebner gegenüber Alcan verpflichtet, seinen Algroup-Aktienbesitz von rund 34% – da war Blochers Anteil inbegriffen – im Rahmen des Umtauschangebots anzudienen.[81] Damit war bereits mehr als die Hälfte der verlangten Andienquote von «mehr als 67%» erreicht. Die Europäische Kommission hatte die Fusion am 14. März unter der Bedingung genehmigt, dass die Algroup das vom Martinswerk betriebene Aluminiumtrihydratwerk, die Produktion von Druckplatten in Bridgnorth (Grossbritannien) sowie eine Anzahl Maschinen zur Herstellung halbstarrer Aluminiumcontainer verkaufe. «Mit dem Zusammenschluss wird eine markante Wertschöpfung für die Aktionäre beider Unternehmen erwartet», wurde die Übernahme im Angebotsprospekt begründet. Die Kosteneinsparungen wurden auf jährlich 150 Mio. Dollar beziffert, während man die einmaligen Kosten, die im Zusammenhang mit diesen Einsparungen anfallen würden, mit ebenfalls 150 Mio. Dollar veranschlagte. Weiter wurde auf die «starke finanzielle Basis» des zusammengeschlossenen Unternehmens, mit einem Pro-forma-Umsatz 1999 von 12.4 Mrd. Dollar und einem Gewinn vor Zinsen, Steuern und Abschreibungen von 2 Mrd. Dollar, sowie auf dessen führende Stellung unter anderem in der Automobilindustrie und bei der Herstellung von Dosen hingewiesen.[82] Der neue Konzern verfügte über Produktionsstätten in 37 Ländern und beschäftigte mehr als 53 000 Personen. Am 17. Oktober 2000 wurde der Aktienumtausch erfolgreich abgeschlossen, womit Alcan die Algroup geschluckt hatte.[83]

Die Algroup zum Zeitpunkt des Verkaufs

Was brachte die Algroup der Alcan mit? Sie hatte sich von den Bereichen Chemie und Energie getrennt, umfasste noch die Sparten Aluminium und Verpa-

Alcan kam nicht erst mit der Übernahme der Algroup in die Schweiz. Mit den Aluminiumwerken AG Rorschach verfügte sie hier seit 1928 über einen Standort. Im Bild rechts unten das Werk Rorschach, links oben das jüngere Werk Goldach.

Entwicklung Alcan Aluminium Limited 1948–1998

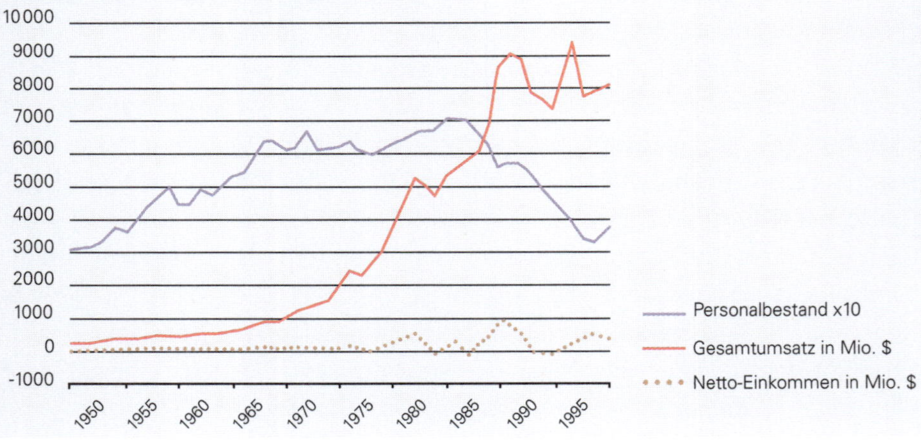

Steigender Umsatz, sinkender Personalbestand, stagnierende Erträge: die Entwicklung des Alcan-Konzerns, aufgearbeitet von Walter Sutter für die Firmengeschichte der Alcan Rorschach.

ckung und war gut in Fahrt. In ihrem letzten Halbjahr als selbstständige Firma konnte sie den Umsatz um 16 und den Betriebsgewinn um 22% steigern. «Das sehr gute Resultat setzt die Rekordserie der letzten sieben Jahre fort», erklärte Konzernchef Sergio Marchionne. Die guten Aluminiumpreise halfen kräftig mit, während andererseits vor allem bei den Kosmetikverpackungen Einbussen hinzunehmen waren.[84] Das wertvollste Aktivum der Algroup stellten die Bauxitvorräte und die Tonerdefabrik im australischen Gove dar. Grösstes Werk im Konzern war nach wie vor Singen. Dort lief seit 1998 eine Restrukturierung, für die man Ivan L. Gyöngyös, bisher Direktor des zur Algroup gehörenden Druckgusswerks in Markt Schwaben, geholt und als seinen Stellvertreter Urs Fischer eingesetzt hatte. Im benachbarten Gottmadingen entstanden in dieser Zeit neue Produktionsstätten von Alusuisse Automotive für die Belieferung der Automobilindustrie.[85]

Alcan war gut eineinhalb mal so gross wie die Algroup. Während die Algroup als Antwort auf die Krise von 1985/86 ihre Rohmetallkapazitäten auf 250 000 Tonnen reduziert hatte, wonach sie hinter Alcoa, Alcan, Pechiney, Reynolds, Norsk Hydro und VAW auf Platz sieben lag, betrug der Ausstoss der Alcan-Hütten mit 1.5 Mio. Tonnen das Sechsfache. Der Verpackungsbereich von Algroup bot, fand ein Analyst der Zürcher Kantonalbank, «eine interessante Ergänzung der Alcan-Produktepalette». Im wichtigen Automobilgeschäft hatte Alcan in den USA längerfristige Liefer- bzw. Partnerschaftsverträge mit Ford und General Motors abgeschlossen, und dank der Algroup-Übernahme konnte sie künftig den europäischen Markt besser erschliessen.[86] Alcan war aber in Europa schon lange präsent, unter anderem auch in der Schweiz.[87]

Verwaltungsrat ohne Marchionne

Für Sergio Marchionne brachte die Zusammensetzung der neuen Führungsgremien von Alcan eine Enttäuschung. Die «Finanz und Wirtschaft» berichtete: «Was die Pressestelle der Alusuisse Group in Zürich krampfhaft nicht preisgeben wollte, erhielt ‹Finanz und Wirtschaft› anderweitig. Es geht um die Namen des Verwaltungsrats der kanadischen Alcan, zu der seit der Fusion auch der Aluminiumteil der Schweizer Algroup gehört. Gemäss einer Mitteilung der Alcan umfasst das VR-Gremium zwölf Personen. Ein Riesen-VR. Es sind das Jacques Bougie, William R.C. Blundell, Martin Ebner, Travis Engen, John R. Evans, Rupert Gasser, Willi Kerth, John E. Newall, Peter H. Pearse, Guy Saint-Pierre, Gerhard Schulmeyer und Paul M. Tellier. Ein Name fehlt, der des ehemaligen Algroup-Konzernchefs Sergio Marchionne. Das erstaunt. Noch im September erstellte Unterlagen zur Präsentation vor Investoren enthielten die Namen Ebner, Gasser, Kerth und Marchionne. Dieser hätte den Verantwortungsbereich Human Resources und damit das Compensation Committee übernehmen sollen. Wie ein Alcan-Sprecher gegenüber ‹Finanz und Wirtschaft› erklärte, habe Marchionne ‹aus persönlichen Gründen› auf ein VR-Mandat verzichtet. Der Sprecher unterliess es, den Verzicht zu bedauern.»[88]

2000–2010

Kein Stein bleibt a

uf dem andern

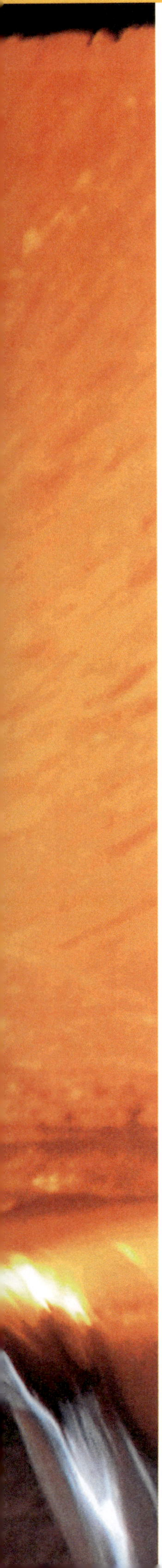

Kein Stein bleibt auf dem an

Nun befiehlt Montreal

Für die Alusuisse bzw. Algroup war Zürich, aller Globalisierung zum Trotz, immer noch der Nabel der Welt gewesen. Das änderte sich nun gründlich. Im zwölfköpfigen Alcan-Verwaltungsrat waren die «Schweizer» mit drei Personen vertreten, und im obersten Management fand sich mit Hendrik van de Meent nur ein einziger Vertreter aus der früheren Algroup-Führung. Im Verwaltungsrat der Algroup, der seine Bedeutung verlor, ersetzten nach dem Verkauf Chris Bark-Jones (Finanzchef Aluminiumprodukte Europa), Richard B. Evans (Leiter Aluminiumfabrikation Europa), Hendrik van de Meent (Leiter Packaging global) und Kurt Wolfensberger (Leiter Engineered Products Europa) die zurückgetretenen Ebner, Blocher, Marchionne und Rupert Gasser. Mitte 2001 wurde der Name Alusuisse Group in Alcan Holdings Switzerland geändert.[1] Als Zückerchen verlegte Alcan den Europahauptsitz des Konzerns nach Zürich. Positiv konnte aus Schweizer Sicht auch vermerkt werden, dass die Forschung in Europa von Neuhausen aus geleitet werden sollte. Der Standort wurde 2003 ausgebaut.[2] Nachdem Christoph Blocher schon früh seinen Alcan-Anteil reduziert und das Engagement zur Lonza verlagert hatte, verkaufte Martin Ebner im Oktober 2001 3.8 Mio. Alcan-Aktien, was ihm mehr als 100 Mio. Dollar einbrachte.[3] Die Aktien hatten seit der Übernahme bis im Mai 2001 bereits um 44% zugelegt.[4] 2002 schieden mit Ebner und Willi Kerth die beiden letzten Vertreter der ehemaligen Algroup aus dem Alcan-Verwaltungsrat aus. Neu zog unter anderem der deutsche Unternehmensberater Roland Berger in das Gremium ein. Nur wenige Monate nach der Übernahme der Algroup war auch Alcan-Chef Jacques Bougie zurückgetreten, was den Konzern einige Millionen Dollar kostete. Bougie werde «in die Politik wechseln», hiess es dazu.[5]

2001 verkaufte Alcan, wie von der Wettbewerbsaufsicht der EU verlangt, das Martinswerk an den börsenkotierten US-Konzern Albemarle in Richmond (Virginia), einen der weltweit führenden Hersteller von Flammschutzmitteln für Kunststoffe. Albemarle übernahm neben dem Standort Bergheim bei Köln mit rund 530 Beschäftigten auch die Beteiligung an der Magnifin Magnesiaprodukte in Österreich und die Aktivitäten des Pergopak-Standortes in Schweden.[6] 2001 brachte Alcan einen massiven Gewinneinbruch von 618 auf 5 Mio. Dollar, der mit hohen Restrukturierungskosten und grossen Aufwendungen im Umweltbereich begründet wurde.[7] Konkurrentin Alcoa schrieb 2002 im 4. Quartal zum ersten Mal seit zehn Jahren rote Zahlen und kündigte den Abbau von 8000 Stellen im kommenden Jahr an. Der Markt litt wieder einmal unter Überkapazitäten, nachdem sich China zum Nettoexporteur entwickelt und auch die Konkurrenz im Nahen Osten die Produktion ausgebaut hatte.[8] Auch Pechiney durchlebte «verlustreiche Jahre».[9]

rn (2000–2010)

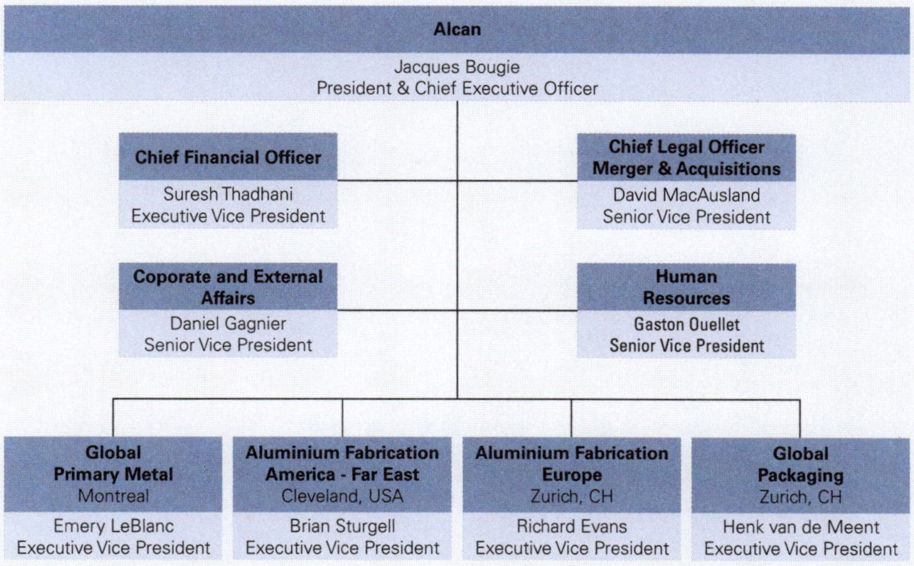

Die Organisation der «neuen Alcan», gültig ab 18. Oktober 2000. Die Führungsposten im neuen Konzern waren überwiegend kanadisch besetzt.

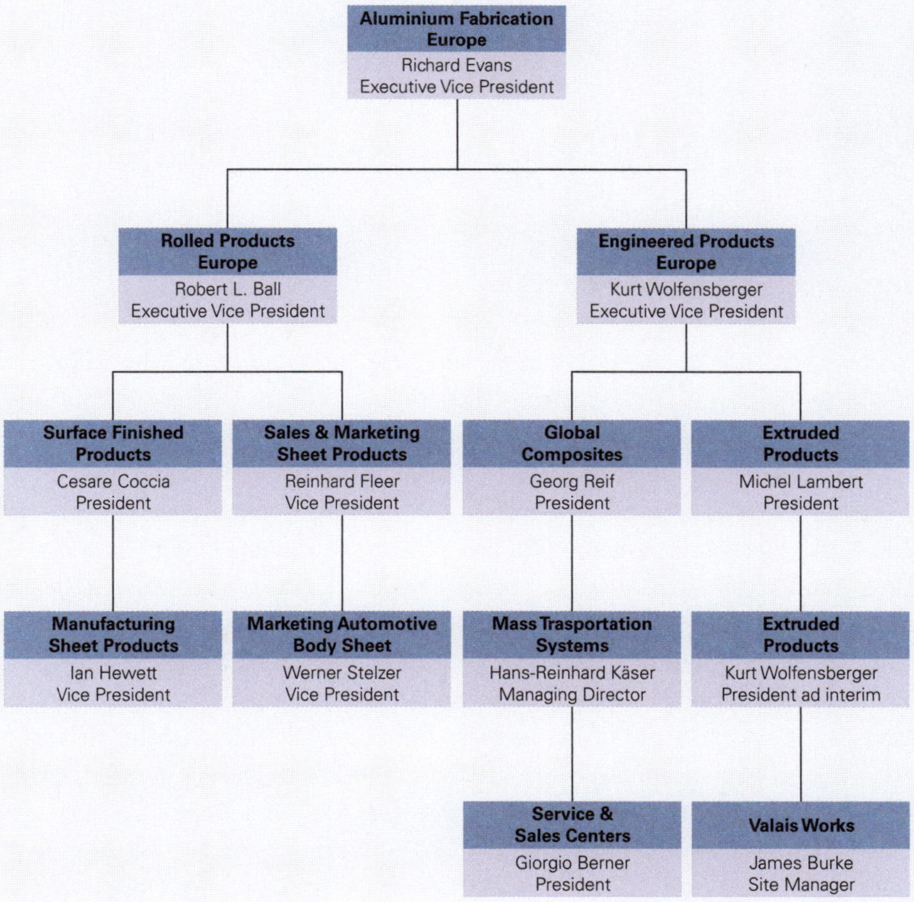

Auf der Stufe Aluminiumverarbeitung Europa kamen viele Kader aus der Algroup.

Der Hauptsitz von Alcan an der Sherbrooke Street in Montreal.

Das Algroup-Logo hatte bereits wieder ausgedient und wurde durch dasjenige der Alcan verdrängt.

ALCAN

Also doch: Pechiney kommt hinzu

«Alcan greift wieder nach Pechiney», hiess die Schlagzeile am 8. Juli 2003 auf dem Internetportal der «Frankfurter Allgemeinen Zeitung». Alcan unterbreitete Pechiney ein Übernahmeangebot in der Höhe von 3.4 Mrd. Euro (5.26 Mrd. Franken). Pechiney bezeichnete die Offerte jedoch als «unfreundlich».[10] Zwei Monate später wurde die französische Konkurrentin dann aber geschluckt, und letztlich war es kein langer Kampf: «Wie Alcan Pechiney in Rekordzeit eingesteckt hat», lautete im Rückblick der Titel eines Artikels im «Figaro».[11] Am Nachmittag des 12. September erklärte Pechiney, nachdem der Handel mit den Aktien des Unternehmens an der Pariser Börse ausgesetzt worden und die Pechiney-Führung zu einer weiteren Krisensitzung zusammengetreten war, das von Alcan zweimal verbesserte Angebot von 48.50 Euro je Pechiney-Aktie werde angenommen.[12] Einmal mehr war der angeblich grundsätzliche Widerstand eines Managements bei genügend hohem Preis geschmolzen wie Schnee an der Sonne. Durch die Übernahme entstand ein Konzern mit 84 000 Beschäftigten und einem Umsatz von knapp 24 Mrd. Dollar, womit

Im Zukunftsmarkt China beteiligte sich Alcan 2003 mit 50% an der Hütte Quingtongxia in der autonomen Provinz Ningxia, wobei langfristige Ziele deklariert wurden. Im Zuge der Devestitionen zur Reduktion der Schuldenlast stiess Rio Tinto die Beteiligung 2009 wieder ab.

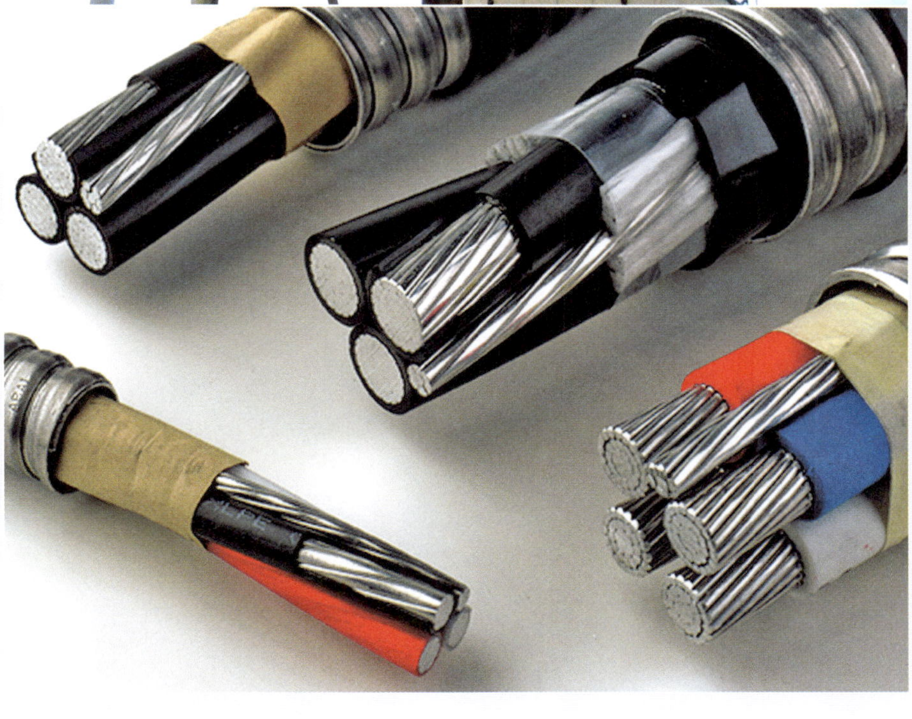

Kabel waren ein früher Verwendungszweck für den Werkstoff Aluminium, und die Alusuisse war während Jahrzehnten am Kabelunternehmen Cossonay beteiligt. Der Versuch von Rio Tinto, die Kabel-Division mit Produktionsstätten in den USA, Kanada und China zu verkaufen, scheiterte 2009.

Alcan die Alcoa überholt hatte. Von Pechiney-Seite waren weltweit 320 Betriebe mit 34 500 Beschäftigten dazu gestossen. «Für Völkerverständigung blieb keine Zeit: Die Konzernmutter in Montreal forderte, das Werk in Singen solle 20 Millionen Euro einsparen», schilderte später ein Singener Beteiligter die damalige Situation.[13]

Wie der Gewerkschaftshistoriker Roland Erne festhält, war die Situation völlig anders als beim gescheiterten Projekt APA: Mussten bei APA alle drei Konzerne die Devestitionsvorgaben der Brüsseler Wettbewerbshüter akzeptieren, was sie letztlich nicht taten, so konnte diesmal Alcan einseitig den Forderungen der Kommission nachkommen, auch gegen den Willen des Pechiney-Managements.[14] Ein düsteres Bild des französischen Unternehmens vor der Übernahme zeichnet in seiner Pechiney-Geschichte Philippe Thaure: Pechiney habe bei ihren Akquisitionsbemühungen keinen Erfolg gehabt, sie sei immer mehr stecken geblieben, die Resultate seien schlecht und der Börsenkurs nicht gut gewesen, und man habe keinerlei Verteidigungsstrategie gehabt. Zu allem Elend habe auch noch die mächtige Electricité de France 2002 ihre Beteiligung von 7.75% an Pechiney verkauft.[15] Als Alcan 2004 wieder Gewinne schrieb, hiess es, vor allem die Integration von Pechiney habe sich sehr positiv ausgewirkt.[16] Mit der Übernahme stärkte Alcan, die in erster Linie an der führenden Stellung von Pechiney in der Elektrolysetechnologie (AP-Öfen) interessiert war, ihre Marktpositionen vor allem im Luft- und Raumfahrtbereich – Pechiney belieferte Airbus und Boeing – sowie im Automobil- und im Verpackungsmittelsektor.[17] Von den ehemaligen Algroup-Gesellschaften bekam das Forschungsinstitut in Neuhausen mit dem französischen Standort Voreppe eine konzerninterne Konkurrenz. Insgesamt verfügte Alcan weltweit über acht Forschungszentren, wobei für Forschung und Entwicklung 226 Mio. Dollar aufgewendet wurden. 2005 traf ein Stellenabbau Singen und Sierre.[18]

Mit der Übernahme von Pechiney wurde Alcan vermehrt für den Flugzeugbau tätig. Zu den Kunden von Pechiney zählten sowohl Airbus – im Bild ein A 380 – als auch Boeing.

Die Konzentration in der Branche hielt in diesen Jahren unvermindert an. 2002 übernahm die norwegische Norsk Hydro, Partner von Alcan bei der Hütte in Husnes, die VAW. Für diese war seit dem Scheitern der Fusion von Viag und Algroup ein Käufer gesucht worden. Norsk Hydro verkaufte danach 2003 die VAW Flexible Packaging mit sechs Werken und 2000 Beschäftigten an Alcan. Am Standort Kreuzlingen (ex-Neher) kam es in der Folge zum Abbau von 170 der 400 Stellen.[19] Bevor sie selbst von Alcan geschluckt wurde, hatte Pechiney im Herbst 2002 versucht, das Aluminiumgeschäft der britisch-niederländischen Corus zu akquirieren, was aber in einem recht fortgeschrittenen Stadium scheiterte.[20] Corus verkaufte ihren Aluminiumverarbeitungsteil 2006 dann an den US-Konzern Aleris, der 2009/10 restrukturiert werden musste.[21] Corus ihrerseits, entstanden aus dem Zusammenschluss von British Steel und Hoogovens, wurde von der indischen Tata-Gruppe übernommen.

Die Abspaltung von Novelis

Nicht überraschend musste sich Alcan mit der Übernahme von Pechiney von den meisten ihrer Walzwerke trennen, die schon bei der gescheiterten APA-Fusion ein Stein des Anstosses gewesen waren. Sie wurden durch einen Spin-off unter dem Namen Novelis abgespalten, wobei die Alcan-Aktionäre für jeweils fünf Alcan-Titel eine Novelis-Aktie erhielten. Anschliessend kaufte die Aditya Birla Group, ein im indischen Mumbai ansässiges, multinationales Konglomerat, die neue Firma. 2007 wurde Novelis eine Tochter der Hindalco Industries, als diese von Aditya Birla übernommen wurde.[22] Hindalco, ein führender Kupferproduzent und das Flaggschiff der Aditya Birla Group, ist einer der grössten integrierten Aluminiumproduzenten Asiens und nach eigenen Angaben einer der kosteneffizientesten weltweit. Von den ehemaligen Algroup-Gesellschaften wechselten unter anderen das Walzwerk in Sierre und ein Teil der Forschung in Neuhausen zur Novelis. Neuhausen arbeitete damals zu je 45% für die Bereiche Walzprodukte und Verpackungen. Nicht betroffen war der Standort Singen. Nach der Abspaltung zählte Alcan noch rund 78000 Beschäftigte und verfügte über einen Umsatz von 20 Mrd. Dollar.[23] Im Zuge der stetigen Restrukturierungsmassnahmen schloss Novelis 2006 ihr Forschungs- und Entwicklungszentrum in Neuhausen und baute auch im Managementzentrum in Zürich Stellen ab.[24]

2009 war Novelis Weltmarktleader bei den Aluminiumwalzprodukten, mit einem Marktanteil von geschätzten 19%, und im Aludosenrecycling. Jährlich rezykliert Novelis rund 35 Mrd. gebrauchte Getränkedosen, die – aneinandergereiht – ausreichen würden, die Erde mehr als 100-mal zu umrunden. Novelis beschäftigte 2009 rund 12300 Personen in elf Ländern, die einen Umsatz von 10.2 Mrd. Dollar erarbeiteten. «Novelis versorgt die Automobil-, Transport-,

Bei der aus kartellrechtlichen Gründen erfolgten Abspaltung der Walzwerke kam die indische Aditya Birla Group von Kumar Mangalam Birla zum Zug.

Verpackungs-, Baugewerbe-, Industrie- und Druckmärkte in ganz Nordamerika, Südamerika, Europa und Asien mit erstklassigen Aluminiumblechen und Folienprodukten», heisst es in der Selbstdarstellung des Unternehmens. Zu den Kunden gehören Marken wie Agfa-Gevaert, Anheuser-Busch, Coca-Cola, Crown Cork & Seal, Ford, General Motors, Kodak, Rexam, Tetra Pak, ThyssenKrupp und andere.[25] Im Automobilbau kommen Aluminiumbleche von Novelis für die Motorhaube – die häufigste Verwendung – bei über 80 Modellen zum Einsatz. Zu den weiteren Applikationen gehören Kotflügel, Heckklappen, Türen, Dächer, Ladebordwände und Baugruppen.[26] 2009 bestimmte Jaguar Novelis als Exklusivlieferanten für Aluminiumbleche der «brandneuen» Jaguar XJ Limousine, wobei sich Jaguar für den Einsatz von Novelis Fusion – «ein innovatives, mehrschichtiges Aluminiumblecherzeugnis» – entschied. 2010 wurde Novelis zum führenden Lieferanten von Blechen für die «neu gestaltete», aluminiumintensive Audi A8 Luxuslimousine gewählt. Auch Audi setzt auf die neue Technologie Novelis Fusion, «mit der Gewichtseinsparungen erzielt werden können, die bisher bei tragenden Fahrzeugkomponenten nicht möglich waren».[27]

Rio Tinto statt Alcoa

Im 1. Quartal 2006 erzielte Alcan, unter anderem dank den hohen Aluminiumpreisen, «in jeder Hinsicht die höchsten Gewinne der Unternehmensgeschichte».[28] Auch das volle Jahr wurde zu einem Rekordjahr. Als die russische Rusal des Oligarchen Oleg Deripaska durch die Fusion mit der ebenfalls russischen Sual (Grossaktionär: Viktor Vekselberg) und dem industriellen Teil der Aluminiumaktivitäten des Schweizer Rohstoffunternehmens Glencore 2007 zum weltgrössten Aluminiumkonzern fusionierte, erklärte die Rivalin Alcoa, ihre Konzernstrategie basiere nicht auf dem Anspruch, die Nummer eins zu

Logo-Wechsel auch in Niederglatt: Das Blau von Alcan hatte dem Rot von Rio Tinto zu weichen. Rio Tinto Alcan ist die Bezeichnung für den Aluminiumteil von Rio Tinto.

bleiben. Wichtiger sei es, die Profitabilitätsziele zu erreichen. Im Vergleich mit Alcan wies Alcoa damals die höhere Cashflow-Marge auf, hingegen verfügte Alcan über die effizientere Ofentechnologie, wodurch sie eine Tonne Aluminium rund 7% günstiger produzieren konnte als Alcoa. Alcan und Alcoa suchten für neue Öfen nach Standorten, wo die Energiekosten vergleichsweise tief waren, «ein wichtiger Schritt, um drohende Wettbewerbsnachteile gegen Rusal zu parieren». So baute Alcoa eine neue Hütte (Fjardaal) in Island, und Alcan beteiligte sich mit 20% an einer «State of the art»-Elektrolyse – also einer Hütte mit der besten verfügbaren Technik – in Oman (Sohar Aluminium), die mit der «hocheffizienten und umweltfreundlichen» AP36-Technologie arbeitete und 2009 ihre volle Kapazität erreichte. In Katar nahm im Dezember 2009 eine mit Erdgas betriebene Elektrolyse von Qatar Petroleum und Hydro mit einer Kapazität von 585 000 Tonnen den Betrieb auf. Die neue Rusal, an der auch Glencore eine Beteiligung erhielt, kam beim Rohaluminium auf einen Weltmarktanteil von 12.5% und bei der Tonerde auf einen solchen von 16%.[29]

Travis Engen, CEO von Alcan 2001 bis 2006, hat den Konzern in dieser Zeit wesentlich geprägt. Wichtige Anliegen von Engen, hier mit VR-Präsident Yves Fortier (links), waren unter anderem die Förderung der Nachhaltigkeit und der Aufbau einer klaren Firmenidentität, basierend auf einem integrierten Managementsystem.

Am 7. Mai 2007 unterbreitete Alcoa ein Angebot zur Übernahme von Alcan. Das Angebot belief sich auf knapp 29 Mrd. Dollar, was einem happigen Aufschlag auf dem Kurs der Alcan-Aktie entsprach. Mittelfristig erwarte das Management durch die Fusion Synergien von jährlich 1 Mrd. Dollar vor Steuern, teilte Alcoa mit. Die Alcan-Aktien stiegen nach Bekanntwerden des Angebots um mehr als 21%, während die Alcoa-Titel um knapp 2% nachgaben.[30] Einzelne Medien meldeten, das feindliche Angebot erfolge, «nachdem die Fusionsgespräche beider Unternehmen über zwei Jahre hin erfolglos geblieben waren».[31] Alcan, 1928 aus der Alcoa hervorgegangen, wehrte sich und suchte nach einem «weissen Ritter». Als Interessenten wurden Norsk Hydro, der australische Bergbaukonzern BHP Billiton und dessen britisch-australische Konkurrentin Rio Tinto herumgeboten.[32] Am 10. Juli verlängerte Alcoa ihr Angebot um einen Monat. Zwei Tage später meldete das «Wall Street Journal» ein bevorstehendes Angebot von Rio Tinto. Dieses kam noch gleichentags, wobei Rio Tinto 38.1 Mrd. Dollar bot, beinahe 10 Mrd. mehr als Alcoa. Gegenüber dem Höchstkurs der Alcan-Aktie vor Einreichung des Alcoa-Angebots bedeutete dies einen Aufpreis von 65.5%. Alcan signalisierte sogleich ihr Einverständnis. BHP und die brasilianische Vale do Rio Doce hatten sich offensichtlich auch um Alcan bemüht, doch kamen sie gegen Rio Tinto nicht an. Der neue Riesenkonzern kam auf einen Umsatz von 49 Mrd. Dollar und eine Rohaluminiumkapazität von 4.1 Mio. Jahrestonnen. Bisher hatte Rio Tinto «nur» über 854 000 Tonnen verfügt. Die grosse Nachfrage nach Metallen vor allem aus China und deren Rekordpreise schienen die Bäume in den Himmel wachsen zu lassen. Die Käuferin erklärte, sich von der Verpackungssparte, die 23% zum Alcan-Umsatz beisteuerte, trennen zu wollen.[33] «Rio Tinto stemmt Finanzierung für Alcan-Übernahme», hiess es einen guten Monat später.[34] Bereits wurde spekuliert, dass jetzt BHP Billiton, Vale, die indische Mittal Steel oder die Schweizer Xstrata bei Alcoa zugreifen könnten.[35] Doch BHP hatte noch Grösseres vor.

Die zehn grössten Aluminiumhersteller der Welt 2008 [36]

		Produktion in Mio. Tonnen	Anteil an der Weltproduktion in %
1	UC Rusal	4.42	12
2	Rio Tinto Alcan	4.06	10
3	Alcoa	3.99	10
4	Chalco (Chinalco)	2.64	7
5	Hydro	1.68	4
6	BHP Billiton	1.24	3
7	Dubal	0.90	2
8	Aluminium Bahrain	0.87	2
9	Century Aluminium	0.80	2
10	China Power Inv. Corp.	0.75	2

Quelle: CRU

Die Tabelle zeigt die Verschiebung der Gewichte in der Aluminiumwelt. Inzwischen waren einzelne Hütten im Mittleren Osten, Russland oder in Nordamerika deutlich grösser als die einstige Gesamtkapazität der Alusuisse, die 1985 mit zwölf Elektrolysen knapp 600 000 Tonnen betragen hatte.

Immer gigantischer – und China mischt sich ein

«Die Billiton ist ein alter Freund der AIAG», bemerkte Generaldirektor Fritz Schnorf 1958.[37] 50 Jahre später wäre die in der Alcan bzw. Rio Tinto aufgegangene Alusuisse beinahe beim «alten Freund» gelandet. Im Herbst 2007 lancierte BHP Billiton ein Übernahmeangebot für die Konkurrentin. BHP bot rund 145 Mrd. Dollar, worauf Rio Tinto erklärte, die Offerte bewerte das Unternehmen deutlich zu tief und ziehe die Wachstumsaussichten zu wenig in Betracht.[38] Im Bergbau hielt «ein neuer Gigantismus Einzug».[39] Im November, nach wie vor von BHP belagert und als Teil ihrer Verteidigungsstrategie, erklärte Rio Tinto, auch den Bereich Engineered Products verkaufen zu wollen. Zur gleichen Zeit mischten sich, besorgt um die Rohstoffversorgung insbesondere mit Eisenerz für die Stahlindustrie, auch chinesische Unternehmen in die Auseinandersetzungen ein. «Chinesen stören Rio-Kauf», hiess es in der «Finanz und Wirtschaft». Derweil stiegen die Aktien von Rio Tinto stetig an. Im Dezember gab Rio Tinto bekannt, sie investiere 991 Mio. Dollar in eine Kohlenmine in Queensland (Australien).[40] Im Januar 2008 verlangte Rio Tinto von BHP eine Nachbesserung des Angebots.[41] Anfang Februar verkündeten das staatliche chinesische Aluminiumunternehmen Chinalco und Alcoa «ihren handstreichartig eingefädelten Einstieg» bei Rio Tinto. Sie hatten sich mit rund 9%, entsprechend 14.1 Mrd. Dollar, am Unternehmen beteiligt. Es war dies die bisher grösste Auslandsinvestition «aus dem Reich der Mitte». Für BHP hatte dies den unangenehmen Effekt, dass der Preis hochgetrieben wurde. BHP erhöhte denn auch das Angebot.[42] Schliesslich liessen, nach weiteren Monaten der Auseinandersetzung, die Finanzkrise und die total eingebrochenen Rohstoffpreise BHP kapitulieren. Weil die Aktienkurse der Bergbauunternehmen

Verteilung der weltweiten Bauxitvorkommen 2006

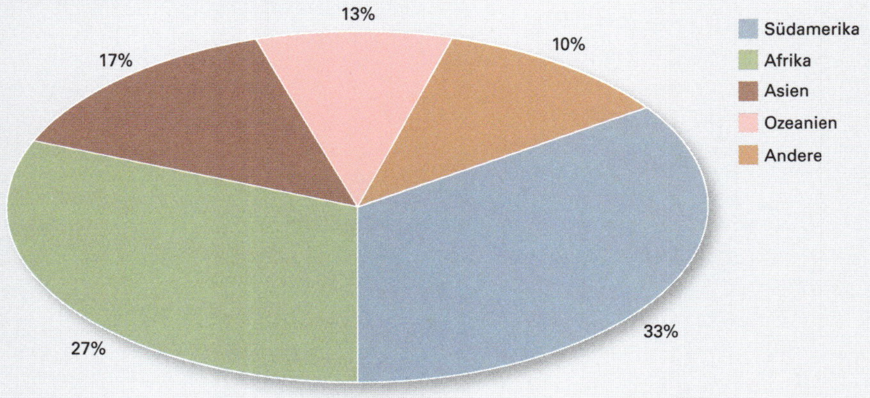

2006 wurden rund 35% des weltweit geförderten Bauxits in Australien abgebaut, wo Rio Tinto über bedeutende Vorkommen in Weipa und Gove verfügt. Die grossen Reserven liegen aber anderswo. (Quelle: IAI)

Bauxitabbau in Mio. Tonnen 2006

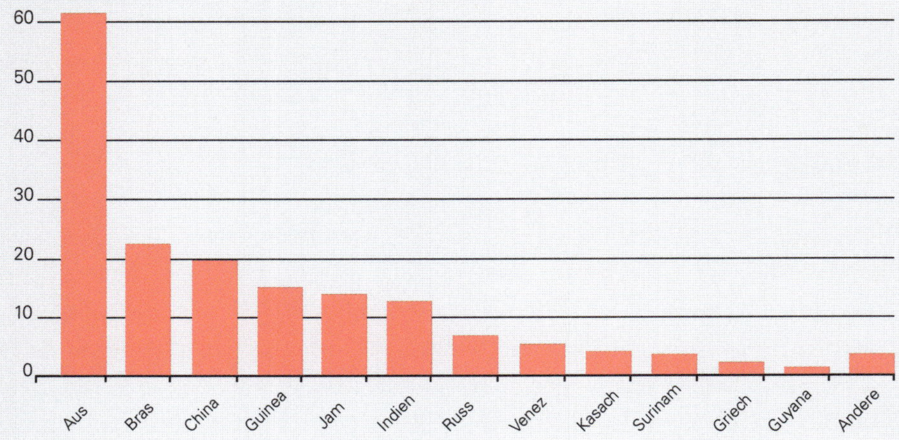

in den Keller sackten, hatte die Transaktion nur noch ein Volumen von 66 Mrd. Dollar. Aber auch diese Summe wollten die kreditgebenden Banken offenbar nicht mehr mitfinanzieren. Als Kosten des Übernahmekampfs musste BHP rund 450 Mio. Dollar abschreiben.[43]

Als der Preiszerfall die Finanzierungsprobleme von Rio Tinto verschärfte und eine Schuldenlast von beinahe 39 Mrd. Dollar den Konzern zu erdrücken drohte, war die bereits am Unternehmen beteiligte Chinalco bereit, mit einer Finanzspritze dem gebeutelten Riesen aus der Patsche zu helfen. Man einigte sich darauf, dass Chinalco weitere 19.5 Mrd. Dolllar in Rio Tinto investieren sollte. Die Vereinbarung sah vor, dass sich die Chinesen für 12.3 Mrd. in insgesamt neun Minen von Rio Tinto einkauften bzw. ihre bisherigen Minderheitsbeteiligungen aufstockten. Die restlichen 7.2 Mrd. wollten die Chinesen für neu durch Rio Tinto auszugebende Wandelanleihen auf den Tisch legen, die später in Stammaktien hätten konvertiert werden können. Wäre dann von diesem Recht Gebrauch gemacht worden, so hätte sich die Beteiligung von Chinalco an Rio Tinto von 9% auf 18% erhöht.[44] Aber jetzt stellte sich die aus-

Tonerde wird rund um die Welt transportiert. Ein Tonerdefrachter im Hafen.

tralische Regierung, unterstützt von BHP und australischen Aktionären, quer. Als sogenannte Dual-listed Company[45] ist Rio Tinto sowohl in Grossbritannien als auch in Australien «beheimatet». Schliesslich fand Rio Tinto eine alternative Finanzierung und stieg aus der Abmachung mit Chinalco aus, was sie eine Entschädigung an die Chinesen von 195 Mio. Dollar kostete.[46] Der Schuldenberg sollte jetzt mit der Ausgabe von neuen Aktien und einer engeren Zusammenarbeit mit BHP Billiton abgebaut werden. Diese Wende war auch durch steigende Rohstoffpreise und Aktienkurse ermöglicht worden.[47] Wenig später wurden in China vier Rio-Tinto-Manager verhaftet und im März 2010 wegen Wirtschaftsspionage und Korruption im Zusammenhang mit Verhandlungen über Eisenerzverkäufe zu Haftstrafen bis zu 14 Jahren verurteilt.[48] Das Klima zwischen Australien und China war generell angespannt, weil chinesische Unternehmen durch Übernahmen immer stärker im australischen Rohstoffsektor Fuss fassten.[49] Die chinesischen Unternehmen fürchten in erster Linie ein Preisdiktat, vor allem beim Eisenerz: Diesen Markt kontrollieren Rio Tinto, BHP und die brasilianische Vale zu rund 70%. Ein angekündigtes Joint-Venture von Rio Tinto und BHP in der westaustralischen Eisenerzproduktion hat auch die übrigen Stahlhersteller aufgeschreckt.[50]

Die Karten in der Aluminiumwelt sind noch nicht definitiv verteilt: 2010 übernahm Norsk Hydro, die 2009 wegen des Preiszerfalls tief in die Verlustzone gerutscht war, für insgesamt 4.9 Mrd. Dollar das Aluminiumgeschäft der brasilianischen Vale, die dafür 1.1 Mrd. Dollar und eine Beteiligung von 22% an Hydro erhielt. Dadurch reduzierte sich die Beteiligung des norwegischen Staates an Norsk Hydro auf 34.5%, doch erklärte der Handels- und Industrieminister, langfristig wolle man den Anteil wieder ausbauen. Mit der Übernahme sicherte sich Norsk Hydro neben Aluminiumkapazitäten grosse Bauxitvorhaben.[51] Aber auch geografisch verschieben sich die Gewichte, in Richtung Naher Osten, Asien und Sibirien. So leistete 2008 Aluminium nach dem Erdöl den

zweitgrössten Beitrag zum Bruttoinlandprodukt der Vereinigten Arabischen Emirate (VAE), die 2% der weltweiten Erzeugung des Leichtmetalls lieferten. Dubai Aluminum Co (Dubal) lag 2009 auf Platz 7, Aluminium Bahrain – das Land gehört nicht zu den VAE – auf Platz 8 der weltgrössten Produzenten. Beim Nahen Osten werden wegen der (zu) teuren Energie allerdings auch bereits wieder Fragezeichen gesetzt.[52] Während es von 1986 bis 2000 14 Jahre dauerte, bis sich die Primäraluminium-Weltproduktion um 50% (von 16.6 Mio. auf 24 Mio. Tonnen) erhöht hatte, wurde der nächste 50%-Schritt innerhalb von neun Jahren realisiert (von 24 Mio. auf rund 36.4 Mio. Tonnen). Ein atemberaubendes Tempo weist dabei China auf: Produzierte diese aufstrebende Wirtschaftsmacht im Jahr 2000 rund 2.8 Mio. Tonnen Rohaluminium, waren es 2009 bereits 13 Mio., und für 2010 ist eine weitere Produktionssteigerung vorgesehen.

Ausverkauf

Mit dem Verkauf an Rio Tinto waren die Aktivitäten der ehemaligen Algroup, die ab den 1980er-Jahren ihren Rohmetallbereich gezielt reduziert und sich stärker der Verarbeitung und Veredlung zugewandt sowie ihre Verpackungssparte ausgebaut hatte, bei einem Bergbaukonzern gelandet. Diesen interessierten in erster Linie die Tonerdefabrik im australischen Gove samt den dazugehörigen Bauxitvorkommen, über welche ex-Algroup dank dem Wagemut Emanuel Meyers verfügte, und vermutlich noch die Aluminiumhütten. Gove war durch einen von Alcan realisierten Ausbau noch wertvoller geworden. Diese Ausrichtung von Rio Tinto, gepaart mit der riesigen Verschuldung des Konzerns und der Finanzkrise, führte nach der Übernahme zu einem Ausverkauf sondergleichen. Rio Tinto hatte die Alcan zu teuer eingekauft und zudem die Akquisition, wie das bei vielen Firmen in der Phase vor der Krise der Fall

Am 5. Oktober 2005, das Transportschiff «Sea Baron» war soeben von Thailand angekommen, begann am Schwerlastdock die Entladung der riesigen vorgefertigten Elemente, die beim Ausbau in Gove eingesetzt wurden. Die «Sea Baron» fuhr alle sechs Wochen von den Vormontageplätzen in Thailand und Malaysia nach Gove.

«Alcan Composites ist Weltmarktführer in Kernmaterialien für Sandwichkonstruktionen insbesondere für Windenergieanlagen», schrieb die Käuferin Schweiter Technologies, als sie 2009 die Übernahme von Alcan Composites bekannt gab. Beinahe ein Viertel des Umsatzes erzielte Composites in diesem Bereich.

Für den Bau der Rotorenblätter braucht es ultraleichte und robuste Verbundwerkstoffe. Alcan Composites (seit 2010 3A Composites) baut in Ecuador, wo sie rund 1300 Personen beschäftigt, auf eigenen Plantagen Balsaholz an. Mittlerweile kontrolliert sie 70 bis 80% des Balsaholz-Weltmarkts.

Gove wird ausgebaut

2004 bewilligte der Alcan-Verwaltungsrat den Ausbau von Gove. Mit einer Investitionssumme von letztlich 2.3 Mrd. Dollar wurde die Kapazität der Tonerdefabrik von 2 auf 3.8 Mio. Jahrestonnen erhöht. Um den Anforderungen, welche diese Erweiterung stellte, gerecht zu werden, wurden unter anderem erstmals vorfabrizierte Anlageteile eingesetzt. Diese Teile, insgesamt 600, wogen bis zu 2500 Tonnen, die grössten 30 sogar bis 4000 Tonnen. Die meisten von ihnen wurden in Thailand und Malaysia gefertigt, zu grossen Einheiten – teilweise in Vietnam – montiert und anschliessend mit Spezialschiffen nach Australien gebracht und eingebaut. Eine weitere Herausforderung stellte die enge Verknüpfung der Baustelle mit dem im Betrieb stehenden Tonerdewerk dar. Im Juni 2007 wurde der erste Bauxit in den zuvor expandierten Laugekreislauf geleitet. Die neue Anlage ist punkto Energiekonsum, Laugeökonomie und Bauxiteinsatz eine der effizientesten auf der Welt. Dank dem 10% geringeren Bauxit- und 25% tieferen Laugeverbrauch entstehen auch 25% weniger Bauxitrückstände (Rotschlamm).[53]

war, überwiegend mit fremdem Geld finanziert. Für das Wohlergehen der Branche ist nach wie vor der Aluminiumpreis entscheidend: Dieser sackte 2008 nach dem Ausbruch der Wirtschaftskrise um fast 40% ab, erholte sich 2009 dann teilweise, mit einem Anstieg von beinahe 50%.

Anfang 2008 gab Rio Tinto bekannt, man wolle sich von Vermögenswerten im Volumen von etwa 15 Mrd. Dollar trennen, wobei man aber zeitlich nicht unter Druck stehe. Dabei handelte es sich vor allem um Bereiche der Verarbeitung, die man mit Alcan übernommen hatte, aber auch um Aktiven aus anderen Teilen des Unternehmens. Gleichzeitig deklarierte man Alcan als dritten Pfeiler neben Eisenerz und Kupfer.[54] Mit der Umsetzung des Devestitionsprogramms harzte es anfänglich. Die Konjunkturlage war schlecht, die Metallpreise fielen, dadurch minderte sich der Wert der angebotenen Geschäftsteile, und die potenziellen Käufer waren nicht bereit, die verlangten Preise zu bezahlen, oder sie hatten Schwierigkeiten, die Finanzierung zu bewerkstelligen. Für die Beschäftigten begann eine lange Zeit der Ungewissheit. Im Dezember 2008 kündigte Rio Tinto die Streichung von 14 000 Stellen und die drastische Kürzung der Investitionen an. Nur die Dividende sollte unverändert bleiben.[55]

Ende 2009 wechselte der Bereich Composites, Teil der Division Engineered Products, die Hand. Käuferin war die Schweizer Technologiegruppe Schweiter mit Sitz in Horgen, was die «Neue Zürcher Zeitung» als «eine glückliche Lösung» bezeichnete: «Mit dem Kauf von Alcan Composites schnallt sich Schweiter ein in vielen Spezialbereichen marktführendes Unternehmen an, das keinen Restrukturierungsbedarf hat. Das Führungsteam wird übernommen, Überschneidungen mit Schweiter gibt es keine.» Zu den Anwendungen der Verbundwerkstoffe, welche Composites herstellt, zählen Gebäudefassaden, Display-Paneele für die Werbung, der Automobil-, Waggon- und Schiffsbau sowie Windenergieanlagen. Nach dem Handwechsel wurde Alcan Composites in 3A Composites umbenannt.[56]

Anfang 2010 wurde der Verkauf des Grossteils von Alcan Packaging für 1.95 Mrd. Dollar an die australische Amcor abgeschlossen. Die Transaktion umfasste die Bereiche Pharma weltweit, Tabak weltweit, Lebensmittel Europa und Lebensmittel Asien.[57] Das vereinigte Geschäft von Amcor und Alcan Packaging in Europa kam bei 75 Werken auf einen Umsatz von rund 4.8 Mrd. Dollar. Unter anderem wechselten Packaging Singen, Kreuzlingen und Rorschach zu Amcor, die in der Schweiz bereits mit zwei Verpackungswerken im solothurnischen Rickenbach (Amcor Rentsch) und im bernischen Burgdorf (Amcor Flexibles Schüpbach) präsent war.[58] Im Dezember 2009 bilanzierte Rio Tinto, 2008 habe man Verkäufe von total 3.1 Mrd. Dollar realisiert und 2009 weitere Devestitionen im Umfang von 5.2 Mrd. vereinbart. Der Verkauf an Amcor war noch nicht eingerechnet. Wieder abgeblasen wurde hingegen der Verkauf der Kabelsparte von Engineered Products. Bei der ebenfalls anvisierten Devestition der restlichen Division Engineered Products, zu welcher unter anderem die Standorte Sierre (Presswerk), Singen und Gottmadingen gehören, war der Stand Mitte Juli 2010 so, dass die Private-Equity-Firma Apollo Global Management als Käuferin im Vordergrund stand.[59]

Bereits früher hatte sich Alcan von der Allega und der Boxal-Gruppe getrennt, die mit ihren drei Fertigungsbetrieben in der Schweiz, in Frankreich und in den Niederlanden sowie einer Verkaufsniederlassung in Deutschland an die Exal-Gruppe ging.[60] Nach wie vor im Konzern verblieben sind die Engineeringfirma Alesa mit Sitz in Zürich und die – längst nicht mehr produzierende – Refonda am Standort Niederglatt. Ihr Geschäft seien die Entdeckung, der Abbau und die Aufbereitung von mineralischen Ressourcen, formuliert Rio Tinto. Als ihre hauptsächlichen Produkte führt sie Aluminium, Kupfer, Diamanten, Energie (Kohle und Uran), Gold, Industriemineralien (Borax, Titandioxid, Salz, Talk) und Eisenerz an.

Wer landete wo?

Firma	Käufer	Jahr
Martinswerk	Albemarle, USA	2001
Boxal	Exal, Niederlande	2004
Novelis	Aditya Birla, Indien	2005
European Service Centres (u. a. Allega)	Amari Metals, USA	2008
Composites	Schweiter, Schweiz	2009
Packaging US Food	Bemis, USA	2010
Packaging Europe	Amcor, Australien	2010
Beauty Packaging	Sun Capital Partners, USA	2011

Was bleibt?

Die Frage, ob die Alusuisse unabhängig hätte überleben können, muss nicht der Historiker beantworten. Die Aussagen der über 50 Zeitzeugen zu diesem Thema waren sehr kontrovers. Zu fragen ist aber, was von der Geschichte der Alusuisse bleibt, die reich an Höhepunkten war, aber auch viele Schattenseiten hatte. Die Werke, welche die Alusuisse-Beschäftigten in all den Jahren aufgebaut haben, sind nicht alle verschwunden. Die überlebenden Firmen tragen aber andere Namen. Auch das Know-how der Alusuisse-Mitarbeiterinnen und -Mitarbeiter hat sich nicht einfach in nichts aufgelöst: Es existiert in zahlreichen Spitzenprodukten weiter, seien dies nun Eisenbahnwaggons oder Busse, Autobestandteile, Alucobond-Fassaden, Windräder, Pharmaverpackungen oder einfach zu öffnende Beutelverpackungen. In diesem Sinne lebt das Stück Schweizer Industriegeschichte, das in diesem Buch beschrieben wird, fort.

Die letzten 25 Jahre der Alusuisse-Geschichte waren turbulent. Dabei wurden Akteure dominant, denen nicht in erster Linie die Industrie am Herzen lag, sondern ihr Finanzertrag. Sie bestimmten zunehmend auch das Bild der Alusuisse in der Öffentlichkeit, zumal in der Wirtschaftspresse Wirtschaft immer häufiger mit Börse und Finanzmärkten verwechselt wurde. Darüber sollte nicht vergessen werden, dass auch in diesen Zeiten Zehntausende von Alusuisslern (und Alcanesen) täglich ihre – durch Umstrukturierungen und Unsicherheiten zusätzlich erschwerte – Arbeit verrichteten und dabei einen guten Job machten. Dass viele von ihnen mit Herzblut an «ihrer» Firma hingen und immer noch hängen, wurde auch in den zahlreichen Gesprächen deutlich, die für dieses Buch geführt wurden.

Zur Fahrt in die Zukunft bereit: Der Dosto von Stadler Rail am 3. Juni 2010 im Hauptbahnhof Zürich. Stadler setzt fort, was bei Alusuisse Road & Rail begann. Die Aluminium-Strangpressprofile bezieht Stadler vom Presswerk in Sierre.

Anhang

Beschäftigte 1949–1999

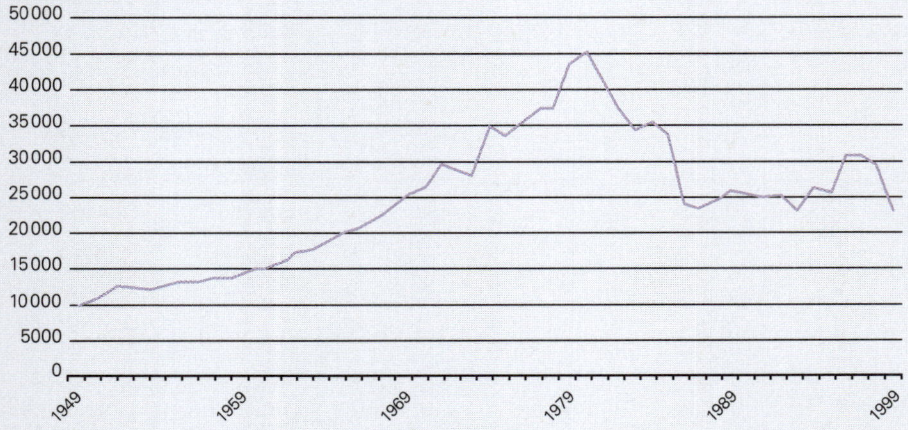

Quelle: Geschäftsberichte. 1975–1978 inklusive Beschäftigte des Dienstleistungsbereichs der Motor-Columbus-Gruppe.

Rohaluminiumproduktion Alusuisse in Tonnen 1938–2000

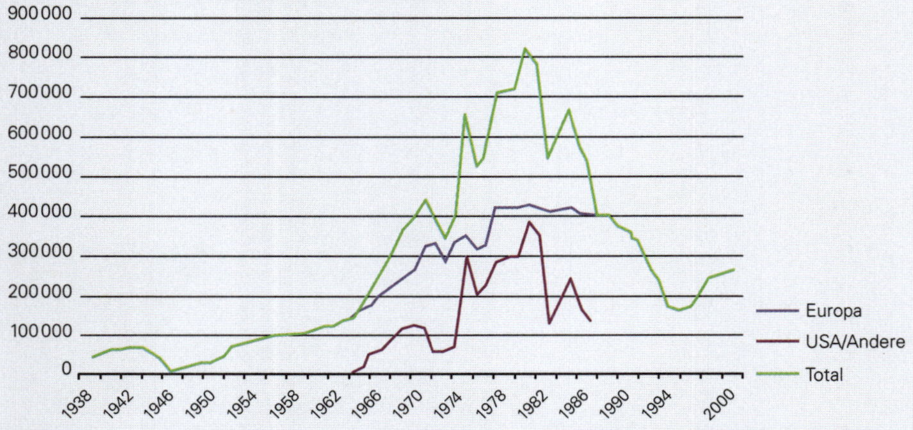

Quellen: Diverse Unterlagen Konzernarchiv. Ab 1983 teilweise Schätzungen, weil die genauen Zahlen nicht mehr zur Verfügung standen.

Rohaluminiumproduktion Welt in 1000 Tonnen 1938–2000

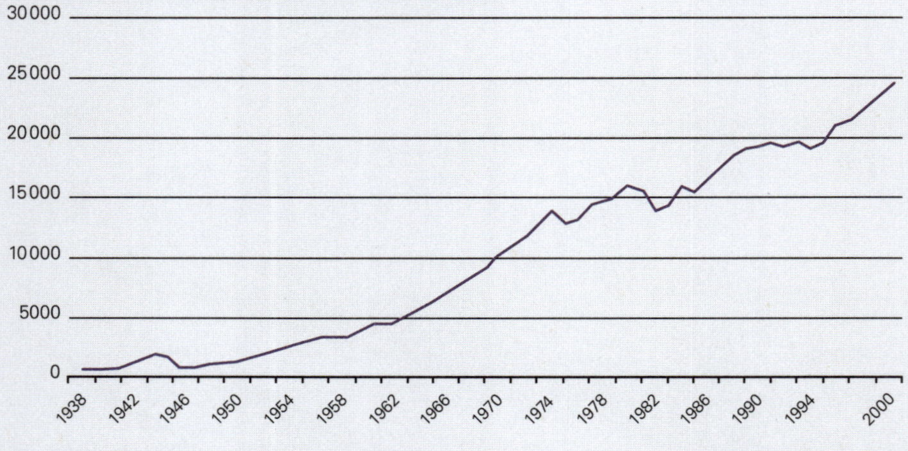

Quellen: Rauh, Aluminium, 339; Metallstatistik Metallgesellschaft Frankfurt am Main; IAI; IAI Statistical Committee.

Verwaltungsratspräsidenten 1888–2000

Name	Vorname	Von	Bis
Huber-Werdmüller	Peter Emil	1888	1915
Naville	Gustave L.	1916	1929
Huber	Max	1930	1941
Hofmann-Schmid	Albert	1941	1948
Wetter	Ernst	1948	1960
Schnorf	Fritz	1960	1963
Naville	Robert	1963	1965
Celio	Nello	1965	1966
Meyer	Emanuel R.	1967	1986
Celio	Nello	1986	1987
Binkert	Pius	1987	1991
Jucker	Hans K.	1991	1997
Tschopp	Theodor M.	1997	1999
Amstutz	Max D.	1999	1999
Ebner	Martin	1999	2000

Chief Executive Officers 1958–2000

Name	Vorname	Von	Bis
Schnorf	Fritz	1958	1960
Meyer	Emanuel R.	1960	1976
Müller	Paul H.	1976	1983
Sorato	Bruno F.	1983	1986
Jucker	Hans K.	1986	1991
Tschopp	Theodor M.	1991	1997
Marchionne	Sergio	1997	2000

Fritz Schnorf, seit 1942 Mitglied des Direktoriums, wurde nach dem Rücktritt von Anton Bettschart zum Generaldirektor ernannt. Vorher hatte der Vorsitz der Direktion im Turnus gewechselt.
2001 wurde die Alusuisse Group in Alcan Holdings Switzerland umbenannt.

Abkürzungen

AAC	Alliance Aluminium Compagnie
ATM	Alcan Technology and Management
AWAG	Aluminium-Walzwerke AG
BDW	Bayrische Druckguss-Werk GmbH
CEO	Chief Executive Officer
CHA	Cahiers d'Histoire de l'Aluminium
DA	Division Aluminium
DM	Deutsche Mark
DPA	Deutsche Presse-Agentur
EBR	Europäischer Betriebsrat
FAZ	Frankfurter Allgemeine Zeitung
FDP	Freisinnig-Demokratische Partei
FI	Forschungsinstitut
FuW	Finanz und Wirtschaft
GB	Geschäftsbericht
GD	Generaldirektion
GV	Generalversammlung
HLS	Historisches Lexikon der Schweiz
HTL	Höhere Technische Lehranstalt
HZ	Handelszeitung
IAI	International Aluminium Institute
IPAI	International Primary Aluminium Institute
KAA	Konzernarchiv Alcan
KL	Konzernleitung
LME	London Metal Exchange
MBO	Management-Buy-out
MC	Motor-Columbus
NZZ	Neue Zürcher Zeitung
o.J.	ohne Jahr
PVC	Polyvinylchlorid
SBG	Schweizerische Bankgesellschaft
SBV	Schweizerischer Bankverein
SDA	Schweizerische Depeschenagentur
SGU	Sicherheit, Gesundheits- und Umweltschutz
SHAB	Schweizerisches Handelsamtsblatt
SHZ	Schweizerische Handelszeitung
SKA	Schweizerische Kreditanstalt
SMUV	Schweizerischer Metall- und Uhrenarbeitnehmerverband
SP	Sozialdemokratische Partei
TA	Tages-Anzeiger
TVE	Technische Verfahrensentwicklung
VAW	Vereinigte Aluminium-Werke
VIAG	Vereinigte Industrieunternehmungen AG
VR	Verwaltungsrat
VRA	Verwaltungsratsausschuss
WEG	Walliser Elektrizitätsgesellschaft

Quellen und Literatur

Gespräche mit Zeitzeuginnen und Zeitzeugen

Es wurden mit folgenden Zeitzeuginnen und Zeitzeugen Gespräche geführt: Hansjörg Abt (20.1.2010), Dieter Altenpohl (12.12.2008), Max Amstutz (4.6.2009), Eugen Arpagaus (10.7.2008), Walter Bernath (29.4.2008), Giorgio Berner (9.1.2009), Werner Bloch (1.9.2009), Dietrich Boesken (16.12.2009), Bruno Böhm (diverse Daten), Hans Bohner (14.5.2008), Robert Brennwald (19.6.2009), Helmut Enzenross (3.9.2008 und 22.10.2009), Dieter Faisst (28.8.2009), Max Felber (27.6.2008), Heinz Frech (17.10.2008), Jürg Gerber (6.10.2009), Ivan Gyöngyös (19.11.2009), Hermann Haerri (7.10.2009), Hans Peter Held (11.11.2008), René Himmel (21.1.2009), Walter Huber (28.4.2009), Jakob Huber (20.4.2009), Hans Jucker (26.10.2009), Jurij Judin (10.12.2008), Liselotte Keller (20.11.2008), Eugène Keppler (15.8.2008 und 21.11.2008), Hans Georg Kling (19.6.2009), Otto Knaisch (17.2.2009), Walter und Ruth Köppel (21.10.2008), Rolf Maron (19.6.2009), Karl Mordasini (15.4.2009), Adnan Odok (7.1.2009), Roland Oehler (26.2.2009), Peter Pattis (12.8.2009), Raymond Perren (28.1.2009), Werner Regli (27.11.2009), Alfred Richner (25.8.2008), Ulrich Röllin (28.8.2009), Guido Schibli (8.1.2010), Friedrich Schiltknecht (28.10.2009), Felix Schmid (16.7.2008), Alfred Schmidweber (4.11.2008), Paul Schmuki (19.6.2009), Fritz Schnorf (5.6.2008 und 31.7.2008), Hans-Dieter Schumann (9.12.2009), Niklaus Senn (19.2.2009), Arnold Sigg (23.7.2008), Bruno Sorato (2.6.2008), Gerd Springe (18.12.2009), Paul Surbeck (28.4.2008), Ulrich Suter (19.6.2009), Eduard Thalmann (18.11.2009), Manfred Utz (28.8.2009), Edwin Weibel (5.12.2008), Hans Rudolf Wettstein (19.6.2009), Kurt Wolfensberger (26.11.2009), Jürg Zehnder (15.1.2009).

Archive

Konzernarchiv Alcan Holdings Switzerland, Niederglatt
Archiv Alcan Technology and Management, Neuhausen
Archiv Alcan, Singen
Archiv Lonza, Basel
Schweizerisches Wirtschaftsarchiv, Basel
Stadtarchiv Schaffhausen

Literatur (Auswahlbibliografie)

AIAG: Aluminium-Industrie-Aktien-Gesellschaft, Zürich (Schweiz). Zürich 1960.
50 Jahre **Airex.** Wachstum durch Innovation. Das Jubiläums-Magazin 2006. Sins 2006.
Geschichte der **Aluminium-Industrie-Aktien-Gesellschaft Neuhausen** 1888–1938, Bd. I: Die Jahre von 1888 bis 1920. Chippis 1942. Bd. II, Weisz Leo/Wanner Heinrich: Die Jahre von 1921 bis 1938. Chippis 1943.
90 Jahre **Aluminium Rheinfelden.** November 1988.
Schweizerische Aluminium AG: **Alusuisse.** Zürich 1964.
Altenpohl Dietrich: Aluminium von innen betrachtet. Das Profil eines modernen Metalles. 5. Auflage, Düsseldorf 1994.
Alucobond – 40 years of excellence. Vom Pionier zum Synonym. Singen 2009.
100 Jahre Packende Ideen. **Amcor Flexibles** Kreuzlingen. Kreuzlingen 2010.
Bärtschi Hans-Peter: Kilometer Null. Vom Auf- und Abbau der industriellen Schweiz. Schriftenreihe der Vontobel-Stiftung Nr. 1660. Zürich 2004.
Bauer Tobias et al: Silbersonne am Horizont. Alusuisse – Eine Schweizer Kolonialgeschichte. Zürich 1989.
Becher Jörg: Das schnelle Geld. Martin Ebners Weg zur Macht. Zürich 1996.
Bellwald Werner, **Guzzi-Heeb** Sandro (Hg.): Ein industriefeindliches Volk? Fabriken und Arbeiter in den Walliser Bergen. Baden 2006.
Bertilorenzi Marco: The International Aluminium Cartels, 1901–1939. The construction of international corporate business. Ms. Paris 2008.
Bertilorenzi Marco: Le contrôle de la surproduction. Les cartels internationaux dans l'industrie de l'aluminium en perspective historique (1886–1945). Erscheint 2010/11.
Bocks Wolfgang, **Bosch** Manfred (Red.): Fremd und nicht freiwillig. Zwangsarbeit und Kriegsgefangenschaft in Rheinfelden/Baden und Umgebung, 1940–1945. Rheinfelder Geschichtsblätter 2, Eggingen 1992.
Bocks Wolfgang: Tobler, Dr. Achim – Werksleiter der Aluminium GmbH 1938–1945. In: Rheinfelder Biographien 1 = Rheinfelder Geschichtsblätter 12, Rheinfelden 2004, 169–178.
Brault Thierry: L'introduction de l'aluminium au London Metal Exchange (1978): cause ou effet de la transformation du marché mondial? In: Cahiers d'histoire de l'aluminium 40, Printemps 2008, 31–42.
Campbell Duncan C.: Global mission. The story of Alcan. Vol. I–III, Montreal 1985–1990.
Davidsson Elias: Die Vasalleninsel im Nordmeer. Alusuisse in Island. In: Bauer Tobias et al: Silbersonne am Horizont. Alusuisse – Eine Schweizer Kolonialgeschichte. Zürich 1989, 153–175.
Drozdov Andrey: 13Al Thirteenth Element Encyclopedia. Moskau 2007.
Erinnerung an 27 Jahre Alusuisse. Zum Austritt von Herrn Dr. Schnorf Ende März 1986. Ms.
Erne Roland: European Unions. Labor's quest for a transnational democracy. London 2008.
Fonteyne André: Les demi-produits aluminium dans le Benelux. Un marché ouvert, de grands exportateurs. In: L'Europe de l'aluminium (1945–1975). Cahiers d'histoire de l'aluminium, Hors Série n° 1, 2003, 119–124.
Frech Heinz W.: Baumwolle, Stahl und Stolpersteine. 40 Jahre mit Volkart, Alusuisse und Von Roll. Frauenfeld 2001.
Frøland Hans Otto: The Norwegian Aluminium Expansion Program in the Context of European Integration, 1955–1975. In: Cahiers d'histoire de l'aluminium, Special Issue 2, 2007, 103–123.
Garbely Frank: Kanton Alusuisse. Alusuisse im Wallis. In: Bauer Tobias et al: Silbersonne am Horizont. Alusuisse – Eine Schweizer Kolonialgeschichte. Zürich 1989, 194–262.
Gasche Urs P.: Bauern, Klosterfrauen, Alusuisse. Wie eine Industrie ihre Macht ausspielt, Beamte den Volkswillen missachten und die Umwelt kaputt geht: Eine wahre Schweizer Geschichte. Bern 1981.
Gerber Jürg, **Huber** Jakob, **Reinli** Heinz: Die Fabrik. Ein Stück Industriegeschichte der Schweiz. Niederglatt 2007.
Graham Margaret B.W., **Pruitt** Bettye H.: R&D for Industry. A Century of Technical Innovation at Alcoa. Cambridge 1990.
Grinberg Ivan, **Hachez-Leroy** Florence (Hg.): Industrialisation et sociétés en Europe occidentale de la fin du XIXe siècle à nos jours. L'Âge de l'aluminium. Paris 1997.
Guisolan Jérôme: Le corps des officiers de l'état-major général suisse pendant la guerre froide (1945–1966): des citoyens au service de l'Etat? L'apport de la prosopographie. L'état-major général suisse, vol. 9. Baden 2003.
Guzzi-Heeb Sandro: Industrie im Wallis. Fakten, Zahlen, Entwicklungen. In: Bellwald Werner, Guzzi-Heeb Sandro (Hg.): Ein industriefeindliches Volk? Fabriken und Arbeiter in den Walliser Bergen. Baden 2006, 29–59.

Gyöngyös Ivan: Turnaround Management. Exemplified by the Case of Alusingen. These zur Erlangung der Würde eines Master of Business Administration MBA, eingereicht am 5. März 2002 an der Graduate School of Business Administration Zürich. Ms.
Gysel Walter H.: Ein Leben fürs Aluminium. Memoiren. 47 Jahre im Dienst der AIAG/Alusuisse. Ms. Andelfingen 1987.
Haag Erich: Motor-Columbus, 1895–1995. Baden 1995.
Holloway Steven Kendall: The Aluminium Multinationals and the Bauxite Cartel. Houndmills 1988.
Indermaur Peter: Australien – Aluminium und Menschenrechte. Alusuisse und Aborigines. Basel 1974.
Indermaur Peter: Was andere können, können wir auch. Eine Geschichte der Alusuisse. In: Bauer Tobias et al: Silbersonne am Horizont. Alusuisse – Eine Schweizer Kolonialgeschichte. Zürich 1989, 15–87.
Jaun Rudolf: Der Schweizerische Generalstab. Bd. VIII: Das Schweizerische Generalstabskorps 1875–1945. Eine kollektiv-biographische Studie. Unter Mitwirkung der Projektgruppe KOBIO. Hg. Historischer Dienst der Armee. Basel/Frankfurt am Main 1991.
Joliet Hans (Hg.): Aluminium. Mit einer wirtschaftshistorischen Einführung von Wilhelm Treue. Die ersten hundert Jahre. Düsseldorf 1988.
Judin Jurij M.: Mein Berufsleben. 1950–1994. Ms. Luzern 2002.
Keller Hans: Hundert Jahre Aluminiumindustrie. Neue Zürcher Zeitung, 16. 7. 1986.
King James: The Aluminium Industry. Abington 2001.
Knauer Manfred: Les «trente glorieuses» de l'industrie européenne de l'aluminium dans le boom économique de l'après-guerre. In: The European Aluminium Industry (1945–1975). Cahiers d'histoire de l'aluminium. Special Issue 1, 2003, 13–22.
Kratzer Franz: 100 Jahre Aluminium – eine einzigartige Entwicklung. Sonderdruck aus Metall 40/1986, Heft 6 und 8.
Kummer Peter: Meilen und die Alusuisse im Rückblick. In: Heimatbuch Meilen 1996, Bd. 36, 86–96.
Lanthier Pierre: Alcan de 1945 à 1975: les voies incertaines de la maturation. Cahiers d'histoire de l'aluminium, Hors Série n° 1, 2003, 63–84.
Lesclous René: What bauxite strategy? An overview of the different players and their behaviour from 1890 to the present. In: Cahiers d'histoire de l'aluminium 40, Printemps 2008, 11–30.
100 Jahre **Lonza**. 100 Jahre Walliser Industriegeschichte. 1997.
Marschall Luitgard: Aluminium – Metall der Moderne. Stoffgeschichten Bd. 4. München 2008.
Mayer Rupert: Chronik des Martinswerks in Bergheim. Bergheim 2002.
Meyer Fritz W.: Die Pläne der Wirtschaftsintegration in Europa und die schweizerische Aluminiumindustrie. Diss. Universität Freiburg, Schaffhausen 1960.
Miltenberger Maria Veronika: Zerstörtes, wüstes Feld? Eine Betrachtung zur Lonza-Stilllegung 1993/94. In: Waldshut im 20. Jahrhundert. Konstanten und Umbrüche seit dem Ersten Weltkrieg. Geschichte der Stadt Waldshut, Bd. 3. Lindenberg im Allgäu 2004, 130–133.
Nollert Michael: Unternehmensverflechtungen in Westeuropa. Nationale und transnationale Netzwerke von Unternehmen, Aufsichtsräten und Managern. Münster 2005.
Oehler Roland: ROE-70. Ein philatelistischer Spaziergang durch mein Leben. Ms. 1992.
Papilloud Jean-Henry: Cent ans d'aluminium en Valais, 1908–2008. Sierre/Martigny 2008.
Paquier Serge: The Alusuisse Group, 1945–1975. An analysis of a Swiss multinational company during the great growth period. In: The European Aluminium Industry (1945–1975). Cahiers d'histoire de l'aluminium. Special Issue 1, 2003, 89–102.
Pohl Manfred: VIAG Aktiengesellschaft 1923–1998. Vom Staatsunternehmen zum internationalen Konzern. München 1998.
Rauch Ernst: Geschichte der Hüttenaluminiumindustrie in der westlichen Welt. Düsseldorf 1962.
Rauh-Kühne Cornelia: Hans Constantin Paulssen: Sozialpartnerschaft aus dem Geiste der Kriegskameradschaft. In: Erker Paul/Pierenkemper Toni (Hg.): Deutsche Unternehmer zwischen Kriegswirtschaft und Wiederaufbau. Studien zur Erfahrungsbildung von Industrie-Eliten. München 1999, 109–192.
Rauh Cornelia: Schweizer Aluminium für Hitlers Krieg? Zur Geschichte der Alusuisse 1918–1950. München 2009.
Richner Alfred: Alusuisse in Italien 1939–2000. Ein Beitrag zur Firmengeschichte und zur wirtschaftlichen, sozialen und politischen Lage in Italien. Ms. Paradiso 2008.
Rinde Harald: La centrale électrique de l'Europe. La croissance de l'industrie norvégienne de

l'aluminium, 1945–1970. In: The European Aluminium Industry (1945–1975). Cahiers d'histoire de l'aluminium. Special Issue 1, 2003, 45–54.
Roux Renée et al.: Im Windschatten der Apartheid. Schweizer Firmen und schwarze Arbeiterschaft in Südafrika. Zürich 1990.
Rüb Stefan: Die Transnationalisierung der Gewerkschaften. Eine empirische Untersuchung am Beispiel der IG Metall. Berlin 2009.
Ruch Dominic: Der schwierige Weg zum leichten Metall. 100 Jahre Aluminium Martigny SA. Zürich 2009.
Ruch Christian, **Rais-Liechti** Myriam, **Peter** Roland: Geschäfte und Zwangsarbeit: Schweizer Industrieunternehmen im «Dritten Reich». Hg. Unabhängige Expertenkommission Schweiz – Zweiter Weltkrieg. Zürich 2001.
Salmuth Curt Freiherr von: Die Aluminiumindustrie der Welt. 4. Auflage, Düsseldorf 1969.
Salzburger Aluminium-Gesellschaft m. b. H.: Lend. Älteste Aluminiumhütte Österreichs. Wien 1962.
Skenderovic Damir: Fluorkrieg im Fricktal. In: Andersen Arne (Hg.): Perlon, Petticoats und Pestizide. Mensch-Umwelt-Beziehung in der Region Basel der 50er Jahre. Basel/Berlin 1994, 197.
Smith George David: From Monopoly to Competition. The Transformations of Alcoa, 1888–1986. Cambridge 1988.
Søral Sør-Norge Aluminium A/S 1962–1987. Husnes 1987.
Sprunger Hans: 100 Jahre Verpackungsfolien aus Kreuzlingen. Ms. 2009.
Stobart Patrick D.: Centenary of the Hall & Héroult processes, 1886–1986. London 1986.
Stracey Walter E.: Indal. Largo/Florida 1993.
Strehle Res, **Trepp** Gian, **Weyermann** Barbara: Ganz oben – 125 Jahre Schweizerische Bankgesellschaft. Zürich 1987.
Sutter Walter et al.: Alcan Rorschach AG 1924–1999. Die Firmengeschichte. Rorschach 1999.
Takerngrasmi Brigitta, **Job** Werner: 25 Jahre LMG. Die Geschichte der Aluminiumhütte in Essen-Borbeck. Essen 1994.
Thaure Philippe: Pechiney? ... vendu! Grandeur et décadence du plus grand groupe industriel français. Paris 2007.
Vereinigte Aluminium-Werke 1917–1967. Vereint am Werk, Werkzeitschrift 2/67.
Waibel Wilhelm J.: Schatten am Hohentwiel. Zwangsarbeiter und Kriegsgefangene in Singen. Zweite erweiterte Auflage, Konstanz 1997.
Achtzig Jahre **Walliser Werke.** Hundert Jahre Alusuisse. Aluval, Werkszeitung der Walliserwerke, Nr. 177, Mai 1989.
Weber Rudolf: Aluminium-Lexikon. Der Werkstoff von A bis Z. Herstellung, Anwendungen, Umweltschutz. Hg. Infalum. Oberbözberg 1990.
Weidkuhn Peter: Der Fall Gove. Schweizerische Aluminium-Industrie in einem Reservat australischer Ureinwohner. Zürich 1974.
Weidkuhn Peter: Traumzeit prallt auf Aluminiumzeit. Felderfahrungen im nordaustralischen Busch, notiert in Tagebuch-Briefen. Basel 2005.
Wipf Marcel Hugo et al.: Die Aluminium-Hütte Steg der Alusuisse. Sonderdruck aus Schweizerische Bauzeitung, Jg. 82, Nr. 6, 7, 8, 9, 20. Zürich 1964.
Wipf Hans Ulrich, **Knoepfli** Adrian: Wirtschaft. Strukturen und Konjunkturen; Kapital und Arbeit. In: Schaffhauser Kantonsgeschichte des 19. und 20. Jahrhunderts, Bd. 1, Schaffhausen 2001, 228–495.
Wyler Rebekka: Schweizer Gewerkschaften und europäische Integration (1960–2005). Gewerkschaftliche Europapolitik und gewerkschaftliche Arbeit in Europa (Arbeitstitel Dissertation, Abgabe 2011).
Zermatten Maurice: Les usines de Chippis ont cinquante ans, 1908–1958. Vevey 1958.

Anmerkungen

Die Materialien des Konzernarchivs der Alcan Holdings Switzerland (KAA) verfügen über keine Signaturen. Angegeben sind der Standort (Gestell oder Schrank, Tablar) sowie, soweit möglich, der Ordner oder die Schachtel. Bei den Protokollen des Verwaltungsrats (VR), des Verwaltungsratsausschusses (VRA), der Gesamtdirektion, der Konzernleitung (KL) und der Generalversammlung (GV) wird auf die Angabe KAA sowie die Standortangabe verzichtet.

1. Die AIAG in Krise und Krieg (1930–1945)

1 Aluminium-Industrie-Aktien-Gesellschaft (AIAG). In der vorliegenden Publikation wird in den ersten zwei Kapiteln (bis 1960) der Name AIAG verwendet. 1963 wurde die Firma in Schweizerische Aluminium AG bzw. Alusuisse geändert.
2 50 Jahre AIAG, Bd. 2, 245.
3 Luchsinger Christoph (Hg.): Hans Hofmann. Vom Neuen Bauen zur Neuen Baukunst. Zürich 1985.
4 Die Konkurrentin Alcoa in Pittsburgh (Pennsylvania), die ebenfalls 1888 entstand und die Produktion aufnahm, nutzte ab 1891 die Wasserkraft der Niagara-Fälle.
5 Das Werk in China konnte trotz kommunistischer Machtergreifung bis 1960 gehalten werden. Alusuisse intern 58, April 1986.
6 50 Jahre AIAG, Bd. 2, 26–29.
7 www.alu-scout.com, Enzyklopädie, Fertigungsverfahren, Hütten- und Umschmelzerzeugnisse, 30. 9. 2009.
8 Keller Hans: Hundert Jahre Aluminiumindustrie. NZZ 16. 7. 1986.
9 KAA S11 T1 Präsidialreden und Erläuterungen zur Bilanz, GV 20. 4. 1933.
10 KAA S11 T1 Präsidialreden und Erläuterungen zur Bilanz, GV 20. 4. 1933.
11 KAA S11 T1 Präsidialreden und Erläuterungen zur Bilanz, GV 19. 4. 1945. – NZZ 19. 4. 1945.
12 KAA S11 T1 Präsidialreden und Erläuterungen zur Bilanz, GV 21. 4. 1938.
13 Bertilorenzi, Aluminium Cartels. Bertilorenzi erarbeitet zum Thema internationale Aluminiumkartelle, 1901–1953, eine Dissertation. – Rauh, Aluminium, 56–58. – Rauch, Hüttenaluminiumindustrie, 183–201. – Eine sehr detaillierte Schilderung findet sich in 50 Jahre AIAG, Bd. 2, 116–124 und 176–180. – Zur Bedeutung für Alcan Sutter, Alcan, 17.
14 KAA S11 T1 Präsidialreden und Erläuterungen zur Bilanz, GV 15. 4. 1932.
15 Smith, Alcoa, 144–145.
16 Smith, Alcoa, 200.
17 KAA S11 T1 Präsidialreden und Erläuterungen zur Bilanz, GV 17. 4. 1934.
18 Bertilorenzi, Aluminium Cartels, 35.
19 Rauh Cornelia: Kartellvereinbarungen in der Schweizer Aluminiumindustrie 1918–1950. Papier für die Jahrestagung der Schweizerischen Gesellschaft für Wirtschafts- und Sozialgeschichte am 25. 4. 2009 in Neuenburg.
20 Rauh, Aluminium, 43. In dieser Statistik fehlen ein paar Kleinstproduzenten.
21 KAA S11 T1 Präsidialreden und Erläuterungen zur Bilanz, GV 17. 4. 1931.
22 FuW 24. 11. 1930, 1. 12. 1930 und 8. 12. 1930. – Sutter, Alcan, 8–17. – Sprunger, Verpackungsfolien. – 50 Jahre AIAG, 27.
23 Zum Clearing siehe Frech Stefan: Clearing. Der Zahlungsverkehr der Schweiz mit den Achsenmächten. UEK Bd. 3. Zürich 2001.
24 KAA S11 T1 Präsidialreden und Erläuterungen zur Bilanz, GV 21. 4. 1937. – Rauh Cornelia: Kartellvereinbarungen in der Schweizer Aluminiumindustrie 1918–1950. Papier für die Jahrestagung der Schweizerischen Gesellschaft für Wirtschafts- und Sozialgeschichte am 25. 4. 2009 in Neuenburg.
25 Vereinigte Aluminium-Werke 1917–1967. – Pohl, Viag.
26 Knauer, Trente glorieuses, 13.
27 1938 kam eine kleine Aluminiumproduktion der Österreichischen Kraftwerke hinzu, 1939 starteten die Metallgesellschaft und die I. G. Farben mit ihren Gemeinschaftswerken Bitterfeld und Aken. Rauh, Aluminium, 81. – Zu Giulini Ruch, Martigny.
28 Ruch, Geschäfte, 126.
29 VRA 177, 14. 6. 1935.
30 50 Jahre AIAG, Bd. 2, 139–142. – Rauh, Aluminium, 82. – Mayer, Martinswerk.
31 Rauh, Aluminium, 84.
32 Ruch, Geschäfte, 134.
33 VRA 228, 17. 4. 1940.
34 Salzburger Aluminium-Gesellschaft, Lend. – 50 Jahre AIAG, Bd. 2, 142–144.
35 VR 205, 21. 12. 1944.
36 KAA S11 T1 Präsidialreden und Erläuterungen zur Bilanz, GV 20. 4. 1933.
37 KAA S11 T1 Präsidialreden und Erläuterungen zur Bilanz, GV 17. 10. 1934.
38 50 Jahre AIAG, Bd. 2, 61–62.
39 50 Jahre AIAG, Bd. 2, 61–66.
40 Bernath Walter: Abschied von der Sana. Alusuisse intern 63, April/Mai 1987. – Gespräch mit Walter Bernath, 17. 4. 2008.
41 KAA S11 T1 Präsidialreden und Erläuterungen zur Bilanz, GV 21. 4. 1937. – 50 Jahre AIAG, Bd. 2, 113–115, 145–152. – Zur italienischen Aluminiumindustrie vor dem Zweiten Weltkrieg Bertilorenzi Marco: The Italian Aluminium Industry: Cartels, Multinationals and the Autarkic Phase, 1917–1943. In: CHA 41/2008, 43–71. Petri Rolf: L'industrie italienne de l'aluminium à la veille de la seconde guerre mondiale. In: CHA 3/1988, 15–24.
42 Ruch, Geschäfte, 131.
43 KAA S11 T1 Präsidialreden und Erläuterungen zur Bilanz, GV 19. 4. 1945.
44 Gysel, Ein Leben, 3–8. Die Fabrik wurde Ende 1944 «aus Mangel an Nachfrage nach Kryolith» wieder stillgelegt, 1951 die Anlage verkauft und die Firma Fluorwerke AG gelöscht. GB 1944 und 1951.
45 Rauh, The Swiss aluminium industry in the bauxite dilemma: The Aluminium Industrie AG in the Second World War. Ms. Utrecht 2009.
46 KAA S6 T5 Blaue Mappe, Guglielmi Karl: Rückblick auf meine Tätigkeit bei der AIAG und Alusuisse 1937–1982. Ausschnitt die Jahre 1937–1945. Ms. Neuhausen 1997. – Bocks Wolfgang/Bosch Manfred (Red.): Fremd und nicht freiwillig. Zwangsarbeit und Kriegsgefangenschaft in Rheinfeld[illegible] Baden und Umgebung, 1940–1945. R[illegible] felder Geschichtsblätter 2, Eggingen [illegible]
47 Zur Zwangsarbeit in den Alig-Betrieben Rauh, Aluminium, 274–288.
48 Ruch, Geschäfte, 135, 139. – Zu Singen Waibel, Schatten, zu Rheinfelden Bocks/Bosch, Fremd. – Zu den Schwierigkeiten der Personalrekrutierung Ruch, Geschäfte, 331.
49 Rauh, Aluminium, 288. – Ausführlich zu den Kriegsgefangenen und Zwangsarbeitern Ruch, Geschäfte, 213–263.
50 VR 205, 21. 12. 1944.
51 Rauh, Aluminium, 46.
52 Ruch, Geschäfte, 155.
53 Rauh, Aluminium. – Zu Paulssen auch Rauh, Paulssen. – Weiter Ruch, Geschäfte, 155–157. – KAA S9 T5 Akten betr. Entnazifizierung Dr. H. C. Paulssen, 1945–1948; Sonstige Korrespondenz m. Dr. Paulssen, 1945–1948.
54 VRA 321, 10./11. 7. 1947.
55 KAA S20 T3 Schachtel Büro Tischhauser 2, Geschäftsführung in den deutschen Beteiligungsgesellschaften, Aktennotiz René Ruepp, 26. 3. 1997. – Zu den Grenzen und Möglichkeiten unternehmerischen Handelns Ruch, Geschäfte, 265–318.
56 KAA S20 T3 Schachtel Büro Tischhauser 2, Aktennotiz René Ruepp, 3. 2. 1997. – VR 210, 21. 12. 1945.
57 Ruch, Geschäfte, 148.
58 Rauh, Aluminium, 356.
59 VR 204, 28. 10. 1944. – Gordon Bertram M.: Collaborationism in France During the Second World War. Ithaca (New York) 1980, 43–66.
60 50 Jahre AIAG, Bd. 1, 18. – NZZ 12. 4. 1997.
61 Ruch, Geschäfte, 299.
62 Alusuisse – Lonza im Zweiten Weltkrieg, Ms. 23. 3. 1998. Kopie beim Autor. – Rauh, Aluminium, 289–337.
63 Ruch, Geschäfte, 300.
64 Rauh, Aluminium, 176–180.
65 St. Galler Tagblatt, 30. 10. 1943.
66 Garbely, Kanton Alusuisse, 221.
67 KAA S11 T1 Präsidialreden und Erläuterungen zur Bilanz, GV 15. 4. 1943.
68 Auf dem Höchststand des Krieges beschäftigten die Hütte in Chippis und das Press- und Walzwerk in Sierre zusammen 3500 Personen.
69 Zu den Vorwürfen Dellbergs VR 205, 21. 12. 1944. – Volksrecht, 20. 12. 1944 und 30. 1. 1945. – National-Zeitung, 20. 12. 1944 und 20. 1. 1945. – Zur konservativen Kritik Berner Tagwacht, 11. 6. 1945.
70 VR 205, 21. 12. 1944.

71 KAA S11 T1 Präsidialreden und Erläuterungen zur Bilanz, GV 19.4.1945.
72 VRA 228, 17.4.1940. – Zur Besteuerung von Unternehmen im Kanton Schaffhausen Wipf/Knoepfli, Kantonsgeschichte, 400–403.
73 VR 209, 19.10.1945.
74 Gysel, Ein Leben, 2.

2. Nachkriegsjahre und einsetzende Hochkonjunktur (1945–1960)

1 VR 205, 21.12.1944.
2 VR 201, 21.3.1944.
3 Aluminium Rheinfelden, 13. – Allgemein zur Besetzung KAA S9 T5 Besetztes Deutschland, Zeitungsartikel & ähnl., bis 30.6.1947.
4 Salmuth, Aluminiumindustrie, XVI.
5 GB 1946.
6 Zur Situation im Martinswerk (Tonerde) Surbeck Paul: Summarischer Bericht über den Zustand in der britischen Besatzungszone der ersten Nachkriegszeit im Allgemeinen und im Martinswerk Bergheim/Erft im Besonderen, o. J. Kopie beim Verfasser.
7 NZZ 17.4.1947.
8 VR 210, 21.12.1945.
9 VR 213, 12.7.1946.
10 GB 1946. – Stobart, Centenary, 61–62.
11 Gysel, Ein Leben, 58–59.
12 VRA 524, 17.8.1966.
13 GB 1960.
14 Archiv ATM Neuhausen I DF-Intern. I/P Direktionsakten. I/P.2 E.A. Bloch. I/P.2.1 Verschiedene Besprechungen mit Direktion Zürich, Direktionssitzung 3.6.1958. – Zu Billiton Thompson Peter, Macklin Robert: The big Fella. The rise and rise of BHP Billiton. Sydney 2009.
15 KAA S20 T3 Sch Büro Tischhauser 2. Meyer Emanuel: Die Informationspolitik der schweizerischen Grossunternehmungen. Vortrag vom 4.2.1969 an der Universität Genf.
16 GB 1949 und 1950.
17 Marschall, Aluminium, 188.
18 Zum Einsatz von Aluminium im Flugzeugbau Marschall, Aluminium, 102–125.
19 Marschall, Aluminium, 139.
20 50 Jahre AIAG, Bd. 2, 174.
21 VR 303, 17.12.1963.
22 Gysel, Ein Leben, 111.
23 Archiv ATM Neuhausen I/P.2.8 Direktionsakten Bloch, Reiseberichte Box 2, Reiseberichte USA 30.4.–21.5.1960 und 10.6.–10.7.1960.
24 Smith, Alcoa.
25 Keller, Aluminiumindustrie, 1986.
26 Stobart, Centenary, 59–60.
27 NZZ 24.4.1959. – GB 1955.
28 Rinde, Centrale électrique, 49.
29 GB 1960. Siehe auch NZZ 24.4.1959.
30 Rinde, Centrale électrique, 48.
31 Knauer, Trente glorieuses, 19.
32 GB 1955.
33 NZZ 22.9.1956 und 27.9.1958. – Das zweite bei der Elektrolyse angewendete Verfahren ist dasjenige mit «vorgebackenen» (prebaked) Anoden.
34 VR 286, 21.9.1960.
35 NZZ 1.3.1963 und 9.3.1963. – Frøland Hans Otto, Andresen Espen: Fra AIAG til Alcoa i Mosjøen. In: Henden Johan, Frøland Hans Otto, Karlsen Asbjørn: Globalisering gjennom et århundre. Norsk aluminiumindustri 1908–2008. Bergen 2008, 203–226. – Alcoa beteiligte sich 2002 auch an der Muttergesellschaft Elkem. 2005 verkaufte sie diese Beteiligung an die norwegische Orkla-Gruppe. 2009 übernahm Alcoa die Elkem Aluminum mit einer Hütte in Lista sowie der Hütte und einer Anodenfabrik in Mosjöen vollständig.
36 VR 287, 14.12.1960.
37 Zur Entwicklung in Norwegen seit den 1930er-Jahren Rinde, Centrale électrique, 49–53.
38 Die Hütte steht in Badin, benannt nach dem Initianten Adrien Badin. Rauch 85–86. – Zum nordamerikanischen Engagement von Pechiney ab den 1960er-Jahren Thaure, 27–30.
39 VR 216, 21.3.1947. – Zur Vorgeschichte VR 211, 22.3.1946.
40 VR 213, 12.7.1946, und VR 220, 10.11.1947.
41 VR 213, 12.7.1946.
42 VR 215, 20.12.1946.
43 VR 213, 12.7.1946. – Archiv ATM Neuhausen I/P. 2.8 Direktionsakten Bloch, Reiseberichte Box 1, USA-Studien-Reise, Herbst 1954.
44 Archiv ATM Neuhausen I/P. 1.4. Direktionsakten A. v. Zeerleder, Verschiedenes, Berichte von Herrn Prof. Dr. v. Zeerleder über seine Besuche und Besprechungen anlässlich der Amerika-Reise im Frühjahr 1937.
45 Archiv ATM Neuhausen, I/P. 2.8 Direktionsakten Bloch, Reiseberichte Box 2, Reisebericht USA, 5.–22. Juni 1957.
46 VR 340, 22.9.1970.
47 Gysel, Ein Leben, 54 und 60–61. – Prot. Gesamtdirektion, 29.3.1960. – VR 291, 27.9.1961. – Zur Halbzeugindustrie im Benelux siehe Fonteyne, Benelux.
48 VR 219, 26.8.1947.
49 VR 218, 11.7.1947.
50 VR 220, 10.11.1947.
51 VR 287, 14.12.1960.
52 VR 204, 28.10.1944.
53 NZZ 17.4.1947.
54 VR 214, 28.10.1946, VR 215, 20.12.1946, VR 21, 20.12.1947.
55 VR 287, 14.12.1960.
56 NZZ Extrablatt, 1.5.1961.
57 Il y a 50 ans, la grève en Valais. L'Evénement syndical 34/35, 18.8.2004. – Indermaur, Geschichte, 54. – Basler Nachrichten, 13.8.1954. – Berner Tagwacht, 13.8.1954. – Zu den Arbeitsbedingungen Vorwärts, 14.8.1954. – Zu den Beziehungen Gewerkschaften-Alusuisse Schweizerisches Sozialarchiv Ar SMUV 07A-0165 Sektion Chippis, 1918–1974, und Ar SMUV 04A-0004 Maschinen- und Metallindustrie, Firmen: Alu (Industrie) 1937–1968.
58 TA 9.9.1977.
59 VR 283, 23.3.1960, VR 285, 8.7.1960.
60 Knauer, Trente glorieuses, 13 und 20.
61 Die Tat, 1.4.1957.
62 VR, Bericht zur allgemeinen Geschäftslage, 28.10.1953.
63 Schweizerische Finanz-Zeitung, 2.4.1959.
64 FuW, 19.4.1960.
65 FuW, 25.4.1961.
66 Gasche, Bauern, 27. – Le Nouvelliste, 12.1.1924.
67 Zum Fluor- und andern Umweltproblemen Martyn Peter, Lallemant Yves: Primary aluminium and alumina production and the environment. In: Stobart, Centenary, 127–133.
68 Archiv ATM Neuhausen I/P. 2.8 Direktionsakten Bloch, Reiseberichte Box 1, USA-Studien-Reise, Herbst 1954.
69 Zu den Mängeln der Spritzdüsenanlagen KAA S62 T1 Hüttenkonferenz 1954, 120.
70 Boullet Daniel: Pechiney et l'environnement (1960–1980). Précocité et diversité d'une expérience. In: CHA 26/2000, 12.
71 Zu den Schadensmeldungen, den Schiedsvereinbarungen und den Entschädigungen VR 322, 23.6.1967.
72 Zehn Jahre «Fluorkrieg», Die Tat, 10.4.1962
73 Skenderovic, Fluorkrieg. – Aargauer Tagblatt 10.12.1963. In den Medien findet sich zum Fluorkrieg eine ausgedehnte Berichterstattung. Zum aufgeheizten Klima zum Beispiel Schweizerische Handelszeitung, 19.12.1963
74 VR 322, 23.6.1967.
75 Prot. Gesamtdirektion 5.9.1960.
76 National-Zeitung 19.4.1962.
77 VR 283, 23.3.1960.
78 Skenderovic, Fluorkrieg.
79 Indermaur, Geschichte, 56.
80 VR 17.12.1958.
81 VR 19.10.1945 und 21.12.1945.
82 VR 218, 11.7.1947.
83 VR 219, 26.8.1947.
84 Müller E., dipl. Arch ETH, AIAG Zürich: Das neue Verwaltungsgebäude der Aluminium-Industrie-Aktien-Gesellschaft (AIAG) in Zürich. Sonderdruck aus «Aluminium Suisse» Nr. 4/1957.
85 VR 218, 11.7.1947.
86 Gysel, Ein Leben, 44.
87 NZZ 24.4.1959. – KAA S31 T5 Sch Umtausch Inhaber-Aktien in Namen-Aktien und Kapitalerhöhung 1959, a.o. GV 29.1.1959, Anmeldeliste.
88 KAA S31 T5 Sch Umtausch Inhaber-Aktien in Namen-Aktien und Kapitalerhöhung 1959, Pressemitteilung vom 12.1.1959.
89 Schweizerische Finanz-Zeitung 22.1.1959. – NZZ 30.1.1959. – Die 1894 gegründete British Aluminium wurde 1958 von Reynolds und der TI Group übernommen. 1982 ging das Unternehmen an Alcan, 1996 an eine Gruppe von Investoren und 2000 an Alcoa. – Zürcher Woche 23.1.1959.
90 KAA S31 T5 Sch Umtausch Inhaber-Aktien in Namen-Aktien und Kapitalerhöhung 1959, Notiz an Generaldirektor Schnorf, 12.3.1959

3. «Mit vollen Segeln» – Forcierte Expansion (1960–1973)

1 VR 392, 4.9.1978.
2 VR 296, 27.9.1962.
3 SHZ 30.4.1964.
4 Die Tat 8.5.1964.
5 Die Tat 11.4.1970.
6 KAA RS114 T12 Stärken und Schwächen der Alusuisse im internationalen Wettbewerb. Stichworte und Tabellen zum Vortrag von Herrn Generaldirektor E. Meyer. Geschäftsführerkonferenz 1966. Zürich, März 1966.
7 VRA 523, 24.6.1966.
8 Siehe Kapitel 1945–1960, Abschnitt Veränderte Aluminiumwelt.
9 VR 288, 16.3.1961.
10 VR 301, 26.9.1963.
11 VRA 6.12.1940.
12 FuW 22.4.1964.
13 FuW 30.4.1966.
14 VR 325, 1.3.1968. – Schweizerische Finanz-Zeitung, 11.4.1968.
15 NZZ 6.2.1969. – KAA S20 T3 Büro Tischhauser 2, Meyer Emanuel: Die Informationspolitik der schweizerischen Grossunternehmungen. Vortrag vom 4.2.1969 an der Universität Genf aus Anlass der Übergabe des Preises 1968 für den Concours de la meilleure information des porteurs de titres de sociétés suisses.

16 GB 1960.
17 Larrue Jacques: Fria en Guinée. Des aspects humains d'une industrialisation différente. In: CHA 7, Hiver 1990–1991, 37–49. – Campbell, Bd. 2, 287–363. – Zum Betrieb der Fria durch die russische Rusal Brygo Julien: Für Guinea mit Guinea. Le monde diplomatique, November 2009; NZZ, 12. 9. 2009 und 17. 10. 2009.
18 VR 339, 25. 6. 1970, VR 343, 4. 3. 1971. – National-Zeitung 8. 3. 1971. – KAA S47 T4 Accord de Coopération Guinée-Alusuisse, 20. 4. 1971.
19 KAA S6 T6 Unterlagen über VR Robert Bühler, Brief vom 29. 5. 1970.
20 KAA S47 T4 Accord de Coopération Guinée-Alusuisse vom 23. 2. 1971 und weitere Unterlagen. – KAA RS114 T5 Guinea-Arab Alumina and Aluminium Project Ayekoye. – VR 387, 8. 12. 1977.
21 HLS 18. 2. 2010, www.hls-dhs-dss.ch/textesc/d/D8990.php.
22 VR 286, 21. 9. 1960.
23 VR 288, 16. 3. 1961.
24 VRA 522, 26. 4. 1966.
25 VR 382, 7. 2. 1977. – Kritik am Sierra-Leone-Engagement in Weltwoche 4. 2. 1988.
26 Frech, Baumwolle, 101.
27 VR 297, 12. 12. 1962.
28 Frech, Baumwolle, 99–104. – Gysel, Ein Leben, 70–71.
29 VR 295, 4. 7. 1962.
30 VR 300, 3. 7. 1963.
31 Søralposten, Jubileumsutgåve 2002, 40 år, 1962–2002
32 Compagnie pour l'Etude et le Développement des Echanges Commerciaux, Paris.
33 NZZ 19. 1. 1964.
34 VR 303, 17. 12. 1963.
35 VR 306, 25. 6. 1964. – NZZ 8. 4. 1965.
36 VR 316, 24. 6. 1966.
37 Oehler Roland: Die Alusuisse in Norwegen. In: Aluminium, Fachzeitschrift der deutschen Aluminium-Industrie, Heft 10, 1966, 667–670. – VR 295, 4. 7. 1962. – KAA RS114 T2 Swiss Aluminium Ltd.: Sør-Norge Aluminium A/S, Husnes/Norway. Revised Feasibility Report, April 1965, Part I: General Project. – Pressebesuch bei der Sør-Norge Aluminium A/S, Husnes/Norwegen, 21. 03. 1968. – Gespräch mit Eugène Keppler, 15. 8. 2008. – Thon Sverre: Fra Kings Bay til Husnes. Statsbedrifter og industripolitikken i søkelyset 1963. Oslo 1964, 188–198. – Søral 1962–1987.
38 Frøland Hans Otto: The Norwegian Aluminium Expansion Programme in the Context of European Integration, 1955–1975. In: CHA, Special Issue 2/2007, 103–112. Dieser Special Issue enthält verschiedene weitere Artikel zur norwegischen Aluminiumindustrie.
39 VR 303, 17. 12. 1963.
40 VR 306, 25. 6. 1964.
41 SHZ 8. 5. 1970. – GB 1972.
42 VR 415, 14. 6. 1982.
43 Pressemitteilung Alusuisse, 5. 7. 1988.
44 KAA S6 T6 Unterlagen über VR Robert Bühler, Brief an Emanuel Meyer vom 12. 7. 1966.
45 VR 489, 10. 12. 1992.
46 www.genisim.com/aluminum/aluminum.htm, Smelters List.
47 GB 1962. – VR 297, 12. 12. 1962.
48 VR 295, 4. 7. 1962.
49 NZZ 13. 3. 1964 und 28. 4. 1966 (Einweihung).
50 Basler Nachrichten 15. 1. 1964. – National-Zeitung 6. 3. 1964. – NZZ 13. 3. 1964.
51 VR 349, 7. 2. 1972, und 350, 2. 3. 1972.
52 NZZ 1. 5. 1970.
53 GB 1968. – NZZ 7. 7. 1968.
54 KAA S18 T4 AIAG-AMAX Joint Aluminum Reduction Project, Feasibility Report, 21. 9. 1961.
55 KAA RS113 T4 Oehler R. E., Studien-Aufenthalt in USA 17. April bis 15. Juli 1961. 31. 8. 1961.
56 Schweizerische Finanz-Zeitung 28. 11. 1963. – NZZ 8. 11. 1963.
57 VR 322, 23. 6. 1967, VR 328, 24. 9. 1968.
58 A. Schmidweber, N. Dirilgen, Dr. D. Altenpohl: Besprechungen mit Phelps Dodge Aluminum, St. Louis, Mo., am 1./2. 12. 1970, 8. 12. 1970. Privatbesitz Schmidweber.
59 VR 341, 10. 12. 1970.
60 KAA S6 T6 Unterlagen über VR Robert Bühler, Briefe Meyer an Bühler, 15. 7. 1970 und 16. 9. 1970.
61 VR 343, 4. 3. 1971.
62 St. Galler Tagblatt 22. 4. 1971.
63 VR 287, 14. 12. 1960.
64 Wipf, Aluminium-Hütte Steg.
65 Gespräch mit Hans Bohner, 14. 5. 2008.
66 Gysel, Ein Leben, 68 und 76.
67 VR 296, 27. 9. 1962.
68 Guzzi-Heeb, Industrie, 57. – Zur Lage der Arbeiterschaft auch focus 70, Januar 1976.
69 GB 1961.
70 Bund 8. 11. 1971.
71 Zur Entwicklung der Alusuisse im Wallis allgemein Papilloud, Cents ans.
72 Salmuth, Aluminiumindustrie, XVII.
73 VRA 523, 24. 6. 1966, und VR 316, 24. 6. 1966.
74 Walliser Volksfreund, 14. 11. 1973.
75 VR 388, 6. 2. 1978. – Gespräch mit Friedrich Schiltknecht, 28. 10. 2009.
76 Kohn Michael: Die Bedeutung des Energiebereiches für den Konzern. Referate der Geschäftsführer-Konferenz 1975 auf dem Bürgenstock. Oktober 1975, 140–161. – TA 17. 7. 1975.
77 VR 375, 27. 2. 1976.
78 VR 424, 9. 12. 1983.
79 Zum Energiesektor allgemein Gespräch mit Raymond Perren am 28. 1. 2009.
80 Bernath Walter: Besondere Vorkommnisse in meiner Tätigkeit für die AIAG/Alusuisse 1951–1986. Notiz an Dr. T. M. Tschopp, 12. 12. 1986.
81 TA 24. 2. 1971. – Von zwei verschiedenen Konzessionsgebieten von Pechiney und Alusuisse spricht das St. Galler Tagblatt 15. 5. 1964. – Zum «obskuren» Verzicht von Pechiney Thaure, Pechiney, 30–31.
82 VR 312, 24. 9. 1965, VR 324, 13. 12. 1967.
83 Gysel, Ein Leben, 81 und 84.
84 GB 1972. – KAA S61 T3 Nabalco, Gove, Feasibility Report I-VII und Summary. – KAA S46 T6 Diverse Unterlagen zu Gove. – Nabalco, The Gove Project, October 1971. – Nabalco, The Gove Project, July 1972. – Swiss Aluminium Ltd., Gove Bauxite and Alumina Project, September 1983.
85 Gespräche mit Walter Köppel, 21. 10. 2008, und Jurij Judin, 10. 12. 2008. – Judin, Berufsleben, 19–32. – Lepori Walter: Tagebuch über die Pionierzeit der Alusuisse-Lonza in Gove. A-L Intern 79, November 1990.
86 VR 316, 24. 6. 1966.
87 NZZ 2. 8. 1970.
88 Weltwoche 14. 5. 1971.
89 NZZ 4. 1. 1973.
90 Basler Nachrichten, 27. 1. 1973. Siehe auch Weidkuhn, Gove.
91 Indermaur, Australien, 51.
92 Judin Jurij M.: «Das Rad der Zeit lässt sich nicht zurückdrehen …» National-Zeitung 18. 8. 1973.
93 St. Galler Tagblatt 26. 9. 1969.
94 Gespräche mit Edwin A. Weibel am 5. 12. 2008 und mit Eugen Arpagaus am 10. 7. 2008.
95 Roux, Apartheid, 111.
96 National-Zeitung 13. 4. 1973.
97 Anfrage Jean Ziegler vom 21. 6. 1973 (Nr. 421), www.eda.admin.ch.
98 Gespräch mit Roland Oehler, 26. 2. 2009. – Roux, Apartheid, 111.
99 VR 415, 14. 6. 1982.
100 VR 297, 12. 12. 1962. – Zu Grossbritannien auch Gysel, Ein Leben, 45–49, 55–56 und 90–91.
101 National-Zeitung 26. 4. 1968.
102 NZZ 22. 4. 1971.
103 VRA 585, 22. 6. 1973. – VR 411, 4. 12. 1981.
104 Rinde, Centrale électrique, 53.
105 Frech, Baumwolle, 119.
106 Stobart, Centenary, 65.
107 Erinnerung Schnorf.
108 VR 297, 12. 12. 1962.
109 VR 301, 26. 9. 1963.
110 VR 303, 17. 12. 1963.
111 Richner, Italien, 6. – Frech, Baumwolle, 160. – Gespräch mit Giorgio Berner, 9. 1. 2009.
112 Richner, Italien, 15.
113 NZZ 11. 10. 1971.
114 Frech, Baumwolle, 120–164. – NZZ 25. 10. 1971, 29. 10. 1971, 5. 11. 1971, 8. 2. 1972, 14. 11. 1972 und 18. 1. 1982.
115 Frech, Baumwolle, 161.
116 Richner, Italien, 9–10.
117 90 Jahre Aluminium Rheinfelden, 13.
118 Mayer, Martinswerk, 35–37.
119 www.martinswerk.de, 23. 2. 2010.
120 KAA S44 T2 Leichtmetall-Gemeinschaft, Verträge.
121 Miteinander 9/79. – Zur Standortevaluation VR 323, 14. 9. 1967.
122 National-Zeitung 24. 6. 1970.
123 GB 1971.
124 VR 350, 2. 3. 1972. – Die Zeit, 22. 9. 1972.
125 Salzburger Aluminium-Gesellschaft, Lend.
126 SHZ 30. 4. 1964.
127 KAA RS114 T12 Dirilgen Necdet: Produkte-Entwicklung. Vortrag Geschäftsführerkonferenz 1966. Zürich, März 1966, 23–25.
128 KAA RS114 T12 Meyer Emanuel: Stärken und Schwächen der Alusuisse im internationalen Wettbewerb. Vortrag Geschäftsführerkonferenz 1966. Zürich, März 1966.
129 KAA RS113 T4 Himmel René R.: Das neue Forschungs- und Entwicklungskonzept der Alusuisse. Referate der Geschäftsführer-Konferenz 1975 auf dem Bürgenstock, 162–172.
130 Gysel, Ein Leben, 75.
131 VR 298, 26. 3. 1963, VR 307, 24. 9. 1964.
132 Alucobond, 40 years, 15.
133 Archiv ATM Neuhausen I P.4.3 Konzernwerke 1969–1973, Brief Zoller an Weibel, 18. 12. 1970.
134 Alucobond, 40 years, 22–25.
135 KAA RS113 T4 Broschüre Cheminvesta.
136 VR 297, 12. 12. 1962.
137 Die Tat, 8. 5. 1964.
138 VRA 651, 14. 10. 1981.
139 Gespräch mit Hans Bohner, 14. 5. 2008.
140 Frech, Baumwolle, 160.
141 VR 336, 11. 12. 1969. – Basler Nachrichten, 21. 1. 1970. – NZZ 8. 4. 1970. – FuW 29. 4. 1970. – NZZ 10. 8. 1972.

142 NZZ 11. 3. 1969.
143 GB 1972.
144 Frech, Baumwolle, 104.
145 Kummer, Meilen. – NZZ 14. 1. 1970, Die Tat 15. 1. 1970, National-Zeitung 28. 1. 1970, Die Tat 6. 2. 1970, NZZ 8. 3. 1970, 27. 3. 1970, 1. 7. 1970, TA 20. 1. 1972, 3. 4. 1976.
146 KAA S25 T2 Fehraltorf, Erwerb Liegenschaften Neuwiesen u. a. – VR 337, 6. 3. 1970 (Landerwerb), VR 445, 9. 6. 1986 (Devestition des Landes). – TA 16. 11. 1970, NZZ 19. 11. 1970, NZZ 31. 1. 1971, Schaffhauser Nachrichten 31. 1. 1996.
147 SHZ 22. 4. 1971.
148 NZZ 7. 3. 1971 und 8. 3. 1971.
149 GB 1971.
150 SHZ 20. 4. 1972.
151 Basler Volksblatt 20. 4. 1972.
152 VR 350, 2. 3. 1972.
153 Die Tat 16. 10. 1971.

4. Wilde Diversifikation – Ein ABC, das scheitert (1973–1986)

1 Marschall, Aluminium, 196.
2 VR 374, 2. 2. 1976. – Zur Geschichte der 1938 gegründeten Alusuisse-Werksmusik siehe aluval, werkszeitung der walliserwerke, 162, September 1985.
3 VR 380, 8. 9. 1976.
4 Basler Nachrichten 22. 4. 1976.
5 VR 375, 27. 2. 1976. – FAZ 22. 4. 1976.
6 FuW 24. 4. 1976.
7 NZZ 24. 4. 1975.
8 VR 374, 2. 2. 1976.
9 Basler Zeitung 3. 4. 1980.
10 Gysel, Ein Leben, 102.
11 NZZ 15. 4. 1975.
12 FAZ 22. 4. 1976. – Basler Nachrichten 12. 4. 1976. – NZZ 22. 4. 1976.
13 KAA RS113 T4 Referate der Geschäfsführer-Konferenz 1975 auf dem Bürgenstock.
14 VR 425, 6. 2. 1984.
15 VR 386, 7. 9. 1977.
16 VR 325, 1. 3. 1968.
17 VR 349, 7. 2. 1972.
18 Alusuisse: Gove Bauxite and Alumina Project, September 1983.
19 GB 1972.
20 VRA 633, 22. 8. 1979.
21 NZZ 18. 8. 1979. – Basler Zeitung 22. 8. 1979. – TA 23. 8. 1979. – NZZ 25. 8. 1979.
22 VR 356, 1. 3. 1973.
23 VRA 684, 4. 11. 1985. – TA 13. 3. 1981. – Bund 28. 3. 1981. – NZZ 4. 4. 1985, 2. 4. 1986, 10. 4. 1986, 11. 4. 1986 und 9. 12. 1986. – Solothurner Zeitung 21. 4. 1981. – SHZ 4. 12. 1986.
24 Gysel, Ein Leben, 112–114. – Zum Stand verschiedener Verfahren VR 444, 23. 4. 1986. – VRA 682, 2. 9. 1985. – NZZ 16. 1. 1981. – Weltwoche 7. 7. 1982.
25 Judin, Berufsleben, 33. – NZZ 7. 2. 1980 und 24. 7. 1980. – Meridian Energy Ltd: Entdecken Sie das Manapouri-Wasserkaftwerk. Christchurch 2009. – KAA RS114 T10 und S46 T6 Aluminium Smelter Project Aramoana New Zealand.
26 Pressemitteilung Alusuisse, 24. 7. 1980.
27 Oehler, ROE-70, 42.
28 Alusuisse intern, November 1981.
29 VR 336, 11. 12. 1969.
30 Beckerdite A. Dean, Stanford Research Institute: Diversification Opportunities for Swiss Aluminium Ltd. Final Report. Menlo Park, California, 1969, 13–36.
31 Gespräch mit Felix Schmid, 16. 7. 2008.
32 Chevaillier Jean L.: Aufbau eines mächtigen Bergbaubereiches. Referate der Geschäftsführer-Konferenz 1975 auf dem Bürgenstock. Oktober 1975, 48–65.
33 Alusuisse intern, März 1981. – TA online 18. 11. 2008.
34 VR 362, 4. 2. 1974. – KAA RS 114 T 12 Convention entre la République Centrafricaine, Aluminium Suisse S.A., le Commissariat à l'énergie atomique, la Compagnie française des minerais d'uranium. – KAA RS114 T4 URCA: Gisement d'Uranium de Bakouma. Etude de faisabilité. Volume VI, Résumé - Conclusions. 22. 2. 1977.
35 Chevaillier Jean L.: Aufbau eines mächtigen Bergbaubereiches. Referate der Geschäftsführer-Konferenz 1975 auf dem Bürgenstock. Oktober 1975, 61.
36 Zum Stand des Vorhabens und zu den Beziehungen der Schweiz mit der Zentralafrikanischen Republik Schweizerische Finanz-Zeitung 7. 4. 1979. – Eine Schilderung der Verhältnisse vor Ort in Judin, Berufsleben, 39–41.
37 Medienmitteilung Uranio AG, 2. 10. 2009. – www.uranio.ch.
38 KAA RS114 T10 Feasability Study Aluzaire. – KAA S29 T5 Sch. Projekt Aluzaire. – Alusuisse intern, Mai 1982.
39 KAA S18 T4 Aluminga, Studienberichte, Juli 1957.
40 KAA S29 T5 Sch. Projekt Aluzaire, Brief Edwin A. Weibel an P. Müller, 3. 8. 1984. – Das Magazin 37, 13. 9. 1997. – WochenZeitung 13, 23. 12. 1981. – NZZ 25. 2. 2010.
41 Basler Nachrichten 12. 4. 1976.
42 Chevaillier Jean L.: Aufbau eines mächtigen Bergbaubereiches. Referate der Geschäftsführer-Konferenz 1975 auf dem Bürgenstock. Oktober 1975, 64–65.
43 VR 388, 6. 2. 1978. – FuW 31. 1. 1979.
44 VR 392, 4. 9. 1978.
45 VRA 626, 18. 10. 1978. – VR 393, 8. 12. 1978. – VR 394, 5. 2. 1979. – VR 395, 2. 3. 1979.
46 Basler Volksblatt 7. 4. 1979.
47 VR 422, 13. 6. 1983. – GB 1982.
48 SHZ 23. 4. 1970.
49 Zur Geschichte der Lonza siehe Archiv Lonza GV 29. 3. 1972, Ansprache Engi, und Eschenmoser Walter: 100 Years of Progress with Lonza, Chimia 51/1997, 259–269.
50 NZZ 1. 11. 1971. – SHZ 4. 11. 1971. – FuW 6. 11. 1971. – Weltwoche 15. 12. 1971. – Zu den Gerüchten KAA S2 T2 Presse, Presse-Alu 29. 10. 1971.
51 KAA S2 T2 Alu/Lonza Zusammenschluss 1971–1973. Einziges Exemplar (Präsident Lonza), Brief Seidl, 2. 1. 1974, Brief Kommandant Kantonspolizei Wallis, 28. 12. 1973.
52 KAA S45 T6 Lonza Schriftverkehr 1971/72, Notiz Jucker an Pietsch, 25. 5. 1972, Notiz Jucker an Emanuel Meyer und Paul Müller, 7. 6. 1972, und Pietsch, Gedanken über eine Zusammenarbeit mit der Lonza, 6. 6. 1972.
53 VR 347, 2. 11. 1971.
54 VR 360, 5. 11. 1973.
55 KAA S2 T2 Bericht der Geschäftsleitung an den Präsidenten des Verwaltungsrates der Lonza A. G., 30. 3. 1973.
56 Chemische Industrie XXV/Dezember 1973.
57 FuW 7. 11. 1973. – Schweizerische Finanz-Zeitung 7. 11. 1973. – Weltwoche 7. 11. 1973. – Badener Tagblatt 6. 11. 1973. – NZZ 6. 11. 1973. – NZZ 11. 11. 1973. – Chemische Industrie XXV/ Dezember 1973.
58 Lonza-Revue 74/1, 3.
59 Bund 2. 12. 1973.
60 National-Zeitung 24. 4. 1975.
61 SHZ 17. 4. 1975.
62 VR Lonza, 27. 2. 1975.
63 VR Lonza 16. 12. 1975. – Zur Präsenz im grenznahen Gebiet: Waldshut im 20. Jahrhundert. Konstanten und Umbrüche seit dem Ersten Weltkrieg. Geschichte der Stad Waldshut, Bd. 3. Lindenberg im Allgäu 2004, 99–103, 114–116 und 118.
64 NZZ 3. 4. 1976.
65 NZZ 9. 4. 1977.
66 NZZ 24. 4. 1975. – FuW 28. 1. 1976.
67 VR 369, 28. 2. 1975.
68 NZZ 3. 4. 1976.
69 VR 382, 7. 2. 1977.
70 VR 393, 8. 12. 1978. – VR 395, 2. 3. 1979. – VRA 633, 22. 8. 1979. – Zur Strategie auf dem Gebiet der chemischen Spezialitäten VR 392, 4. 9. 1978.
71 VRA 673, 12. 6. 1984.
72 VR 395, 2. 3. 1979. – Zur Übernahme und zum Italien-Engagement der Alusuisse insgesamt NZZ 4. 5. 1979.
73 National-Zeitung 26. 3. 1973. – Basler Nachrichten 26. 3. 1973. – Die Tat 27. 3. 1973.
74 Wipf Heinrich R.: Ein halbes Jahrhundert Wipf. 2. Teil. In: die lupe 1/09.
75 Zur Geschichte der PVC-Produktion der Lonza Chemische Rundschau 12, 21. 3. 1973.
76 VR 387, 8. 12. 1977. – Zur Airex siehe 50 Jahre Airex.
77 VR 453, 7. 9. 1987.
78 VRA 673, 12. 6. 1984.
79 NZZ 3. 4. 1976. – Schweizerische Finanz-Zeitung 14. 4. 1976. – Eine für die Lonza sehr negative Bilanz zog die Rote Anneliese vom 2. 12. 1981.
80 Industriemagazin November 1986.
81 Pressecommuniqué Alusuisse/Motor-Columbus, 12. 9. 1974. – Tagwacht 4. 1. 1975.
82 FuW 24. 4. 1976.
83 Alusuisse, Division D, Engineering & General Contracting Know-how available within the Alusuisse Group, September 1975.
84 VR 366, 11. 9. 1974. – VR 367, 11. 12. 1974.
85 TA 17. 7. 1975. – NZZ 13. 9. 1974 und 18. 9. 1974.
86 GB Mobag 1974.
87 VR 385, 20. 6. 1977. – Haag, Motor-Columbus, 98. – Schweizerische Finanz-Zeitung, 3. 3. 1976.
88 VR 394, 5. 2. 1979. – VRA 631, 18. 4. 1979.
89 KAA S24 T2 Unterlagen Motor-Columbus und Mobag.
90 Haag, Motor-Columbus, 99–102. – Strehle, Bankgesellschaft, 142–144.
91 NZZ 18. 8. 1995.
92 VRA 632, 18. 6. 1979.
93 Alesa Alusuisse Engineering, Qualifications and References, Status Spring 1980.
94 Zur Bedeutung des Vorkommens Solothurner Zeitung 7. 8. 1979.
95 VR 381, 9. 12. 1976.
96 Basler Zeitung 1. 12. 1977.
97 Erinnerung Schnorf. – Gespräch mit Fritz Schnorf, 5. 6. 2008.
98 VR 415, 14. 6. 1982. – VRA 673, 12. 6. 1984.
99 National-Zeitung 24. 4. 1975.
100 VR 380, 8. 9. 1976.
101 Alusuisse intern 59, Juni/Juli 1986.
102 FuW 31. 1. 1979. – KAA RS114 T13 China Project, Fact finding mission report on visit to China, november 26 to december 8 1978, Volume 1–3, 12. 12. 1978. – TA 7. 9. 1979.
103 NZZ 7. 4. 1979.
104 VR 394, 5. 2. 1979. – SHZ 31. 1. 1980.
105 VR 355, 5. 2. 1973.

106 KAA S5 T6 Referate Müller, Referat GV 22. 4. 1981. – SHZ 18. 9. 1980.
107 VR 418, 9. 12. 1982. – VR 420, 7. 3. 1983. – VRA 671, 5. 3. 1984. – Gespräch mit Hans Peter Held, 11. 11. 2008.
108 Widmer + Ernst: Verfahrenstechnische Anlagen, Generalunternehmung, Beratung, Expertisen. o. J.
109 VRA 684, 4. 11. 1985.
110 NZZ 15. 4. 1975.
111 Erinnerung Schnorf. – Gespräche mit Fritz Schnorf, 5. 6. 2008 und 31. 7. 2008. – Judin, Berufsleben, 38–39.
112 Weltwoche 29. 1. 1975.
113 GB 1974.
114 VRA 586, 31. 8. 1973. – VR 359, 12. 9. 1973.
115 NZZ 4. 3. 1980.
116 VR 405, 5. 12. 1980. – GB 1980.
117 NZZ 2. 4. 1980. – Ausführliche Artikel über die Alusuisse of America finden sich in NZZ 30. 9. 1980, SHZ 18. 9. 1980, TA 7. 10. 1980 und FuW 22. 10. 1980.
118 NZZ 2. 4. 1980. – VR 401, 29. 2. 1980. – VR 409, 15. 6. 1981. – SHZ 13. 12. 1984.
119 Stracey, Indal, 338–339, 345–357, 382–383, 390–398. – Brief Peter Pattis an den Autor, 4. 2. 2010.
120 Alusuisse intern, November 1979. – TA 20. 6. 1979. – St. Galler Tagblatt 18. 6. 1979.
121 VR 397, 18. 6. 1979.
122 KAA Klausurtagung der Generaldirektion auf dem Wolfsberg, 27.–29. 6. 1979. – VRA 632, 18. 6. 1979.
123 TA 20. 6. 1979. – FuW 19. 9. 1979. – TA 7. 10. 1980. – Schaffhauser Nachrichten 18. 10. 1980.
124 SHZ, 13. 12. 1984.
125 NZZ 3. 5. 1982.
126 VR 410, 7. 9. 1981.
127 VRA 673, 12. 6. 1984.
128 Auskunft Bernard Chassain, früherer Leiter von Boxal in Belfaux und Beaurepaire, 16. 4. 2010. – GB 1990.
129 VR 397, 18. 6. 1979.
130 KAA S6 T6 Unterlagen über VR Robert Bühler, Brief Meyer vom 15. 7. 1970.
131 VR 367, 11. 12. 1974.
132 VR 397, 18. 6. 1979.
133 KAA S5 T6 Referate Müller, Referat «Alusuisse in den Vereinigten Staaten», GV 22. 4. 1981.
134 VR 338, 22. 4. 1970.
135 KAA S2 T2 Alusuisse Atlantik GmbH, Kurzinformation über Alusuisse und das Projekt Wilhelmshaven, Oktober 1970. – FAZ 10. 4. 1970. – SHZ 23. 4. 1970. – NZZ 30. 9. 1970.
136 Basler Nachrichten 13. 12. 1975.
137 Alusuisse: Industriegelände in Seehafengebieten. Frankreich, Belgien, Niederlande, Deutschland, Nordseeküste. Zürich 1970.
138 KAA S2 T2 KAA S2 T2 Bericht der Geschäftsleitung an den Präsidenten des Verwaltungsrates der Lonza A. G., 30. 3. 1973.
139 Chevaillier Jean L.: Aufbau eines mächtigen Bergbaubereiches. Referate der Geschäftsführer-Konferenz 1975 auf dem Bürgenstock. Oktober 1975, 63.
140 VR 349, 7. 2. 1972.
141 VR 356 1. 3. 1973.
142 FuW 16. 4. 1975.
143 Basler Nachrichten 13. 12. 1975. – SHZ 8. 1. 1976. – FuW 28. 1. 1976.
144 Spiegel 41/1979.
145 Schweizerische Finanz-Zeitung 11. 4. 1979.
146 VR 387, 8. 12. 1977. – VR 388, 6. 2. 1978.
147 Spiegel 41/1979.
148 www.karwath24.de, 27. 1. 2010. – Gegenwind 2009, Juli 2005.
149 www.ineos.com, www.ineoschlor.com.
150 VR 379, 21. 6. 1976.
151 VR 383, 4. 3. 1977.
152 VR 393, 8. 12. 1978.
153 VR 393, 8. 12. 1978.
154 FuW 31. 1. 1979.
155 VR 400, 4. 2. 1980.
156 VR 409, 15. 6. 1981.
157 SHZ 13. 12. 1984.
158 NZZ 5. 10. 1982. – TA 13. 7. 1979. – SHZ 3. 4. 1980. – Abend-Zeitung Basel (Basler AZ) 3. 4. 1980.
159 Pressemitteilung Alusuisse, 12. 3. 1986. – Zum Entscheid VR 442, 5. 3. 1986.
160 Auskunft Ulrich Mannweiler, 11. 4. 2010. Ulrich Mannweiler, seit 1966 bei der Alusuisse tätig, übernahm 1984 die Aufgabe, die neugeschaffene Bereichsstabsstelle Technologiemarketing aufzubauen, mit Schwerpunkten im Verkauf Caster I- und II-Technologie sowie der Vermarktung des Elektromagnetischen Giessverfahrens.
161 KAA S25 T2 W. F. Lauener AG, GV-Protokolle. – KAA S25 T1 W. F. Lauener AG, VR-Protokolle. – KAA S25 T1 Lauener/Verträge. – KAA S28 T5 Mappe Caster I + II. – KAA S24 T3 Alusuisse Caster AG, VR-Protokolle. – Odok Adnan M./Gyöngyös Ivan: Alusuisse Caster I and Caster II. Reprinted from Light Metal Age, Oct. 1977.
162 FuW 24. 4. 1976. – Präsidialansprache Emanuel Meyer 21. 4. 1976.
163 Gysel, Ein Leben, 109. – Gespräche mit Arnold Sigg, 23. 7. 2008, René Himmel, 21. 1. 2009, Otto Knaisch, 17. 2. 2009, und Paul Schmuki, 19. 6. 2009. – Archiv ATM Neuhausen I/B. 2 Jahresberichte 1967–1976, Box 2. – Schaffhauser Nachrichten 4. 2. 1978.
164 www.metoxit.com.
165 Bund 30. 11. 1990.
166 SHAB 129, 8. 7. 2009.
167 Schaffhauser Nachrichten 23. 5. 1992.
168 Badener Tagblatt 2. 6. 1984.
169 GB Alusuisse Deutschland 1983.
170 GB Alusuisse Deutschland 1983.
171 GB Alusingen 1983 und 1987. – FuW 9. 6. 1978 und 10. 6. 1978. – FuW 26. 8. 1981. – Südkurier 26. 8. 1974. – Miteinander 9/79.
172 Maier Jörg: Walzwerk Alusuisse Singen, Meilensteine, 21. 1. 2000.
173 90 Jahre Aluminium Rheinfelden, 13. – GB Alusuisse Deutschland 1983. – Gespräch mit Bruno Böhm, 4. 6. 2008. – Gespräch mit Otto Knaisch, 17. 2. 2009. – Knaisch O., Pawlek R.: Alusuisse EPT 18 Technology in Comparison with Competitors. 36th Aluminium Smelter Technology Conference. October 1985.
174 VR 411, 4. 12. 1981. – VR 417, 8. 10. 1982.
175 VR 291, 27. 9. 1961.
176 VRA 535, 18. 10. 1967.
177 VRA 550, 6. 3. 1969.
178 Gerber, Fabrik, 33–36.
179 National-Zeitung 24. 4. 1975.
180 National-Zeitung 24. 2. 1976.
181 VR 400, 4. 2. 1980.
182 Gespräche mit Eugen Arpagaus, 10. 7. 2008, Fritz Schnorf, 5. 6. 2008, Arnold Sigg, 23. 7. 2008, und Hans Bohner, 17. 4. 2008.
183 Zum Walliser Fluorkrieg als Ganzes Gasche, Bauern. – TA 10. 2. 1975. – Zum Fricktal Basler Zeitung 9. 6. 1978.
184 National-Zeitung 24. 2. 1976.
185 Die Tat 22. 4. 1976. – Zur Diskussion rund um die Hütte in Martigny Ruch, Martigny, 129–137.
186 National-Zeitung 4. 3. 1976.
187 Zu den Auseinandersetzungen in den USA Die Tat 14. 9. 1978.
188 National-Zeitung 1. 3. 1976. – VR 386, 7. 9. 1977. – Zur technischen Entwicklung Pascaud Claude: Le développement du procédé Hall-Héroult et son accompagnement par la Propriété Industrielle (1886–1994), CHA 20/1997, 61–85, sowie KAA S62 T4 32. Al-Hüttenkonferenz, Chippis/Steg, 20. Oktober, Padua, 21. + 22. Oktober 1981, 144–204.– Gespräch mit Arnold Sigg, 23. 7. 2008.
189 Garbely, Kanton, 255, basierend auf Gasche, Bauern, 143. – NZZ 26. 2. 1977. – NZZ 7. 10. 1978.
190 Judin, Berufsleben, 33.
191 Gespräch mit Hans Bohner, 17. 4. 2008.
192 NZZ 4. 3. 1980.
193 VRA 626, 18. 10. 1978.
194 TA 18. 3. 1980. – Zur Investition in Steg VR 400, 4. 2. 1980, in Chippis VR 401, 29. 2. 1980.
195 VR 400, 4. 2. 1980. – VR 403, 16. 6. 1980.
196 Bund 27. 8. 1979.
197 VR 382, 7. 2. 1977. – Basler Zeitung 21. 4. 1977.
198 TA 18. 3. 1980.
199 VR 367, 11. 12. 1974.
200 VR Lonza, 27. 2. 1975.
201 NZZ 4. 3. 1980. – TA 18. 3. 1980. – VR 401, 29. 2. 1980. – Modernisierung Walzwerk 1980, Schlussbericht, Juni 1984.
202 Rote Anneliese 18. 4. 1990.
203 vdi-nachrichten.de, 19. 9. 2008.
204 Fridenson Patrick: Conclusion. In: CHA Hors Série n° 1, 2003, 140.
205 Böhm Bruno: Die Londoner Metallbörse. Marktplatz für den Handel mit Aluminium. Alu-Kongress 15. 5. 2009, Kartause Ittingen. – London Metal Exchange, 130th Anniversary Supplement, 2007.
206 Bilanz 7/86.
207 Schweizerische Finanz-Zeitung 11. 4. 1979.
208 NZZ 7. 4. 1979.
209 NZZ 20. 11. 1981. – Bilanz 4/82.
210 Weltwoche 15. 9. 1982. – Zu den «neuen Wegen der Finanzierung» in der vorangehenden Phase siehe den Lebenslauf des zeitweiligen Finanzchefs René Schuppisser in Headlines, Hauszeitung der Alusuisse-Lonza Holding AG, 1/97, März 1997.
211 Schaffhauser AZ 30. 11. 1981. – Schaffhauser Nachrichten 30. 11. 1981 und 14. 1. 1982. – Schaffhauser Bock 30. 11. 1981.
212 SHZ: Die grössten Unternehmen in der Schweiz 1982, 7.
213 VR 412, 5. 2. 1982.
214 bfs.admin.ch. – Thaure, Pechiney, 291.
215 VR 417, 8. 10. 1982.
216 VR 418, 9. 12. 1982.
217 VR 415, 14. 6. 1982.
218 FuW 3. 4. 1976.
219 VR 385, 20. 6. 1977.
220 FuW 23. 6. 1976.
221 VR 405, 5. 12. 1980.
222 Weltwoche 15. 9. 1982.
223 NZZ 3. 5. 1982.
224 NZZ 7. 4. 1982 und 14. 4. 1984.
225 VRA 673 und VR 428, 12. 6. 1984. – Zu früherer Kritik an der Berichterstattung von Abt VR 402, 18. 4. 1980.
226 Gespräch mit Hans Peter Held, 11. 11. 2008. – Gespräch mit Hansjörg Abt, 20. 1. 2010.
227 SHZ 5. 4. 1984. – Sehr optimistisch auch Generaldirektor René Himmel in Bilanz 9/84.

228 VRA 682, 2. 9. 1985, und VRA 683, 7. 10. 1985.
229 VRA 682, 2. 9. 1985, und VRA 684, 4. 11. 1985. – VR 436, 5. 11. 1985. – GD 14/85, 21. 11. 1985, mit Aide Mémoire für Orientierung Kader, Angestelltenorganisation und Betriebskommissionen vom 26. 11. 1985 und Pressemitteilung Staatskanzlei des Kantons Wallis vom 27. 11. 1985.
230 VRA 686, 6. 1. 1986.
231 Kopie im Besitz des Autors.
232 FAZ 22. 4. 1976.
233 FuW 29. 11. 1975. – Über die Ungereimtheiten in der Untersuchung der Attentate und über den Prozess publizierte der Journalist Paul Bösch ab 1998 im Tages-Anzeiger zahlreiche Artikel. – Zur Frage, ob auch Nello Celio beim DLZ involviert war, TA 27. 4. 1979 und Weltwoche 2. 5. 1979. – Züri Leu 27. 4. 1979.
234 FAZ 22. 4. 1976.
235 VR 376, 20. 3. 1976. – FuW 3. 4. 1976. – Schweizerische Finanz-Zeitung 7. 4. 1976. – SHZ 8. 4. 1976. – TA 9. 4. 1976. – Züri Leu 9. 4. 1976.
236 Sañkaracarya Sri: Zusammenfassung der Kerngedanken sämtlicher Upanisaden. Mit einem Begleitwort von Emanuel Meyer. Argenbühl-Eglofstal 2003.
237 VRA 685, 11. 12. 1985, mit Rücktrittsschreiben Gut vom 6. 11. 1985 und Notiz Meyer vom 11. 12. 1985 über sein Gespräch mit Gut am 10. 12. 1985. – Bilanz 7/86.
238 Pressemitteilung Alusuisse, 21. 1. 1986.
239 VR 437, 11. 12. 1985.
240 VRA 686, 6. 1. 1986.
241 VR 438, 6. 1. 1986.
242 NZZ 16. 1. 1986. – Zu den Gerüchten im Vorfeld Bilanz 1/86.
243 VRA 685, 11. 12. 1985.
244 Pressemitteilung Alusuisse, 16. 1. 1985.
245 Pressemitteilung Alusuisse, 21. 1. 1986. – NZZ 22. 1. 1986. – Weltwoche 23. 1. 1986.
246 Gespräche mit Hans Jucker, 26. 10. 2009, Hermann Haerri, 7. 10. 2009, Niklaus Senn 19. 2. 2009, Friedrich Schiltknecht, 28. 10. 2009, Alfred Schmidweber, 4. 11. 2008, und Werner Regli, 27. 11. 2009.
247 VR 424, 9. 12. 1983.
248 SHZ 5. 4. 1984.
249 SHZ 23. 1. 1986.

5. Neue Köpfe, neue Strategie (1986–1997)

1 Hans K. Jucker, Beurteilung der Lage, a. o. VR-Sitzung vom 12. 1. 1986. – Brief Hans Jucker an den Autor, 9. 5. 2010.
2 Bilanz 7/86. – VR 439, 12. 1. 1986. – TA 17. 1. 1986.
3 VR 439, 12. 1. 1986.
4 VR 442, 5. 3. 1986. – Arthur D. Little International: The Strategic Options of Alusuisse. Report to The Executive Committee. Brussels, March 1986.
5 Alusuisse intern 58, April 1986. – GB 1986. – GD-S 6/86, 23. 5. 1986, Beilage Kurzfassung Konzernstrategie, 5. 3. 1986.
6 NZZ 15. 3. 1986.
7 VR 442, 5. 3. 1986.
8 VR 440, 19. 1. 1986.
9 Brief Hans Jucker an den Autor, 9. 5. 2010.
10 NZZ 15. 3. 1986. – Zur Frage von Spannungen im und Indiskretionen aus dem Verwaltungsrat TA 18. 3. 1986. – TA 21. 3. 1986 und 22. 3. 1986. – FuW 22. 3. 1986.
11 NZZ 18. 4. 1987.
12 NZZ 18. 4. 1987.
13 VR 447, 8. 12. 1986, und VR 448, 9. 2. 1987. – Zu den verschiedenen Varianten, die diskutiert wurden, VR 449, 4. 3. 1987. – Pressemitteilung Alusuisse, 13. 3. 1987.
14 NZZ 18. 4. 1987.
15 Zu Nello Celio Weltwoche, 23. 1. 1986.
16 VR 439, 12. 1. 1986, VR 440, 19. 1. 1986, und VR 456, 2. 3. 1988.
17 Brief Hans Jucker an den Autor, 9. 5. 2010. – Gespräch mit Niklaus Senn, 19. 2. 2009.
18 Brief Hans Jucker an den Autor, 9. 5. 2010.
19 VR 450, 22. 4. 1987.
20 VR 449, 4. 3. 1987.
21 GB 1987.
22 GB 1988.
23 VR 6. 11. 1989, Grobstrategie der Alusuisse-Lonza Gruppe.
24 TA 4. 3. 1992. – Gespräche mit Dietrich Boesken, 16. 12. 2009, und Gerd Springe, 18. 12. 2009.
25 KAA RS121 T2 Walliser Staatsrat 1989–1995 sowie evtl. Schliessung, Brief Alusuisse-Lonza Holding an die Nationalräte P. Bodenmann, F. Hildbrand und P. Schmidhalter, 19. 5. 1993.
26 NZZ 28. 2. 1995.
27 NZZ 31. 8. 1994.
28 NZZ 6. 11. 1996.
29 Basler Zeitung 9. 9. 1987. – SonntagsZeitung 26. 4. 1987, 13. 9. 1987 und 24. 4. 1988.
30 SHZ 1. 10. 1987.
31 SHZ 12. 4. 1990. – KAA S29 T1 Mappe «Fall ‹Meister› (Ruhestandsgehälter)».
32 NZZ 12. 2. 1997. – TA 7. 1. 1997.
33 VR 6. 11. 1989, Grobstrategie der Alusuisse-Lonza Gruppe. – KAA S3 T3 Box McKinsey Studie 1990, Final report, Zurich, May 8, 1990, und weitere Unterlagen.
34 VR 481, 11. 11. 1991.
35 VR 487, 31. 8. 1992.
36 NZZ 30. 8. 1995.
37 Bilanz 3/96.
38 GB 1993.
39 NZZ 13. 11. 1980.
40 VR 425, 6. 2. 1984.
41 Tschopp Theodor M.: Die junge, dynamische, innovative DA. Kaderrapport 1987 Neuhausen, Zusammenfassung des Eröffnungsreferates. «Weg von der Tonne – Hin zum Markt».
42 GB 1986.
43 SHZ 1. 10. 1987.
44 VR 446, 1. 9. 1986.
45 GB 1987.
46 Zusammenstellung Eugen Arpagaus, 7. 7. 2008. – Informationen Bruno Böhm, 5. 5. 2010.
47 VR 456, 2. 3. 1988.
48 Volksrecht 11. 10. 1991.
49 VR 485, 22. 4. 1992.
50 VRA 696, 9. 2. 1987.
51 TA 21. 9. 1991.
52 www.eur-lex.europa.eu 85/206/EWG: Entscheidung der Kommission vom 19. Dezember 1984 betreffend ein Verfahren nach Artikel 85 des EWG-Vertrags (IV/26.870 - Aluminiumeinfuhren aus Osteuropa).
53 Zusammenstellung Bruno Böhm, 11. 3. 2010. – Eurometaux, Bruxelles, Dokumente zur Multilateral Conference on Aluminium in Brussels, 13. 1. und 22. 4. 1994. – IPAI, 24. 11. 1993.
54 Gerber Jürg: Chemische Fabrik H. Bergius & Cie, Goldschmieden/Breslau. Standortgeschichte Filiale Halle-Trotha, ehem. Chemische Fabriken Engelke & Krause. 11. 4. 1999. – Gerber Jürg: Altlastengrundstück Halle-Trotha, Situationsanalyse und Empfehlung. 5. 5. 2000.
55 Pressemitteilung Alusuisse, 16. 2. 1987.
56 NZZ 23. 2. 1985. – GB 1986. – Achtzig Jahre Walliser Werke.
57 GB 1986. – VR 453, 7. 9. 1987.
58 Pressemitteilung Alusuisse, 16. 2. 1987.
59 GB 1987.
60 TA 19. 1. 1993. – Pressemitteilung Staatskanzlei Kanton Wallis, 26. 3. 1993. – KAA RS121 T2 Walliser Staatsrat 1989–1995 sowie evtl. Schliessung, Wichtigste Fakten und Erläuterungen zum Thema «Restrukturierung Alusuisse in Sierre/Chippis und Steg», 4. 2. 1993; Brief Alusuisse-Lonza Holding an die Nationalräte P. Bodenmann, F. Hildbrand und P. Schmidhalter, 19. 5. 1993; Besprechung mit Nationalrat Peter Bodenmann vom 10. 5. 1993, Aktennotiz 18. 5. 1993; Brief Alusuisse-Lonza Holding an Raymond Deferr, Präsident des Staatsrates, 2. 3. 1994.
61 Neue Gewerkschaft 27. 4. 1993. – Pressemitteilung Staatskanzlei Kanton Wallis, 26. 3. 1993.
62 NZZ 16. 11. 1994.
63 NZZ 6. 5. 1997.
64 KAA RS121 T2 Walliser Staatsrat 1989–1995 sowie evtl. Schliessung, Brief vom 20. 9. 1993.
65 St. Galler Tagblatt 5. 2. 2000, auch zur Bedeutung der Walliser Werke für die Region und zu den Konzessionen des Kantons.
66 NZZ, 4. 10. 2005.
67 TA online 13. 12. 2005. – Pressemitteilung Kanton Wallis, 13. 12. 2005. – www.parlament.ch, Nationalrat, 12. 12. 2005, Fragestunde, Frage Jean-Noël Rey, Stromproduzenten und Elektrolyse Steg.
68 Schaffhauser Nachrichten 7. 3. 2006. – NZZ online, 21. 3. 2006.
69 NZZ 5. 9. 1986.
70 Pressemitteilung Alusuisse, 18. 1. 1993. – KAA RS121 T2 Walliser Staatsrat 1989–1995 sowie evtl. Schliessung, Wichtigste Fakten und Erläuterungen zum Thema «Restrukturierung Alusuisse in Sierre/Chippis und Steg». – NZZ 27. 1. 1994.
71 TA 21. 9. 1991.
72 VR 455, 8. 2. 1988. – aluval 173, Juli 1988.
73 VR 455, 8. 2. 1988.
74 TA 14. 11. 1991.
75 VR 481, 11. 11. 1991.
76 VR 486, 15. 6. 1992.
77 VR 487, 31. 8. 1992.
78 TA 7. 10. 1992.
79 aluval 173, Juli 1988. – Gespräche mit Gerd Springe, 18. 12. 2009, und Werner Regli, 27. 11. 2009.
80 VR 484, 28. 2. 1992.
81 Zur Entwicklung in den 1990er-Jahren siehe die Würdigung der Tätigkeit von Willi Kerth in aluval 211, Sommer 1999.
82 20 minuten 28. 8. 2000. – Walliser Bote 23. 8. 2000. – Aargauer Zeitung 24. 8. 2000. – Basler Zeitung 25. 8. 2000. – Bündner Tagblatt 30. 8. 2000. – Gespräch mit Gerd Springe, 18. 12. 2009.
83 VR 218, 11. 7. 1947.
84 NZZ 12. 6. 1970. – Zürcher AZ, 19. 6. 1970.
85 Alusuisse intern, September 1984.
86 Pressemitteilung Rio Tinto Alcan, 8. 11. 2007.
87 www.allega.ch, 26. 7. 2008. – Zum Verkauf allgemein Gespräch mit Alfred Schmidweber, 4. 11. 2008.
88 Gerber, Fabrik, 35.
89 TA 15. 6. 1989.
90 VR 481, 11. 11. 1991.

91 VR 483, 7. 2. 1992. – Zum Konzept für das künftige Recycling VR 481, 11. 11. 1991, und VR 482, 9. 12. 1991. – Gespräch mit Jürg Gerber, 6. 10. 2009.
92 Pressemitteilung Baudirektion Kanton Zürich, 2. 3. 1992.
93 TA 25. 2. 1992. – NZZ 25. 2. 1992.
94 HLS, Artikel Niederglatt, http://www.hls-dhs-dss.ch/textes/d/D69.php. – Zur Refonda siehe ausführlich Gerber, Fabrik. – Zur Geschichte der Refonda auch Gespräch mit Jakob Huber, 20. 4. 2009, und Neues Bülacher Tagblatt, 3. 8. 2007.
95 Auskunft Jürg Gerber, 4. 5. 2010.
96 www.igora.ch, 22. 4. 2010. – NZZ 12. 5. 2009.
97 Pressemitteilung Igora, 12. 1. 2010.
98 IAI, EAA, OEA: Global Aluminium Recycling: A Cornerstone of Sustainable Development. London 2009, 23.
99 VR 446, 1. 9. 1986. – www.arvinmeritor.com.
100 Badener Tagblatt 18. 9. 1986.
101 Alusuisse intern 73, Mai 1989. – SonntagsZeitung 24. 4. 1988. – GB 1988.
102 GB 1994.
103 Mail Tom Akers, 14. 3. 2010. – www.answers.com, Hoover's Profile: Ormet Corporation, 11. 7. 2008. – Pressemitteilung Ormet, 7. 11. 2005. – Zu Strothotte und Glencore siehe auch TA 26. 3. 2010 und Bilanz 12/10.
104 GB 1997.
105 Schaffhauser Nachrichten 3. 3. 2007. – Südkurier 19. 4. 2006, 3. 4. 2007 und 1. 12. 2009. – Gespräch mit Dietrich Boesken, 16. 12. 2009. – wefagroup.com.
106 National-Zeitung 24. 4. 1975.
107 Basellandschaftliche Zeitung 24. 4. 1978. – Schaffhauser Nachrichten 27. 4. 1978.
108 90 Jahre Rheinfelden, 13.
109 Volksrecht 11. 10. 1991 und 16. 10. 1991. – Die Gewerkschaft 8, 15. 10. 1991.
110 NZZ 10. 12. 1993.
111 www.alurheinfelden.com. – Badische Zeitung 2. 6. 2010.
112 Takerngrasmi, LMG.
113 www.zoominfo.com, 5. 5. 2010. – Handelsblatt, 12. 5. 2009. – www.trimet.de.
114 VR 483, 7. 2. 1992.
115 Bloch Ernst: Wie es dazu gekommen ist. In: momentum 5/2001.
116 manager magazin 11/86.
117 VR 446, 1. 9. 1986.
118 VR 6. 11. 1989, Grobstrategie der Alusuisse-Lonza Gruppe.
119 VR 486, 15. 6. 1992.
120 GB 1993.
121 KAA RS120 T3 Verwaltungsrat August von Finck 1993 – 20. 5. 1999, Brief von Finck an Hans K. Jucker, 21. 6. 1996.
122 Gespräch mit Ivan Gyöngyös, 19. 11. 2010. – bdw-technologies.com.
123 Schaffhauser Nachrichten 28. 1. 1998.
124 Der Schweller ist ein Bereich der selbsttragenden Karosserie des Automobils. Er befindet sich unterhalb des Türeinstieges, längs auf beiden Seiten des Fahrzeugs, zwischen den Radkästen vorn und hinten.
125 Schaffhauser Nachrichten 15. 7. 2000 und 6. 7. 2001. – Südkurier 10. 1. 2003.
126 MM Logistik, Das Fachportal für Logistikentscheider, 7. 5. 2010, www.mm-logistik.vogel.de. – Südkurier 11. 5. 2010 und 19. 5. 2010.
127 KAA RS114 T11 Meyer Emanuel R.: Swiss Light Metal Technology in the World. Address held on the occasion of Symposium on Swiss Technology and Enterprise on April 21, 1964 at Sophia University in Tokyo.
128 FuW 24. 4. 1976.
129 FuW 31. 1. 1979.
130 GB 1985. – Zum Bahnbereich allgemein Gespräch mit Jürg Zehnder, 15. 1. 2009.
131 TA 6. 10. 1989.
132 GB 1993.
133 Pressemitteilung Stadler Rail, 7. 4. 2010.
134 Magazine, Das Kundenmagazin von Haldex Europe, Nr. 16, Frühjahr 2008. – VR 419, 7. 2. 1983. – VR 6. 11. 1989.
135 NZZ 30. 8. 1995.
136 Gespräch mit Dieter Faisst, Ulrich Röllin und Manfred Utz, 28. 8. 2009. – Gespräch mit Edwin A. Weibel, 5. 12. 2008.
137 GB 1988.
138 SonntagsZeitung 8. 5. 1994, 13. 8. 1995 und 3. 9. 1995. – TA 30. 8. 1995. – NZZ 30. 8. 1995. – Bilanz 3/02.
139 FuW 9. 9. 1992.
140 Mitteilung Hans Peter Held vom 5. 5. 2010.
141 GB 1993 und 1994. – KAA RS120 T3 Verwaltungsrat August von Finck 1993 – 20. 5. 1999, Brief Tschopp an von Finck, 20. 12. 1993.
142 TA 3. 5. 1996. – NZZ 2. 3. 1996 und 26. 6. 1996.
143 Von Primärpackmitteln spricht man bei Verpackungsmaterial, das in direkten Kontakt mit dem Pharmaprodukt kommt.
144 Sprunger, Verpackungsfolien.
145 VR 453, 7. 9. 1987.
146 Bellwald, Industriefeindliches Volk, 264 – 265.
147 SHZ 28. 9. 1989.
148 NZZ 25. 1. 1986.
149 SHZ 28. 9. 1989.
150 VR 481, 11. 11. 1991.
151 TA 3. 7. 1993.
152 NZZ 4. 2. 1995. – Cash 3. 3. 1995. – TA 5. 4. 1994.
153 Pressemitteilung Alusuisse-Lonza Holding, 3. 3. 1998.
154 Gespräch mit Max D. Amstutz, 4. 6. 2009. – VR 534, 4. 5. 1998.
155 Lonza Group: Tür an Tür mit der ganzen Welt. Die Walliser Werke der Lonza AG. 2000.
156 Weltwoche 12. 11. 1987.
157 VR 413, 24. 2. 1982.
158 www.gewerbeparkhochrhein.de, 23. 4. 2010. – Gespräch mit Eduard Thalmann, 18. 11. 2009. – Miltenberger, Lonza-Stilllegung.
159 VRA 651, 14. 10. 1981.
160 VR 412, 5. 2. 1982. – GB 1982. – Zu den PVC-Produkten der Airex siehe 50 Jahre Airex.
161 GB 1986. – VR 449, 4. 3. 1987.
162 Spiegel 50/1986. – TA 21. 11. 1986.
163 Bilanz 7/86.
164 VR 204, 28. 10. 1944, VR 205, 21. 12. 1944, VR 216, 21. 3. 1947, und VR 219, 26. 8. 1947. – KAA RS121 T4 Statements zum Verkauf 50% Rhowag und 100% Itag an WEG, Brief Alusuisse an Regierungsrat Hans Wyer, 19. 1. 1993.
165 VR 449, 4. 3. 1987.
166 TA 16. 2. 1986.
167 GB 1983.
168 VR 452, 15. 6. 1987.
169 www.enalpin.ch, 26. 3. 2010. – Gespräch mit Eduard Thalmann, 18. 11. 2009.
170 Cash 30. 5. 1997. – Walliser Bote, 8. 11. 1997. – SonntagsZeitung, 4. 1. 1998. – KAA RS121 T2 Walliser Staatsrat 1989 – 1995 sowie evtl. Schliessung. – KAA RS121 T4 Statements zum Verkauf 50% Rhowag und 100% Itag an WEG sowie Chronologie der Verhandlungen. – Pressecommuniqué WEG, 6. 11. 1997.
171 TA, 27. 5. 2000. – Schaffhauser Nachrichten, 20. 3. 1999.
172 GB 1991.
173 Gespräch mit Jürg Gerber, 6. 10. 2009.
174 GB 1993.
175 GB 1995.
176 Archiv ATM Neuhausen I/P. 1.4. Direktionsakten A. v. Zeerleder, Verschiedenes, Die Entstehung des Forschungsinstitutes, Ms. Neuhausen 7. 5. 1975; F. Rohner, Prof. Alfred von Zeerleder zum Gedenken, o. J. – NZZ 22. 3. 1970.
177 Würdigung von Dieter Altenpohl in Alusuisse intern 58, April 1986. – Alucobond, 40 years, 9 – 10. – Gespräch mit Dieter Altenpohl, 12. 12. 2008.
178 Archiv ATM Neuhausen I/P.2.1 Verschiedene Besprechungen mit Direktion Zürich, Bloch, Besprechung vom 2. 2. 1960.
179 Lebenslauf Ernst A. Bloch, Ms. 29. 8. 2008. – Bloch Ernst A.: Das Forschungsinstitut der Aluminium-Industrie-Aktien-Gesellschaft in Neuhausen am Rheinfall. Januar 1960. – Bloch Ernst A.: Wie es dazu gekommen ist. In: momentum 5/2001.
180 Archiv ATM Neuhausen I/B. 2 Jahresberichte 1967 – 1976, Box 2, Jahresbericht FI 1967.
181 Alusuisse intern 58, April 1986.
182 Archiv ATM Neuhausen I/B. 2 Jahresberichte 1967 – 1976, Box 2, Jahresbericht FI 1969.
183 VR 354, 11. 12. 1972. – Alusuisse, Forschung und Entwicklung, 12. 9. 1970.
184 Schaffhauser AZ 30. 11. 1981. – Schaffhauser Nachrichten 4. 4. 1984.
185 Brief Hans Jucker an den Autor, 9. 5. 2010.
186 GB 1987 und 1988.
187 Pressemitteilung Alcan, 7. 3. 2007.
188 NZZ 24. 6. 2009.
189 Schaffhauser AZ 15. 1. 2009.
190 Wipf/Knoepfli, Kantonsgeschichte, 359 – 362 und 394 – 395.
191 Knoepfli Adrian: Leonhard Erzinger, Grossaktionär von GF und Alusuisse. Beim Aushub des Panamakanals reich geworden. In: Schaffhauser Mappe 1999, 61 – 63.
192 Der auch Vorort genannte Schweizerische Handels- und Industrieverein war der Spitzenverband der Schweizer Wirtschaft.
193 VRA 520, 14. 2. 1966.
194 NZZ 15. 8. 1961. – KAA S11 T4 Mappe Rudolf Speich 1960 – 1963, Thomas Rudolf Speich, 1890 – 1961 (Nachrufbüchlein). – Unter uns, Vierteljahresschrift des Hausverbandes Schweizerischer Bankverein, Zürich, Nr. 13, Herbst 1961.
195 VR 416, 6. 9. 1982. – Bilanz 5/87.
196 VR 301, 26. 9. 1963. – GB 1963. – Schaffhauser Nachrichten 30. 11. 1963.
197 VR 314, 4. 3. 1966, Brief Alusuisse an Bührle vom 16. 2. 1966. – VRA 520, 14. 2. 1966.
198 VR 314, 4. 3. 1966, Brief Alusuisse an Bührle vom 16. 2. 1966.
199 VR 314, 4. 3. 1966, Brief Bührle an Celio vom 23. 2. 1966.
200 VRA 522, 26. 4. 1966.
201 VR 440, 19. 1. 1986. – Die Version im Industriemagazin vom November 1986, dass Arnold als neuer Präsident vorgesehen gewesen sei, aber «keine Neigung mehr verspüre», das Amt zu übernehmen, dürfte angesichts der protokollierten Aussage von Galliker an den Tatsachen vorbeigehen. – Gespräch mit Max D. Amstutz, 4. 6. 2009.
202 SBG, Aktienführer, verschiedene Jahrgänge. – Verzeichnis der Verwaltungsräte, verschiedene Jahrgänge. – GB der Firmen. – Jaun, Generalstab, 65 – 66, 109, 197 – 198

und 373–374. – Guisolan, Etat-major général, 331, 338 und 387.
203 VRA 524, 17.8.1966.
204 VR 360, 5.11.1973.
205 Knoepfli Adrian: Eine der feinsten Adressen. Der neue Mövenpick-Besitzer August von Finck. WochenZeitung 31.1.1992.
206 FuW 21.12.1991. – SonntagsZeitung 26.1.1992. – Weltwoche 20.2.1992.
207 KAA RS120 T3 Verwaltungsrat August von Finck 1993–20.5.1999.
208 Siehe dazu zum Beispiel KAA S31 T1 Aktienvertretung an GV Alusuisse 1986, 3.9.1986. Damals verfügte insbesondere die SBG aber auch über einen grossen Eigenbestand an Alusuisse-Aktien.
209 Knoepfli Albert: Schloss Weinfelden. Geschichte und Geschicke. Weinfelden 2001.
210 KAA RS120 T3 Verwaltungsrat August von Finck 1993–20.5.1999.
211 KAA RS120 T3 Verwaltungsrat August von Finck 1993–20.5.1999, Brief von Finck an Jucker 7.11.1995.

6. Fusionspoker und Ende der Eigenständigkeit (1997–2000)

1 HZ 16.10.1997.
2 GB 1997. – FuW 7.2.1998. – Cash 27.6.1997.
3 Cash 27.6.1997.
4 SonntagsZeitung 24.12.1995.
5 Verlag Finanz und Wirtschaft AG: Aktienführer Schweiz 1996/1997, Zürich 1996, 23.
6 TA 24.1.1998.
7 FuW 7.2.1998.
8 Im Folgenden wird bis zum Verkauf an Alcan der Name Algroup verwendet.
9 FuW 7.2.1998. – NZZ 28.3.1998 und 18.4.1998. – SonntagsZeitung 26.4.1998. – OnlineReports.ch 12.11.2000. – Zur offiziellen Version von Meyers Rückzug VR 531, 24.3.1998, inklusive Beilage Brief Meyer an Tschopp vom 22.3.1998.
10 Becher, Ebner. – Weltwoche, 26.9.2002. – Nollert, Unternehmensverflechtungen, 486–487. – Frech, Baumwolle, 250–251.
11 FuW 7.3.1998. – Cash 6.3.1998.
12 Basler Zeitung 21.3.1998. – Nouvelliste et Feuille d'Avis du Valais 21.3.1998 und 20.6.1998. – Neue Luzerner Zeitung 5.3.1998.
13 GB 1998.
14 Pressemitteilung Ems-Chemie 28.4.1998. – NZZ 29.4.1998.
15 SonntagsZeitung 3.5.1998.
16 Ebners Aktienbesitz «dürfte sich zwischen 20–25% aller Aktien bewegen», hatte man im Verwaltungsrat der algroup schon vor der GV vom 24. März 1998 angenommen. VR 531, 24.3.1998. – VR 536, 17.8.1998. – GB 1998. – TA 2.2.1999. – Cash 12.3.1999.
17 SonntagsZeitung 24.5.1998. – Nouvelliste et Feuille d'Avis du Valais, 22.5.1998. – FuW 27.5.1998.
18 VRA 699, 15.6.1987.
19 TA 11.7.1998.
20 VR 536, 17.8.1998, VR 537, 23.9.1998.
21 NZZ am Sonntag 14.2.2010.
22 VR 537, 23.9.1998.
23 VR 545, 31.3.1999.
24 TA 19.8.1998.
25 NZZ 10.3.1998. – Pressemitteilung Alcoa 9.3.1998. – Pittsburgh Business Times 17.6.1998.
26 Weltwoche 19.8.93.
27 VR 532, 1.4.1998, VR 533, 6.4.1998, und VR 534, 4.5.1998. – KAA RS120 T3 Verwaltungsrat August von Finck 1993–20.5.1999, Brief von Finck an Tschopp vom 2.6.1998.
28 www.whoswho.de, 14.5.2010. – Spiegel 12/1999.
29 VR 536, 17.8.1998. – Zur Präsentation von «Alpine» und «Drax» VR 535, 6.7.1998.
30 VR 537, 23.9.1998. Unter den Beilagen auch Brief Tschopp an den VR zu seinen Gesprächen mit Ebner/Blocher, 16.9.1998.
31 FuW 18.11.1998.
32 Unterlagen Medienkonferenz Algroup/Viag vom 27.11.1998. – headlines, Die Hauszeitung der Alusuisse Lonza Group AG, 1/99. – Gemeinsame Versammlung der Gewerkschaften GBI, Syna und SMUV vom 24.11.1998, Resolution zur eventuellen Fusion zwischen Viag und Algroup. – NZZ 28.11.1998. – Schaffhauser Nachrichten 28.11.1998. – SMUV-Zeitung 25.11.1998, 2.12.1998 und 17.2.1999.
33 dpa 21.12.1998. – Unterlagen Bilanzpressekonferenz algroup, 12.2.1999. – Viag, Zwischenbericht zum Geschäftsjahr 1998, 12.2.1999.
34 Schaffhauser Nachrichten 28.11.1998. – Süddeutsche Zeitung 30.3.1999.
35 NZZ 29.3.1999.
36 NZZ 15.11.2001.
37 NZZ 29.3.1999.
38 VR 544, 27.3.1999.
39 Schaffhauser Nachrichten 30.3.1999. – Süddeutsche Zeitung 30.3.1999. – FAZ 30.3.1999 und 3.4.1999.
40 Bilanz 2/99 und 5/99.
41 Süddeutsche Zeitung 30.3.1999.
42 VR 544, 27.3.1999, und VR 545, 31.3.1999. – NZZ 29.3.1999.
43 Pressemitteilung Algroup, 20.5.1999. – TA 21.5.1999.
44 Facts, 22.4.1999.
45 NZZ 20.4.1999.
46 Walliser Bote 31.3.1999. – Schaffhauser Nachrichten 30.3.1999. – TA 1.12.1998.
47 VR 545, 31.3.1999.
48 Pressemitteilung Algroup, 10.8.1999.
49 TA 11.8.1999. – Pressemitteilung Alcan, Pechiney und Algroup, 11.8.1999. – Alcan, Pechiney, Algroup: Die Schaffung des weltweit grössten Aluminium- und Verpackungsunternehmens. Hintergrund-Informationen zur vorgeschlagenen Fusion, August 1999.
50 Pressemitteilung Algroup, 11.8.1999. – Handelsblatt online 11.8.1999. – NZZ 12.8.1999 und 20.8.1999.
51 Handelsblatt online 12.8.1999.
52 Thaure, Pechiney, 194–197.
53 Pressemitteilung Alcan, Pechiney und Algroup, 11.8.1999.
54 Schaffhauser Nachrichten 14.4.2004.
55 GB 1999.
56 sda 9.3.2000.
57 Zu Peter Kalantzis, seit Oktober 2000 als selbstständiger Berater tätig, siehe Pressemitteilung Mövenpick, 30.6.2005. Kalantzis wurde 2001 Verwaltungsratspräsident der Mövenpick-Holding, welche der Familie von Finck gehört.
58 GB Lonza 2000.
59 www.alcanairex.com, 1.5.2010. – sda 17.11.1999. – headlines, Die Hauszeitung der Alusuisse Lonza Group AG, 1/99. – 50 Jahre Airex.
60 Pressemitteilung Schweiter Technologies, 22.9.2009. – Pressemitteilung Rio Tinto 22.9.2009. – NZZ 23.9.2009. – FuW 23.9.2009 und 21.11.2009. – www.kunststoffweb.de, 8.4.2010. – Gespräch mit Jürg Gerber, 6.10.2009.
61 GB Lonza 2001.
62 GB Lonza 2002.
63 GB Lonza 2003. – Zum Engagement der Ems-Chemie FuW 25.2.2004.
64 GB Lonza 2004, 2005 und 2006. – FuW 30.6.2004. – Zu Ebner und Blocher Bilanz 7/04.
65 GB Lonza 2007 und 2009.
66 Bilanz 1/05.
67 sda 14.7.2000.
68 FuW 23.10.2002 und 30.6.2004.
69 FuW 22.3.2006.
70 Bilanz 1/05.
71 de.wikipedia.org, 26.3.2010. – Pressemitteilung Lonza 2.6.2007.
72 FuW 4.3.2000. – NZZ 3.3.2000. – Zu grundsätzlichen Problemen bei Fusionen H… 18.8.1999.
73 sda 14.3.2000. – Eine detaillierte Darstellung bei Thaure, Pechiney, 193–196.
74 Erne, Unions, 157–185. – Wyler, Gewerkschaften. – Rüb, Transnationalisierung. – Neue Gewerkschaft 8.10.1996. – Schweizerisches Sozialarchiv SOZARCH Unia EBR, 03.01 bis 03.21 Aluminium-Industrie.
75 NZZ 14.4.2000.
76 Handelsblatt online 13.4.2000.
77 Thaure, Pechiney, 177, 197.
78 Pressemitteilung Algroup, 9.6.2000. – Pressemitteilung Algroup 17.7.2000. – GB 1999.
79 Bilanz 7/06.
80 Pressemitteilung Alcan, 28.11.2000.
81 UBS Warburg, Zusammenfassung des öffentlichen Umtauschangebots der Alcan Aluminium Limited für alle Namenaktien der Alusuisse Group AG, 28.8.2000.
82 UBS Warburg, Zusammenfassung des öffentlichen Umtauschangebots der Alcan Aluminium Limited für alle Namenaktien der Alusuisse Group AG, 28.8.2000. – Interview mit Alcan-CEO Jacques Bougie in FuW 13.9.2000.
83 Pressemitteilung Alcan, 18.10.2000.
84 sda 21.8.2000.
85 Gyöngyös, Turnaround Management. – Gespräch mit Ivan L. Gyöngyös, 19.11.2009. – Gespräch mit Helmut Enzenross, 3.9.2008 – headlines, Die Hauszeitung der Alusuisse Lonza Group AG, 2/99.
86 Zürcher Kantonalbank, Anlagen Aktuell 34, 7.9.2000.
87 Sutter, Alcan. – Campbell, Alcan, Bd. 2, 433–586. – Lanthier, Alcan. – Für Deutschland Huether Siegfried: Chronik Alcan Deutschland 1928–1985. Eschborn 1987. Johne Peter: Chronik Alcan Deutschland 1986–1996. Eschborn 1997. – Zur Expansion von Alcan in Europa Frøland, Norwegian Aluminium, 104.
88 FuW 2.12.2000.

7. Kein Stein bleibt auf dem andern (2000–2010)

1 SHAB 139, 20.7.2001.
2 Schaffhauser Nachrichten 6.2.2001 und 26.6.2003.
3 Financial Times online 29.10.2001. – sda 28.11.2000.
4 FuW 2.5.2001.
5 FuW 13.1.2001.
6 Pressemitteilung Albemarle Corporation, 27.4.2001.
7 Schaffhauser Nachrichten 25.1.2002.
8 Handelsblatt 9.1.2003.

9 sda 12. 9. 2003.
10 faz.net 7. 7. 2003. – sda 7. 7. 2003.
11 Le Figaro 17. 7. 2004.
12 sda 12. 9. 2003.
13 Schaffhauser Nachrichten 14. 1. 2005.
14 Erne, Unions, 183.
15 Thaure, Pechiney, 203. Siehe bei Thaure, 203–208, auch den Ablauf der Übernahme im Detail.
16 Handelsblatt 6. 5. 2004.
17 Der Spiegel 7. 7. 2003.
18 Schaffhauser Nachrichten 15. 6. 2005 und 10. 11. 2006. – Südkurier 15. 6. 2005. – Eine externe Analyse von Alcan bietet Girard Richard: Can Alcan Claim to be the Best? Its Corporate and Social Responsibility In Question. A Profile of Canadian Aluminum Giant Alcan. Polaris Institute, October 2005.
19 Pressemitteilung EU-Kommission, 25. 2. 2003. – sda 18. 7. 2003.
20 Handelsblatt 24. 10. 2002. – Thaure, Pechiney, 203.
21 Pressemitteilung Aleris International, 15. 5. 2010.
22 cashdaily 25. 7. 2007.
23 Schaffhauser Nachrichten 21. 5. 2004.
24 Schaffhauser Nachrichten 1. 9. 2006.
25 www.novelis.com.
26 Pressemitteilung Novelis, 8. 5. 2009.
27 Pressemitteilungen Novelis, 15. 9. 2009 und 11. 3. 2010.
28 Schaffhauser Nachrichten 3. 5. 2006.
29 FuW 2. 9. 2006. – Schaffhauser Nachrichten 10. 10. 2006. – GB Rio Tinto Alcan 2009. – Pressemitteilung Alcan, 29. 8. 2007. – alu-scout.com 13. 4. 2010. – Marschall, Aluminium, 201–203. – Zur Geschichte der Rusal Drozdov, Thirteenth Element.
30 NZZ online 7. 5. 2007. – Schaffhauser Nachrichten 8. 5. 2007.
31 TA online 7. 5. 2007. – FuW 9. 5. 2007.
32 Handelsblatt online 28. 5. 2007. – Zu Rio Tinto O'Neil Mathieu, Die blauen Hemden von Gladstone, Le monde diplomatique Oktober 2009.
33 Schaffhauser Nachrichten 11. 7. 2007. – The Wall Street Journal online 12. 7. 2007. – NZZ online 12. 7. 2007. – FuW 14. 7. 2007. – The Gazette 12. 7. 2007. – ABC News online 15. 7. 2007. – GB Rio Tinto 2007.
34 www.manager-magazin.de, 30. 8. 2007.
35 Leipziger Volkszeitung online 13. 7. 2007. – Zu BHP Handelsblatt online 23. 8. 2007.
36 NZZ 13. 1. 2010. Die Tabelle wurde vom Analyse- und Beratungsunternehmen CRU zusammengestellt.
37 Archiv ATM Neuhausen I DF-Intern. I/P Direktionsakten. I/P.2 E. A. Bloch. I/P.2.1 Verschiedene Besprechungen mit Direktion Zürich, Direktionssitzung 3. 6. 1958.
38 FuW 10. 11. 2007. – NZZ 15. 11. 2007. – Zur Entwicklung in der Bergbaubranche Le monde 13. 11. 2007.
39 FuW 9. 2. 2008.
40 Südkurier 27. 11. 2007. – Süddeutsche Zeitung 27. 11. 2007. – Handelsblatt online 6. 12. 2007. – FuW 8. 12. 2007. – emfis.com 17. 12. 2007. – cashdaily 18. 12. 2007.
41 Handelsblatt online 21. 1. 2008.
42 The Wall Street Journal 1. 2. 2008. – Handelsblatt online 1. 2. 2008. – FAZ 2. 2. 2008. – Financial Times Deutschland 4. 2. 2008. – dpa 13. 2. 2008.
43 Süddeutsche Zeitung 3. 2. 2009. – Pressemitteilung BHP Billiton 25. 11. 2008.
44 Handelsblatt online 2. 2. 2009. – NZZ 13. 2. 2009.
45 Eine Dual-listed Company weist eine Unternehmensstruktur mit zwei registrierten Gesellschaften auf, die verschiedene Aktionäre haben, aber gemeinsam ihr operatives Geschäft betreiben.
46 Pressemitteilung Rio Tinto, 5. 6. 2009.
47 deraktionaer.de 14. 5. 2009. – NZZ 6. 6. 2009. – Handelsblatt online 5. 6. 2009.
48 NZZ 30. 3. 2010. – FuW 31. 3. 2010.
49 NZZ 3. 5. 2008. – cashdaily 13. 5. 2008. – Welt online 3. 5. 2009. – Tagesspiegel 27. 5. 2009.
50 Pressemitteilung Rio Tinto, 5. 6. 2009. – Handelsblatt online 8. 6. 2009. – Zu den Beziehungen von Rio Tinto mit China siehe Pressemitteilung GV Rio Tinto, 26. 5. 2010, Reden CEO und VR-Präsident.
51 NZZ 3. 5. 2010. – FuW 5. 5. 2010.
52 financial.de 15. 5. 2008 und 13. 6. 2008. – aktiencheck.de 27. 4. 2010.
53 Alcan Gove, Third Stage Expansion Project Review, A historical account of one of Australia's biggest industrial developments, 2007.
54 faz.net 17. 1. 2008. – www.rohstoffe-go.de, 7. 3. 2008. – Pressemitteilung Rio Tinto, 12. 3. 2008.
55 Pressemitteilung Rio Tinto, 10. 12. 2008. – 20 Minuten online 10. 12. 2008.
56 NZZ 23. 9. 2009. – FuW 24. 3. 2010.
57 Pressemitteilung Rio Tinto, 2. 2. 2010.
58 St. Galler Tagblatt 5. 2. 2010. – Thurgauer Zeitung 5. 2. 2010.
59 American Metal Market 16. 4. 2010.
60 Schaffhauser Nachrichten 19. 5. 2004.

Bildnachweis

Angegeben sind Standort oder Herkunft der Bilder sowie die Seitenzahl. Zur weiteren Präzisierung werden die Abkürzungen o (oben), m (Mitte), u (unten), l (links) und r (rechts) verwendet.

Aditya Birla Group, Mumbai: 288.
AIAG, 50 Jahre: 37.
AIAG 1960: 49.
Alusuisse 1964: 248.
Amcor Flexibles, Kreuzlingen: 233, 234.
Alcan Rorschach 1999: 278.
Alcan Technology & Management, Neuhausen: 15 l und ur, 19, 21, 22, 34 o, 35 m, 44, 46, 50, 55 m und u, 61 o, 70 l, 76 l, 77 r, 83 u, 85, 86 r, 87 r, 98, 99, 100, 102, 116, 130, 136, 149, 152, 155, 156, 161 r, 163, 165 o und m, 201 o, 206, 211, 213, 215, 219, 224 o, 226 o und u, 227, 245, 246, 272, 293.
Alcan, Singen: 23, 30.
Bilanz, Zürich: 132.
Boesken Dietrich, Singen: 157.
bootzbootz, Zürich: 203, 229 u, 277, 285 u, 295 o.
CRU Group, London: 166.
Die Fabrik 2007: 158, 159, 209.
Evoq communications ag, Zürich: 239 or.
Finanz und Wirtschaft, Zürich: 264 r.
Gerber Jürg, Männedorf: 66 ro, 67, 114, 135, 207, 208, 225, 236, 239 ol und u, 241, 243, 264 l, 285 o, 286, 289, 290, 294, 295 u.
Geschäftsberichte: 107 (1965), 122 l (1979), 140 (1974), 145 l (1979), 145 r (1984), 186 (1994), 229 o (1987), 231 u (1999), 260 (1998).
Gyöngyös Ivan, Altendorf: 150.
Held Hans Peter, Gipf-Oberfrick: 15 or, 115 u.
Himmel René, Küsnacht: 153.
Huber Jakob, Niederglatt: 175 u.
Igora, Zürich: 212.
Judin Jurij, Luzern: 175 o.
Keppler Eugène, Zollikon: 73 o.
Keystone Press, Zürich: 27 (Ernst Zimmermann), 28, 32 (Walter Scheiwiller), 57, 58, 133 (AFP/Gabriel Duval), 141, 172 (Kupferschmid), 201 u (Olivier Maire), 253 (DPA/Ursula Dueren), 265 (Walter Bieri), 269 (Michele Limina).
Kernkraftwerk Gösgen, Däniken: 83 o.
Konzernarchiv Alcan, Niederglatt: 26, 35 u, 40, 43, 51, 53 o, 61 u, 63, 69, 71, 73 u, 76 r, 77 l, 79 l, 92 r, 95, 110, 115 o, 117, 119, 120, 122 r, 125 l, 128 r, 134, 143 o, 147, 161 l, 165 u, 168, 171, 173, 182, 183, 188, 189, 190, 193, 221, 222, 231 o, 232, 250, 261, 275, 283.
London Metal Exchange, London: 167.
Lonza, Basel: 125 r, 128 l, 235, 238, 270, 274.
Luftbild Schweiz, Dübendorf: 35 o, 197.
Médiathèque Valais, Martigny: 55 or und 81 (Oswald Ruppen), 200.
Neue Zürcher Zeitung, Zürich: 104.

Autor

Adrian Knoepfli, geb. 1948, arbeitet als Wirtschaftsjournalist und Wirtschaftshistoriker in Zürich. Publikationen unter anderem über Georg Fischer, Saurer, Feller, das Elektrizitätswerk des Kantons Schaffhausen, die Baumwollspinnerei Wangen im Allgäu, die Gemeinnützige Gesellschaft Schaffhausen und das Zürcher Hallenstadion. Mitautor des Wirtschaftskapitels der Schaffhauser Kantonsgeschichte und der Stadtgeschichte Stein am Rhein.

Herausgeber:	Alcan Holdings Switzerland AG, Zürich
Gestaltung:	Michel und Rolf Bootz, bootzbootz ag, Zürich
Bildbearbeitung:	Offsetdruck Goetz AG, Geroldswil
Korrektorat:	Ingrid Kunz Graf, Schaffhausen
Druck:	Offsetdruck Goetz AG, Geroldswil
Papier:	Dominant Plus (Z-Offset), FSC, hochweiss, holzfrei, matt
Bindearbeiten:	BuBu, Mönchaltorf

ISBN 978-3-03919-171-0

Dieses Buch ist auch in englischer Sprache erschienen unter dem Titel:
From Dawn to Dusk. Alusuisse – Swiss aluminium pioneer.
From 1930 to 2010.
ISBN 978-3-03919-200-7

FSC www.fsc.org MIX Papier aus verantwortungsvollen Quellen FSC® C010218